工業心理學

2nd Edition

林欽榮◎著

Industrial Psychology

二版序

　　工業心理學是一門運用於產業界的心理學，亦即為將心理學的原理原則應用到產業上，以求能協助解決其間的人類行為問題。只是工業心理學的研究實涵蓋了兩大層面：一為管理層級，一為作業層級。就管理層級而言，它所指涉的範圍又包含了人事心理與組織心理兩方面。就作業層級而言，它則涉及和生產有關的工程心理，以及和行銷有關的消費心理。該四大範疇乃構成工業心理學的主要內容。

　　此外，由於今日科學研究的日益發展，以及相關學科的整合，使得工業心理學的內涵也更為完備。同時，也因為科技研究的精進，而使得各項研究主題發展得更為精闢。基此，吾人乃決定將其中部分內容加以更新，以求能跟隨著時代的腳步而邁進。

　　本修訂版和原版最大不同處，就是將「工業的行為基礎」和「工作豐富化」兩章加以刪除。此乃因吾人有感於這兩章所涉及的內容，已散見於其他各章之中。為了避免過度重複，以及浪費過多篇幅，乃決定加以節刪。再者，本修訂版也將「個別差異」「員工訓練」「動機激發」「領導行為」「意見溝通」「疲勞與效率」「消費行為」「廣告研究」等各章做部分內容或較大幅度的修改，其他各章則較少變動。

　　雖然今日工業心理學的研究已日臻完備，研究者也日益增多，惟作者所知有限，仍請各專家學者指正為幸。

林欽榮　謹識

原版序

　　工業心理學是一門運用於工業生產過程中瞭解人類行為的科學。它的興起是最近幾十年來的事，然而它運用行為科學的法則，來解決人類生產、分配及消費上的問題，使得它的發展相當迅速，且受到人們的注意。畢竟人類大部分的活動都侷限於這些範疇當中，以致瞭解和解決工業上人類行為的問題更為迫切。加以今日強調科技整合的結果，使得工業心理學的研究能日益茁壯成長。

　　工業心理學的興起，最早始於孟斯特堡（H. Münsterberg）所著的《工業效率心理學》（*The Psychology of Industrial Efficiency*）一書。初期的研究只著重員工選用問題，以及廣告和銷售技術的討論。其後，人事測驗技術大量地應用於人事管理的問題上，充實了人事心理的領域。一九三〇年代，浩桑研究（Hawthorne Studies）更開啟了人性奧祕的研究，導致行為科學的蓬勃發展，擴展了組織心理研究的內涵。及至第二次世界大戰後，基於人力與技術密切配合的要求，有所謂工程心理學的出現。至此，工業心理學的主要內容大致底定，並使用許多科學技術不斷地在改進與充實其範圍，使得工業心理學的研究日臻完備。

　　本書的編寫即就工業心理學的內容，依序分為人事心理、組織心理、工程心理與消費心理等四大部分，其主要目的乃在瞭解、解釋、預測與控制工業界的人類行為。本書係作者近三十年來教學經驗所累積的結果。在文字書寫方面，力求深入淺出，避免使用艱澀難懂的語詞，以利初學者閱讀。同時，每章皆詳列引用資料，俾供研究者查考。

　　其次，今日科學發展日新月異，理論與實務兼備日益重要。因此，本書各章皆列有相關個案研究，資供研討。這些個案一部分為實務界的實例，一部分為現成的資料。其撰寫目的一方面乃在冀求在探討學理之

餘,能更進一步求得理論與實務的配合;他方面則在探索工業心理學的發展空間,期使吾人能有更深切的認識與瞭解。這正是吾人所期望的目標。

　　本書之得以重新出版,必須感謝揚智文化事業股份有限公司總經理葉忠賢先生暨全體工作同仁。當然,工業心理學研究範圍日益擴大,部分主題實難兼顧。且作者才疏學淺,書中必有闕漏遺誤,敬祈方家指正是盼!

　　　　　　　　　　　　　　　　　　林欽榮　謹識

目　錄

Chapter 21 廣告研究 487

Chapter 22 市場研究 515

附　錄 531

Part 1

引 論

第一章 緒 論

任何產品或勞務，自生產、分配、交易以至於消費的整個過程中，「人」均扮演著極為重要的角色。因此，人的問題在工業管理中，是最重要的問題。為了解決此種問題，工業心理學乃應運而生。一般而言，工業心理學的研究，一方面是為了瞭解工業中人類行為的內涵，另一方面則是為了尋求運用行為知識，以解決人類工作中的問題。前者屬於工業心理學的科學面，後者則為工業心理學的專業面。本書編寫的目的，即在瞭解、解釋、預測與控制工業中的人類行為。本篇將只列「緒論」一章，以作為其後各篇的引論。

Chapter 1

緒　論

　　工業心理學是一門新興的科學，其主要目的乃為運用心理學的知識，解決有關工業上的問題。換言之，工業心理學乃藉著客觀的科學方法，來探討工業界員工心理方面的知識；再把這些知識應用於產業界，以解決工業上的人類行為問題。據此，本章首先討論工業心理學的意義、發展、研究、功能與範圍，以作為以後各章的指引。

第一節　工業心理學的意義

　　工業心理學顧名思義，即為應用於工商企業以及工廠管理上的心理學，是屬於一門應用心理學。所謂應用心理學，是指心理學家為了改善人類生活，而把心理學的各項基本理論與法則，應用到實際工作生活當中，以解決各項問題而言。換言之，工業心理學即是將心理學的知識應用於工業生產與管理上，以解決工業上人類行為的問題。

　　為了明確探討工業心理學的意義，首先必須瞭解「工業」一詞的含義。就事實而論，「工業」一詞的含義甚廣，舉凡涉及人類對財貨和勞務的生產、分配、交易和消費的活動，均屬之。惟若就狹義的觀點而言，工業是指透過機器操作和人力運用，來製造產品的過程，故有人將工業稱為產業（industry），意即指生產事業而言。依此，吾人尚可就工程技術觀點來說，工業就是將自然物或原料加工，以改變其性質或形狀的一種經營。由此可知，工業乃介於農業和商業之間，而使得農業、工業、商業三者相互連結，並構成經濟活動的三大單元，且同由土地、勞力、資本和管理所結合而成。

　　然而，工業的對象固以生產「貨品」為主，但其適用範圍尚可擴大到政府機關與社會團體所提供的勞務。就組織管理立場而言，企業組織生產財貨，富國裕民；政府機關或社會團體則提供勞務。從生產與消費觀點來看，提供勞務與生產貨品實無二致。因此，有形的貨品與無形的勞務，皆為工業所探討的對象。

　　至於，心理學乃為研究人類個體行為的科學。所謂行為，是指一個人日常的活動而言。一種行為就是一項活動。每個人在日常生活或工作活動中，隨時都會表現一些行為。根據心理學的研究，行為可分為內隱行為（implicit behavior）與外顯行為（explicit behavior）。內隱行為是個體表現在自己內心，而他人無法察覺得到的行為；但有些是個體自身能夠察覺的，有些則為自身也無法察覺的。前者稱之為意識（consciousness），如動機、知覺、學習、情緒、態度等所表現的行為；後者則稱之為潛意識（unconsciousness），如某些人格特質，或是不可自知的恐懼、態度、慾望等，這是自身無法控制的，通常是由於壓抑的結果所形成的。另外，還有一種下意識（subconsciousness）或稱為次意識、亞意識，是指個體可做部分知覺的，如偶爾的動作失態、失言、失笑等均屬之。以上這些都屬於內隱行為，都是構成行為的一部分，如**表1-1**所示。

表1-1　內隱行為的內涵

類別	意義	內容
意識	個體自己可以察覺的	知覺、動機、學習、情緒、態度
下意識	個體可做部分知覺的	偶爾的失態、失言、失笑
潛意識	個體無法察覺到的	某些人格，不自知的恐懼、慾望、態度

　　此外，外顯行為，是指個體表現在外的行為，不但自己可以知覺得到，而且別人也可以察覺得到或看得見，甚或可以用工具儀器測量出來。例如，吃飯、走路、看書、爬山等等，都各是一項外顯行為。顯然地，外顯行為是構成個體行為的主體。由於個體行為的顯現，他人才得以知曉，並從中瞭解其行為的含義。因此，一般所謂的行為，多指外顯行為而言。

　　不過，外顯行為固是個體行為的主體，然而個人的知覺、價值、態度、動機與經驗等，同樣會影響其外顯行為，甚而有時潛意識或下意識也

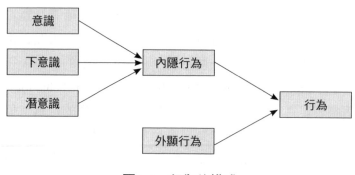

圖1-1　行為的構成

決定了外顯行為。因此，吾人研究行為，必須連同內隱行為一併觀察。易言之，所謂行為，係指內隱行為與外顯行為的綜合表現，其如**圖1-1**所示。

　　再者，個體行為也常受到外界環境的影響。因此，研究行為也必須探討「行為科學」（behavioral sciences）的內涵。一般而言，行為科學研究對象是「人類行為」，而舉凡社會科學如政治學、經濟學、法律學等，無一不涉及人類行為，故行為科學常與社會科學混為一談。事實上，行為科學代表一種新的心理科學，是一門新興的綜合科學，主張採用自然科學方法，研究人類行為在社會各層次面所表現的現象與規則，完全捨棄傳統社會科學所著重的演繹法與價值判斷；而著重實驗法則與事實判斷的過程，故行為科學與社會科學的範疇固屬相當，惟其研究精神與方法則大異其趣。

　　一般學者都公認心理學、社會學及文化人類學，為構成行為科學的三大主幹[1]。心理學研究的重點為個體行為，社會學則側重團體行為與組織動態，文化人類學則重視各種族的行為特徵與文化對人類行為的影響。而其中又以心理學為行為科學研究的起點。就心理學本身的發展言，近代社會各方面都應用心理學的知識去解決實際問題，致有教育心理學、臨床心理學、諮商心理學、工業心理學、人事心理學、工程心理學、消費心理學、軍事心理學、太空心理學、廣告心理學等的出現。因

此，心理學的擴大含義將不僅限於個體行為的研究，甚而處於今日強調科際整合的時代，舉凡涉及人類行為研究者統稱之為行為科學。

綜觀上述，吾人可解釋「工業心理學」為：研究涉及財貨與勞務的生產、分配、交易和消費有關的人類行為之科學。其中又以人為因素（human elements）為主，包括員工的遴選與派職、工作分析、員工訓練、績效考核、工作評價、動機、態度、士氣、領導、溝通、員工參與，以及工作情境、工作布置、機具設計、意外防止，和消費行為、市場研究、廣告設計等。主旨在提高工作績效和員工滿足感，以求有效地開發人力資源與增進社會福利❷。

第二節　工業心理學的發展

過去一百多年來的科技發展，已使企業組織發生重大的改變。早期人類以手工製造產品，如今已完全機械化，甚而自動化已是無法避免的，於是工作性質隨之發生變化。此種科技的發展，雖然為人類帶來了不少利益，諸如節省了勞動力、改進工作條件與環境、提高收入、增進福利；但也附帶了一些弊害，如工作的單調、呆板、工人的失落感、失業人口的增加等。

當然，科技的發展不僅影響到工作環境而已，它對整個社會也產生重大的影響，大部分人類的生產型態因而跟著發生巨大的變遷。為了適應此種工業社會的急遽變遷，工業心理學的研究也不斷改變。依據工業心理學內容的發展，吾人大致上可將之分為三大階段（如**表1-2**）：

一、工業效率時期

早期的工業心理學所著重的是工業效率問題。第一部工業心理的書籍，是一九一三年由孟斯特堡（Hugo Münsterberg）所著的《工業效率心

表1-2　工業心理學的發展

發展時期	探討主題	形成範圍
工業效率時期（萌芽階段）	·員工甄選 ·廣告與銷售技術 ·員工評估 ·工作時間和情境	人事心理 消費心理 工程心理
行為發展時期（形成階段）	·群體動態 ·領導行為 ·意見溝通 ·人性尊嚴與價值 ·個人動機 ·組織管理哲學 ·人因工程	組織心理 工程心理
系統分析時期（整合階段）	·個別差異 ·組織特性 ·團體動態 ·機具設計 ·工作情境 ·消費行為	人事心理 組織心理 工程心理 消費心理

理學》（*The Psychology of Industrial Efficiency*）。該書的主要內容特別重視員工甄選的問題，同時兼及廣告與銷售技術的研究，以及意外事件和員工評估等問題[3]。由於他對工業心理學的重大貢獻，因此人們尊稱他為工業心理學之父。

最早應用心理學技術來解決人事問題的，是第一次世界大戰時，美國用心理測驗來甄選陸軍人員。他們首先發展出測驗，依照測驗成績，將人員予以分類，再將之分派到適當的職位上去，充分有效地運用人力，增強了三軍戰力。且使人事測驗原理與功能逐漸獲得改善，並普及於工商企業界與政府機構。

幾乎在同時，英國亦設立工業疲勞研究委員會，主司疲勞、工作時間、工作情境對生產效率影響的調查研究。及至第二次世界大戰期間，才正式成立應用心理研究所，隸屬於英國研究委員會之下，並加強工業

效率之研究。

　　由於工業心理學的崛起與萌芽，所強調的是工業效率問題，因此吾人稱之為工業效率時期。此時期的主要特色，乃為利用心理學的知識來提高工業效率。及至一九三○年代初期，工業心理學才逐漸有了明顯、具體的研究主題與範圍。工業心理學正式建立起來，成為心理學的一支，這得歸功於浩桑研究的進行。

二、行為發展時期

　　工業心理學的日趨完備，應始於一九三○年代的浩桑研究。早期的工業心理學家對人事甄選與安置，較具興趣；如今這一部分已成為工業心理學的重要主題，利用心理測驗來甄選員工也受到新的評價。

　　惟自管理界的人群關係運動勃興以來，工業心理學家乃轉而特別注重團體動態、督導過程和領導行為、意見溝通，以及工作滿足感的探討。該運動起自一九二○年代末期至一九三○年代初期，由梅約（Elton Mayo）教授主持芝加哥西電公司（West Electric Company in Chicago）的浩桑實驗（Hawthorne Experiment）。該實驗本為研究工作環境與工作效率間的關係，卻意外地發現團體動態與社會關係影響工業效率甚鉅。其後，羅斯茨柏格（F. J. Roethlisberger）與狄克遜（W. J. Dickson）更進一步研究，發現人群關係的重要性，著有《管理與工人》（*Management and Worker*）一書，極力主張尊重人性的價值與尊嚴，建立友好的工作氣氛，改變督導方法與工作關係，安排適當的休息時間，當有助於工作效率的提高。他們認為影響工作效率的，並非全在物質或經濟因素，而最重要的乃為人為因素。

　　依此，工業界開始強調人群關係，大家很重視督導人員與管理人員人群關係的訓練，以及管理發展計畫。尤有進者，專家們對工作環境內的社會行為發生興趣，奠定了日後組織心理學發展的基石。此時極為重視人類動機的探討，利用有效的方法來激勵員工，使他們努力工作；同

時探討工作滿足感與工作效率問題。隨著組織心理學的發展與成長，研討的範圍逐漸擴展，又包括了領導方式、管理哲學、組織政策與組織結構、誘因系統，及其他和人類滿足感與組織工作效果有關的事項。

此外，最近幾十年來，人因工程學（human factors engineering or ergonomics）亦有長足的進步。該學科的研究目的，是在顧及人類能力的限制下，設計適當的儀器、設備與工具，以適應人類能力，期使工作變得更有效率，以滿足人類的需求。一般而言，該學科是屬於科技整合下的產物，心理學家扮演著極為重要的角色。因此，有人稱之為工程心理學（Engineering Psychology）。

三、系統分析時期

近代工業心理學的發展已有了轉變，一方面探討各特殊變數的獨立關係，另一方面則研究各變數和工作行為間的關係。目前有許多獨立主題，諸如個別差異、組織特性、團體動態、機具設計、工作環境以及消費行為等等。然而，依據歐勒納（J. E. Uhlaner）的看法，影響有效工作行為與績效的變數有很多，這些變數對工作行為與績效的影響，不只是相加的效果，而且是相乘的效果。換言之，各項變數間的交互作用對工作行為的影響很大，且此種關係是相當複雜的。某一種誘因可能適合於某一類人，而引起其工作興趣；但對另一類人卻無英雄用武之地❹。準此，吾人研究行為時，必須顧及整個工作情境及有關變數，以便找出各相關變數間交互作用的影響。

職是以觀，工業心理學研究必須具有「系統分析」的觀念。所謂「系統」乃指視工作行為為一個綜合整合體，由許多相互關聯與作用的子系統所構成。它結合了人事、組織、工程、消費等各部分，而發展成整體概念。在系統觀念的架構下，吾人將人員、設備、工作程序與動作等予以適當的配合，以適切地利用人員的能力，以及物理設備，來執行不同功能。顯然地，系統觀念可以應用在物理設備繁多的狀況下，探討

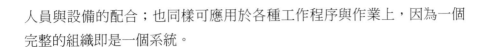
人員與設備的配合；也同樣可應用於各種工作程序與作業上，因為一個
完整的組織即是一個系統。

　　總之，工業心理學的發展已由過去單項變數的研究，步入綜合變數
研究的整體方向。吾人由上述發展過程來看，可知工業效率時期，是工
業心理學的萌芽階段；行為發展時期是工業心理學的形成期與巔峰期；
直到系統分析時期，工業心理學已成為一門完整的科學。當然，上述各
個階段只是研究便利上的劃分，且每個階段都有其主題與重點；事實
上，各階段是很難分割的，且是連貫的。

第三節　工業心理學的研究

一、科學研究概說

　　從科學的發展來看，人類對自身的研究最晚。心理學的發展是最
近幾十年的事，工業心理學即是心理學的一支。工業心理學是一種應用
心理學，是一門獨立的科學。所謂科學乃為科學家運用科學方法解決問
題，並建立理論的歷程。工業心理學的科學步驟，是發現待決問題，再
利用不同方法來收集資料及分析資料，然後由資料中得出結論或實徵性
研究結果，最後應用研究結果來解決問題。因此，工業心理學係屬於一
門科學，殆無疑義。

　　惟一門學科之所以成為科學，極不易建立一定的準則，尤其是工業
心理學涉及行為部分，很難做明確的探討。蓋行為本身除具複雜性而多
變之外，很難加以客觀驗證和做理性評定。因此有學者即認為「行為科
學還不能算是一種統一的科學」[5]。不過，行為科學具有三大價值：(1)
在相互依賴的開放系統中，描述出一般性概念與解說；(2)提供了收集數
據與思考數據中相互關係的方式；(3)就管理問題對變革的政策性抉擇方

式，加以說明。

　　此外，布萊斯維（R. B. Braithwaite）認為科學是用來建立「一項一般性法則，藉以說明一些經驗事物的行為方式，這些事物涉及科學所擬解答的問題；經過此種程序，進一步使我們能把一些已知的單獨性事物連貫起來，以便推斷我們所不瞭解的問題」❻。工業心理學即是經由許多心理學家收集有關問題個案，尋求解決一般問題的歷程。

　　當然，工業心理學既屬於行為科學的範疇，行為科學本身很難具體地解說人類行為與社會現象，究其原因不外乎：(1)行為現象重複性較低；(2)行為現象比較難以觀察；(3)行為變動性較大；(4)把實驗因素與不想考慮的因素分離，往往十分困難；(5)行為現象很難加以量化。工業心理學既無法免除上述限制，自然無可避免一些研究上的困難；惟科學研究的困難，並不能否定其成為科學的可能性。因此，吾人寧可將工業心理學視為一門科學。就今日學術研究的立場言，企業界已可採用若干心理學的準則，以解決工業上的問題，它是合乎科學的。不過，工業心理學的運用仍要牽涉到若干技巧，此乃因行為特徵是包羅萬象的，故工業心理學亦可視為一門藝術。

二、研究方法

　　工業心理學既是一門應用科學，且常應用科學方法解決問題，則在研究上所常用的方法如下：

(一)實驗法

　　實驗法是進行科學研究時，設計一種控制情境，研究事物與事物間因果關係的方法。通常，在實驗時，研究者必須操弄一個或多個變數，這些變數是屬於獨變數（independent variables）。所謂獨變數，就是影響行為結果的因素，實驗者可以做有系統的控制。另外一個變數為依變數（dependent variables），就是隨著獨變數而變動，且可加以觀察或測量

的變數。如研究燈光對工作效率的影響，則燈光的強弱為獨變數，工作效率的高低屬於依變數。

實驗法的第三種變數是控制變數（control variables）。該種變數必須設法加以排除，或保持恆常。例如，研究燈光對生產效率的影響時，其他條件如溫度、音響、工作動機等，皆屬於控制變數。由於控制變數亦可能影響獨變數與依變數之間的關係，故宜予排除或保持恆常，亦即加以控制。

工業心理學的研究，有很多都是採用實驗法進行。誠如前面所述，人的行為往往受到多種因素的影響，有時很難像物理科學那麼容易控制。尤其是影響生產因素甚多，包括個人的、社會的與工作情境的各種因素，且常錯綜複雜，必須考慮周詳，才能得到正確的結果。

(二)觀察法

觀察法是由個案研究法演變而來，又可稱為自然觀察法。一般而言，人類行為絕大多數發乎自然，在自然狀況下，較能做客觀而有系統的觀察。是故，觀察法未嘗不是收集資料的最好方法。惟觀察法又可分為現場觀察法與參與觀察法，前者只是一個旁觀者，後者則親自參與，以掩飾研究者的身分，如此所得資料較為可靠而有效。

不過，不管是何種觀察法，研究者本身必須接受相當訓練，培養客觀態度，盡量採用科學儀器。工業心理學研究領導對團體士氣的影響，即常借助觀察資料，以推論其間的因果關係。

(三)測量法

測量法是近代心理科學研究最進步的方法，就是利用測驗原理，設計一些刺激情境，以引發行為反應，並加以數量化而使用的方法。一般心理測驗已大量應用到工業上員工的選用，以及測量員工的行為上，為工業心理學奠定了科學衡鑑的標準。這種心理測驗已成為標準化的測驗工具。此外，工業心理學家利用心理測驗原理，發展成各種量表，用來

測量員工的態度、士氣、動機、情緒等。因此，測量法為研究工業心理不可或缺的調查方法之一。

(四)統計法

統計法是處理資料最有系統而客觀的正確方法。統計法通常應用在大量資料的收集上，經過統計分析後，可發現平時不易察知的事實。工業心理學所研究的對象甚眾，所包括的因素甚多。此時，可利用統計相關法，來分析其中若干因素的關係；或者使用因素分析法，來發現其中的共同因素。此外，統計上的若干量數，如平均數、中數、眾數等，以及常態分配概念，都可提供工業心理研究上的若干便利。

綜觀上述各種方法，除了實驗法、觀察法為借助自然與物理科學方法之外，其餘心理測驗與統計法的進步，實已奠定近代工業心理學的科學基礎；且使過去認為無法客觀測量的行為，可以有效地測量出來，並且使之數量化，而做出精確的記錄與比較。有關這些方法的應用，將在本書各有關章節中討論之。

第四節　工業心理學的功能

工業心理學係一門獨立科學，工業心理學家所從事的工作已成為一項專業，受雇於許多大公司，擔任管理顧問職位；或接受工商企業委託，提供知識與技術服務。綜合言之，工業心理學在工業上所負的功能，大約可分為四項：即研究、諮詢、計畫與評價[7]。

一、研究功能

工業心理學家提供心理學知識，用以研究工業上的問題，以解決實

際問題。例如，心理學家經由著名的浩桑研究，發現決定生產效率的因素不限於工作環境，而是工人的態度與士氣影響其生產質量，因而注重人群關係的督導訓練。此外，工業心理學可研究員工甄選技術、各種訓練方法、工作分析和評價、績效考核方法、管理技巧、人性化工程、廣告與銷售技巧等，以協助企業解決各項問題。

二、諮詢功能

工業心理學家常以專業知識與心理訓練受雇於諮詢公司，為工商企業界提供意見或建議，以協助解決問題。工業人事心理學家可提供心理測驗，以協助企業發展人員甄選計畫；工業組織心理學家可提供員工心理與組織內部互動的研究，以協助有關的組織發展計畫；工業工程心理學家可參與太空工程設計，提供人為因素的有關資訊；消費心理學家可幫助廣告公司設計產品的宣傳計畫等是。

三、計畫功能

工業心理學家常協助工商企業機構，設計各種有關人力規劃與發展計畫。如員工甄選計畫、人事測驗計畫、員工訓練計畫、績效考核計畫、士氣調查計畫、管理訓練計畫、安全防護計畫、廣告宣傳計畫等是。

四、評價功能

工業心理學家為了某些目的，也可協助工商企業對其員工或其推行的計畫，加以個別或集體的考核，提出客觀建議作為決策參考。例如，工業心理學對員工選用、升遷以及一般人事措施，可藉科學測量方法，鑑定個人或團體的特性，以達適才適所或發揮工作績效的功能。

　　總之，工業心理學是具有多重功能的，它可協助工商企業解決各項問題。它對工業的重大貢獻有：開發人力資源、發揮員工潛力、改進人力運用、激發工作動機、提高團體士氣、增進訓練效果、消除意外事故以及促進生產效能等。然而工業心理學的應用，很難達到盡善盡美的地步，此乃因它牽涉許多工程技術與外在經濟和政治因素，人為因素的改進只不過是整個組織系統的一環而已。

第五節　工業心理學的範圍

　　工業心理學乃是為了適應工商企業的需要而產生的。它研究的主要對象是人類行為，故偏重於人事管理與人力資源的開發問題。再者，人類行為乃為發生於組織內部的，故個人心理與組織管理的互動過程，也是工業心理學所必須探討的過程。此外，企業的目的一方面為生產貨品，另一方面為提供財貨與勞務的消費。為了提高生產效率，工業心理學必須重視工程設計，由是發展出工程心理的範疇。同時，工商企業提供財貨或勞務，以滿足人類的需要，故消費心理也成為其研究範圍。總而言之，工業心理學可分為四大系統（如**表1-3**）：

一、人事心理學

　　人事心理學（Personnel Psychology）的研究主旨，是在探討個人內在能力的鑑定，並對工作加以分析和評價，一方面乃在激發個人的工作潛能，另一方面則為求得人與事的充分配合。人事心理主要包括：個別差異、工作分析、員工甄選、人事測驗、員工訓練、工作評價、績效考核等議題。

表1-3　工業心理學的範圍

領域	意義	主要內容
人事心理學	探討個人內在能力的鑑定，並對工作加以分析和評價；一方面激發個人動機，一方面求人與事配合。	・個別差異 ・工作分析 ・員工甄選 ・人事測驗 ・員工訓練 ・工作評價 ・績效考核
組織心理學	研究個人、團體與組織的關係，探討有利於激發個人動機的社會心理環境，以維持個人與組織利益的平衡。	・動機激發 ・態度與士氣 ・群體動態 ・組織管理 ・領導行為 ・意見溝通 ・員工參與
工程心理學	協調人與機器的配合，謀求物理環境便於個人的運用；一方面提高工作效率，一方面提供員工安全保障。	・工程設計 ・工作情境 ・安全與意外 ・疲勞與效率
消費心理學	研究使產品達到消費目的，並應如何促銷，以滿足人類的需要，增進社會的繁榮與發展。	・消費行為 ・市場研究 ・廣告設計

二、組織心理學

　　所謂組織心理學（Organizational Psychology），就是研究個人、團體與組織的關係，探討何種社會的心理環境，有利於個人動機的激發，以邁向組織目標；亦即安排有利的組織環境，適應個人的心理需求，使組織與個人的利益維持平衡，用以達成管理目標。組織心理學主要包括：動機激發、態度與士氣、團體動態、組織管理、領導行為、意見溝通、員工參與等主題。易言之，組織心理學的要旨，乃在探討可能影響組織效率的所有過程。

三、工程心理學

工程心理學（Engineering Psychology）的主要目的，乃在協調人與機器的密切配合，謀求物理與物質環境便利於個人能力的運用，同時依據人體的生理條件設計機具，一方面提高工作效率，另一方面維護員工工作安全與保障，進而謀求員工福利。工程心理學包括工程設計、工作情境、工業安全與意外防止、疲勞和效率等主題。

四、消費心理學

消費心理學（Consumer Psychology）所研討的，是消費為生產的最終目的，研究如何使產品真正地達到消費目的，並如何促銷，以滿足人類的需要，增進社會的繁榮與發展。消費心理的內容，主要包括消費行為、市場研究、廣告設計等活動。

總之，本書第一篇引論，首先討論工業心理學的意義、發展、研究、功能與範圍，以作為以後各章的指引。第二篇人事心理學，研析個人的工作能力與工作條件，謀求人與事的配合。第三篇組織心理學，闡明影響組織的心理因素，使個人、團體與組織能充分協調，以達成管理目標。第四篇工程心理學，剖析工作中的人為因素，用以改進工程設計，配合人力的運用。第五篇消費心理學，乃在說明影響消費行為的因素，且探討應如何促銷商品，以滿足人類的需要。

個案研究——員工的心理

　　大成鋼鐵是一家從事煉鋼作業生產鋼胚的新公司。自公司創辦半年來，員工幹勁十足，向心力極強，每天生產一百二十噸的鋼胚，生產力極高。就這樣過了半年，員工發覺每天拚命工作，意圖提高生產量，然而，薪資卻比不上其他同類公司。

　　起初，員工們也能體諒公司創業維艱的困境，奮力工作；然而時日一久，不僅發現公司的薪資不如別家，而且公司的制度也沒有建立，一切都在摸索階段，以致有一個月竟達不到三千噸的產量。

　　為此，公司乃擇日召開一次緊急會議，商討有關問題，諸如如何調整員工薪資、建立一套完整的管理制度、增聘管理人員等。經過多次討論以後，公司確實改善上述問題，且員工工作士氣也逐漸恢復，甚而超過以往而無不及，其中有一個月竟然達到四千噸的產量。

　　然而，在經過多年後，生產量卻只能維持一定的水平，員工開始抱怨生產程序不當，影響生產進度，向廠方建議的諸多事項未得到公司重視或採納，管理人員有種高高在上的作風等，終而逐漸不遵守公司規定，且不服從管理人員的指導，工作士氣日漸低落。

問題討論

1.就本個案而言，薪資是否為決定工作效率的最主要因素？

2.你認為該公司管理人員是否重視員工的心理反應？公司應否加強管理人員的教育？

3.生產量與員工士氣是否相關？

4.為了提高員工士氣，該公司應推行哪些措施？

 註　釋

❶ 行為科學比人類學、心理學和社會學的總和,多了一些,又少了一些。其他學科中的若干問題,如企業管理的消費行為、員工士氣、決策行為;政治學的政治行為;經濟學的市場購買行為等,都包括在行為科學的領域內,故吾人說多了一些。至於人類學中的考古學、體質人類學;心理學的生理研究;社會學的社會結構、制度等,則排除於行為科學的領域之中,故又說少了一些。

❷ 有關工業心理學的意義,可參閱李序僧著,《工業心理學》,大中國圖書公司,頁1-2。

❸ H. Münsterberg, *The Psychology of Industrial Efficiency*, Boston: Houghton Mifflin.

❹ J. E. Uhlaner, "Human Performance, Jobs, and Systems Psychology: The Systems Measurement", in U. S. Army, *Behavior and Systems Research Laboratory,* Technical Report S-z (AD 716 346).

❺ F. J. Roethlisberger, "Contributions of the Behavioral Science to General Theory of Management," in Harold Koontz, *Toward a Unified Theory of Management*, New York: McGraw-Hill Book Co., p. 41.

❻ R. B. Braithwaite, *Scientific Explanation*, London: Cambridge University Press, p. 1.

❼ 李序僧著,前揭書,頁7-9。

Part 2

人事心理學

人事心理學（Personnel Psychology）是工業心理學的核心，也是最早成為工業心理學的研究範圍。其目的在研究人與事的密切配合問題，亦即為研究工業管理中人力資源的充分利用與開發問題。人力是企業組織的重要資源之一，如何培養人力資源，以維護組織的適應功能，已成為近代管理的重要任務之一。因此，有關個別差異、工作分析、員工甄選、人事測驗、員工訓練、工作評價、績效考核等，均有賴心理學的知識加以分析、測量與評價，並將研究結果作為擬訂人事政策與制定措施的依據。本篇將依上述範圍加以討論。

Chapter 2

個別差異

　　個別差異是人力資源管理最應重視的問題之一。員工甄選時即應注意個別差異的存在。蓋員工績效的良窳，有賴於「適才適所」的原則，此關係到整個組織的人事安定與否，故組織人事不能不重視個別差異。由於組織工作種類繁多，職位各有差異，需有不同性向與才能的人來擔任，才能順利地完成工作任務，且不至於浪費人力，損害人力資源。一般而言，人類不管在資質或才能上都有差異，此種個別差異各自適任不同的工作。因此，人事管理必須求其「人適其職，職得其人」，惟欲完成該項目標，只有靠適當的甄選工作。本章將探討個別差異存在的事實，及其形成的基礎；然後研討組織何以要重視個別差異，期能依此而甄選到真正的人才。

第一節　個別差異的存在

　　「人心不同，各如其面」，每個人在心性上、需求上各有不同，以致形成行為的個別差異。所謂個別差異，是指人們因先天的遺傳與後天的教養，不僅在外形上如面貌、身高、肥瘦等各種體質特徵有所差異，而且在內在的特質如智慧、能力、性向、興趣、人格等亦各有不同；凡此都構成個別差異。固然，人在基本慾望上是相同的，且常顯現一系列的行為共同性；但在許多方面卻是大異其趣的。人們之間的個別差異，至少有下列各項：

一、智力差異

　　所謂智力，乃為個體適應環境的能力，包括學習能力、知覺能力、聯想能力、記憶能力、想像能力、判斷能力與推理能力等，亦即個體在從事有目標的行動中，是否能有條理的思考，並對環境做有效適應的能力。智力高的人學習成績好，智力低的人學習成績低；智力強的人推理

透徹，智力弱的人推理膚淺。它是一種綜合而複雜的腦力。換言之，智力即為人們適應環境與解決各項問題的能力。

就工作立場而言，智力隨著工作的不同而有不同的需要。一般而言，智力高的適宜擔任較高程度或較複雜的工作，而智力低的人僅適於擔任較低階或簡單的工作。如果他們的工作反置，必然無法發揮他們的長處，使工作任務無法圓滿達成。因此，員工甄選必須注意到智力的高低。通常智力的高低可用智力測驗來判定，智力商數（Intelligence Quotient, IQ）即用以表示智力高低的指標。一個在社會上有成就的人，其智力商數一定比一個平凡的人要高。

二、能力差異

所謂能力，至少含著雙重意義：一係指個人到現在為止，實際所能為或實際所能學的而言。一則指具有可造就性，亦即潛力的意義；它不是指個人經學習後，對某些作業實際熟諳的程度，而是指將來經過學習或訓練，所可能達到的程度而言。能力不僅是個人很重要、很明顯的特質之一，也是個別差異的主要特徵之一。每個人的能力不同，適任工作的要求自然有所差異。通常能力高者適任高階層或複雜性的工作，而能力差者只能勝任簡單而例行性的工作。當個人具有某方面的能力時，必在該方面力求表現；若缺乏該種能力，則必加以迴避，以免遭受挫折。

三、性向差異

所謂性向，也可稱之為潛能。它係指人們在先天上具有學習某種工作的潛力；亦即為前述經過學習或訓練，就能達到某種程度的能力。例如，某人書法很好、某人歌喉不錯、某人算術高明，就是指他們在工作上的不同性向而言。因此，吾人做工作分配時，就必須注意符合他們的性向。如果讓一個善於言辭的人，從事機械操作，其成就恐怕很有限。

相同地，讓一個機械性向很強的人，從事外務工作，其成就亦必有限。管理者可經由性向測驗來測定個人的不同性向，從而分派不同性質的工作。

四、興趣差異

在工作中，個人的興趣各有不同，且興趣程度濃淡不一，所謂「人各有志，各異其趣」即是。所謂興趣，是指個人對事物的喜好程度而言。個人的興趣不同，對事物的選擇也不同。有些人興趣狹窄，有些人興趣廣泛。這可能形成個人的不同特質。個人對有興趣的事物，常趨之若鶩；對沒興趣的事物，則退避三舍。此種興趣可能源於自我、家庭、同僚、朋友或風尚等。個人常將自己投入喜歡的活動中，跟性情相似、興趣相投的人在一起工作，而形成個人的職業興趣。

五、氣質差異

所謂氣質係指個人適應環境時，所表現的情緒性與社會性的行為而言。氣質與「性情」、「脾氣」、「性格」甚為接近，是個人全面性行為的型態，多半為與人交往時，在行為上表露出來。如有人熱情、有人冷酷；有人外向、有人內向；有人經常顯露歡娛、有人終日抑鬱沉悶；有人事事容忍、有人遇事攻擊。這些常見的行為特質，即為人格上氣質的特性。由於這些不同特質，可以看出不同的個人行為傾向。因此，不同工作需有不同氣質的人，在工作分配時必須注意此一因素。

六、人格差異

所謂人格乃為個人行為的綜合體，係指個人在對人己、對事物各方面適應時，於其行為上所顯示的獨特個性；此種獨特個性，係由個人在

遺傳、環境、成熟、學習等因素交互作用下，表現於身心各方面的特質
所組成，而該等特質又具有相當的統整性與持久性。一般而言，人之所
以為人，都表現不同的人格。通常人格是個人行為的代表，個人行為的
特性都是透過人格而表現出來的。換言之，所謂人格是指個人所特有的
行為方式。每個人都在不同的遺傳與環境交互作用中產生對人、對己、
對事、對物的不同適應，故每個人的人格都是不同的。此種不同的人格
特性，可透過人格測驗測量出來，且據此而指派其工作。

七、生理差異

　　所謂生理係指個人的體格狀況、外表容貌與生理特徵等是。它至少
包括身材高矮、體力強弱、容貌美醜、生理缺陷與否等項，這些特質不
但影響別人對自己的評價，也是構成自我概念或自我意識的主要因素，
而形成個別差異。如有人力舉千鈞，有人手無縛雞之力；有的身材健
美，有的生理障礙；凡此都會形成不同的人格，產生不同行為型態。此
種生理差異，各自適任不同的工作[1]。

　　總而言之，行為的個別差異是存在的。每個人的各項特質不同，其
行為自有差異。此外，個人的動機、知覺、價值、態度、情緒、學習、
思維、經驗、知識、職位、信念、身分、思想等都各有不同，自是形成
個別差異的因素，在此實無法一一加以枚舉。不過，構成個別差異的各
項要素是交互作用，相互影響的，且很難加以劃分。只是吾人可由其中
探知個別差異的存在事實，體認其複雜性。

第二節　個別差異產生的基礎

　　個體之間既存在著個別差異，而研究行為的個別差異，必然牽涉到
若干生理、心理與環境的基礎。此乃因個人自呱呱墮地後，即與他人發

生社會依存關係，並依憑其遺傳與生理基礎，而與環境交互作用，且從中學習而形成自己獨特的人格。因此，造成個別差異的因素，主要為來自於遺傳、生理、環境與學習因素的交互影響❷。

一、遺傳因素

每個人的遺傳因素不同，自是造成個別行為的差異。在體型論者的立論中，個人的體格與生理特徵，即為構成人格上個別差異的主要原因。另外，與遺傳因素有密切關係的，是智力。個人智力的發展，固然受環境因素的影響頗大，但智力大部分仍由遺傳因素所決定；亦即遺傳給予個人智力一定的發展閾限，至於發展的程度則依賴教育與訓練的成效而定。不過，無論智力為何者所決定，每個人天生資質都是不相同的，自然形成個別差異。因此，遺傳實是影響個別差異的主要因素之一。

根據遺傳論者的說法，遺傳決定個人各方面成長的閾限，人們身心的成熟與發展都侷限於遺傳所限定的範圍內。依據這個範圍，個人再運用學習的歷程，在環境中形成自己獨特的人格。因此，不管個人行為是如何成長的，其最終仍脫不出遺傳所給予的限制。是故，遺傳實為形成個人行為的基礎，任何人所有特質的發展均脫不出遺傳的軌跡。每個人的遺傳因素不同，則其行為自有不同。

二、生理因素

生理因素，係指生理特徵與體能狀況等，對個人行為的影響。在生理功能方面，以內分泌腺的功能對行為的影響最為顯著。內分泌失常，對個人的外貌、體格、性情、智力都會發生影響。如甲狀腺素分泌不足，會阻礙身體發育；甲狀腺素分泌過旺，則造成精神極度緊張。其次，消化功能不良的行為特質，有三種狀況：(1)消化過快的人，表示對

客觀世界不滿，以致引起報復性的安慰；(2)消化過慢的人，表示對世界持觀望態度；(3)消化不良者，表示對周遭事物長期憂慮的結果。凡此皆為生理狀態對個人行為的影響。

當然，生理的成熟性與心理的成熟性是相因相成、交互影響的，且共同左右行為的發展。然而，無論生理的成熟性或心理的成熟性，都是逐漸發展的。顯然地，孩童時代的身心發展是不完整的，必至成年始能完成。換言之，個人生理的成長與成熟，是導致行為發展的主要基礎之一。因此，行為的形成除了受個人各個發展階段的影響外，亦與整個生理成長過程相生相成，及至成年始形成統整而堅固的個人特質。每個人生理成長與發展過程既不相同，則其行為差異自必存在。

三、環境因素

環境對行為發展的影響，大致有三方面：家庭、學校、社會文化。家庭方面主要為個人嬰、幼兒時期。學校方面主要為青、少年期。社會文化方面主要為成、老年期。當然，上述環境是一貫性的，而且是交互影響的。根據研究顯示：在家庭方面，育兒方式、親子關係、家庭氣氛、出生排行、出生別與同胞關係，都會影響個人人格的發展；諸如和諧的家庭氣氛，能形成子女良好的社會適應能力。在學校方面，一般接受較多教育的人，其人格發展較為健全，犯罪比率有顯著下降的趨勢；其主要為來自於教師人格的感化。至於社會文化不但影響人們的衣、食、住、行等生活方式，更重要的是形成人們不同的觀念、思想與行動。社會文化包括範圍極大，舉凡政治型態、經濟制度、學校教育、宗教信仰與風俗習慣均屬之。因此，社會文化對人格與行為的發展，都有深遠的影響。個人處在不同的環境中，常形成不同的人格，以致影響其行為型態。

環境因素對人格發生明顯影響的例子很多，諸如在中、西的不同文化型態中，美國人樂觀進取，中國人勤儉保守。處於民主社會型態下生

活的人們，通常都具有崇尚自由色彩，要求獨立自主的開放性人格。生活在獨裁式家庭或社會環境的人，比較傾向於服從，表情冷淡的封閉性人格。當然，在相同文化型態下的人，其基本特質可能是相同的；但來自於不同環境因素的刺激，在許多方面仍然是差異的。此即證明個人行為特質，係受環境中各項因素交互影響的結果。因此，環境因素實係構成個別差異的基礎之一。

四、學習因素

　　個別差異的形成除受前述因素的影響外，尚受到學習的影響。畢竟行為的發展是具有統整性、學習性與成長性的。換言之，行為的發展是不斷地學習而來，蓋學習是一種經驗成長的歷程。行為的成長有賴學習，如個人的能力、動機、興趣、價值觀、社會態度等，都是個人在生活歷程中經驗的累積。從適應環境的觀點而言，行為是個人對環境做有效地積極適應而形成，此種適應環境的歷程，即為學習。質言之，學習是基於本能與生存的需要而引發，使個人在求生過程中形成一定的人格。

　　由是觀之，個人學習的歷程不同，自必形成個別差異。所謂「聞道有先後，術業有專攻」，即為不同學習歷程的寫照。在日常生活中，個人常憑藉社會化的學習而形成習慣，以適應生活，成為個人的一套獨特人格。一個學習態度積極的人，其原有的生活經驗，可促使自己做有效的學習。至於學習態度消極的人，則感到適應困難；如外在環境壓力加大，則形成環境與自我的衝突，容易造成人格的分裂。因此，不同的學習歷程，會形成不同的人格差異，以致形成行為的個別差異。是故，個別差異的形成，部分是受到學習因素的影響。

　　當然，上述各項因素是形成個別差異的共同基礎。只是有時某些因素的影響較大，有時某些因素的影響較小而已。吾人探討個別差異的影

響基礎，不能只重視某項因素，而必須強調整體性的綜合研究，才能得到正確的結果。

第三節　組織須重視個別差異

個別差異既是存在的，則在人力資源管理上為求達到「人盡其職，職得其人」的目標，就必須「為事擇人，為人選事」，凡些都必然要重視個別差異的存在。此乃因個人之間在工作上所表現的績效差異，實受到個別差異的多重因素之影響。因此，管理者的主要責任，一方面固須從組織立場，為組織工作擇定稱職人選；另一方面亦必須有效地利用人力資源，指導個人選定適合的工作，才能達成「人求事，事求人」的雙重目標。凡欲達成該項目標，管理者就必須從不同角度去瞭解個別差異的重要性[3]：

一、就經濟觀點而言

企業人力資源管理人員若能重視員工個別差異的存在，是最合乎經濟效益的。當員工都能依其個別差異，而在各自的工作崗位上發揮其才能時，不僅最有益於員工個人，也有助於整個組織的工作效能。相反地，若組織內部不是依據個別差異來派任員工，則不只員工無法發揮所能，甚而在工作上彼此牽制或相互阻礙，這是最缺乏工作效率和成本效益的。因此，每個組織都必須依據個別差異來選任員工，以求達到經濟上的效益。

從員工甄選的角度來看，每個人都各有所長，亦有所短，只有把員工適宜地安置在恰當的職位上，才能使個人發揮最大的潛力，做最有效的工作。個人工作是否有效，除可從生產力看出外，尚可從經常性的耗損、成本的提高、機械的修護以及人員出勤率、流動率看出來。員工

的生產力高、出勤率高、流動率低、器材耗損少、成本低、機具修護費低，都表示工作效率高，合乎經濟原則；反之，則工作效率低、不經濟。工作效率高，則表示員工有滿足感，人事配合；反之，工作效率低、不經濟，則表示工作與人員配置不當，未依個別差異來分配工作。當然，工作效率的影響因素，不只限於一端；然而，是否依個別差異來甄選員工卻是一大因素。

此外，倘若人事任用未依個別差異選派，則其員工無法獲得滿足感，流動率必高。當流動率高時，以前招募員工的晤談、測驗、身體檢查、訓練、教導等成本，都將付諸流水，顯然是不符經濟效益的。再者，隨著職位的不同，此種費用的高低也不一樣。然而，如果每個組織都能有系統地探討流動率的成本，將各項費用加起來，便會發現該項費用是十分高昂的。因此，站在經濟觀點而言，組織依個別差異甄選員工，無形中將減少許多成本。同時，員工就業情形安定，亦可免除另行甄選時的各項費用。

二、就企業形象觀點而言

凡是企業形象良好的公司，無不希望它所任用的員工都是愉快的員工，且能滿足於其工作上。要做到這一點，就必須重視員工個別差異的存在。當一家公司能依據個別差異而任用員工，不僅可使員工依其專長發揮工作效能，且可減少員工的流動率。一家流動率很低的公司，不只會節省很多人事成本，甚且能獲得外界的好評。因此，企業在甄選員工時，就必須考量員工的個別差異，以求能達到「為事選人，為人擇事」的目標，並可建立起公司的良好形象。

三、就人性觀點而言

管理者在甄選員工或分配工作時，若能考量個別差異，員工比較能

從工作中獲得滿足感，發揮個人的潛能。蓋個人的工作滿足感和個人是否努力執行工作有直接的密切關係。雖然工作滿足感不是工作績效的充分條件，但卻是工作績效的必要條件。換言之，員工的工作滿足感高，雖不能保證其工作績效必定很好；但工作滿足感很低，則無法奢望其工作績效會很好。此種滿足感很多都來自於適合自己的能力、興趣等因素，只有適合自己才能的工作，才能使個人稱心如意；反之，則沮喪不已。當然，滿足感的提升，尚有待提高薪資水準、給予升遷的機會、改善工作環境、給予工作保障等措施的配合。不過，就人性觀點而言，依個別差異來甄選員工，顯然是相當重要的。

四、就社會觀點而言

吾人在甄選員工或分配工作時，若能注意到個別差異，則是合乎社會目標的。管理者若能適切地運用每個人的才智，使大家得到合適的工作，不僅能充分利用人力資源，且可達到安定社會的理想。假使每個人都能人盡其才，工作潛能得到充分發揮，則社會必然安定，經濟必定繁榮。因此，站在整個社會的觀點來看，依個別差異來選任員工，是使「人適其職、職得其人」的最佳措施。

目前教育普及，每個人受高等教育的機會增加，其目的即在激發人類潛能，適切地運用人類智慧。同樣地，職業輔導即具有「人適其職」的功能。在工業上，考慮到個別差異，將工作者安置到適切的職位上，將有助於上述目標的達成。因此，人事管理者就社會目標而言，應依個別差異來甄選員工。

總之，個別差異在工作分配上是相當重要的。管理者在做工作分配時，必須考慮個別差異的存在，切不可以不必要的條件任意分派工作；否則，將無法達成「事求人、人求事」的雙重目標。

第四節　個別差異的員工甄選

　　個別差異會影響到人事管理的各個領域，如員工甄選、員工訓練、工作考核、工作績效等；但其在員工甄選上尤其重要，故本節乃討論管理者應做個別差異的員工甄選。蓋人事管理者在甄選員工時，若能針對其個別差異，才能達到人事充分配合的境地。畢竟個別差異的存在是事實，每個人都適任於某一種職位。世上無全知全能的人，各個人都各有所長，亦各有所短。因此，吾人必須建立一些標準，才能因材施用，而不致有所偏離，甚而浪費人力資源。現代人事心理學家常設計各種測驗方法，以協助管理者選取各種人才。茲列述如下❹：

一、智力測驗

　　一般智力測驗的內容，都以語文表達能力、閱讀速度、圖形拼字、字彙能力、數學能力、推理能力、辨別能力等測驗各人智力的高下，其中常以智力商數來判定。一般而言，智商高（極優）的人，可以培養其創造發明能力。智商中等的人，可施予職業訓練課程，從事普通技術性的工作。智商中下的人，可授予普通生活技能，從事簡單的機械技術工作。近於低能以下的人，則從事簡單操作、勞力，屬於非技術性的工作。

　　依常態分配曲線來看，中材或中下的人口比例占大多數，可實施普通教育或職業訓練。但上智天才或幾近低能的人，僅有少數，可實施特殊教育。如此，自可適應個別興趣、能力，以達「人盡其才、才盡其力」的理想。上智天才可以培養為科學家、發明家、領導者；而智能不足者至少亦可從事簡單的謀生技能。因此，智力測驗可選取不同智力的人，做合理的工作分配。

二、能力測驗

　　個人的能力包括成就與性向，它不僅指現有的能力，而且還包括未來的工作潛力。現有的能力可以說是個人智商與教育或訓練的乘積；未來的潛能則有待以後的教育與訓練繼續發展出來。成就測驗即在測量受測者現有的工作技能與知識；而性向測驗多應用在缺乏工作經驗的應徵者身上，以選擇某種性向的工作者。通常在人事甄選上能力高的人，可以給予高的地位，從事較繁重的工作，服務事務的範圍較廣；能力次等的人，則分配中等程度的工作，給予中等地位，服務的事務較次；至於能力較低者，僅能給予較小範圍的工作或勞務。此三種人的工作能力若能連貫配合，必能順利達成組織目標。

　　此外，對於具有發展潛力的人，必須適時給予職務的調整，逐漸提升其地位與服務的範圍。就整體組織的觀點言，員工能力高低的配合情形，必須從工作性質與員工人數等因素加以斟酌。如果能力差距過大，往往影響管理和溝通工作。蓋差距過大，常使下級人員不瞭解組織政令或管理者的理念，以致阻礙工作之推展。再就意見溝通而言，能力差距過大，常產生文化因素的障礙，而造成誤會、曲解等情事。一個聰明的管理者，宜充分運用自己的智慧，瞭解員工的個別能力，加以適當的分配工作，才不致貽誤大事。

三、興趣測驗

　　每個人的興趣不同，故可用興趣測驗測出其興趣，從而指派適任的工作。例如，有人愛好社交生活，樂於從事政治性活動；有人愛好獨立思考，而適宜於學術性研究；有人喜好權力，可從事行政工作；有人喜好機械操作，可從事技術性工作。通常興趣測驗包括戶外、機械、計算、說服、服裝、文學、音樂、社會服務與文書等項目，可以鑑別個人不同的職業興趣。個人職業興趣，常能帶動他在職業上的活動力，增進

其工作效能，故職業興趣是個人工作績效的基礎之一。

　　管理者依員工興趣分派工作，不僅能使員工在現有工作上發揮其成就，而且能使其對未來發揮工作潛力。蓋員工對感興趣的事物，必充滿著無數動機與滿足感，以驅使他努力投注在工作上。相反地，若員工對某項工作不感興趣，常採取逃避的動機與行動，很難有優越的工作表現。因此，實施興趣測驗，可協助管理者發現員工的興趣所在，從而分配適當的工作。準此，管理者在實施員工甄選制度時，必須注意員工的興趣，才能達到適才適所的境地。

四、人格測驗

　　個體行為的差異，主要表現在能力與人格兩方面。有關能力差異情形，主要靠能力測驗來決定。至於人格測驗則在測量一個人行為適應的多種特質。廣義的人格測驗包括一個人的氣質、能力、動機、價值、情緒及社會態度等。從人事主管的立場看，人格測驗比能力測驗更為重要。此乃因個人儘管在能力上表現得非常優異，可是由於性格的異常仍然難以適應工作。一個人格有重大缺陷的人，勢難有效地與他人合作，而適應組織的生活。是故，人格特性對工作成效實具有決定性的影響。

　　通常人格測驗的編製，必須區別正常人格特質傾向與病態人格特質傾向的差異，如此才能概見一個人的人格適應情形及病態傾向。人格測驗如此編製，一方面乃為測量個人各項工作的適應能力；另一方面在避免選用不良適應的個人，或避免具有某些不良適應的人擔任某項工作。如此，才能使人事相互配合，完成組織工作績效。

五、工作晤談

　　應用晤談的方法，可彌補心理測驗的不足，且將靜態資料延伸為動態資料。工作晤談乃著重人格發展與適應性的瞭解。晤談係一種主試者

與受試者的雙向溝通系統，使主試者與受試者進行面對面的交流。主試者可藉晤談過程觀察受試者的語言行為或非語言行為，作為員工甄選的參考資料。受試者也可藉此瞭解工作特性與組織狀況，作為人與事配合的開端。此對某種特殊工作或管理階層人員的甄選，是一種不可或缺的重要技術。

晤談是一種藝術，比較少具備客觀的評估標準。因此，晤談方式一般可分為標準化晤談與非標準化晤談兩種。標準化晤談對問題的字句、題目的次序，皆做一定的安排，以供受試者依問題回答。非標準化晤談所使用的問題字句和題次都有彈性的變通，可自由問話。兩者各有所長，可交互為用。不過，非標準性晤談須有充分時間，須由嚴格訓練過的專家主持，所以這種方式大都應用於行為治療與診斷上，只是管理上亦可適用。管理者在採用晤談方法時，必須設法使受試者充分表達自己的才華，注意其採取偽裝和說謊的態度；且避免自己的主觀偏見，才能得到正確的判斷。

當然，上述各項測驗方法各有其優劣點，且是針對員工的個別差異而實施的。不過，任何甄選技術最重要的必須注意其信度與效度，有些元素是不容易劃分清楚的，測驗的結果只能說是有用的，但絕不是萬靈丹。管理者使用各項測驗技術時，必須有此種體認，先確定目標，再針對應用的對象和性質，選擇不同的測驗工具，才能做有效的測度，並因應個別差異甄選出合適的人員，達成組織的工作績效[5]。

總之，個別差異是存在的，管理者不但須因個別差異而選用人才，尤其須能因材施用，善加誘導。蓋不同的工作都需要各種不同形式的智能，管理者只有指派符合個人能力的工作，才能達成「各適其職，各盡其材」的目標。

個案研究 —— 個別差異的主管選任

　　利光人壽保險總公司，有一個中層主管職位出缺。公司當局組成一個人事評核委員會，對可能的人選一一加以評核；最後的候選名單，只剩三個人，很難加以取捨。

　　第一位候選人，是一位新進未久的管理員。他是某大學企管研究所的碩士，主修管理理論和保險學。公司當局認為他擁有管理知識和背景，又修過保險學，且具有人事督導方面的知識與技能。但人事評核委員會的部分委員認為他通而未專。

　　第二位候選人，是一位推銷員出身的，在過去兩年裡，他一直是某地方分公司的佼佼者。人事評核委員會很滿意他過去的服務成績；然而，也有委員認為「管理和待人接物是兩碼子事；待人接物好，不見得就擅長於管理」。

　　第三位候選人，現在服務於總公司的精算部門。她是位女士，精算技術頗佳。人事評核委員會中一位委員認為她是理想的候選人，精算部門是保險公司的骨幹，而她又懂得保險事業的竅門，具有專業技術，應有較好的表現。不過，也有人認為她太習慣於數字，恐怕不見得能勝任管理工作。

　　人事評核委員會對這三位候選人的優點和缺點，做了詳細的評估，經過相當長時間的討論，難以遽下結論。

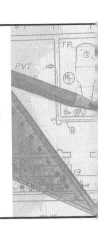

問題討論

1.一般公司的職位是否應依個別差異而任用適當的人員？

2.一般公司應如何去瞭解員工的個別差異？如何做到「人適其職，職得其人」？

3.就本個案而言，你認為誰是最適當的人選？

4.就本個案而言，該中層主管職位應具備哪些資格條件？

註　釋

❶有關智力、能力、性向、興趣、氣質、人格、生理等的意義，可參閱林欽榮著，《管理心理學》，五南圖書出版公司，第二篇各章的討論。

❷同前註，頁128-131。

❸李序僧著，《工業心理學》，大中國圖書公司，頁17。

❹林榮模編著，《工業心理學》，正文書局，第二章。

❺以上各項測驗內容與方法，將在本書第四、五章中詳細討論。

Chapter 3

工作分析

工業心理學上的許多範疇都根源於工作，人們必須從事工作，以換取報酬，維持生活。因此，吾人必須對「工作」進行分析，以便瞭解所有工作的各項要件，據以作為行事的準據，使人能發揮良好的工作效率。且工作分析可作為工作評價的依據，從而訂定或調整薪資。同時，工作分析還可作為員工甄用、訓練與建立工業安全的標準。本章將依序討論工作分析的意義、目的與功能、程序與方法、要素與內容，最後探討工作說明與工作規範。

第一節　工作分析的意義

工作分析的研究，最早自泰勒（F. W. Taylor）的時間研究開始；其後，有吉爾伯斯夫婦（Frank and Lillian Gilbreth）的動作研究，始逐漸發揚光大。早期的研究，基本上著重在具有重複性工作的分析上。此種分析乃著重於工作要素。所謂要素（element），係指區分工作活動的最基本元素。隨著企業管理的發展，今日所謂的工作分析（job analysis），無論就範圍與應用上，已不同於往昔的動作與時間研究，而把工作擴大到任務的領域上。所謂任務（task），就是每項工作活動都有個合理而明確的目標，且被界定成特定工作的一部分。

是故，今日所謂工作分析，就是對某項工作以觀察或與工作者會談的方式，獲知有關工作內容與相關資料，以製作為工作說明，而便於研究、收集與應用的程序。人力資源管理為了在科學基礎上雇用員工，就必須對員工素質先訂立標準；而建立員工的素質標準，就必須對工作的職務與責任加以研究。此種研究工作內容，用以決定用人的標準，就是工作分析❶。

任何一種工作分析，基本上都必須包括：(1)工作必須予以完整而正確的鑑定；(2)工作中所包含的事項，必須予以完全而正確的說明；(3)工作人員勝任該項工作所需的資格條件，必須予以指出。其中第(2)點為工

作分析的最重要部分；缺少此部分，其餘分析都將顯得毫無意義可言。

同時，一項完善的工作分析，必須獲得與提出四項性質的資料，此四項資料已成為衡量工作分析的規格，通稱為「工作分析公式」（the job analysis formula）。此四項資料就是：(1)工作人員做什麼；(2)工作人員如何做；(3)工作人員為何做；(4)有效工作必備的技能。前三項就是說明各項工作的性質與範圍，也就是工作說明書所欲表達的內容。第(4)項是說明各類工作的困難程度，以及正確地確定工作所需技術的性質，這也是訂定工作規範的主體❷。

所謂「工作人員要做什麼」，就是就工作內容詳加分析工作人員的各項活動與任務，包括適任該工作的思想、知識與技能。「工作人員如何做」，就是對工人為完成工作所用的方法加以分析，包括使用的工具、設備及程序等。「工作人員為何做」，就是指工作人員工作的意願與動機，提供工作人員瞭解擔任工作的經驗背景，以及將來可能的發展。至於「有效工作必備的技能」，乃為說明工作人員適任某項工作應具備的技術與能力，並規定該技能的水準。

在工作上，有關術語常顯得稀鬆，意義不明。為了研究上的需要，本文擬再對下列名詞加以定義。根據沙陀（C. L. Shartle）的看法❸：

1. 職位（position）：職位是指由一個人執行的一組任務，任務又稱為作業。在組織中有多少個員工，就有多少個職位。組織是由許多職位組合而成的。

2. 工作（job）：工作是指在一個工廠、企業機構、教育機構，或其他組織中，一組相類似的職位。在一項工作中，可能由一個人從事一項工作，或由許多人執行一項工作。不過，有的工作可能因性質特殊，而無類似職位，以致一項工作只包括一個職位。

3. 職業（occupation）：職業是指在許多機構之間，同樣具有相似性的一組工作。

4. 事業（career）：事業是指一個人一生當中，所從事的一系列職位、工作與職業。

綜合上述各項術語的解釋，吾人可得到一些清晰而有系統的概念。組織為了完成某種特定目的，必須使用人力，乃產生了「任務」。此種人力可能為體力，也可能為心力。在集合足夠任務而須任用一個工作人員時，則形成一個「職位」。因此，職位乃是一個人所負的各種作業、任務與責任的結晶。一個職位以一個工作人員為依據，一個組織中有多少工作人員，就有多少個職位。再者，組織中一組相類似的職位，即為一項「工作」。全國各機構之間，各種不同群體的工作，即屬於不同的「職業」。

第二節　工作分析的目的與功能

人力資源管理之所以進行工作分析的目的，無非是要評估組織成員的工作行為，期以充分發揮人力資源。每個組織設計一項工作的目的，乃在達成組織的生產目標和維持組織的生存，所以利用工作分析，將個人實際工作情況與角色規範相互配合，以顯現工作成果。此種成果是撰成工作說明書與工作規範的依據。因此，工作分析最重要的功能，乃為應用於工作設計、工作考核與工作評價方面。當然，工作分析的功能不僅於此，它至少具有：

1. 工作評價：工作分析的重要目的，乃是作為未來工作評價的參考。工作說明和工作規範通常用來評定工作對組織的價值，然後配合工作要件，建立薪資報酬的給付標準。工作分析即為角色規範的建立，工作評價是為了薪資給付而對工作的評定。換言之，工作分析決定了工作價值，是工作評價核薪的基礎。

2. 薪資調整：工作分析有時可作為薪資調整的依據。工作說明可用來比較不同組織的職位間報酬的給付率。雖然各種組織不同，但某些工作職務極為類似，此時工作分析可以比較其間的報酬水準，作為調整薪資的參考。

3. 人才甄用：工作分析可以用來作為甄選與任用人才的標準。工作規範的內容是選用人員的基礎，工作說明有助於人員的甄選與安置的指導。由於甄選程序以工作要件為前提，故成功選用人才的可能性較大。蓋員工選用事先有詳盡的工作分析資料，可依據工作需要的條件，選用適當的員工，達到「人適其職」的理想。

4. 訓練發展：工作分析為訓練與管理發展的指針。有效的訓練計畫，必須根據有關工作的詳細資料，否則工作人員很難獲得適宜的訓練。此乃因工作分析可給予員工訓練一個明確的目標，提供員工學習新技術的機會，以激發其工作動機與士氣。

5. 升遷調職：工作分析的資料可提供員工升遷調職的依據。工作說明與工作規範所顯現出來的資料，可確立組織的工作關係，提供員工升遷或調職的途徑。甚而依據工作分析所做的員工考核，亦可作為升遷調遷的依據。

6. 工作簡化：工作分析研究各項工作方法，可簡化工作程序，消除重複及不必要的動作，以避免疲勞的發生，故可改進工作績效與產出。

7. 工作指導：工作說明書對一個新進人員而言，可作為其工作的指導；透過工作說明書，可幫助他瞭解工作和組織的情形。此外，工業工程師利用各種工作分析方法，可作為指導員工工作的參考。

8. 績效考核：工作說明書可確定工作目標，從而建立績效考核的標準。績效考核即根據工作條件釐定客觀的標準而進行的。如無客觀標準，考核人員對員工所具有的技術程度之確定，必無法得到公平的評估。

9. 方法改進：工作分析資料指出工作程序、設備與人力的配置，因而工作方法得以隨時改進，以求合於組織期望與經濟效益。因此，工作分析可作為職位重新設計的基礎，用以改進工作方法與建立工作標準。

10. 職業諮詢：工作分析資料，可提供為職業諮詢。工作分析建立各

項工作事項與工作條件，故可提供正確而適當的資料。此種資料可以作為擬訂職業分類的標準，對輔導國民就業的幫助甚大。其他尚可應用於非工業的目的，提供教育課程擬訂的參考，以及作為職業指導等用途。

11. 勞資關係：工作說明書是以事實為根據，使勞資雙方藉此獲得共同瞭解；一旦發生爭議，此種書面紀錄可作為裁決的根據。同時，工作分析可以作為管理者與工人間溝通的橋梁，促進雙方職責上的瞭解，以減除或降低工人的牢騷。它可使員工知道待遇的不同乃為工作不同之故，而減低組織內部衝突，使工作者樂於接受工作計畫，於是得以順利推展工作，達成組織目標。

12. 安全建立：安全措施可從工作分析上得到資料，以確定工作的危險性與環境的安全度。工作說明依據工作性質，謀求機器與人力的密切配合，可以把意外事故的發生減低到最低程度，並確保員工生命安全。

總之，工作分析的目的與功能是多重的，它是人力資源管理的基礎，若無工作分析，則其他人力資源管理途徑必雜亂無章，毫無制度可言。因此，做好工作分析，才是尋求組織正常發展的基石，此為從事管理工作者所必須體認的事實。

第三節　工作分析的程序與方法

一般工作分析，可採取下列步驟進行；且在各項步驟進行中，選用適當的分析方法，如**圖3-1**所示[4]。

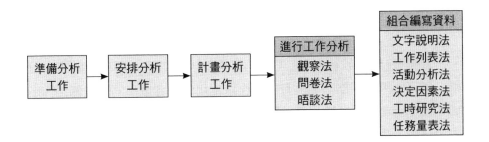

圖3-1 工作分析的程序與方法

一、準備分析工作

所謂「凡事豫則立,不豫則廢」。任何事在進行前,若有周詳的準備,則容易成功;否則必招致失敗。因此,工作分析亦然。工作分析人員在未進行分析前,宜先對工作項目、工作活動、使用設備、工作環境與條件、對工作者的要求,以及工作方法等加以瞭解;並查閱各項有關工作的書面資料,如職業分類標準、各行業的工作說明資料及本機構有關該工作的書面資料等。這種分析前的研究工作,可增進分析人員進行工作時的便利。

二、安排分析工作

工作分析為了獲得精確完善的工作資料,必須有妥善的安排;分析人員與有關主管間必須密切合作,以免導致任何摩擦或誤解。在工作分析前,分析人員與有關人員間的接觸目的,乃在確使相關人員瞭解工作分析的目的,並獲得工作研究的成果。在開始實際分析前,分析人員應對整個工作做全盤性的瞭解,熟悉一切分析程序。最好能到工作現場,由有關人員引導,分析人員則向相關人員說明工作分析的主要目的;同時,自相關人員處熟悉其工作規劃,蓋工作分析所需資訊最清楚者,莫過於現場工作人員及其主管。

三、規劃分析工作

工作分析人員為使研究工作迅速有效，應訂定一項執行計畫。分析人員可要求相關部門提供有關工作單位劃分、各個不同單位的工作名稱，以及每項工作所雇用員工數目等資料。無論這些資料來源與種類如何，分析人員都將之加以編排，俾能顯示組織、單位與工作間的關係；為了便於達成工作研究目的，可用圖表方式編排資料。由於分析人員有了分析前的計畫，對可以省略和重複之處均已瞭解，故可在各部門間節省很多時間。但工作分析計畫只是一種預訂性質，必須將之和各單位的實際情況加以驗證，方不致產生錯誤。蓋工作名稱與實際工作職務往往存有距離，分析人員必須隨時補充所擬訂的計畫，並盡可能尋求各單位的協助，方可開始進行工作分析。

四、進行工作分析

具體的工作分析要有高度的訓練與技術，如所需的只是簡單的工作說明，分析人員可採親自參與工作的方法。實際上，大部分的工作分析都可採用下列各種方法進行：

(一)觀察法

所謂觀察法（observation），就是在工作現場實地觀察工作者的工作過程，將工作行為有系統地記錄下來，以求對工作分析做真實的瞭解。在分析過程中，應經常攜帶工作手冊，分析工作指南，以供參考運用。分析人員在觀察工作時，必須注意工作分析公式中的「做什麼」、「如何做」、「為何做」以及工作所包含的「技術」，以探求工作的內容、記錄的方法，可使用記述法或檢查列表法。在使用工作列表時，必須事先瞭解工作性質及有關事項，然後依據觀察資料編寫工作說明，包括個人的角色規範。

在實施工作觀察時，最好能於不影響工作的情形下為之，才能做正確的觀察。同時，應對幾個工作現場做觀察，以證實與比較其工作內容，減少個人工作習慣所產生的缺點，保持員工工作的自然態度。工作分析者應確實注意研究的是工作的特性，而非各個員工的特性。一般而言，觀察法所獲得的資料往往無法提供撰寫工作說明書或工作規範之用；而多應用於瞭解工作條件、危險性或所使用的工具與設備等項目。換言之，觀察法只適用於工作操作方面，而不適宜於行政工作的分析。因為行政工作是一種心智活動，不是分析工作者所能觀察出來的，何況其中尚包含計畫、決策、考核等工作。

(二)問卷法

問卷法（questionnaire）就是運用問卷調查，敘述實際行為與心理特質，要求工作人員作業，並予以評定的方法。調查時，由分析人員製作調查表，要求工作人員書明姓名、工作名稱、單位名稱、直屬主管姓名及有無監督屬員；然後就其瞭解，書明其職務、使用的材料與設備，以及工作上所需的知識與困難事項。此種問卷調查法無法獲得行為問題的解答，只能獲取有關事實資料，取得回答者的意見。因此，它只適用於具有書寫能力的員工，對於某些生產線上不識字的員工則不適合。此法的優點乃可藉問卷調查多收集有關資料，擴大其參考價值。

(三)晤談法

晤談法（interview）是與工作者、領班、專家等以面對面（face-to-face）的方式，對談有關工作任務、職責等，以獲得一切相關資料的方法。此種晤談著重晤談時的情境，講求晤談技術，使晤談者願意真實地提供翔實資料，並排除抗拒或防衛的行為。當然，要使晤談發揮最大功效，必須有周詳的計畫與考慮，晤談者事先把問題擬好，保持清晰概念，隨時去蕪存菁。同時，晤談時要避免歪曲工作過程。

以上各種方法雖各不相同，但在使用時可綜合應用，當能對工作分析更有裨益。

五、組合編寫資料

工作分析的最後步驟，乃為組合及編寫資料。工作分析人員必須將獲得的各項資料，予以整理，編寫成報告。通常工作分析資料可以下列方式整理❺：

(一)文字說明法

所謂文字說明法（essay description），就是將工作分析所得資料，以文字說明的方式表達。列舉工作名稱、工作內容、工作設備與材料、工作環境，以及適任員工的工作條件與具備的人格特性等。

(二)工作列表法

工作列表法（job check lists）就是把工作加以分析，以工作的內容及活動分項排列，請實際從事工作的員工加以評等，或填寫所需時間及發生次數，以瞭解工作內容。列表只是處理形式的不同而已。

(三)活動分析法

活動分析法（activity analysis）事實上就是作業分析法。通常是把工作的活動按工作系統與作業順序一一枚舉，然後根據每項作業詳細加以分析。活動分析多以觀察和晤談的方法，對現有工作做分析，所得資料作為教育與訓練的參考。

(四)決定因素法

決定因素法（critical incidents）是把完成某項工作的幾項最重要行為加以表列，此種「重要性」在積極方面說明工作本身特別需要的因素，

在消極方面則說明亟須排除的因素❻。

(五)工時研究法

工時研究法（motion and time study）又稱為動作與時間研究法。動作研究是為改進作業的方法，將工作中每一重要動作求其一致的研究。時間研究則為了對全部工作過程擬訂標準時間，對工作中每項重要動作都加以時間限定的研究。從事動作與時間研究，多以觀察或攝製電影法決定之。

(六)任務量表法

任務量表法（task inventory）乃在說明一系列與工作有關的任務，且針對某項特定職位所要完成的任務量表再三地檢查或評量，以確定這些任務是否符合此項職位。通常評量所要考量的因素，大致有：完成該任務的頻率、所費時間、所需學習時間、重要性如何、困難度、授權程度等均是。

總之，有關工作分析及資料性質的處理方法，在工作界應用極為分歧。同一工作往往因不同職位，而導致分析資料不盡相同，故有統一籌劃訂定共同標準的必要。目前工作分析資料的編製，以動作與時間研究最具成效。

第四節　工作分析的要素與內容

吾人在進行工作分析時，必須考慮工作的要素。基本上，工作的存在乃是為了完成組織目標。為了實踐組織目標，才有員工工作的活動。因此，工作需要是為了擔任組織的不同功能，而用以實現組織目標的。是故，工作的特性決定於組織目標。此外，決定及影響工作要素，尚受到下列四方面的影響：

1.自然環境方面：包括空氣、濕度、溫度、天然事故等，都會影響工作活動。如過冷、過熱的工作環境，都可能導致工作的停止。

2.物質環境方面：包括生產設備與儀器的設計、工作場地的陳列與安排、工作程序、工作方法以及工作標準等，都可能影響工作性質。

3.社會環境方面：包括組織的分工結構、勞動力的分配、組織政策、管理與人事措施、勞工法規等，都會影響工作性質。

4.個人心理方面：來自員工本身的因素，包括個人對工作的態度、個人的工作能力、個人特質以及完成工作的方式等，不同的個人特質都會影響工作特質。

總之，不同的因素影響工作的性質與工作活動，而不同的工作也有不同的工作條件。吾人做工作分析，即在物色適當的人員擔任不同的工作。當然，有時透過訓練，也能增進個人對工作的適應能力。此外，在進行工作分析時，吾人尚須注意工作分析的內容，蓋工作分析的項目常因分析目的而有所不同。

一般而言，工作分析可包括以下項目：

1.工作名稱：就是組織招聘人員或工作人員間彼此所用的名稱。如果組織所用的名稱不正確，或名稱不能表達工作內容與性質，此時分析人員應在名稱上另加註解予以明確說明，才能使人看到工作名稱，即可大致瞭解工作內容。如果該工作已完成了工作評價，薪給已有固定等級，則在名稱上可加上等級，使名稱更為明確。

2.編號：有些工作為了管理方便，必須加上編號，以利工作的分門別類，在美國通常採用職業名稱大辭典編號。

3.分類標題：是一種標準化的工作，為職業分類所列用的一種屬性。

4.雇用人員數目：為從事同一工作所需工作人員的數目和性別。如雇用人員數目常常變動，其變動範圍應予以說明。倘若所雇人員係採輪班制，或分別在兩個以上單位工作，也應區分說明。由此可大致瞭解工作的一般狀況和工作量。

5.工作單位：就是顯示工作所在的單位，及其上下左右關係，亦即說明工作的組織位置。同一工作如存在於兩個以上不相隸屬的組織單位，則該等工作的組織位置，均應予以說明，如此方可顯示組織上的配合情況。

6.執行的工作：就是工作人員為了達成工作目的，所需執行的任務。此種任務必須以簡明扼要的方式，對工作職務做透徹而完整的說明。執行工作的步驟須按時予以明確表示，以使工作概念更為具體化。

7.工作職責：包括(1)對物料或產品的職責；(2)對裝備或程序的職責；(3)對其他人員工作的職責；(4)與其他工作人員合作的職責；(5)對其他人員安全的職責等。分析人員應盡力採用「量」的名詞，以確定及解釋某項工作所有職責的情況。

8.工作知識：就是為圓滿處理某項工作，工作人員所應具有的實際知識。這種知識包括任用前所應具有的知識，以及任用後有效執行其工作任務的知識。

9.智力運動：就是為適當執行工作任務，所必須運用或維持其心智的方法。諸如主動精神、適應能力、判斷能力、警覺程度等是。

10.熟練精確：此因素適用於操作性的工作。雖然熟練不能用量或程度來特別標示，但熟練與精確關係密切。在許多情況下，工作精確度常以誤差來說明。

11.經歷經驗：是工作人員為圓滿執行工作所需的歷練。工作分析必須標明某項工作是否需要有經歷，如有需要則以何種經歷為主。

12.教育訓練：此項資料為工作所必需，包括一般學校教育、職業訓練、技術訓練等。此為工作所必需的基本條件。

13.身體條件：此為遴選擔任工作的重要因素，包括步行、跑步、爬高、跳躍、站立、旋轉、彎腰、蹲下、跪下、舉重、攜重、推力、拉力、指力、聽力、視力、各種感覺等有關項目，工作分析須做具體說明。

14. 裝備器材：包括工作所用的裝備、器材與補給品。如屬非常或在工作中有獨特用途的裝備器材或補給，則應特別給予定義或說明之。

15. 與其他工作的關係：表明工作與同機構內其他工作間的關係，此正可表示工作的升遷、調職、訓練、薪資等關係。

16. 生產標準：即規定一定時間內產出的標準，包括生產質量，或容許錯誤的標準等是。

17. 工作環境：包括室內、室外、濕度、溫度、通風、光度、寬窄、震動、油漬、臭氣、噪音、灰塵、災害、地震、單獨工作或共同工作等。

18. 工人特性：是指員工執行工作的主要能力，包括手、指、臂、腿的力量，以及各器官的靈巧程度、知覺能力、認知能力、記憶能力、計算能力與表達能力等。

19. 工作時間：就是每日工作時間、工作天數以及輪班時間，都是雇用員工時的重要資料，可用以改進生產力、安排工作生活。

20. 甄選方法：用於以何種方式甄選員工，員工須具備何種條件，才能勝任工作等，應於工作分析中加以列舉。

總之，工作分析的項目極多，其他諸如性別、年齡、督導、工作紀錄、危險性等，宜因工作性質與類別加以列舉。當然，舉凡一切工作資料都可包括在分析範圍內；惟工作分析可依分析目的，予以全部分析，亦可選擇其中必要項目予以分析即可。

第五節　工作說明與工作規範

工作分析所得資料，可加以記載，撰成工作說明書（job description）與工作規範（job specification）。工作說明書基本上乃為說

明工作性質的文件，是由許多已有的工作相關事實所構成。工作說明通常包括：(1)工作名稱；(2)工作地點；(3)工作概述；(4)工作職責；(5)所用工具與設備；(6)所授或所受監督；(7)工作條件或其他各種有關分析項目。工作說明書的詳盡程度或項目的多寡，須視使用目的而定。如果工作說明書是用來教導員工如何工作，就要對工作如何做以及為何做這方面的內容多加解釋。如果工作分析的目的是為了工作評價，則對如何做的部分，就不必做太詳盡的解說。另外，有些組織為了便於指派額外任務，避免引起員工抗議，而喜歡採用一般性的說明書。惟說明書內容含糊不清，常失去工作分析的意義。

事實上，工作說明書僅對工作性質予以說明是不夠的，它還應擴大到對工作者期望的行為模式。甚而不僅分析正式結構所決定的交互行為模式，而且要分析一個人工作所必要的感覺、價值和態度。例如，組織的領導哲學是民主的，就需要有說服的、歡悅的、諒解的與自由討論的行為型態。雖然行為型態的重要性無法否認，但在員工雇用程序中，還是很少被提及。此時，可透過面對面的晤談，注意環境在工作周圍的每項活動與職責的角色關係，使工作分析的正確性大為增加。

至於如何撰寫工作說明書，才能符合組織的要求，須注意下列事項❼：

1.工作說明書須能依使用目的，反映所需的工作內容。

2.工作說明書所須的項目，應能包羅無遺。

3.說明書的文字措辭在格調上，應與其他說明書保持一致。

4.有關文字敘述應簡切清晰。

5.工作職稱可表現出應有的意義與權責的高低，如須使用形容詞，其用法應保持一致。

6.說明書內各項工作項目的敘述，不應與其他項目內的敘述相牴觸。

7.工作應予適當區分，使能迅速判明所在位置。

8.應標明說明書的撰寫日期。

9.應包括核准人及核准日期。

10.說明書必須充分顯示工作的真正差異。

工作分析的另一產物是工作規範，或稱為人事規範（personnel specification）。所謂工作規範，就是工作人員為適當執行工作，所應具備的最低條件之書面說明。換言之，工作規範是指與工作表現有關的個人特性，此與工作說明書是根據對工作研究所獲得的事實報告不同；前者著重「人」的特性，後者注重「事」的特性，如**表3-1**所示。亦即工作規範記載的是工作條件，工作條件必須能確實預測工作的效果與成敗，才能提供作為選用員工的取捨標準。

表3-1 工作說明與工作規範比較

名稱	適用對象	含義	包括範圍
工作說明	事或工作	根據工作分析研究所得工作性質與要素的說明文件，由許多已有的工作相關事實所構成。	工作名稱、工作地點、工作概述、工作職責、所用工具與設備、所授與所受監督、工作條件、其他相關項目。
工作規範	人或員工	工作人員為適當執行工作所應具備的最低條件之書面說明。	工作性質、工作人員應具備的資格條件、工作環境、學習所需時間、發展速度與晉升機會、任用期限。

通常工作規範包括：(1)工作性質；(2)工作人員應具備的資格條件；(3)工作環境；(4)學習所需時間；(5)發展速度與晉升機會；(6)任用期限。其中以前二項最為重要，列舉資格條件依組織和工作規範的使用而有所不同，不過教育與訓練是必要的。規範的各項特質應盡可能用數字表示，但有許多因素只能用主觀態度說明，尤其是人格特質方面只能做主觀評價。

一般工作規範可分為兩種類型：一為已受過訓練人員的規範，一為未受過訓練人員的規範。前者所著重的是多種相關訓練的性質、時間長短、個人接受訓練的程度、個人教育程度，以及所要求的工作經驗等。

此種工作規範，必須參照人員甄選的經驗，也要考慮勞力市場供應狀況。後者則須注意人員的特性，以求能在工作上發展最大的潛力。這些特性包括各種不同的性向、感覺能力、技巧、生理狀況、健康狀況、個性、價值系統、興趣與動機等。此時，工作規範不能只包括幾個基本要件而已，必須從各種角度來看工作要件。

工作規範的建立既在為某項工作甄選員工，則必須注意其方法與效度。一般而言，建立人事規範的方法有二：一為判斷法，一為統計分析法。判斷法是依據督導人員、人事人員、工作分析人員的判斷而來。此種判斷的資料可能以正式的文字記載，也可能非正式地存在督導人員的腦海中。顯然地，此種判斷是否正確，效度是否夠高，受到情境的不同、個人判斷方法，以及個人特性的影響。通常推理性的判斷，分析者具備豐富的經驗，其所獲得的資料愈多，判斷的正確性也愈大。當然，採取「人與機器間配合」的方式所建立的工作規範，其效力也高❽。

其次，統計分析法擬訂工作規範，是將工作者的條件視為獨立變數，而把工作者的作業成果當作依變數，分析兩者間的關係，以作為訂定規範的依據。基本上，運用統計分析來建立工作規範時，要先決定個人特性和工作績效間的關係。雖然利用此種關係來說明工作規範，似嫌過分簡化；但唯有如此，才能把握工作要件的神髓。同時，統計分析法建立工作規範，是一種較為精密的方法，較能建立客觀的工作標準。

工作規範雖然可由判斷法與統計分析法加以擬訂，但此兩種方法彼此並不相互衝突。組織為求對每項工作有深切的瞭解，似可以判斷法列出工作規範的各項條件，然後再以統計分析法鑑定其信度與效度。同時，在使用工作規範時，不能將某種工作規範毫無保留地應用到每個情境裡面；必須注意各項工作的要件，才能真正達到人與工作配合的境地。

個案研究──工作分析的進行

　　嘉裕機械公司成立至今，已有二十五年的歷史。該公司是按客戶的訂貨需要，生產各種機械。李立偉是公司人事室的成員，自多年前從某大學企管系畢業後，就到嘉裕公司服務。

　　最近公司為推動管理革新，決定辦理工作分析，一方面希望能使員工雇用或安置有所依據，另一方面也希望以工作分析奠定日後工作評價或核薪的基礎，人事室主任就指派李立偉先到作業部門，進行工作分析。

　　李立偉的第一件工作，就是準備撰寫引擎車床工的工作說明書。他首先對車床部門的業務做一認識，希望學點車床的知識，於是就找上工廠裡的一位熟練車床工翁明開，仔細地對其工作觀察了幾個小時後，並和翁明開做了一次面談。在這段觀察和面談的時間裡，李立偉就將所瞭解的資料，分項筆錄如下：

　　「預備工作，看藍圖；按藍圖調整刻度盤，把工具裝上機器；用叉柱夾住材料，使材料固著不動；選定速度，開動車床，試車，測量樣品精度；調整工具，開始切割，再與藍圖校核；滿意後再把切割工具放在切割器位置，按適當長度進行切割，移走切割後的廢料；車床上油，磨刀；監督並指導兩位新進車床工，指派他們的工作，叫他們閱讀領班交下的藍圖和說明；從材料房領取材料，按所需尺寸電鋸材料，除了翁明開外，還有三位熟練車床工，可晉升領班。翁明開自高工畢業後，曾做了四年技術工，擔任現職已三年。工場骯髒，但光線充足，噪音很大，須一直站立工作。」

　　在收集上項資料時，翁明開雖然不瞭解其目的，但還是一直保持合作。最初他有些懷疑，而李立偉向他解釋說：「因為你是專家，所以要跟你學習。」在李立偉將資料收集完畢離開後，翁明開就和一位

新進車床工以取笑的口吻說：「他怎麼能分析完全不瞭解的東西呀！可能這方面無關緊要。」

李立偉對他的第一件工作，感到十分滿意。他想他一定能根據所收集的資料，撰成一份很好的工作說明書。

問題討論

1.你認為李立偉可能撰寫一份很好的工作說明書嗎？理由何在？
2.李立偉這樣做，是對的嗎？如有不當，請明確指出。
3.如果你是李立偉，你將如何著手去做工作分析？
4.你認為嘉裕公司進行工作分析的宗旨正確嗎？何故？

 註　釋

❶ 李序僧著，《工業心理學》，大中國圖書公司，頁27。

❷ 吳靄書著，《企業人事管理》，自印，頁66-67。

❸ C. L. Shartle, *Occupational Information,* Englewood Cliffs, N. J.: Prentice-Hall, Inc.

❹ 同註❷，頁70-73。

❺ 李序僧著，〈工作分析在人事管理上的應用〉，《中國人事行政》，第2卷第2期，頁11。

❻ J. C. Flanagan, "The Critical Incident Technique", *Psychological Bulletin,* pp. 327-358.

❼ 參閱鎮天錫著，《現代企業人事管理》，自印，頁147。

❽ R. S. Barrett, "Guide to Using Personnel Tests", *Harvard Business Review,* pp. 138-146.

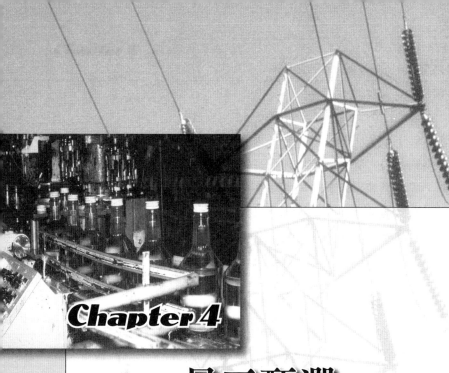

員工甄選

組織甄選員工須依工作規範，才能真正為組織工作選取適當人才。因此，工作規範是員工甄選的依據，此已如前章所述。此外，在進行員工甄選之前，尚須做甄選規劃。甄選規劃即在確立各項工作的人數數量與資格，以求有效發揮組織功能。以下各節即將討論員工的來源，甄選的程序、方法，以及晤談方法的應用，並分析相關資料。

第一節 員工甄選的來源

人力是組織最重要的資產，組織在決定人力需求時，即應對員工做最有效的甄選。有效的員工甄選，必須能羅致合於工作要求的員工，並滿足組織當前與未來持續發展的需要。一般組織甄選員工的來源，不外乎內在來源與外在來源兩種。前者是指工作有空缺，即由組織內部人員遴選遞補、調職或升遷；後者則由組織向外徵募，如**表4-1**所示。本文所擬討論的，以後者為限。

通常，組織向外界甄選員工的途徑如下[1]：

表4-1 員工甄選的來源

內在來源	·遞補 ·調職 ·升遷		
外在來源	·廣告徵求 ·向工會羅致 ·現職員工介紹 ·儲備登記	·就業服務機構 ·透過網路徵才 ·引用親屬	·向學校徵募 ·員工租借公司 ·借調人才

一、廣告徵求

廣告徵求的主要對象為社會大眾。廣告內容主要包括組織性質、工作內容、資格標準，以及待遇與可能的進修、發展機會等資料。廣告求才合乎廣收慎選原則，然而有些條件不合者常抱姑且一試的心理，而增

加甄選時間、人力、物力、財力的消耗。因此,實施廣告甄選須先審核最基本條件,以淘汰顯然不合格的應徵者。

二、就業服務機構

經由就業服務機構徵求人才,應徵者已經過一次初步審核,故可減少本機構的部分甄選工作。目前政府為輔導國民就業,充分運用人力資源,協調人力供需,於各地均設有國民就業輔導中心,專責辦理就業輔導工作。該等服務機構可為企業提供基層員工;至於較高人力,可透過青年輔導會協助。此外,若干私立就業服務機構也可提供服務,但成效較不顯著。

三、向學校徵募

由於現代企業的工作技術日趨複雜,企業徵募人才可與學校實施建教合作。企業可安排學生參觀實習、提供假期工作機會、設置各類獎學金、開設特別建教合作班次,或派遣人員到學校徵募等方式,提供企業的有關資料與工作詳情。此種方式不僅可長期而有計畫地為事業求才,也可為教育界所培植的人才求職。採用這種方法固然較為費時費錢,但也較易吸收真才。

四、向工會羅致

由工會代為羅致的優點,乃因工會對會員資歷擁有完整的登記,故可羅致到所需人才。且若干工會設有徵雇服務部門,可為需才單位服務。工會組織愈健全,此種情況將愈為普遍。

五、透過網路徵才

由於近來電腦網路發達，幾乎人手一部電腦，使得透過電腦網路徵才，更為快速而便捷。此種網路徵才的方式，同樣可羅列企業機構的性質、工作內容、資格條件，以及待遇和可能的升遷機會等等資料；甚而在網路當中即可立即進行對話，並做甄補工作。但該種途徑最好能輔以其他方式，如當面晤談、實務操作或提出各項資料等，以為徵信，並避免虛假。

六、員工租借公司

由於近代社會的急遽變遷，以致失業人口比例不斷提高，員工租借公司或臨時協助機構乃應運而生。通常此等公司或機構都擁有一些人事資料，一旦某些企業組織缺乏某方面的人力時，常向該等公司或機構徵調所需人力，並以短期工作為主，這是不必花費人力成本而最快速的甄補方式之一。此種途徑的實施，乃是由員工租借公司或臨時協助機構支付企業組織所需人力的薪資與福利，而透過與企業組織的合約收取協議的租金。當企業組織在業務擴展時，可大量向員工租借公司或臨時協助機構徵用人力；而在業務緊縮時，可退回部分或全部人力；又在需要時可召回所需人力，故在人力運用上甚具彈性。但此種途徑的最大缺點之一，乃是員工對企業組織缺乏承諾與忠誠。

七、現職員工介紹

由現職員工介紹新進人員不失為一種良好方法。蓋現職員工如對本機構不滿意，不會介紹其親友至本機構應徵；同時，他也不會不顧及自己在組織的地位，介紹才能或品格低下的人員前來應徵。故現職人員在

介紹之先一定會慎重考慮，就等於經過了初步甄選。採用這種方式，容易在機構內形成非正式組織，影響組織的安定性；但有時也會使組織產生關切感，有助於士氣的提高。

八、引用親屬

雇用親屬是家族式企業羅致人才不可避免的一種方法。就羅致優秀人才而言，這未必是一種良好方法；但對激起員工與組織的認同感，和建立忠誠感方面，亦不失為一種有益的途徑。

九、借調人才

企業有時為了配合短期的人力需要，可考慮向外部借調人才。此種方法對於工作特殊的專技人員，尤為適用。如企業需要某項技術或管理革新，可向其他機構洽借人才，來研擬有關方案。此舉使公司只要付出短期代價，即可得到優秀精選人才，並免除各項支出的費用[2]。

十、儲備登記

企業對於嚮往或尋覓工作人員，可將其個人有關管理經歷、專長、能力、性格等資料登錄，並予以函覆，俟有適當職缺時，即予考慮遴選[3]。

總之，企業遴選人才的來源甚多。企業可透過各種途徑，達到甄選人才的目的。此外，員工甄選工作的有效實施，還應該對應徵者選擇職業之評定因素有所瞭解，這些因素大致包括：(1)公司聲譽；(2)升遷機會；(3)薪資數額；(4)有興趣的工作；(5)公司對員工工作與事業的關懷；(6)訓練發展的機會；(7)工作環境；(8)共同工作的人員；(9)工作保障；(10)公司所在地；(11)直屬主管；(12)企業前途；(13)福利設施等。至於高

級人才，則以工作本身、工作滿足感、個人成長潛力以及晉升機會等為其中心目標。是故，組織在甄選員工時，應將應徵者所關心的這些因素坦誠相告，才能做到正確甄選員工的目標。

第二節　員工甄選的程序

　　員工甄選程序，是依據既訂工作規範中所列舉的工作條件，從應徵者的個人資料中加以評鑑，物色適當人員加以雇用的過程。此時，主持員工甄選工作者，必須就工作條件與應徵者的個人資料做充分的比較與分析，然後再做選用的決定。通常員工選用程序的標準，可分為單一選用及多重選用。前者乃指一項工作要在眾多應徵者中，甄選一個最合適的人員去擔任。單一選用的情況比較單純，但是想要在很多應徵者中挑選最理想的人員，做最有效度的決定，並非易事。至於多重選用，乃係經由一次招考活動，在眾多應徵者中分別測定其條件，然後分配錄取於多種不同性質的工作；此牽涉到「人」與「事」的複雜因素，必須做動態分析，分別從公司、個人與社會的立場加以考慮。

　　至於甄選程序中，究應包括哪些步驟，必須視公司規模、空缺工作性質以及人力資源管理哲學而定。一般企業常用的步驟如**圖4-1**[4]：

一、初次面談

　　員工甄選計畫愈無選擇性，初次面談愈為重要。初次面談通常都很簡短，淘汰了顯然不合要求的人員。在初次面談時，儀表與說話能力可以很快被評估出來。面談時，多詢問為何應徵此項工作、希望待遇如何，以及學經歷資料等。不過，有些公司不舉辦初次面談，改以直接填寫申請表作為初審。

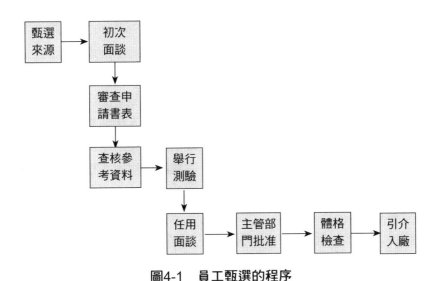

圖4-1　員工甄選的程序

二、審查申請書表

　　申請書表是收集應徵者事實資料最常用的方法，如應徵者的姓名、住址、性別、年齡、婚姻、家庭狀況、教育、經驗、嗜好、身體特徵以及其他有關資料，如政治、社會關係等，都可在申請書表中獲得。當然，申請書表應以需要為原則，有些書表可認定若干事實資料和工作成果間的關係；有些書表也可比較優秀員工與普通員工間素質上的差異，通常在審查申請書表時，必須設定目標，資供採擇。

三、查核參考資料

　　查核參考資料的目的是在瞭解應徵者過去的人格和行為，以作為個人未來工作的指引。此種資料的來源有：(1)學校；(2)過去的雇主；(3)應徵者所提供的參考資料；(4)其他如應徵者的鄰居、警察局等。至於調查方法，可由甄選機構或應徵者自行向有關人員請求寄送參考資料，或由甄選機關以電話或親自訪問有關人員。其中，以親自訪問最為有效，因

為一般人在面對面談話時，較為坦白自在，所提供資料更具價值。

四、舉行測驗

舉行測驗以測試應徵者能力，常依公司規模大小而有所不同。有些公司所用測試方式極為翔實嚴密，有些公司則極為簡略；有些公司甚至不舉行測驗，而直接以面談代替。至於測驗種類也大不相同，某些公司除了測驗知識能力之外，並要求做心理測驗。由於人事測驗較為複雜，容於下章討論。

五、任用面談

面談是一種最古老的評估方法，雖然它極為主觀而且不正確，但在一般企業中最為常用。由於面談具有相當的重要性，將於第四節中另行討論。

六、主管部門批准

現代企業大都由人力資源管理部門掌管以上各階段的甄選工作。當應徵者合格通過後，即已取得聘雇條件。雖然有些人力資源管理單位有權予以聘雇，但鑑於幕僚與直線間的權責關係，仍需要主管部門批准。蓋有關實際工作條件和部門人力情況，主管部門比人力資源管理單位更為瞭解。

七、體格檢查

體格檢查有三項目的：(1)可確知應徵者的體格能力是否符合工作需要；(2)為避免雇主日後可能遭遇的工人賠償問題，員工一進入公司即保

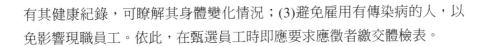
有其健康紀錄，可瞭解其身體變化情況；(3)避免雇用有傳染病的人，以免影響現職員工。依此，在甄選員工時即應要求應徵者繳交體檢表。

八、引介入廠

過去企業多不重視新進員工的引介工作，僅告知錄取人員何時報到，由錄取人員自行前往工作部門，經由直屬主管略微說明，即行開始工作。現代企業已視引介為一種有效融合個人與組織目標的工作，故多派適當人員將公司的哲學、政策與習慣在引介時，告知新進人員。通常引介工作都由人力資源管理部門為之，使新進員工認識公司的性質、產品、歷史和業務情形，以及其他和員工有關的事項，如福利、退休、安全衛生計畫等。成功的引介不僅要使新進員工能接受組織、主管和工作團體，而且也要使現職人員接受他。在引介入廠數週後，最好再由部門主管或人事人員做追查，以瞭解員工對工作是否勝任愉快。至此，全部甄選程序始告完成。

第三節　員工甄選的方法

現代企業甄選人才，常運用科學方法遴選。我國遠在三千年前，即以各種考試方法，作為選才的依據。近代人才遴選方法，可大別為[5]：

一、筆試法

所謂筆試法（written examination），是甄選人員以文字解答的方式，由應徵者作答，以推斷其知能，從而加以取才的方式。筆試法又分為舊式筆試法與新式筆試法。前者又稱為論文筆試法或主觀筆試法，係標出廣泛性或原則性題目，由應徵者以議論文、記敘文解答申論之。

後者又稱直答式筆試法或客觀筆試法或測驗法，只須就編妥的試題中辨別、選擇或補充的填答即可。

筆試法的優點為：容易管理，可節省時間及人力，合於經濟原則；在同一時間內可集體受試，辦理較為迅速；試卷彌封，試務人員與應試者無直接接觸，不致因私人關係或偏差印象，而造成舞弊或不公平現象；應試者的答案有文字依憑，較面試法客觀而有具體的評審依據。

至於論文式筆試法的優點乃為：試題的編製與施行較為容易；作答文字沒有限制，可自由發揮，考驗其分析、綜合、組織、推理、判斷、創造與表達能力與記憶能力。它的缺點乃為：缺乏客觀性，評分無一定標準，評審結果差異很大；命題範圍太過狹義，違反廣博性；計分時易受其他因素如書法、別字、整潔，或個人喜好等的影響，而失去公平性。

直答式筆試法可分為：(1)正誤或真偽測驗；(2)完成或填空測驗；(3)對偶測驗；(4)選答測驗；(5)綜合測驗；(6)雜式測驗。該法的優點為：能排除計分上的主觀成分，而收公平客觀之效；可免除模稜兩可的取巧答案；能免除不相干的拉雜話；所包括的材料與範圍較為廣博，有充分的代表性；有精密客觀的計分單位與方法，評分者無法任意上下其手；評分有標準，無寬嚴不一的毛病等。不過，該法的缺點是只能測量記憶能力，不能考察推理與創造能力；且容易猜度或作弊；在問題的編擬上較為費時費力。

二、口試法

所謂口試法（oral examination），即為口頭考試，由主試者口頭提出問題，由應試者以語言表達方法來答覆問題。雖然一般人將口試與面試合而為一，本章仍將分別討論。蓋所謂面試，又可稱為晤談（interview），係指在面對面的洽談中，瞭解應試者的學經歷、家庭狀況、個性、工作經驗、抱負、興趣、嗜好、社交能力、談吐儀表等多方

面資料，作為遴選的重要參考，其所論列的範圍較廣。至於口試法，在形式上雖亦係面對面考試，然考試內容則偏重於與工作有直接關係的專長、知識與語言能力，亦即側重於工作因素的瞭解。由此可知，口試在方式上與面試相同，但在內容上則與筆試相近。

一般而言，口試法具有下列優點：(1)可立即測試出應試者的語言能力，作為筆試法的輔助；(2)在考試過程中，如有任何疑義可立即追問，以得正確結果；(3)可測驗應試者的急智、反應與組織表達能力。至於它的缺點乃為：(1)只能對一人或少數人施測，費時費事；(2)口試過程的彈性相當大，很難確定結果的可靠性和正確性；(3)口試的內容侷限於語言能力、思想觀念與簡易知識，較繁雜的問題很難測知。

由於口試法受到相當限制，通常只是補充筆試法之不足，不能單獨作為決定性的考選方法。不過，口試實施的若干技巧，實與筆試法相輔相成，其可比較如**表**4-2。

三、實作測驗

實作測驗（performance test）或稱為現場考試（job miniature），或技術測驗（technique test），乃是以實際工作表演測量受試者是否具有職務上所需的知能與技術。其特性是工具或機械的操作與使用，以實際操作表現能力，而非以文字或語言作答。此種測試應用甚廣，從簡單的機械操作及文書模擬測驗，以至於複雜的太空模擬飛行以及高級經理的「案頭作業」（inbasket test）均屬之。

實作測驗包括有實物測驗、模型測驗、作業測驗、經驗測驗與體能測驗等。測驗內容悉依個別狀況的需要而異。有些著重於難度，測驗時間甚為充裕，可讓應試者有充分時間思考解答其中的難題；有些則著重於速度，即操作內容甚為簡單，但數量甚多，以測驗應試者操作的速度。不過，一般情形均為能力與速度並重，使應試者無法在預定時間內全部完成，成績則以所完成的正確答案數量多寡為準。

表4-2 筆試法與口試法比較

方法	意義	優點	缺點
筆試法	甄選人員時,以文字或符號解答的方式,由應徵者作答,以推斷其知能,從而加以甄才的方式。	·管理容易,節省時間和人力,合於經濟原則。 ·同時集體受試,辦理迅速。 ·不因私人關係而舞弊或產生不公平現象。 ·有文字依憑,具體而客觀。	·論文式缺乏評分標準,評分誤差大。 ·論文式範圍太狹義,缺乏廣博性。 ·論文式易因文字等的偏好,而失去公平性。 ·直答式筆試法只重記憶,不能考察推理與創造能力。 ·直答式筆試法易猜度或作弊。 ·直答式試題編擬費時費力。
口試法	由主試者口頭提出問題,而由應試者以語言表達的方法來答覆問題。	·可立即測試出應試者的語言能力。 ·在考試時,若有疑問,可立即追問,以求正確結果。 ·可測驗應試者的急智、反應與組織表達能力。	·只能對一人或少數人施測,費時費事。 ·彈性大,難確定結果的可靠性和正確性。 ·口試內容僅限於語言能力、思想觀念和簡易知識。

　　總之,實作測驗屬於專業性或技術性的測驗,以特殊的工作技能為主,而非僅依憑既有的學識、思維、推理、判斷為準,必須實際動手去做。由於這種能力的評估,無法經由筆試或口試方法來達成,實作測驗適足以補充其不足。因此,員工甄選如能施以筆試、口試,再輔以實作測驗,則甄選結果更臻於理想。

四、晤談法

　　所謂晤談法（interview）,是在甄選過程中,藉由相互交談的方

式，以瞭解受試者的過去、現在與未來，探討其觀念、思想、學識、性格及態度等，作為羅致與否之參考的方法。一個人是否適合擔任某項工作或職位，將來是否能安於其位，有無發展潛力，常可透過晤談而得知其家庭狀況、經驗、性格、抱負、興趣、嗜好、社交能力、舉止儀表等資料，以做綜合的分析鑑定。同時，應徵者對求才單位的狀況、發展與工作性質等，亦可藉晤談而獲得瞭解。因此，晤談法亦被普遍採用為甄選方法之一。

晤談法的優點，是經濟、迅速、簡單，可不受人力、物力、時間等限制，舉辦較為容易。其次，主管在任用員工前，可考察其儀態、舉止、言行、個性、動機等，作為任事的參考。再者，透過晤談可使應徵者對本機構產生親切的瞭解與情感，並促進公共關係。

當然，晤談法也有其缺點：如果受試者過多，採取晤談法就不太經濟；晤談主持人的經驗、性格、偏好、印象等，都可能產生評斷的結果偏差；有些人格特質很難在短時間內利用晤談予以鑑定。總之，要使晤談得到正確的結果，必須在實施前做充分的準備工作。

五、心理測驗

心理測驗（psychological test）是一種經過標準化的測量工具，可客觀地用來瞭解人類的心理現象，並衡量個人的行為表現。因此，心理測驗是「一種經過組織和選擇的刺激物，用以列出個人的心性對它所做的反應」，或是「一連串經過組織的刺激物，用以測量或評估某些心理的進程、特性或特徵的量數」[6]。

心理測驗在甄選的應用上，實具有預測與診斷兩大作用。所謂預測，乃為根據心理測驗的結果，顯示出受測者將來在某些工作上可能的行為或成就。在員工甄選方面，運用心理測驗可淘汰某些不適任人員，保留那些可接受訓練或者擔任某種工作的人員。尤其是在大規模甄選時，由於不可能對每個應徵者做個別注意，且還要做迅速決定，則應用

心理測驗最為適當。同時，根據心理測驗尚可將每個挑選出來的人員，安排在最適合於他們能力、興趣及性格的職位上，使每個人將來都能有最大成就。

至於所謂診斷，則依據心理測驗的結果，分析應徵者的行為特性，並發現某人可據以發展的優點，或須加以矯正的缺點。診斷與預測不同，預測著重在分析個人間的差異，或個人與某些標準間的差別；診斷則側重在個人特性上的差別，發現某人的優點或缺點，以便據以發展或矯正。

診斷與預測有很大的不同。如果某項測驗可預測某種行為，而某人在此測驗中得分很低，此即表示某人將來在此方面的成就一定不會太高，但並不需要分析他得低分的原因。但是診斷就不同了，診斷須找出某人的何種特性在此測驗中得低分，瞭解癥結所在，就可研擬矯正方法，或確定其是否無可補救而無法擔任此方面的工作。

由於心理測驗具有預測及診斷作用，故可減少甄選與派職的費用與時間，尤其是在大規模的甄選工作中，常能增加甄選結果的正確性，並發現被忽視的人才。對於一些缺乏學經歷的人員，可根據測驗結果，來決定他們是否具有相等的知識與技能。同時，在企業界的升遷作業上，常以現有的工作成績作為升遷的標準，很容易忽略了新工作所應具有的能力；此時，如果能利用心理測驗，常可鑑定應徵者所具有的能力是否符合新工作的要求。因此，心理測驗在晉升和調職方面甚為有用，可避免主管的偏見或過分重年資輕能力的弊病。

基於心理測驗的預測與診斷作用，可知心理測驗的內容，至少涵蓋能力與人格兩大部分。有關其內容，將另闢專章討論之。

六、學經歷品評

當甄選員工不能或不適合舉辦考試或測驗時，可採用學經歷品評的方式。所謂學經歷品評，乃是根據應徵者所受教育或訓練與工作經驗，

以鑑定其學識才能，以為取捨與否的依據。此種甄選方法，雖未具備考試形式，實具有實質考試的意義。此方式係依據應徵者所填送的申請表、資料與有關證件，予以評定。此種方法可應用在高級人員或具有專門技能人員的甄選上。

七、管理才能評鑑

前述各種方法，大都偏重於非主管人員的甄選。至於主管人員可以應用管理才能評鑑法，來甄選人才。所謂管理才能評鑑，乃為「有效達成管理目標，獲致管理知識、技術、態度與遠見，所實施的有系統培訓過程」[7]。亦即針對具有管理潛力的非主管人員，加以拔擢或甄選，隨時灌輸管理新知，磨練實際管理經驗的方法。推動的程序可分別自組織分析、業務分析、人力清查與評估、管理訓練、成果考核等循序漸進。評鑑方式可採取工作論調、主管輔導、派任專案工作、參加委員會工作、出席有關業務會議、見習或代理主管工作或自行研讀管理書刊、參加短期管理訓練或講習、參加長期進修、參加學術團體、參觀訪問管理優越的企業機構等評鑑之。總之，管理才能評鑑為甄選管理人才適用之。

第四節　晤談方法的應用

晤談不是一種極為科學化的員工甄選方法，但卻是企業界最常用的方法。最主要是因晤談法可用來彌補心理測驗的不足，同時將靜態資料延伸為動態資料。從心理的觀點言，員工甄選的主要目的乃為瞭解員工的人格特質，包括情緒反應、工作動機、社會適應、語言能力等。因此，晤談法不僅應用在員工甄選上，也可運用於就業諮詢、員工輔導、管理評估、態度測量、市場研究等方面。

誠如前述，晤談是主試者與應徵者之間的一種雙向溝通。透過晤

談，一方面可瞭解應徵者的相關資料，如學經歷、經驗、個性、抱負、興趣、嗜好和家庭狀況等，以決定其學識、能力、性格是否適任某項工作，將來是否安於其位，是否有發展潛力等；其他方面，應徵者亦可瞭解組織狀況、工作性質、促進雙方面的溝通。

一、晤談法的種類

在晤談過程中，由於主試者個人的經驗、性格、偏好、印象等，很容易引起評斷結果的偏差。至於應徵者有時無法適當而充分表達自己的才華，或採取偽裝和說謊的態度，以致引起晤談結果的偏誤。此外，晤談的情境是否合宜，往往左右晤談的結果。因此，實施晤談必須講究晤談技術。同時，針對不同需要採取不同方法。一般晤談法的種類，包括下列幾項（如**表4-3**）❽：

(一)模型式晤談

所謂模型式晤談（patterned interview），又可稱為結構式晤談（structured interview），它是一種有計畫的晤談。在晤談前將晤談內容以詳細表格列出欲提出的問題，並將應徵者的反應記載在答案的空格上。主試者可根據資料表所列事項，逐一提出詢問，至於問題提出的先後順序，完全由晤談人員自行決定。模型式晤談的功用，主要在以具體的參考標準指導晤談者，排除主觀的見解至最低限度，所得資料可用統計方法加以整理比較，較有可靠性。惟此法很容易流於刻板，缺乏彈性，有些重要資料常無法取得。

(二)無方向晤談

無方向晤談（nondirective interview）是指晤談的問題不受任何引導，由主試者與應徵者自由交換意見。此種晤談方式可使應徵者顯露真正的自我，能得到有關情緒、態度與意見上更詳細的資料。同時，可得

表4-3　晤談法的類型

類型	意義	優點	缺點
模型式晤談	由晤談者將內容列表做有計畫的晤談。	有參考標準，去除主觀觀點，所得資料可用統計法整理，較為可靠。	流於刻板，缺乏彈性，有些重要資料不易取得。
無方向晤談	晤談內容不拘形式，而由主試者與應試者自由交換意見。	可使應徵者顯現真正自我，從而瞭解其情緒、態度、意見、經驗、家庭生活、人際關係等。	沒有目標，若主試者欠缺經驗或晤談技巧，則不易取得應有資料。
多面式晤談	由兩個或兩個以上的主試者共同和同一應徵者晤談的方式。	效度高，所獲資料較豐碩而周詳。	在人力、時間上耗費甚鉅，只適用甄選高級主管。
系列式晤談	由多位主試者與同一應試者，在不同時間的晤談方法。	可得到更客觀比較，故其信度和效度較高。	所費人力、時間、成本甚高。
團體式晤談	由一群應徵者在同一時間、地點，就同一問題共同討論，由主試者觀察。	容易發掘具領導能力者，適用拔擢督導性或主管職位。	花費時間、成本。
壓力式晤談	製造緊張情境，用以觀察受試者的性格與態度。	可測知應徵者的耐性、適應性、自制力與果斷力。	易生誤解。

到應徵者過去經驗、早期家庭生活、人際關係等狀況。惟有些資料可能與甄選目標沒有太大關係，加以主試者的晤談技巧不夠熟練，經驗不足時，常使晤談過程過於鬆懈，失去重點。

(三)多面式晤談

多面式晤談或稱複式晤談（multiple interview），是指由兩個或兩個以上的主試者共同和同一應徵者晤談的方式。此種方法的效度相當高[9]，同一應徵者可同時與一組主試者晤談，因此主試者可提出不同問題。由於每個主試者有自己的一套評估，所獲資料比較豐碩而周詳。惟此法在

人力、時間上耗費甚巨，一般只用於甄選高級主管人員而已。

(四)系列式晤談

系列式晤談（serialized interview）是指由多位主試者與同一應試者，在不同時間內的晤談方法。此種方式可使每位晤談者依一系列問題與應徵者做個別的面談，並依個人觀點提出獨立的評估。由於在系列式面談中，每位晤談者皆以標準化的評分格式對應徵者做評分，故可得到更客觀性的比較，且評分者之間沒有直接接觸而不會相互影響評分，故其信度和效度較高。惟此種方法所費人力、時間、成本更高，為其主要缺點。

(五)團體式晤談

團體式晤談（group interview）是由一群應徵者在同一時間與地點，就同一問題共同討論，而主試者並不參與，只在一旁觀察應徵者的行為表現。此種討論團體的領導者，可以事前指定或相互推選。此種方法首重在應徵者相互間的活動，很容易發掘具有領導能力的應徵者，並發現其主動、應變、交誼、合群、語言能力等，對拔擢督導性或主管職位，效果甚佳。

(六)壓力式晤談

壓力式晤談（stress interview）是有意安排壓迫情境，製造應徵者的緊張情緒，用以觀察其性格與態度。通常晤談的氣氛與壓力的情境各有不同。在晤談進行中，主試者突然表現得具攻擊性，顯現出敵意，或對應徵者加以激怒，以觀察應徵者的應變能力。然後，再設法使氣氛重回原來的平靜與友誼，以恢復對方的自信，再行觀察對方的應對能力。如此可窺知應徵者的耐性、適應性、自制力與果斷力，對於一些特殊需要極端控制情緒的工作，甚有幫助。惟運用此法須於晤談結束前，設法恢復其正常情緒，並說明一切情況均為虛構，以免發生誤解。

二、晤談的五個階段

晤談的實施除了須考慮應用的方法外，尚要注意其實施的過程。通常晤談可分為下列五個階段，如**圖4-2**所示。

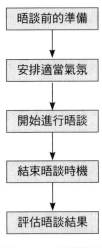

晤談前的準備

↓

安排適當氣氛

↓

開始進行晤談

↓

結束晤談時機

↓

評估晤談結果

圖4-2 晤談過程

(一)晤談前的準備

晤談前的準備工作，往往是決定整個晤談成敗的關鍵。因此，晤談者必須對晤談事項做充分分析與瞭解，查明應徵職位的資格條件、工作內容、衡量因素等，以便事先決定晤談的內容。同時對應徵者的個人資料如申請書、測驗分數等加以查閱，以免晤談時重複。然後，再從工作規範與個人資料做比較分析，決定應採取的晤談方式及重點，並安排足夠的晤談時間。

(二)安排適當氣氛

晤談場所應選擇安靜地方使人感覺自在，最好在分隔房間與應徵者個別談話，才能使雙方坦誠交談。同時，設施乾淨、光線充足而舒適，

使應徵者留下良好印象。晤談態度應和善親切，但不能過度親熱，以免流於造作；或避免過分冷淡和公式化，才能建立和諧友善氣氛。

(三)開始進行晤談

進行晤談時，最重要的工作是要引發應徵者的談話，及其所欲知道的事項。因此，問題必須具有誘導性。一個好的晤談人員就是一個好的傾聽者，讓應徵者在晤談時間內，充分表達自己，並隨時對應徵者表現充分瞭解的表情，以促進晤談時坦誠暢言的氣氛。晤談者應盡量不使自己的偏見影響判斷，以客觀態度承認每個人都有優點和缺點，常常要求自己以證據作為判斷的依據。在晤談進行中，要使應徵者的話題保持在有關的主題上，且在繼續發問時，給予應徵者有充分說明的機會。

此外，在同一時間內最好只問一個問題，而且具備明確性；在沒有建立良好的友誼氣氛前，不宜問及高度個人（私事）的問題。當應徵者的話題扯遠時，不宜突然扭轉其話題。在態度上宜表示有興趣，注意不要受到任何干擾，不宜表示批評或不耐，或對答話表現嚴重的態度。最後，在晤談所用的語言與詞彙要適合應徵者的程度。凡此都是晤談進行時應行注意的事項[10]。

(四)結束晤談時機

晤談即將結束前，主試者更應該態度謹慎，乘機檢視一下資料是否遺漏。同時，對應徵者做更留心的觀察，並保持自然而有禮，最好在結束前做些暗示。結束晤談時，主試者可以將工作詳情告訴應徵者，或指出將來要採取的行動。如果認為此人可以錄用，可告知大概獲得錄用通知的時間；對於尚未決定錄用者，則應告知如果錄用，將會接獲通知。無論應徵者是否被錄用，結束時保持良好態度，以建立良好公共關係是大有必要的。

(五)評估晤談結果

在晤談中或晤談後應將有價值的事項，迅速記錄下來，如此可提高晤談的可靠性與準確性。如果在晤談前先做好品評表，到時畫記，可減輕記錄的負擔。此外，評估應徵者的優點與缺點，應根據客觀的工作需要，切勿依照自己的價值觀感評斷，才能獲致正確資料。同時，對所獲資料做判斷時，必須參考應徵者的其他資料，才能有較確切的遴選結果。

總之，成功的晤談除了要有充分的準備外，晤談人員還須具備熟練的技巧，能控制自己的情緒，並具有辨識能力與洞察力，以求獲得充分資料，予以正確分析與品評，故選用合適的晤談人員，實為晤談成功與否的要件。

第五節　相關資料的分析

員工甄選往往有賴完整資料的收集，亦即收集應徵者過去的經驗或行為資料為主。這些資料包括申請書、個人自傳與推薦信等。有時，這些表格內容與格式由應徵者自行選定，有時則由公司指定。

一、申請書

申請書的內容常依各公司的需要而有所不同，且不同的工作也可有不同形式的申請書。但對於具有相同性質、能力相當的工作，應發展一套可共用的申請書，以節省審核時間、人力與財力。

申請書除了列有姓名、性別、年齡、出生日期、出生地、婚姻、住址、家庭背景、眷屬、學歷、經歷、身高、體重、嗜好、婚姻狀況、醫療紀錄等外，尚可增列個人過去的職業、素行紀錄等特別資料。雖然應

徵者不願報告犯罪紀錄,但公司應設法加以收集。教育程度項目中,強調的是訓練程度而非學業成績;若需要成績資料,最好能直接由學校獲知,不必透過應徵者的說明。至於以往的職業資料,不僅要知道職稱,而且要探詢所負的責任與實際職務。對於那些可能受到雇用,而該工作又無固定起薪的應徵者來說,以往的薪資資料將會有所助益。通常一般申請書是不詢問個人離職的原因,但這項資料卻很有價值。

當然,申請書的內容最好只包括與公司所需資料有關的。且申請書的內容在長期雇用過程中,必須加以修正或增刪。有時,過多的內容常使應徵者感到不耐,尤其是絕不可有違反勞工法規之處,故有關種族、國籍、宗教信仰等最好能避免。

此外,個人的資料分析必須採用一定的標準,各項特性經過統計分析,以確定其對工作績效的影響。近代人事心理學家利用統計上加權(weighting)方法,使應徵者所具有的每一特性均可用不同權價(values)表達出來,最後算出各人的成績,作為錄用參考。**表4-4**即以百分比法,推算每一特性的權價。

由**表4-4**分析,可知在統計上必須有足夠的人數樣本,才能做出正確的結果。再者,統計表上可看出已婚員工有較好的工作表現;在工作經驗方面,具有銷售及管理經驗者擔任現職表現更佳。其中每項特性權價的評分,須依高效率在總人數中所占的百分比數而定。統計上的加權法是有效評估個人資料的方法之一,然其效度的高低受時間及其他因素的影響。因此,一個企業的人事單位必須根據勞力市場的供求關係,以及管理上其他因素的變動,隨時重新統計分析,以調整各項特性的比重。

二、自傳量表

自傳量表與加權申請書之間的分野不太明顯。一般而言,自傳量表題目較多,只採選擇方式,題目內容則與申請書大相逕庭。自傳量表所處理的是日常生活的經驗、嗜好、健康情形、社會關係等;而申請書

表4-4 以百分比重計算權價的方法舉例

反應類別	低效率組	高效率組	總數	高效率百分數	權價
婚姻狀況					
單身	35	19	54	35	4
結婚	52	97	149	65	7
離婚	25	8	33	24	2
分居	15	6	21	29	3
孤寡	13	10	23	43	4
	140	140	280		
教育程度					
小學	13	14	27	52	5
中學未畢業	28	23	51	45	5
中學畢業	56	46	102	45	5
大學未畢業	18	16	34	47	5
大學畢業	16	25	41	61	6
研究所	9	16	25	64	6
	140	140	280		
工作經驗					
無	18	5	23	22	2
生產	40	30	70	43	4
書記	38	28	66	42	4
銷售	8	35	43	81	8
管理	5	17	22	77	8
專業	13	16	29	55	6
其他	18	9	27	33	3
	140	140	280		
服役					
已	77	86	163	53	5
無	63	54	117	46	5
	140	140	280		

所處理的是過去的工作經驗。自傳量表偶爾涉及態度、興趣、價值、意見、自我意象等。此外，自傳量表基本上強調以過去預測未來，偶爾亦涉及現有行為，以現在預測未來行為。以下即為自傳量表常用的題目（如**表4-5**）。

表4-5　自傳量表常用的題目

分類資料
- 你現在的婚姻狀況為何？
  1.單身　2.已婚，無小孩　3.已婚，有小孩　4.鰥寡　5.分居或未婚
- 習慣與態度：你是否常開玩笑？
  1.非常頻繁　2.經常　3.偶爾　4.極少　5.從不
- 健康狀態：你是否曾患有下列疾病？
  1.過敏　2.氣喘　3.高血壓　4.胃潰瘍　5.頭痛　6.以上皆無
- 人際關係：你與鄰居的關係如何？
  1.毫無興趣　2.喜歡他們但極少拜訪　3.偶爾拜訪　4.交往頻繁
- 金錢：除了公司的員工保險外，你是否尚有其他保險？
  1.沒有　2.五萬元以下　3.十萬元以下　4.二十萬元以下
- 父母狀況：十八歲以前，父母是否與你共同生活？
  1.雙親　2.父親或母親　3.親戚　4.養父母　5.孤兒院及其他
- 性格或特徵：你認為你有創造力嗎？
  1.很高　2.比一般人稍強　3.與一般人相似　4.比別人差
- 現在的家庭狀況：我太太對遷居的看法。
  1.願隨我的工作需要遷居　2.不管如何絕不遷居　3.只有絕對必要時才遷居　4.不知其看法　5.未婚
- 娛樂、嗜好、興趣：你曾否屬於下列團體？
  1.高中時代曾參加社團　2.大學時代參加過社團　3.高中、大學時代都參加社團　4.從未參加社團
- 學校與教育：你高中畢業時，年齡多大？
  1.15歲以前　2.15歲到16歲　3.17歲到18歲　4.19歲或更高年齡　5.高中沒有畢業
- 自我意象：你做事時是否盡力而為？
  1.不論任何事務　2.只限於自己有興趣的事務　3.只限於必要的事務
- 價值、意見與偏好：下列哪一項中，何者最重要？
  1.和樂的家庭生活　2.挑戰性或刺激性的工作　3.出人頭地　4.在社會活動中廣受歡迎　5.盡量表現自己的才幹
- 工作：你是否願意從事旅行推銷的工作？
  1.非常有興趣　2.願意　3.必要的話，就從事之　4.絕對討厭旅行推銷

自傳量表的目的是甄選將來工作可能表現優良的員工，內容都是心理學家認為具有預測效能的題目。題目的加權方式與申請書中所述大致相同，不同之處在於自傳量表中，不具區分效能的題目即予摒棄，因此效度研究與橫斷式效度研究都是不可或缺的選題過程。

自傳量表中最具代表性的，為人格投射分析。此法的優點是將經由申請書獲得的資料，以投射方法分析，以推測應徵者的人格特徵。它的理論基礎是：當一個應徵者以其獨特方式回答問題時，不管是寫字的方式或組織的方式，或對某項工作的喜惡程度，都會表現出其特有人格，從而作為預測將來工作表現的基礎。題目大致分為有關家庭早期的生活、身體狀況、教育水準、活動情形、工作經驗、工作目標、工作的自我參與傾向、對挑戰採取的反應、自己的工作理想等。這種人格投射分析相當有價值，尤其對於推銷員離職問題，有顯著的效度；但它缺乏普遍性的效度。

三、推薦信

前兩項資料大都只限於甄選職員或低層管理人員，且由應徵者直接提供自身過去的資料。然而有些資料常是間接取得，或由應徵者的過去工作單位，或由應徵者關係密切的親友處取得，其中最具代表性的乃為推薦信函。

一般而言，推薦信函的效度都不高，此乃因推薦信是應求職者的要求而寫，且求職者常找有力人士推薦，其內容多為模稜兩可，缺乏客觀標準。如果信函中所描述的內容，是合作、體貼、有禮等，很顯然缺乏可信性；如果介紹內容是心理成熟、充滿精力、足以信賴等措詞，則比較有可信性。

此外，經由應徵者的親友所得的介紹信幾乎毫無價值，若由應徵者過去的工作主管、同僚等介紹，其所得資料較為有效。推薦信函的內容必須具有長期的足夠瞭解，對被推薦者具有專長或評估的能力；具體而

切要，才是具有效度的推薦信。

　　總之，甄選員工牽涉到許多人與事的複雜因素，不管運用那一種方法，在雇用了應徵者之後，最重要的乃為不斷地做效度研究，以驗證各種方法所得的資料是否足以預測未來的工作表現。人事甄選人員在考量各種資料的正確性之前，宜先區分可證實和不可證實的項目。可證實的項目包括以前的工作紀錄、薪資等；不可證實的包括意見、態度、性格等。對於上述資料宜採用不同方法分別加以求證。此乃為近代人事人員與心理學家所應共同努力的目標。

個案研究——學歷至上

正興企業公司歷經二十年的慘澹經營，一切制度都已上軌道，業績也蒸蒸日上。不過，近兩年來，公司員工流動率卻逐漸升高，人事主任極為煩惱。

有一天，公司銷售股的王中平遞出了辭呈。為此，人事主任李先生去找總經理商量此事。總經理乃召集各單位主管商討有關員工流動率過高的問題。在討論過程中，各主管所發表的意見如下：

總經理：各位主任、廠長，今天請大家來此，主要是為了討論並解決本公司創立以來，首次遭遇到的員工流動率過高的問題。雖然公司不斷地改善員工甄選的方法，然而問題依舊存在，我希望藉今天的會議把癥結找出來，公司當力求改進。

人事主任：由於公司人員的任用是由人事室負責，我想先將個人的觀感提出來，或許有利於大家的討論。公司甄選人員的方式，大都以公開招考的方式取才，有時則經由私人介紹。基本上，公司都以性向測驗、能力測驗為準；但注重學歷是公司的傳統，其用意一方面乃在尊重專家，另一方面則在鼓勵大家進修。這種甄選方式已行之多年，效果一向很好；可是近年來員工流動率卻不斷增高，依諸位的看法，是否有什麼差錯？

廠長：最近本廠員工常常辭職，經查辭職的員工大都跳槽到附近一家新公司；然而本廠之設備、環境並不比那家新廠差，廠內幹部對待員工也相當客氣，問題的癥結恐怕是本廠待遇較差。

銷售主任：我覺得待遇低或許是員工辭職的原因，但不是主要原因。以我負責的單位來說，待遇和大家一樣，卻很少發生辭職的現象。

廠長：我認為待遇低仍是主要原因，銷售股大都是外務員，他們

除了固定薪水外，還有出差費、佣金、紅利，把這些加起來，待遇就比一般員工高出了許多。

人事主任：我同意廠長的說法。過去員工只要有工作就滿足了；而現在的員工常要比待遇、比福利，所以我認為加薪是唯一的解決途徑。

會計主任：要加薪恐怕很難辦到。我已計算過，全公司員工有一千多人，每月加薪至少要多花三百萬元，除非利潤額能增加，否則董事會恐怕不會同意。

總經理：銷售主任，你認為利潤額可能增加嗎？

銷售主任：以目前市場的狀況而言，恐怕很難做到。我剛剛說過，關鍵不在薪資，而是員工有無前途的問題。公司向來以學歷為任用和遷調的重要標準，員工若無高等學歷，便會覺得前途茫茫。本股新近辭職的王中平就是一例，他能力強、智慧高、肯苦幹，奈何學歷低，眼見他人步步高升，而他卻原地踏步，於是只好另謀發展了。

人事主任：學歷制度是公司多年來的傳統，也許有它存在的缺點，但總歸是優多於劣，何況它的本意即在鼓勵員工進修上進的。

銷售主任：鼓勵員工上進的方法很多，為何一定要以學歷為憑？這個社會多的是學習場所，不只是學校而已。

總經理：我想那家新廠薪資比我們高，當然是形成我們員工流動率增高的原因。不過，我們在甄選上一定存在某些問題。我想請人事主任就最近流動率過高的問題，做一徹底調查，以便找出真正原因，對症下藥。

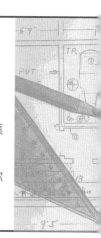

問題討論

1.你認為總經理的話對嗎？何故？

2.若你是人事主任，將如何進行這項調查？

3.你覺得該公司將學歷訂為用人或升遷的標準，是否得當？若否，應如何改善？

4.你認為除了薪資外，還有哪些因素會影響員工的流動率？試說明你的看法。

 ## 註 釋

❶吳靄書著，《企業人事管理》，自印，頁113-117。

❷同前註。

❸李茂雄著，《企業界人才遴選之方法》，大行出版社，頁6-7。

❹同註❶，頁118-123。

❺同註❸。

❻王恆文著，〈談心理的測量〉，《考政資料》，第6卷第2期。

❼Dale S. Beach, *Personnel: The Management of People at Work*, New York: The MacMillan Co., p. 343.

❽鄭伯壎編譯，《人事心理學》，大洋出版社，頁149-150。

❾E. C. Mayfield, "The Selection Interview-A Reevaluation of Published Research", *Personnel Psychology,* Vol. 17, pp. 239-260.

❿李序僧著，《工業心理學》，大中國圖書公司，頁60-61。

Chapter 5

人事測驗

　　人事測驗是員工甄選的科學化技術，此種技術能有效地測定人類若干心理特質，並能經濟有效地甄選適當人才。因此，人事測驗已廣泛應用在員工甄選上。此外，人事測驗亦應用於員工的遷調、任職、訓練、諮詢指導與績效評估上。然而，測驗本身具有某些功能與限制，測驗的編製與實施必須恪守心理科學的原則，測驗結果須由心理學家加以解釋與應用；否則極易為外行人所誤解，產生不良後果。

第一節　測驗的效標

　　人事測驗是員工甄選不可或缺的工具，但人事測驗的運用必須注意：摒棄測驗成績過低者，或應徵者須多於錄取者，否則測驗必然失去效能。一般而言，只有求職者多於錄取者，人事測驗才能派上用場。不過，即使缺乏大量的應徵者，人事測驗仍可用來做人事安置。此外，人事測驗並非完全沒有誤謬，有時測驗結果常與未來工作績效無關，此為吾人使用測驗時所必須瞭解的。

　　然而，吾人既已使用心理測驗於員工甄選上，就必須盡量注意其效標。通常一項測驗是否有效，必須考量四項因素：即測驗本身的信度、效度、錄取比例與錄取者工作績效優良程度。其中尤以前兩項為測驗的主要效標，茲分述如下❶：

一、信度

　　測驗有效的先決條件，是它的測量結果要具有一致性，亦即測量結果必須相當可靠。此即為測驗信度（reliability）。通常決定測驗信度的方法有好幾種，每種方法所測得的信度大小也不太一樣。其方法如下：

(一)測驗—再測驗法

測驗—再測驗法（test-retest method）就是在兩個不同時間施測於同一組受測者，再求得該兩次測驗得分的相關。此種方法所得的信度，稱為穩定係數（coefficient of stability）。這種求取信度的方法，必須符合兩個基本假設：首先，受測者接受第一次測驗不會產生記憶或練習效果，亦即第一次測驗不會影響第二次測驗的得分；其次，測驗的題目必須具有代表性，足以代表測驗主題，蓋測驗題目只是從整個題目母題或題庫中抽取而得。

(二)交替法

交替法（alternate form method）乃為在同一組受測者於兩個相互獨立、但相互類似的測驗中求其得分的相關性。此種相互獨立而相似的測驗，稱之為複式測驗。應用這種方法求信度時，必須有兩個相似的測驗複本。這兩個複本在難度、平均值、變異數、內容等，都應該非常近似。兩個複本相關性愈高，表示信度高，從中求得的信度，即稱之為相關係數或等值係數（coefficient of equivalence）。

(三)折半法

若無現成的複式測驗，可利用折半法（split-halves method）求得測驗的信度。採用本方法時，將測驗依原來程序施測；但打分數時，則將全部題目分成相等的兩個部分，每個部分包含一半題目，可採隨機或交叉方式。若採交叉法，可將單號題組成一組，雙號題成另一組，然後求其相關性。經由這種方法，可求得原有測驗的一半信度量度，再經一道統計方法校正之，即可求得整個測驗的信度。折半法所求得的信度，即為內部一致性係數（coefficient of internal consistency）。

不過，測驗信度並不完全決定於測驗本身，它也受到受測者本身穩定性的影響。如果受測者本身不穩定，測驗得分即無法穩定。此外，前

述三種方法各適用於不同環境和不同資料型態。因此，在使用人事測驗時，除了要求測驗信度外，尚須求得受測者的穩定性，以及各種環境與資料型態。若測驗信度高，就愈能取得受測者測驗上的得分。由於大部分人事甄選中，人事人員常只依賴一次測驗得分，故測驗信度須為0.80以上，始得使用。

　　此外，測驗信度高，並不能保證其效度必高。有時測驗具有高信度，但效度卻很低，甚至毫無效度。不過，測驗信度若低，則效度必也很低。因此，吾人仍須注意測驗效度。

二、效度

　　所謂測驗效度（validity），是指測驗達成它所期望目標的程度。通常效度隨著測驗目的的不同，可分為三種：(1)內容效度（content validity）：即指一個測驗內容所代表其測量主題的程度，最適用於成就測驗；(2)效標關聯效度（criterion-related validity）：是指測驗分數與外在獨立效標，如工作績效間的相關程度。此又可分為並行效度（concurrent validity）與預測效度（predictive validity）。前者的建立，乃是將測驗得分與現有效標值求相關而得；後者則把某一時期所得的測驗分數，與以後所得的效標求相關；(3)結構效度（structure validity）：以測驗和另一個經證實為測量同一心理特質的測驗求相關，或是以因素分析法求得各種測驗測得同一心理特質的程度。在員工甄選或安置上，最常用的效度指標是效標關聯效度。

　　一般測驗效度的建立方法，可分為現有員工法（present-employee）、追蹤法（follow-up）、工作現況法（job status）、工作成分法（job component）。其中以前兩種較為常用。

(一)現有員工法

　　此種方法以現職員工為受測對象。施測時必須選擇測量特質與工作

績效的相關性,將所選測驗主動要求現有員工參加,並向員工保證測驗僅為試驗性質,絕不影響員工與公司的現有關係。在測驗過程中,求取每位現有員工的效標資料,並將所有員工分成高效標組與低效標組。然後,再依次分為高分組、次高分組、中間組、次低分組、最低分組,各占五分之一。由此,求得「高效標」員工所占的百分比。

(二)追蹤法

此法費時較長。它必須使用現有員工在應徵時期的受測資料,並將現有受測資料加以比較。追蹤法的測驗過程與現有員工法相同,只不過多了一層比較而已。且現有員工法所測得的,只是現有工作經驗,現有成就水準,而非性向。在追蹤法中,測驗分數是在雇用前測得的,不受工作經驗的影響。再者,現有員工參加測驗時的心向,與應徵時期參加測驗時的心向,必不相同。因此,若心向確實影響測驗得分,則以追蹤法研究測驗效度為佳。是故,欲建立良好測驗效度,最好一方面採用現有員工法,找出一套有效的測驗作為暫時的應用,然後再以追蹤法對這套測驗效度做更精密的研究。

(三)工作現況法

本法所使用的效標為工作績效。使用本法時,將不同工作員工的測驗得分加以比較,找出從事不同工作員工的測驗得分是否有所差異。該法的基本假設,乃為公司內員工應該會依自己的興趣、能力,選擇他最適合的工作部門。因此,吾人可自各部門員工間的差異,來推測工作部門的差異。此後,在甄選員工時,即可依照應徵者測驗的那個工作部門的平均分數,來安置應徵者的職務。

(四)工作成分法

該法係假設具有同樣工作特徵或工作成分的一組工作,所要求的「人類特質」是相同的。因此,同一工作成分的員工可由同一測驗甄選

之。若已知某項測驗適用於某幾個同類成分的工作，則該項測驗應該適用於所有這類工作。此種效度即稱之為合成效度❷。例如，文書工作的工作成分效度，包括速記能力、拼字能力等，該等能力得分愈高，即表示文書工作績效亦高。

總之，測驗效度愈高愈好，蓋一項測驗的效度愈高，其指導正確性愈大。如果測驗目標完全為考選大批新進員工，則經過相當效度的測驗而錄取，比未經測驗錄用員工，其服務成績總比較優越。即使一項測驗的效度不太高也勉強可使用，一般工業心理學家認為效度為0.30時，此項測驗仍有使用價值。當然，一項測驗的效度也可能牽涉到錄取比例的問題。

三、錄取比例

實際參加應考人數與一個公司能夠錄取人數之間的比例，稱為錄取比例（selection ratio）或錄取率。錄取比例的多寡，可影響測驗的效度，及實施測驗聘雇員工的功能。如以某測驗施測於一組人員，這些員工的效標值為已知。若將測驗得分與效標值的關係繪圖如圖5-1所示，測驗的效度愈高，則圖形的寬度愈窄；效度愈低，圖形愈接近圓形。效度係數若接近0.60，則其圖形接近橢圓。若應徵者非依測驗分數予以錄取，則被錄取者的期望效標值為整個橢圓形區域內效標值的平均。若應徵者的測驗分數必須高於T_1才被錄用，則被錄取者效標值的平均必然高於所有應徵者效標值的平均，而未被錄取者的平均效標值必然低於全體應徵者的平均效標值。若選取標準為T_2，則被錄取者的平均效標值更高，依次類推。顯然地，錄取比例愈高，被錄取者的平均效標值愈高，測驗的效能就愈顯著。

假設有某公司欲招募六十個員工，應徵者有六十人，其錄取比例為1.00，則測驗得分必分布於整個橢圓形範圍內，而效標值亦分布於整個橢圓形內，於是測驗對員工甄選就毫無貢獻可言。若有八十位應徵者，而被錄取者是得分較高的六十位，錄取比例降為0.75，只有得分超過的

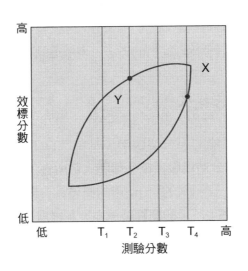

圖5-1　錄取分數高低對被錄取者平均效標值的影響

　　才被錄用，顯然這六十位錄取者平均效標值必高於前一情況。若受測者
人數有一百二十人，錄取比例降至0.50，得分在T_2以上的人才會被錄取，
則這組錄取者的平均效標值又高於前兩種情況。因此，錄取比例隨著受
測人數的增加而減少，而被錄取者的平均效標值則隨受測人數的增加而
提高。若應徵人數達六百人，而只有六十個受雇機會，則錄取比例降至
0.10，亦即測驗分數須達T_4以上才有被錄取的機會，則這批錄取者的平均
效標值必然甚高。

　　當然，上述測驗得分是以全體員工的平均績效為標準，非以個人績
效為標準。只是，即使錄取比例僅為0.10，有些未被錄取者如圖中的Y，
其效標值會高於一些被錄取者如X。不過，只要我們由平均值而非個案來
衡鑑測驗的效能，則錄取比例愈低，測驗的效能就愈高。

　　此外，吾人可利用降低錄取比例的方式，有效地使用效度係數相當
低的測驗。易言之，在團體測驗中，錄取比例的降低可取代高效度。這個
原則不受應徵人數或欲錄取人數的影響。當勞力市場緊縮，每位應徵者都
被錄用時，只要被錄取者可予以安置在幾個不同工作之一，都可利用該原

則。總之，只要有兩個或兩個以上的應徵者，須安置於兩個或兩個以上不同的工作，則可運用降低錄取比例的方法，來增進測驗的效能。

四、工作績效優良程度

影響人事測驗效能的另一個因素，是現有員工中績效優良的百分比。凡是一個機構或公司現職員工不稱職人數所占比例愈大，就表示可實施測驗的效能愈高。今假設我們使用的測驗具有顯著效度，受測員工的測驗得分分布於**圖5-2**所示的橢圓區域內。且錄取比例為0.50，亦即錄取者得分高於T_2。若現有員工有50%績效優良，則使用測驗所錄取員工未來的工作績效優良百分率超過50%的值，即為測驗效益。因此，所錄取人員中未來績效優良人數，與全部錄取人數的比值，即為圖中T_2右方且同時在C_2上方的人數，與T_2右方全部人數的比值。此比值顯然高於0.50。

根據上述**圖5-2**，如果其他條件不變，而現有員工中工作績優的百分比為75%時，則區別績優與非績優的效標值為C_1。經測驗所錄取的人員中，未來績優的比例為T_2右方且是C_1上方的人數與T_2右方所有人數的比

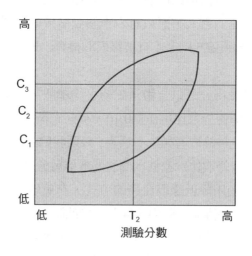

圖5-2　現有員工中績優百分比與測驗效能的關係

值，很顯然大於0.75。大體言之，若一切條件不變，且現有員工績優的百分比愈低，則經由測驗所錄取員工績優的百分比就愈高。設若測驗效度為0.50，錄取比例為0.50，**表5-1**即顯示測驗後績效人員百分比，較未使用測驗前員工績優的百分比，有增加的趨勢。

表5-1所列數值摘自泰勒—羅素表[3]（參閱本書附錄）。假若傳統甄選方法所錄取員工中有50%為績優，則在使用效度係數0.50的測驗，且錄取比例為0.50的條件下，由測驗所錄取人員未來績優的百分比，將增高為80%。不經由測驗所選擇人員績優的百分比愈高，使用測驗所增高的百分比就愈低。

表5-1　使用效度0.50的測驗所選取人員未來績優的百分比與未使用測驗所選人員績優的百分比之比較（選取比例為0.50）

A 未經測驗所選員工績優的百分比	B 經測驗選取的員工績優的百分比	A、B之差	B欄較A欄所增高之百分比
5	9	4	80
10	17	7	70
20	31	11	55
30	44	14	47
40	56	16	40
50	67	17	34
60	76	16	27
70	84	14	20
80	91	11	14
90	97	7	8

第二節　智力測驗

人事測驗（personnel tests）是一個概括性的名詞，泛指應用於人事甄選與安置上的各種測驗。依測驗人數，可分為團體測驗和個人測驗兩

種。若依測驗內容，可區分為智力測驗、性向測驗、成就測驗與人格測驗等。本節擬先討論智力測驗，以後各節則分別討論其餘各項測驗。

智力測驗（intelligence tests）又稱為學習能力測驗，此種測驗一般用來衡量普通智力水準，以求得智力與工作成功間的關係。智力測驗如與其他測驗聯合使用，不但能正確地預測工作績效，尚可分析甄選所獲得的資料，增進甄選效果。

一般智力測驗的材料，大部分取自學校所學的課業，所衡量的主要特質包括閱讀能力、拼字能力、字彙能力、數理能力、推理能力、邏輯推理、理解與應用能力等。根據史皮曼（C. E. Spearman）的看法，認為每個人的智能包括一個 "G"（general）因素與多個 "S"（specific）因素❹。薩斯東（L. L. Thurstone）則以因素分析法，提出人類有七個基本智力❺：

S：空間知覺（spatial visualization）
P：知覺速度（perceptual speed）
N：數字能力（number facility）
V：語文理解（verbal comprehension）
W：文字暢順（word fluency）
M：記憶能力（memory）
I：演繹推理（inductive reasoning）

此外，辜福德提出所謂「智力結構」（structure of intellect），認為人類智力具有三個向度（three faces of intellect），每個向度又分成幾種類別，而表現出一百二十種不同的智力❻：

1.運作（operation）：運作是指五種主要的智能活動或過程，亦即個人對收受到訊息或資料的處理。
  C：認知（cognition）包括發現與知曉。
  M：記憶（memory）是指訊息或資料的儲存。

D：發散思考（divergent thinking）是指利用其他訊息或資料，來激發新的訊息或資料，使其產生變化、擴大，而有利於方案的尋找。

N：收斂思考（convergent thinking）是指依照邏輯上的推論及推演方式，以獲得資料訊息。

E：評估（evaluation）是根據標準來比較各種訊息或資料，判斷自己的思考是否完整。

2.內容（contents）：內容是指訊息或資料的類別或型態。

F：圖形（figure）是指如容貌、大小、形狀、顏色或型態。

S：符號（symbolic）是以信號形式出現的，包括字母、數字等。

M：語意（semantic）是指有意義的訊息或資料，可以語文化的，也包括有意義的圖畫。

B：行為（behavior）是指非語文的訊息或資料，包括人們的交互行為在內。

3.產物（products）：產物是指當個人處理訊息時，對訊息形式分類的方式。

U：單位（units）是指單一分割的項目。

C：類別（classes）是指由共同特性組成的一組概念。

R：關係（relations）是指訊息項目間的關聯性。

S：系統（systems）是指有組織或有結構的訊息項目。

T：轉換（transformations）牽涉到現有訊息的轉變，諸如重新定義、修訂或修飾。

I：含義（implications）是指推測及推演，如預測或推理結果。

由以上五種心理運作之一，操縱四種內容之一，而產生六種產物之一，共形成一百二十種智能，如圖5-3所示。

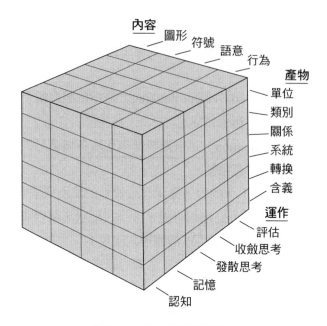

圖5-3　智力結構模型

取材自J. P. Guilford, *The Nature of Human Intelligence* (New York: McGraw-Hill Book Co., 1967), p.63. ©1967 McGraw-Hill Book Co., Inc.

　　現代企業為測驗人類智力，所用方法甚多，其中應用最廣的智力測驗，有魏氏成人智力量表（Weschsler Adult Intelligence Scale, WAIS）、歐提斯自我施測智能量表（Otis Self-Administering Test of Mental Ability）、萬德利人事測驗（Wonderlic Personnel Test）、魏斯曼人事分類測驗（Wesman Personnel Classification Test）、概念精通測驗（Concept Mastery Test）、薩斯東警覺測驗（Thurstone Alertness Test）、普渡非語文人事測驗（Purdue Non-Language Personnel Test）、密勒類推測驗（Miller Analogies Test）及適應性測驗（Adaptability Test）等。茲僅說明數種如下[7]：

一、魏氏成人量表

該測驗通常一次只施測一人。題目是由心理學家以口頭方式呈現，答案則記在特有的答案紙上。該測驗施測時間相當長，金錢的花費亦多，故在人事甄選上應用不多；但該測驗效度相當高，最適用於甄選高層管理人員。該測驗有十一項分測驗（subtest），其中六項是語文測驗，其餘為操作測驗（performance test）[8]。大略說明如下：

(一)語文測驗

1. 常識（information）：這部分題目是詢問受測者日常生活中的一些實用知識；回答時，不限定答案範圍或數目，為開放性的題目。
2. 理解力（comprehension）：為詢問受測者每個社會為何都有某種社會規範，也是開放性題目。
3. 算術能力（arithmetic）：這類題目以問答方式提出，以答案的正確度與解題所費時間為評分標準。
4. 數字廣度（digit span）：為施測者念出一組數字，要受測者記憶並複誦之，有時做「倒回複誦」。
5. 相似性（similarities）：為施測者念出一對文字，如獅、虎等，要受測者說出配對文字的共同特性。
6. 字彙（vocabulary）：為受測者解釋或定義施測者所說出來的字詞。

(二)操作測驗

1. 圖畫完成（picture completion）：為施測者呈現圖畫，要受測者找出圖畫中未完成部分。
2. 圖形排列（picture arrangement）：為受測者將一組分割的圖形加以排列，使得排列圖形具有意義。
3. 物件裝配（object assembly）：為在一定時間內，將分散的拼圖玩

具重新組合起來。

4.積木（block design）：為將一組具有紅色、白色或紅白相間的積木，依題目的要求組合起來。

5.數字符號（digit symbol）：為給受測者一組互相配對的數字與符號，然後要受測者在固定時間內，將一組混雜的符號寫下正確配對數字。

二、魏斯曼人事分類測驗

本測驗是專門為企業界而設計，為由受測者獨立完成，但作答時間有嚴格限制，即在測驗時間內正確的答案數目，即為測驗總分。本測驗有兩類題目，即為語文和數字能力。語文題目的形式是：＿＿＿ 之於甲正如乙之於＿＿＿。受測者必須填寫首尾兩個空格；正確答案可由題目後面所附幾個可能答案中選取。至於數字測驗則無一定格式，但都需要計算。它與魏氏量表的算術測驗不同，前者重視計算能力，後者則屬於問答題。由於受測者作答速度嚴重影響其得分，故相對於年輕人而言，老年人的得分偏低。且對於不要求快速思維的工作而言，本測驗不太適用。當應徵者大部分為四十五歲的中年人時，最好能選用無時間限制的測驗。

三、概念精通測驗

本測驗的主要目的，是在區分高智能水準的人員。它通常並不獨立使用，而是長期的做研究高智能水準人員行為的測量工具。它的基本概念是欲有效地發現出高智力水準的受測者，只有使用非常困難的題目。本測驗可能的最高分數是190，但只有少數人，包括獲得博士學位者，能達到這個水準。本測驗包括兩類題目，絕大部分是配對的字，要受測者說明兩個字意義相似或相反。另一為語文類推測驗。一般而言，想在

本測驗中獲得高分，必須具備相當廣泛的知識，**表5-2**即為各類天才所獲得的平均分數。故本測驗只適用於甄選某些需要高深學問的專門工作人員。

表5-2　天才在概念精通測驗上的得分

教育水準	人數	平均分數
哲學博士	51	159.0
醫學博士	35	143.6
法學博士	73	149.4
碩士	151	144.3
研究所肄業	122	143.0
學士	263	135.7
大學肄業	163	128.7
非大學生	143	118.4

四、簡短字彙測驗

以上各種測驗題目很多，在時間許可下，可廣泛應用。但在某些情況下，公司必須做迅速而簡短的篩選時，簡短的字彙測驗最為適切，且其效度甚高。**表5-3**即為各種智力測驗間的效度比較。

表5-3　各種智力測驗間的相關

測驗名稱	平均分數	字彙測驗G-T		概念精通測驗	魏氏量表之語文分數
		Form A	Form B		
字彙測驗G-T A&B類（40題）	27.64	0.89	0.89	0.73	0.56
字彙測驗G-T A類（20題）	13.03	—	0.59	0.64	0.47
字彙測驗G-T B類（20題）	14.61	—	—	0.67	0.54
概念精通測驗	61.50	—	—	—	0.54
魏氏智力量表	67.22	—	—	—	—

第三節　性向測驗

　　前節智力測驗即指一個人綜合能力的測驗而言，亦即為綜合性向測驗。惟個人在某一方面尚具有可能發展的特殊潛能存在，為測量此種潛能的測驗，即稱之為特殊性向測驗。此種測驗乃為了瞭解個別差異及因材施教，在未來從事適當訓練後，發掘其從事某種工作所可能獲得的成就。因此，此種測驗看重在潛在能力的鑑定，而非過去成就的鑑別；它是一種特殊能力的鑑定，而非普通能力的衡量。對於一些僅具少許經驗，或根本缺乏經驗的應徵者，可應用性向測驗。

　　一般常用的特殊性向測驗，有下列四大類：(1)機械能力性向測驗（mechanical aptitude tests）；(2)心理運動能力性向測驗（psychomotor aptitude tests）；(3)視覺技能測驗（visual skill tests）；(4)其他特殊性向測驗（other specialized aptitude tests）。

一、機械能力性向測驗

　　機械能力性向測驗的主要目的，並不在測量個人實際的機械操作知識與技能，而是在測驗個人對空間的知覺能力與手眼協調的運動能力，從而推定個人的機械性向。所謂「機械性向」的含義甚廣，可包括一切應用機械及設備的工作；一方面是偏重於心理的機械綜合能力，及其對機械原理的瞭解與設計；一則為偏重運動及體能方面的肌肉協調與指腕靈巧。因此，機械能力係指智能的結合而言。

　　一般應用於機械能力性向測驗的有：貝納機械理解測驗（Bennett Test of Mechanical Comprehension）、費南根性向分類測驗（Flanagan Aptitude Classification Test）、普渡機械適應能力測驗（Purdue Mechanical Adaptability Test）、普渡工業訓練分類測驗（Purdue Industrial Training Classification Test）、普渡機械實作測驗（Purdue Mechanical Performance Test）、明尼蘇達機械裝配測驗（Minnesota Mechanical Assembly Test）、

明尼蘇達空間關係測驗（Minnesota Spatial Relations Test）、修訂明尼蘇達紙板測驗（Revised Minnesota Paper Form Board）、區分性向測驗（Differential Aptitude Test）等。

其中普渡機械適應能力測驗的主要目的，是找出具有機械性向的工人，使得他們能順利通過機械能力或機械興趣的訓練課程。本測驗所測量的，是一個人在機械、電機等工作上的經驗。測驗的編製是基於下述概念：若其他條件相同，則由以往具有最多機械經驗者，將來在機械工作上的績效應比其他人員為佳。該測驗A式題目是經特殊統計方法選取的，以使該測驗的信度提至最高，且使它與一般智力測驗的相關性盡可能地低。此種測驗最適用來測量繪圖員、機械工程師、航空機械人員等。

其次，區分性向測驗是目前應用最廣，效度最高，選題最精密的測驗之一。施測時間約為四小時，共分為八項特殊性向，其中除了文書性向外，其餘都沒有時間限制。在絕大部分情況下，並不需施用整個測驗，只需測量與工作有關的部分即可。此八項特殊性向為語文推理（verbal reasoning）、數字能力（numerical ability）、抽象推理（abstract reasoning）、空間關係（space relation）、機械推理（mechanical reasoning）、文書速度與正確性（clerical speed and accuracy）、文字應用（word application）與文字用法（word use）。

二、心理運動能力性向測驗

心理運動能力性向測驗，多為測量個人肌肉能力或感官與肌肉結合能力，包括靈巧度（dexterity）、操作能力（manipulative ability）、運動能力（motor ability）、眼手協調（eye-hand coordination）以及其他與肌肉有關的活動能力等。佛列序蒙與韓菲爾（E. A. Fleishman and W. E. Hemphill）運用因素分析法，將心理運動能力分為下列十一種不同能力❾：

1. 控制精密度（control precision）：指控制肌肉運動，使能調整或安置機械或整個控制設備的能力。

2. 四肢協調性（multi-limb coordination）：指雙手或雙足同時運作與配合的能力。

3. 反應傾向（response orientation）：是指迅速指向目標的反應動作，及準確性的能力。

4. 反應時間（reaction time）：指對刺激盡快反應的速度。

5. 手臂運動速度（speed of arm movement）：指手臂大塊肌肉的運動速率。

6. 速率控制（rate control）：指隨刺激物的移動及節拍速度而調整的能力。

7. 手部靈巧度（manual dexterity）：指整個手臂做出技巧性、協調性動作的能力。

8. 手指靈巧度（finger dexterity）：指手指做出技巧性、協調性動作的能力。

9. 手臂穩定性（arm-hand steadiness）：指在速度及用力較小的情況下，利用手臂移物的穩定程度。

10. 指腕速度（wrist-finger speed）：指輕敲快擊的速度。

11. 瞄準能力（aiming ability）：指以鑽孔的紙板，用筆尖對準小孔按照順序迅速點觸的能力。

以上所舉多為肌肉運動能力，實則為心理運動能力，分別代表十一項個別獨立的能力，彼此間的相關性並不高。因此，施測時仍依工作性質所需的某種能力，加以個別測量，效果較為顯著。

一般心理運動能力測驗用來甄選員工的，有歐堪諾手指靈巧測驗（O'Connor Finger Dexterity Test）、馬克奎利機械能力測驗（MacQuarrie Test for Mechanical Ability）、海斯釘板測驗（Hayes Pegboard Test）、普渡釘板測驗（Purdue Pegboard Test）、明尼蘇達操作速率測驗

（Minnesota Rate of Manipulation Test）。

　　心理運動能力性向測驗應用於甄選新進員工，其效度並不高，個別差異的情形很大。不過，馬克奎利機械能力測驗在甄選航空機械士及速記員時，效能尚可。歐堪諾手指靈巧測驗，經證實能有效地預測裁縫的工作表現；而一般心理運動性向測驗，在甄選高級技術人員較為有效。對半技術人員而言，心理運動能力測驗已成最佳預測工具。然而，就不同的心理運動能力而言，必須各自發展一套工具或測驗，在時間上、金錢上都非常不經濟。

三、視覺技能測驗

　　視覺對每種行業都具有重要性，諸如針織、紡織、檢驗、交通、印刷等工作，都需要相當的視覺敏銳力、深度知覺、顏色分辨力等。視覺敏銳力是指辨別黑白細部的能力，以及分辨遠近距離的能力。深度知覺則為判斷物體距離的能力，此種判斷是基於兩眼視差而來，是知覺空間關係所不可或缺的因素。至於顏色分辨是指辨別各種顏色及深淡的能力。以上各個人都不相同，故宜分別測量之。

　　一般最常見的視覺測驗，為史奈侖掛圖量表（Snellen Letter Chart）。本測驗是由一系列黑色字母所組成，字母的大小由上而下漸減，或由下而上漸減。測驗時，該圖通常置於距離受測者二十呎遠的牆上（如**圖**5-4）。

　　施測時，一次以一眼觀之，找出受測者能讀出的最小字母。受試者能讀出的字母愈小，表示視覺愈敏銳。史奈侖敏銳度是以分數（fraction）表示的，分數愈小，視力愈差。分數的分子表示測驗距離，為固定數值。因此，若視覺敏銳度為20／20做標準，則20／40表示某人在四十呎外只可以看比正常人兩倍大的符號，或正常人可以在加倍距離看到同樣符號。

　　根據美國普渡大學工業研究中心從事一連串大規模研究，發現每

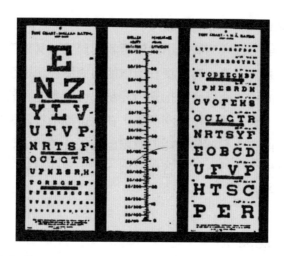

圖5-4　史奈侖與「A.M.A.」測驗圖（附有史奈侖分數與視力效能百分比換算表）

種工作的視覺要求都不一樣，其間差異很大。某些工作要求看清遠方物體的能力，如卡車司機；有些則要求近距離的明辨能力，如手錶業者。其他對顏色分辨力的要求也不相同。依此，吾人可以用視覺需求的差異來作為工作分類的基礎。凡視覺需求相似的一組工作，即稱之為一個視覺工作族（visual job family）。現有視覺工作族可分為六類，即文書行政類（clerical and administration）、檢驗精細類（inspection and close work）、駕駛操作類（vehicle operator）、機械操作類（machine operator）、勞工類（labour）、機械技藝類（mechanic and skilled tradesman）。

四、其他特殊性向測驗

有時工業上為了特殊工作的需要與條件，常在員工甄選時施以特殊的性向測驗。例如，文書性向測驗、閱讀測驗、口語測驗、創造力測驗、藝術或音樂性向測驗等是。

 第四節　成就測驗

　　成就測驗（achievement tests）或稱知識測驗，其目的則在測量個人對工作實際已知道的或能完成的程度，亦即在衡量應徵者所受教育或訓練的成果。成就測驗通常都應用在專業人員、科學人員與技藝性工作人員的甄選上，此乃因這些工作必須具有某些確定的知識與技能，才能和工作成就發生關聯。

　　顯然地，所有的測驗都多少反映一些應徵者的成就程度，惟就企業的應用目的而言，要使測驗和將來工作成就密切關聯，成就測驗就是將來工作成功與否的指標。它可用來作為員工甄選、員工安置、績效評定或取得專業執照的標準。因此，成就測驗特別看重內容效度與當前效度。它的實施方法，不外乎工作實例測驗、書寫式成就測驗、口頭式成就測驗與案頭作業測驗。

一、工作實例測驗

　　工作實例測驗（job sampling test）就是「現場考試」或技術考試。目的在測量受試者實際操作的技術與能力。測量場地有時利用現有設備進行，有時顧及其他因素而根據作業原理、製作的模擬機具測量之。測驗計分重點有的看重操作程序，有的則看重產品質量。工作實例測驗應用範圍甚廣，從最簡單的機械操作與文書模擬作業，到最複雜的航空模擬太空飛行與高級管理人員的「案頭作業」均屬之。

　　惟一般工作實例測驗，多運用在工作規範簡單的測驗上。如果工作相當複雜，常需要各種不同形式的活動組合來完成，則工作實例測驗必相當冗長而令人厭煩，故不宜作為甄選工具。甚至於在簡單工作中，工作實例和真正的工作情境並不完全相同，亦不適用。通常工作實例測驗，最多應用在檢查工作、包裝工作、打孔工作、卡車駕駛、其他機械

操作等上。

在文書人員的甄選上，工作實例測驗用來選取打字員、速記員、記帳員、文書員等。所使用的測驗是布氏速記熟練測驗（Blackstone Stenographic Proficiency Test）、薩斯東打字測驗（Thurstone Examination in Typing）、S-B速記熟練測驗（Seashore-Benett Stenographic Proficiency Test）、商業打字測驗（Typing Test for Business）、SRA打字技巧測驗（SRA Typing Skills Tests）等。

就布氏速記熟練測驗來說，可分為兩個分測驗：一為速記測驗，一為打字測驗。分別測定受測者有關文字、拼音、標點、縮寫、聽寫、速記、打字及辦公室有關事務的知識與技能。為求標準的劃一，所有聽寫的測驗題均由錄音帶發音，以求速度與音質的一致。

二、書寫式成就測驗

書寫式成就測驗（written achievement tests）大部分是為工作的特殊性質而個別編製，如特殊訓練計畫成果的測量。目的為測量受測者有關某項工作的知識與技能，如會計知識測驗、人際關係測驗、公司法規測驗等，這些測驗只是整個職業知識的一小部分而已。書寫式成就測驗是依各企業的需要而建立，如普渡職業測驗（Purdue Occupational Test）就包括許多高級技術工作的成就測驗，用以甄選電機工程師、車床技工、工業數學人員、藍圖閱讀人員等。

三、口頭式成就測驗

口頭式成就測驗（oral achievement test）是以口語問答方式進行，題目是由是非題或填充題所組成。這種測驗所使用的機會不多。美國勞工局曾為各種技術性職業，建立了一套職業測驗，這些測驗都是口頭測驗，題目通常只有十五題。在選擇題目前，先將一些未經選擇的題目，

施測於下列三組人員：熟練工人、學徒及助手。若熟練工人大部分答對某題，而助手卻大部分答錯，就予以保留。因此，最後選取的題目「區辨力」甚高。亦即為熟練工人測驗上的得分相當高，而其餘二組人員的得分很低。這種型態的測驗，經證實有相當高的預測效度[10]。

四、案頭作業測驗

案頭作業測驗（in-basket test）是仿照工作實例上的工作模擬，用以測量經理人員的工作績效，也可用來甄選經理人員。這些測驗題目都是經理人員日常處理的一些文件，如書信、報告、備忘錄等。每位受測者在面對這些題目時，必須先假定自己是經理人員，以決定他的處理方式或採取的行動。雖然案頭作業測驗大部分只用來訓練經理人的處理能力，但也可成為甄選經理的工具[11]。

第五節　人格測驗

個人行為的差異，主要表現在能力與人格兩方面。有關能力差異的情形，主要靠智力、性向、成就等測驗來決定；至於人格方面的差異，則依人格測驗測定之。人格測驗（personality test）是在測量一個人行為適應性的多種特質，廣義的人格包括一個人的氣質、能力、動機、興趣、價值、情緒以及社會態度等。站在人事主管的立場言，認為人格測驗比能力測驗重要，此乃因個人儘管在能力上表現優異，但性格異常仍然難以適應工作。因此，人事測驗有時可以人格測驗行之。

一般評定人格的方式很多，目前企業界用於員工甄選的，不外乎自陳法（self-report method）與投射法（projective method）兩類測驗。

一、自陳法

自陳法是指受測者對自己人格，依自己的意見予以評鑑的方法。這種方法多以文字測驗，且屬團體的方式施測。自陳法人格量表，有專為測量人格中的單一特質；有設計用來測量人格的多種特質，且將每項特質個別計分，由數個分數的組合，繪成一個人人格特質的剖析圖（personality profile）。自陳法人格量表應用最廣的，應屬興趣量表。目的在探求受測者對某類工作或職業的興趣程度。興趣量表中最有名的是愛德華個人興趣量表（Edwards Personal Preference Schedule, EPPS）、史氏職業興趣量表（Strong Vocational Interest Blank, SVIB）、庫達職業興趣測驗（Kuder Preference Record-Vocational）。

此外，自陳法人格量表用來同時測驗幾個人格特質的，有明尼蘇達多項人格量表（Minnesota Multiphasic Personality Inventory, MMPI）、門羅特人格量表（Bernreuter Personality Inventory）、G-Z氣質量表（Guilford-Zimmerman Temperament Survey）、加州心理量表（California Psychological Inventory, CPI）及價值研究量表（Studies of Value）等。以上各種測驗在企業界中應用廣泛，且預測效度極高。

(一)愛德華個人興趣量表

愛德華個人興趣量表是應用強迫選擇法，要受測者就兩個答案中選擇其一，而該兩個答案在社會喜好程度上相同或極為接近。由於兩個答案同樣的「好」或「不好」，受測者無法故意選擇較「好」的答案。因此，研究愛德華個人興趣量表與工作表現效標間的關係，通常可以得到一致而可靠的相關係數；只是本量表以強迫選擇法企圖消除社會喜好性的誤差，顯然並不完善[12]。本量表所測量的是十五項人類動機，包括成就、順從、秩序、表現、攻擊、自貶、自主、親和、支配、幫助、改變、容忍、情愛、依賴、調解等。

(二)史氏職業興趣量表

史氏職業興趣量表的主要目的在於職業輔導。由本量表可以看出受測者的興趣型態,與何種職業從業人員的興趣型態接近,從而加以試用。受測者在此量表上的反應,可用標準化的打分系統予以評定;打分時將受測者的反應,依各種職業的評分標準各個評定,評定結果可分為五級:A,B+,B,B-,C。受測者在某種職業上的得分愈高,表示他的興趣與該職業優良從業人員的興趣愈為接近。

(三)庫達職業興趣測驗

本測驗題目都是三個敘述句所組成,句中所描寫的是各種類型的活動,由受測者指出三個敘述句中最喜歡的、最不喜歡的;然後將所有選擇組合起來,並按敘述句的描述,而得到不同活動的興趣分數。該測驗可鑑別個人十種不同的職業興趣,即戶外、機械、計算、科學、推銷、藝術、文學、音樂、文書及社會服務等。由於該測驗有作假的能力,最近經過修訂以實際從事某職業者的反應特徵為評分標準,使得預測效度大為提高,其方法與史氏職業興趣量表相關。

(四)明尼蘇達多項人格量表

明尼蘇達多項人格量表包括五百五十個真偽回答性問題,並依照變態傾向標準分為八個量表,即憂鬱症量表(Hypochondriasis Scale)、壓抑量表(Depression Scale)、害思症量表(Hysteria Scale)、精神病偏差量表(Psychopathic-deviate Scale)、興趣量表(Interest Scale)、妄想狂量表(Paranoia Scale)、精神衰弱症量表(Psychasthenic Scale)、分裂症量表(Schizophrenia Scale)。該等量表可算是比較完整的人格測驗,其效度比一般人格測驗為高,內容包括甚廣。舉凡健康狀態、身心疾病、社會態度、婚姻關係、職業態度與興趣,無所不包。不過,正因為範圍太廣,用起來不方便,且多用病理名詞描述人格特質,易產生誤解。

(五)加州心理量表

　　加州心理量表基本上是明尼蘇達多項人格量表的續編，但明尼蘇達多項人格量表依病態標準所製，而本量表則依常態編製。該量表所測量的人格特質有十八項，分成四類：即第一類測量自信、鎮定、優越感，有支配慾、維持現有地位的能力、社會性、社交、自我接受、幸福感等六項特質。第二類測量社會化、成熟及責任感，有責任感、社會化、自我控制、容忍度、印象、親切感等六項特質。第三類測量成就、潛力及智力，有協同性成就、獨立性成就、智能等三項特質。第四類測量智力與興趣模式，有心理特徵、處事的伸縮性、柔弱性等三項特質。

二、投射法

　　投射法人格測驗的主要根據，是精神分析學派的理論。它認為人格可透過投射作用，由潛意識中反應出來。此種測驗很難有偽裝的現象，受測者只需對一些圖形做反應，由此而推理受測者的內在需求與性格特徵。常用的投射測驗有羅夏克墨漬測驗（Rorschach Inkblot Test）、主題統覺測驗（Thematic Appreception Test, TAT）、羅桑維圖畫挫折測驗（Rosenzweig Picture-Frustration Study）、湯金斯—霍恩圖形排列測驗（Tomkins-Horn Picture Arrangement Test）、窩辛頓個人歷史量表（Worthington Personal History）。

(一)羅夏克墨漬測驗

　　遠在一九二一年精神病學家羅夏克（H. Rorschach）首先用十張墨漬圖片測驗人格。每張圖片是由黑色或其他顏色墨漬染成的圖形，圖形都是左右對稱的。受測者的作業是描述他對圖形的看法，反應愈快愈好。施測時，以個人方式進行。施測者訊問受測者，受測者必須回想所做的描述，並說明做該描述的理由。必要時可做團體施測，並寫下自己對圖

形的看法。該項測驗除可用來解釋受測者的一般性人格外，尚可用於心理診斷，以解釋病人的情緒、動機、性慾與禁制作用；亦可用在工業心理諮詢用途上。

(二)主題統覺測驗

　　主題統覺測驗的原理與羅夏克測驗相似，只是實施方法不同而已。主題統覺測驗一共有二十張圖片，每張圖片都提示一個主題，要受測者根據主題的提示，以自己的想像說出一個故事。受測者在故事中，常不自覺地把自己蘊藏在內心的衝突和慾望等，穿插在故事的情節中宣洩出來。主試者對故事內容加以合理分析，即可瞭解個人人格的若干特質。

個案研究—— 未經筆試的甄選

　　張鵬程原任寶瑞鋼鐵公司的管理員，任職期間由於辦事能力極強，頗具人緣，公司乃將他升職。惟因遷居關係，乃不得不離開公司。

　　在離開寶瑞公司半年內，他不斷地閱報，應徵工作。許多公司徵才條件，都只是高職或專科畢業，於是他寄出了很多履歷表。不久，好幾家公司都通知他筆試。若筆試通過，才進行面試，再決定是否錄用。

　　惟張君在退伍後，很少再接觸到書本，筆試成績似乎不理想，以致頻頻遭遇挫折，喪失了許多工作機會。

　　在一個偶然的機會裡，張君經過朋友的介紹，到某家公司應徵，經過該公司主管的面談後，發覺張君為人公正，經驗豐富，是一位不可多得的人才，乃決定錄用他。

　　張君在新公司工作兩年後，由於工作認真，人緣極佳，判斷能力好，很得主管的賞識，於是很快就在三位新進人員中被升遷為基層主管。

問題討論

1.面談能否算是一種測驗？它的優劣點何在？

2.張君在多家公司的筆試中落第，但經面談任用卻能勝任工作，表現優良，其故安在？

3.你認為什麼才是真正有效的人事測驗？試一一加以列舉。

註　釋

❶鄭伯壎、謝光進編譯，《工業心理學》，大洋出版社，第五章。李序僧著，《工業心理學》，大中國圖書公司，第五章。

❷C. H. Lawshe & M. D. Steinberg, "Studies in Synthetic Validity: An Exploratory Investigation of Clerical Jobs", *Personnel Psychology*, pp. 291-301.

❸H. C. Taylor & J. T. Russell, "The Relationship of Validity Coefficients to the Practical Effectiveness of Tests in Selection: Discussion and Tables", *Journal of Applied Psychology,* Vol. 23, pp. 565-578.

❹C. E. Spearman, *The Abilities of Man,* New York: MacMillan.

❺L. L. Thurstone, *Primary Mental Abilities,* Chicago: Psychometric Laboratory, University of Chicago, Report No. 50.

❻J. P. Guilford, *The Nature of Human Intelligence,* New York: McGraw-Hill Book Co., Inc., p. 63.

❼鄭伯壎編譯，《人事心理學》，大洋出版社，頁163-167。

❽B. Balinsky & H. W. Shaw, "The Contribution of the WAIS to a Management Appraisal Program", *Personnel Psychology,* Vol. 9, pp. 207-209.

❾E. A. Fleishman & W. E. Hemphill, "Factorial Analysis of Complex Psychomotor Performance & Related Skills", *Journal of Applied Psychology,* pp. 96-104.

❿E. J. McCormick & N. B. Winstanley, "A Fifteen-Minute Oral Trade Test", *Personnel,* Vol. 27, pp. 144-146.

⓫H. H. Meyer, "The Validity of the In-Basket Test as a Measure of Managerial Performance", *Personnel Psychology,* Vol. 23, pp. 297-370.

⓬R. M. Guion & R. F. Cottier, "Validity of Personality Measures in Personnel Selection", *Personnel Psychology,* Vol. 18, pp. 135-164.

Chapter 6

員工訓練

員工訓練最基本的目的，乃在增進員工工作上的知識與技能。它對組織的發展具有決定性的影響。蓋組織的管理階層可透過有計畫的訓練制度，將員工導引向某個目標前進。因此，員工訓練亦為工業心理學應當探討的主題之一。本章即將研討員工訓練的意義與功能，訓練的學習基礎，以及訓練的類型與方法，從而討論如何實施員工訓練。

第一節　訓練的意義與功能

員工訓練意指有計畫、有組織地協助員工增進其能力的措施，亦即幫助員工學習正確的工作方法，改進工作績效，以及增進員工未來擔任更重要工作的能力。員工訓練的對象，一為新進人員或無法勝任目前工作的員工，一為被組織列為管理發展或人員發展的員工。訓練的目的在增進員工的工作知能，傳遞組織內的訊息或修正員工的工作態度。

一般而言，訓練和教育都是透過報導與學習過程去發展人力的方法。惟訓練和教育是有區別的，訓練是屬於特定行為的塑造，是一種比較短期實用性技能的灌輸。它可幫助員工透過思想和行動，以發展適當的知識、技能和態度，促使員工的表現能達成工作所需的預定目標。教育則具有廣泛性、基礎性與啟發性，著重於知識、原理與觀念的灌輸，以及思維能力的培植。教育可以使人增進一般知識，瞭解周圍環境，形成健全人格，並為個人奠定日後自我發展的基礎。因此，訓練是短期的，教育則為長期性的工作。訓練以工作為主，教育則以課程為重。兩者雖同屬學習，但前者直接使工作更加精通，亦即使人更直接應用工作所需的知識與技能；後者多屬於基本性，較少涉及特殊性的實用知識。當然，訓練和教育的關係十分密切，兩者具有相輔相成的作用。

再者，訓練與教育都是論述有關人類學習與行為的改變。就目的來說，訓練基本上是針對特定的職務而言，始於各種組織與工作上特殊的需要，目的在使目前或未來擔任某工作者，能夠克盡其職責。教育則以

個人目標為主，較不考慮組織的目標；雖然吾人可以設法使該兩項目標求得某種程度的一致，但教育由個人開始著手，幫助個人成長及學習在社會上扮演多種角色。簡言之，教育以個人為主，而訓練則以組織職務為重；前者重「人」，後者重「事」。

此外，教育乃為期望獲得個人意欲得到的日常生活經驗，訓練則為協助個人攫取工作上的技能。教育所涵蓋的範圍較為廣泛，訓練所包含的範疇較為狹窄。教育較具有個人取向，訓練則較具組織取向。就組織立場言，人事管理的措施與政策必須有整套的訓練計畫，以提供員工增進工作知能，作為擔任未來工作的基礎。因此，員工訓練的實施，一為增進員工平日工作經驗，一則有賴於擬訂有系統的訓練計畫。

訓練計畫的擬訂必須基於健全的理論與有效的措施，才能幫助員工學習正確的工作方法，改進工作績效，增進員工未來擔任更重要工作的能力。訓練計畫不外乎具備下列功能：

一、增進工作知能

很多訓練計畫是為了針對員工工作知識與技能的增進而擬訂的，此類計畫稱為工作傾向（job-oriented）訓練。廣義的技能不僅限於操作性的技能，同時包括一切人際關係、監督、組織及計畫的其他活動。

二、傳遞組織訊息

有些訓練計畫是為了傳遞組織內一般訊息而設計的。傳遞的訊息包括組織的一般狀況、組織程序、產品及勞務，以及組織政策與目標等。

三、傳授工作經驗

有些訓練計畫是為了傳授工作的實際經驗而擬訂。此種經驗的傳

授係針對新進員工或缺乏工作經驗的員工而設，用以培養完整的工作知能，期其對所擔任的職務發揮最大的效能。

四、修正員工態度

有些訓練計畫的內容是為了修正員工的各種態度，如培養員工的積極工作態度，增強其工作動機，並提高管理者對他人反應與情感的敏感性。

五、提高生產能量

有些訓練計畫是為了提高員工生產能量。蓋生產品質與數量，乃是員工有效執行工作，並表現能力與意願的直接結果。此種員工生產技能的增進，非賴充分訓練不為功。

六、減少意外事故

有些訓練計畫是為了灌輸員工的安全意識與培養安全觀念而設。很多意外事故的發生，是由於人為的疏忽與工作程序不當所造成。因此，適當的員工訓練，可減低意外災害的頻率與傷害率。

第二節　訓練的學習基礎

人類任何行為可能是認知的結果，也可能是透過教導而學習來的。因此，訓練基本上是屬於一種學習的歷程，訓練的成果乃係基於有效的學習。吾人在討論員工訓練之前，必須對學習特性、理論、原則與學習遷移等問題，有概括性的瞭解。學習歷程為實驗心理學家與教育心理學

家所研究的課題，其研究結果很多可提供工業心理學家擬訂工業訓練的
參考。

一、學習的理論

學習是經由經驗而導致行為改變的過程，亦即個體運用過去的經驗
以改變當前行為的歷程[1]。就科學心理學的立場而言，學習就是一種經
由練習，而使個體在行為上產生較持久性改變的歷程。此種行為改變的
歷程，心理學家大致上有兩種主要不同的解釋，一為增強論，一為認知
論，其間的基本差異如**表6-1**所示。

表6-1　增強論與認知論的主要差異

理論	產生來原	過程	適用的學習對象
增強論	外在環境	對環境刺激的反應	較陌生或困難事物的學習
認知論	個體本身	對外界事物的自我認知與領悟	較熟悉或容易事物的學習

(一)增強論

增強論（reinforcement theory），又稱為刺激反應論（stimulus-
response theory）或聯結論（association theory），主張學習時行為的改
變，是刺激與反應連結的歷程，亦即為不斷增強所得的結果。學習是依
刺激與反應的關係，由習慣或不斷練習而形成的。亦即經由練習，使某
種刺激與個體的某種反應之間，建立起一種前所未有的關係。此種刺激
與反應聯結的歷程，就是學習。持此觀點的心理學家，以巴甫洛夫（I. P.
Pavlov）的古典制約學習、桑代克（E. L. Thorndike）的嘗試錯誤學習，
以及斯肯納（B. F. Skinner）的工具制約學習為代表。該理論主張增強作
用是形成學習的主因。

(二)認知論

認知論（cognitive theory）者認為：學習時行為的改變，是個人認知的結果。此種看法是將個體對環境中事物的認識與瞭解，視為學習的必要條件。亦即學習是個體在環境中，對事物間關係認知的歷程，此種歷程為領悟的結果。換言之，學習不必透過不斷練習的歷程，而只憑知覺經驗即可形成。該理論認為：學習就是個體運用過去已有的經驗，去認知和瞭解事物間的關係，用以思考解決問題的歷程。它不主張被動的注入，而強調主動的吸收。因此，學習是一種認知結構（cognitive structure）的改變，增強作用不是學習的必要條件。持此看法的心理學家，最主要以庫勒（W. Köhler）的領悟學習、皮亞傑（J. Piaget）的認知學習，以及布魯納（J. S. Bruner）的表徵系統論為代表。

以上兩種立論，似乎是對立的。事實上，人類學習行為是相當複雜的，不可能受單一原則所支配。大體言之，較陌生或較困難的事物之學習，多依「刺激與反應」的不斷嘗試錯誤之歷程；而較熟知的事物之學習，則可採用「認知」的領悟學習。在員工訓練上，訓練者可掌握這些原則，以求能發揮訓練效果。不過，有一種學習是可經由模仿而來的，此即為模仿學習（modeling learn）。雖然模仿學習缺乏創造性，但在工業訓練上可用來從事產品或作業的組合之訓練。

二、學習的原則

通常學習受到很多因素的影響，致使學習效果並不一致。影響學習的因素，大致可分為三大類：一為學習材料的因素，一為學習方法的因素，一則屬於學習者個人的因素。今僅就三大因素中，與訓練效果較具關係的原則，列述如下：

(一)學習結果的回饋

學習的第一項原則，就是學習結果必須得到反響。學習結果的回饋，不但可修正錯誤的工作行為，而且可增進學習者的學習興趣與動機，以尋求有效地解決問題。根據研究顯示：提供學習者行為的回饋愈具體，其表現在作業上的進步與速度愈快；提供行為回饋太多，反而增加學習者的負擔；有關行為的回饋，應在工作完成時立即提出，時間愈延遲，效果愈為遞減。因此，在實施員工訓練時，應隨時對訓練效果加以回饋，以加強學習，並減低學習者的厭煩感。

(二)學習動機的激發

學習的第二項原則就是激發個人學習動機。有動機的學習者比缺乏動機或無動機者的學習效果要好。個人的學習動機，常因人而異。一般動機可分為內在動機與外在動機，前者與工作本身有密切關係，學習者的目標若與工作本身有直接關聯，個人就可直接由工作中得到滿足感。後者則與工作無直接關係，工作只是一種求得另一目標的手段而已，個人可能透過工作追求生活上所必需的金錢。因此，內在動機一般比外在動機有效能，因為它提供了從事工作所獲得的樂趣。一般組織的新進人員，極少具有內在動機，故訓練者必須激發其內在動機，提供一些可用的誘因（incentives），包括各種獎勵、良好的工作環境、和諧的人事關係、優厚的報酬、福利設施、工作安全、多讚美少責備等措施。

(三)獎懲的適當運用

學習的第三項原則，就是對好的行為給予獎勵，對不好的行為施予懲罰。一般言之，獎勵的效果高於懲罰。嚴厲的懲罰不僅不能消除不良行為，有時反而固化不良行為，產生許多不良副作用，諸如採取敵對態度，憎惡懲罰者。不過，如果懲罰用得適當，可以得到很好的效果，但必須針對錯誤行為而發，方能收到制止的功效。

(四)學習時間的安排

學習的第四項原則，乃為對學習時間的適度安排。一般而言，學習時制可分為集中練習（massed practice）與分散練習（distributed practice）兩種。所謂集中練習是指在某段時間內一鼓作氣，前後一貫的練習方式。分散練習則在練習時，把某段時間分為若干段落的練習方式。根據許多實驗證明，分散練習的效果優於集中練習，且在練習一段落後休息時間愈長，學習效果愈好。此外，休息時間的長短須視學習材料的性質而定，材料較難又較長時，學後的休息時間就需較長。

惟根據研究所得結果顯示，學習機械記憶式的材料與技能時，分散練習固優於集中練習，但學習較複雜或特別需要思考的問題時，學習者則必須一次採用較長時間固著在問題上，始能解決問題。因此，就一般情形而言，若所學材料較易、學習者興趣較濃、動機較強時，以集中練習為佳；但材料較難，較缺乏興趣以及易生疲勞的情形下，則以分散練習為宜。

(五)學習方法的選擇

學習的第五項原則，乃為對學習方法做適當的選擇。學習方法可分為整體法與部分法。整體法乃為學習者在某一段時間內，學習某種材料或技能時，對材料的整體從頭到尾一遍一遍的練習，直到全部學會為止。若學習者將材料分為若干段落，第一段熟練後，再練習第二段，直到全部學完為止，則稱之為部分法。整體法與部分法孰優，迄無一般性原則。大體言之，有下列情況：

1. 若所學習的材料有意義、有組織，且前後連貫者，宜採用整體法；若所學的為無意義或無組織的材料，則較宜應用部分法。
2. 用分散練習時，整體法較部分法為適宜。
3. 學習者的智力較高，且對所學的已具有相當的經驗，又材料不太長或太複雜時，較宜採用整體法；若學習者智力較低，對所學欠缺經

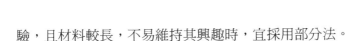

驗，且材料較長，不易維持其興趣時，宜採用部分法。

4.在實際學習時，初學可採用整體法；而對特別困難部分，再加強其
部分學習。

其他諸如員工主動地積極參與、使用輔助教具、知識的活用、容易
理解、不斷地重複練習、學習目標的適度性、有意義的材料、良好的作
業祕訣、愉悅的學習情緒等，都有助於學習的效果。

三、學習的遷移

所謂學習遷移（learning transfer），是指在一種情境中所學習到的
知能，是否能轉移或應用到另一種情境而言。員工訓練就是一種學習
遷移的作用。工業訓練即在人為或模擬情境中，希望其訓練成果能遷移
到實際工作中，最早研究學習遷移的是心理學家桑代克和伍渥斯（R. S.
Woodworth），他們認為遷移是由於兩項活動間具有共同的元素所造成的
結果❷。工業訓練採用職外訓練（off the job training）的方式，即假定學
習結果是可以遷移的，在訓練中所學得的知能可以有效地運用在實際工
作中。

至於遷移的程度為何？一般而言，訓練情境與工作情境的刺激與反
應完全相同，遷移量最高。當兩個情境無關時，就沒有學習遷移。若刺
激相同，而反應相反，遷移量即呈現負值，呈現相反的學習遷移作用。
此外，個人對訓練與工作情境的靈敏度不同，其遷移效果也有差異。通
常「靈敏度」（fidelity）有物理和心理之分，心理的靈敏度涉及人員的
操作與活動，在學習遷移上極為重要。所謂心理靈敏度，是指訓練與實
際工作情境中，在操作或活動上的相似程度，是學習遷移的關鍵因素。
物理靈敏度，則指訓練與實際情境中，物理設備的相似程度。當心理靈
敏度高時，物理靈敏度必然很高，可以產生滿意的學習遷移；相反地，
物理靈敏度高，並不一定保證高的心理靈敏度。此乃決定於模擬情境的
原則是否與真實的情境相同。

　　總之，員工訓練是一種學習遷移。在實施訓練過程中，必須在訓練情境與實際工作情境中建立共同的元素，並培養高度的靈敏度，才能得到良好的學習遷移，獲致優良的訓練效果。

第三節　員工訓練的類型

　　有效的員工訓練除了要注意學習的原則與學習遷移問題外，尚須針對訓練需要而採用不同的訓練類型。有關訓練的種類，各家說法不一，致其分類甚為分歧。本章僅按訓練計畫的觀點，分為下列四大類[3]。

一、職前訓練

　　職前訓練（orientation training）主要在指導新進員工對組織沿革、歷史、產品、政策、程序與人員等有初步的認識，以建立員工的積極態度，並增進其工作效率。一般組織在招考、錄取新進員工後，多於派職前施予短期的職前訓練，此亦可稱之為始業訓練。

二、在職訓練

　　多數訓練常在工作中進行，此稱之為在職訓練（on the job training）。此種訓練常由督導人員，或由專任輔導人員加以指導，在職訓練的方式不一，有的只是隨機加以指導，有的則非常正式而有組織，特別舉辦訓練班。在職訓練的最大優點，是在實際工作情境中進行，可使訓練與實際工作密切聯合。員工可藉此以熟悉工作時必須使用的原料與機器，同時，在職訓練不需要太大的精神專注，也不需要額外的儀器設備，並且在學習階段，受訓者可從事一些生產工作。它是一種主動練習，因為學習材料非常有意義，而增強學習動機。

　　可是在職訓練若只是偶然性的缺乏組織或專業人員指導，由於沒有明顯的目標，往往收效不大，而敷衍了事；且由初學者操作機器，常有被損壞之虞。同時，意外事件發生的機率也較高。

三、職外訓練

　　有些訓練為了不影響正常作業或工人安全起見，不宜在工作中進行，故而實施職外訓練（off the job training）。例如，對生疏的新進員工若貿然實施在職訓練，可能造成設備與原料的損壞，傷及人員或影響正常作業效率，此時較適宜施行職外訓練。所謂職外訓練就是在模擬的工作情境中，其設備與條件和實際工作情境極為類似或完全相同。職外模擬訓練重視訓練本身的教育效果，不太重視生產量的因素。此種訓練方式，尤適用於監督或管理人員的訓練。其目的有的是在改進現職人員的工作效率，有的則在增進員工本身能力，以為未來擔任更重要的責任做準備。

　　當然，職外訓練與在職訓練可以同時進行，其目的在使受訓人員瞭解真實的工作情況，而有實習的機會，以加強訓練效果的學習遷移。

四、外界訓練

　　有些訓練是委託外界機構代訓者，此稱為外界訓練（outside training）。外界機構包括大學，或企業學校及專業訓練機構等是。此項訓練完全視專業工作性質而定，有時亦發生學習遷移的問題。

五、其他訓練計畫

　　其他訓練計畫甚多。就人員訓練而言，有些訓練是針對高級管理階層而設，稱之為高級管理人員訓練；有些為中級管理人員而設，稱之

為中級管理人員訓練；有些為基層管理人員而設，稱之為基層管理人員訓練。有些訓練為領班工作而設，稱之為領班訓練；有些訓練為學徒而設，稱之為學徒訓練。

就工作內容而言，可以冠上訓練內容的名稱，如安全衛生訓練、會計人員訓練、人事人員訓練、工程師訓練等。

就職業訓練而言，可以分為基本訓練、升等訓練、再訓練、轉業訓練等。總之，訓練計畫甚為繁多複雜，其類型不一而足，常因對象不同，訓練方法與重點也有所差異。

第四節　員工訓練的方法

一般言之，員工訓練的方法與技術很多，每種方法都有其優劣點。這些方法包括講演法、示範演練法、視聽器材輔助法、模擬儀器及訓練器材輔助法、會議討論法、敏感性訓練法、個案研討法、角色扮演法、管理競賽法、編序教學法、電腦輔助教學法等。茲分項說明如下（如**表6-2**）：

一、講演法

講演法（lecture）在一般訓練的場合中應用最廣，在某些情形下，它是一種相當有效的訓練方法。當學習材料對受訓者而言完全新穎，或受訓者人數過多時，或講解一種新教學法時，或授課時間很有限時，教學場地不夠大時，以及當總結一些教學材料時，採用講演法可得到適當效果。此外，講演法可降低因工作改變及其他改善所產生的焦慮感。不過，講演法受到的批評也很多。它的最大缺點是受訓者無法主動地參與訓練，亦即僅有教師的活動，教學的好壞無法立即獲得反響。

表6-2　各種員工訓練方法的比較

方法	優點	缺點
講演法	·適用人數多、場地大、時間有限等情況。 ·可降低工作改變所引發的焦慮。	·受訓者無法主動參與，教學無法獲得反響。
示範演練法	·學習者可立即得到實際練習的機會。	·如果設備或工具不足，或人數過多，不易得到教學效果。
視聽器材輔助法	·因具吸引力，可協助受訓者做有效學習。 ·大量使用，價格低廉，可重複使用。	·在放映教材時，無法使受訓者積極參與活動。
模擬儀器及訓練器材輔助法	·可在實際操作中學會反應原則，做正確的反應。	·易被視為半玩具性質，妨礙學習目標。
會議討論法	·提供充分討論的機會，可增強學習效果。 ·可發展與解決問題的能力。 ·可修正態度。	·易流於形式，主持人易失超然而客觀的立場。
敏感性訓練法	·可改變受訓者的自我知覺，提升對問題的敏銳性。	·對受訓者構成壓力，侵害個人隱私。
個案研討法	·合乎教學原理，可鼓勵受訓者做判斷，尋求解答的方法。 ·瞭解同一問題的不同觀點。 ·淘汰不成熟的意見。 ·訓練討論的方式。 ·使受訓者考慮周全而落實。	·受訓者若不具經驗，不成熟，易生焦慮、嫉妒。
角色扮演法	·訓練受訓者易地而處，為他人設想，體驗他人感受，瞭解其行為。 ·可發現自己錯誤，或利用他人人格上的特性而改善人際關係。	·花費龐大，模擬情景很難完全符合實際。
管理競賽法	·情況逼真，有主動參與機會。 ·對決策後果，可得到反響。 ·可學習運用決策工具，做較佳決策。	·無法證實是否會真正產生正性遷移的學習。
編序教學法	·學習者可積極參與，立即得到反響。 ·節省訓練時間，可傳授正確知識。	·對訓練者相當費時、費成本，且需有良好經驗。
電腦輔助教學法	·電腦有大量記憶與儲存能力，利於各種編序教學安排。	·所花費用相當龐大。

二、示範演練法

所謂示範演練法（demonstration），乃指由訓練者實地操作，由學習者按照實際程序學習操作的一種訓練方法。該法運用在工業訓練上，乃為學習一種新的操作過程，或運用新的設備與工具時為最適宜。它的最大優點，乃為學習者可立即得到實際練習的機會，以增強學習效果。不過，如果設備與工具不足，或學習人數過多，不易得到明顯的教學效果。

三、視聽器材輔助法

由於科技進步，各種視聽器材如電影、幻燈片、放映機、錄影機及電視等，可幫助訓練❹。此種訓練法的效果一般比其他方法為優，可協助受訓者瞭解平時無法看到的實際狀況，故可獲得較廣大的視野；且因能吸引受訓者的注意力，而能做更有效的學習。同時，視聽器材若大量廣泛地使用，價格低廉，且可重複使用，適合作為工業訓練教材。惟視聽器材輔助法（film and TV）的缺點，是在放映教材時，無法給予受訓者積極參與活動的機會。不過，如能在放映後實施團體討論，則可彌補上項缺失，增強其教學效果。

四、模擬儀器及訓練器材輔助法

模擬儀器及訓練器材輔助法（simulators and training aids）主要在訓練期間，提供和工作情境相類似的物質設備，以協助訓練。採用該法的訓練有的是為了避免危險，有的是為了節省經費，有的是為了不影響原來的作業程序。此種訓練的價值，不在外表設備與原來機器的相似性，而是在實際操作中學會反應原則，做正確的反應，此即為訓練學習遷移的核心所在。不過，該法的最大缺點，乃為使用輔助器材時，會被看作是「半玩具」的性質，以致妨礙了訓練目標。

五、會議討論法

會議討論法（conference）可提供受訓者充分討論的機會，即針對觀念及事實加以溝通，以驗證假設是否正確，俾從討論及推論中得到結論。該法應用在改進工作績效與管理發展方面，可發展員工們解決問題與決策的能力，學習一種新穎而複雜的材料，並改變員工態度。它的最大優點，即在符合心理的原則，使員工有充分而積極參與的機會，因而增強學習的效果。但是討論時容易流於形式或謾罵，討論會的主持人易失去超然而客觀的立場。

六、敏感性訓練法

敏感性訓練法（sensitivity training）是根據團體動態學（Group Dynamics）的理論而設計的。該法又可稱之為行動研究（action research）、T團體訓練（T-group training）或實驗室訓練（laboratory training），其目的乃用來訓練管理人員或發展人群關係的技巧。訓練時，將一個小團體帶離工作場地，有時由訓練者指定討論題目，有時連題目都不指定，一切由小團體做內容的交互行為，以求瞭解他人行為，敏感於他人的態度。整個學習及行為改變的過程，即為一種「解凍—轉變—重新凍結」的週期❺。此法的效果主要為受訓者帶來工作上的轉變，對「個人」的幫助較大，對「組織」的貢獻較小；在改變受訓者的自我知覺，較其他訓練法為優。但對某些受訓者則感受到許多壓力，侵害其個人隱私權。

七、個案研討法

個案研討法（case study）是以真實或假設的問題個案提出於團體中，要求團體尋求解決問題的方法❻。個案研討法的程序為：研讀個案、

瞭解個案問題、尋求解決問題、提出解決方案，最後為品評解決方案。
其目的為幫助受訓者分析問題，並發現解決問題的原則。此法的優點乃
為根據教育「做中學」（learning by doing）的原則；可鼓勵受訓者做判
斷，尋求解答的方法；瞭解同一問題的不同觀點；淘汰不成熟的意見；
訓練討論的方式；訓練受訓者考慮周全而落實等。

　　個案研討法最適用於：當員工需要接受訓練，以分析及解決複雜問
題，並作為決策參考時；當員工需要瞭解企業的多樣性，以解釋或面臨
多種方案，且員工的個性各有不同時；當要訓練員工從實際個案歸納出
原則，以運用自我問題的解決時；當組織面臨變革，需要訓練員工的自
信心時。該法可運用於商議、績效檢定、管理、工作教導、銷售等的人
際互動訓練上。不過，當受訓人員是初學者，或不成熟、未具經驗，且
焦慮感高、嫉妒心強時，則不宜採用此法。

八、角色扮演法

　　角色扮演法（role playing）就是一種「假戲真做」的方法，意指在假
設的情境中，由參與者扮演一個假想的角色，體驗當事人的心理感受。
此法主要在修正員工態度，發展良好的人際關係技巧，適宜於訓練督
導、管理及銷售人員。此法的優點乃為訓練受訓者「易地而處，為他人
設想」，體驗對方的感受以瞭解其行為。同時，可以發現自己的錯誤，
或利用別人人格上的特性而改善人際關係。惟該法的花費龐大，模擬的
情景很難完全符合事實上的問題。

九、管理競賽法

　　管理競賽法（management games）是一種動態的訓練方法，即運用
企業情境，來訓練管理人員❼。實施時，由數人組成一組，仿照實際工
作情境，做一些管理或決策，各組之間相互競爭。各組代表一個「公

司」，對有關原料盤存控制、人員指派、生產管理、產品發展、市場需求、勞力成本等各項問題，各自擬訂策略與採取行動；並將策略數量化，加以公開決定勝負。此種競賽有時需數小時、數天或數月才能完成，最後由專人講評，並由各組做討論。

此法的優點是情況逼真，每人都有主動參與的機會。同時，對自己決策的後果可以得到反響。競賽者可以把握幾個重點因素，做有效的決策。個人的注意力可集中於整個決策過程，有高瞻遠矚的目光，而不會短視。個人知道運用決策工具，如財務報表與統計資料，做較佳的決策。個人可自結果的反響當中，學會了決策深深影響了一切狀況及後果。可惜到目前為止，仍然無法證實管理競賽法是否真正產生正性遷移的學習。不過，經由競賽以後，如果競賽情境與實際工作情境相似，在真正面臨問題時，仍可收到事半功倍的效果。

十、編序教學法

所謂編序教學法（programmed instruction）是指將要學習的材料分成幾個單元，或幾個階段，並依難易的程度編排，由簡入難，循序漸進。在每個階段裡，學習者必須對學習材料做反應，同時會得到回饋，以便瞭解其反應是否正確；如果反應錯誤，則必須回過頭來學習正確反應，以便進行下一個階段的學習。因此，編序教學對每個人的適應，是不同的。編序教學法的最大優點，是學習者可以積極地參與活動，並可立即得到反饋。其次，編序教學法平均比傳統方法更為節省訓練時間；學習者可按能力程度來學習；對傳授正確的知識方面，也以編序教學法較佳。不過，編序教學法計畫，對訓練者而言，是一件相當費時的工作，擬訂編序計畫的人必須受過良好的訓練。同時，編序教學法的費用頗高，要擬訂一套完整的編序教材頗不簡單。顯然地，編序教學法的主要益處乃在於訓練效果上，尤其是在時間方面。

十一、電腦輔助教學法

電腦輔助教學法（computer asisted instruction）乃是由編序教學法演變而來。電腦輔助教學法的主要好處，是在於電腦的記憶與儲存能力。由於電腦的記憶與儲存能力很大，因而可做各種編序安排，這是編序教學法所無法做到的。在目前，教育機構已大量採用電腦輔助教學法，但在人事訓練上，只有費用負擔能力較大的公司，才能使用它。也許在將來，人事訓練過程非常複雜，或電腦輔助器材低廉時，即非採用電腦輔助教學法不可。

總之，員工訓練的方法甚多，在實施員工訓練時，宜針對工作性質、員工層級等各項因素加以考慮，慎選訓練方法，才能得到訓練效果。

第五節　員工訓練的實施

一般員工訓練的方法，須考慮三項步驟，即確定訓練需求、選擇訓練方法、評估訓練效果。今分述如下（如**圖**6-1）：

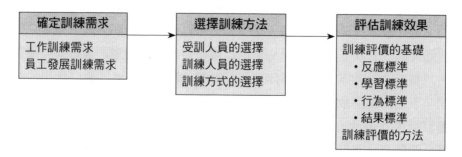

圖6-1　員工訓練的實施步驟

一、確定訓練需求

在組織中，需要接受訓練者包括兩類人員。一是新進員工或無法勝任目前工作的員工，一是被列為管理發展或人員發展的員工；前者即在增進對現職員工的工作效率，後者則為培養員工擔任未來更重要職位的才能。此乃因現有工作能力水準與未來所需效能水準間的差距，以致產生訓練的需求。至於現有水準與未來效能水準的差距，則始自組織與人員的不斷變遷，以致此種差距不斷擴大，是故訓練工作是永無休止的例行事務。訓練主管部門的主要任務，即在縮短此種差距，自必早做人才培育計畫，用以發展人才。

訓練計畫的實施，首先要考慮的是訓練需求，亦即為什麼要舉辦訓練？訓練的目的，一方面在對現有員工協助其熟悉現有工作，一方面則對現有員工加以適當訓練，以發揮其未來的潛在能力。故辦理員工訓練，其訓練需求可分為下列兩大項：

(一)工作訓練需求

所謂工作訓練需求（job training needs）是指組織對目前缺乏工作經驗的員工，有實施訓練的需要而言。其目的在協助員工獲得工作上所必需的知識、技能與態度，以便在工作崗位上有好的表現。工作訓練需求所著重的是「工作分析」。訓練的內容都是依據對工作本身的研究，包括各種工作特性與職務方法的指認在內。最淺顯的例子是職務說明書。職務說明書包含各項職務要件（requirements of task）。亦即說明書上都會說明執行一項職務時，所表現的各項外顯活動，或各種可觀察到的活動。

根據密勒（R. B. Miller）的看法，職務說明書上的說明，至少應該包含下列各項：(1)引起反應的「線索」或「指示」；(2)執行職務時，所用的「器材」或「設備」；(3)人員的「活動」與「操作」；(4)適當反應的「回饋」與「指示」。此種說明書所包括的是個人在何時做何事？執

行的工作內容是什麼？要使用何種工具？採用何種方法？個人做出正確反應後，有何種結果或「回饋」？[8]此種分析方式很適用於較簡單、有結構性的工作；但對於複雜性、沒有結構的工作，則不大適用。

因此，藍克斯（E. A. Rundquist）提出另一種描述個人職務的方法，指出訓練的工作與內容。他將工作層次化，把工作細分為幾大類，再將每大類的性質加以細分。細分的程序是根據邏輯分析過程而來。工作經過層次化後，整個職務的細分圖有如一個金字塔，塔的上方為較大的工作類別或職務性質，塔的下方則細分為許多工作單元。一般說來，塔的層次大約有六、七層之多[9]，此法對分析複雜多變的工作，具有不可磨滅的功能。

綜合言之，職務說明書的主要功用，乃為將各種工作加以細分，俾能指出員工需要接受那些「單元職務」的訓練，然後說明這些「單元職務」應具備何種知識與技巧，如此受訓者才能學以致用，訓練工作也才有成效可言。易言之，職務說明書可說是職務與技巧和知識間的橋梁，透過這座橋梁的溝通，才能發展出適切的工作訓練課程。

(二)員工發展訓練需求

所謂員工發展訓練需求（employee development training needs）是指針對員工未來的工作潛能之發展，所施行的訓練而言。員工發展訓練的目的，乃在提供一些經驗給工作者，使工作者在組織內的工作績效，永遠保持最高的水準。其訓練的重點不在探求員工擔任現職的缺點，而是為了培養員工擔任未來工作的條件，這就涉及所謂的「人員分析」[10]。換言之，員工發展訓練，不但可達成組織的生產力目標，且可使工作者獲得工作滿足感。員工發展訓練的對象，絕大部分用來訓練管理階層，有時也可用來改變其他工作團體，如專業知識落後的科技專家，無法適應工作環境的閒置人員，以及年老的工作者，藉以協助他們取得新知識，適應工作環境，以及對自己工作能力的信心。

至於有關工作訓練需求方法的決定，首先要確定訓練的對象是個人

或團體。如果是個人，要指出需要接受什麼訓練，如果是團體，要決定該團體需要那方面的訓練，使團體成員都接受訓練，以改進整個團體績效；其次，決定訓練需求方法的都是來自於人們的判斷與觀察，諸如工作者、督導人員、管理者、人事主管等。此種個人的判斷與觀察常常失之主觀，但有時也會帶來很大的效果。此種決定訓練需要的方法很多，依據詹生（R. B. Johnson）的看法，即有三十四種方法[11]。本章僅列兩種方法說明之：

1.列表法（checklist）：採用列表法來決定訓練的例子，如**表6-3**所示。該表係人事管理人員觀察督導人員行為得來的。亦即人事管理員仔細觀察督導員的行為，將之記錄下來。表中所列督導人員無表現的項目，即為需要實施訓練的項目[12]。

表6-3 利用列表法決定督導員是否需要接受訓練

人事管理員記錄的項目	督導人員的表現		可能需要接受訓練
	有	無	
製作工具盤存的紀錄	✕		
準備新進人員的訓練列表		✕	✕
把不安全的機器移開	✕		
檢查已修護好的用具	✕		
製作工作時數紀錄表	✕		
定時檢查產品品質		✕	✕
叮嚀工人不要消耗物品		✕	✕
擬訂工作場所布置計畫		✕	✕
教導工作者學習原料成本的計算		✕	✕
向工作者解釋公司政策		✕	✕

2.重要事例法（critical incident technique）：此法乃為著名訓練專家佛列（J. D. Folley）用來決定百貨公司的售貨人員是否需要接受訓練。所謂「重要事例」乃是依照顧客對售貨人員的描述而來的。這

些顧客對售貨員的描述乃係出於自願。在獲得顧客對店員的描述資料後，必須加以分析，以求指出績效好的店員與績效差的店員有何區別。如此提供訓練者一些訓練售貨員的資料，讓訓練者知道那些店員行為是顧客喜歡的，那些行為是應該避免的[⑬]。

二、選擇訓練方法

實施員工訓練的第二個步驟，乃為選擇訓練方法。員工訓練的目的，不外教導受訓者獲得工作知識，或如何更經濟有效地把工作做好。因此，員工訓練究竟應採用那種方法，當視各組織及訓練內容而定。有關員工訓練方法，已於前節討論過。在此，吾人擬研討受訓人員、訓練人員與訓練方式的選擇。

(一)受訓人員的選擇

訓練是一項投資，其成果須透過增加生產量、提高品質以及減低成本等以獲得回收。對於不宜發展或無進取意願的人，施予訓練是無益的。因為訓練後，不能在工作上有所表現，不僅訓練投資形成浪費，而且易形成人事包袱，故受訓人員的選拔宜予慎重為之。換言之，受訓人員須以具備某項工作動機或意願的人員為主，最好是具有某項工作性向的員工，才能收到訓練的效果。

(二)訓練人員的選擇

訓練人員可由具有某項專門學識的專家或管理人員為之。訓練人員的資格，至少須具備下列條件：(1)要有相關的知識、技術或態度，並能勤於研究；(2)精於教學方法，知道如何有效地去教導員工；(3)須有教導員工的意願，富於熱忱與耐力。訓練人員可以是全時專任制，甄選受過專業訓練且具相當學位的人員擔任；也可以是部分時間制，由教育或其他政府、企業機構借調而來；也可以在工作範圍許可內，權充教導工作

的監督、幕僚、管理人員或優秀員工，凡此須視組織狀況及工作性質而異。

(三)訓練方式的選擇

　　基本的訓練方式可大別為正式訓練與工作中訓練。所謂正式訓練，另訂有講授、閱讀與指定一定課程作業的計畫，每一定時期內規定多少時間的課。而工作中訓練則先對員工說明所擔任的工作，在工作開始後，由有關人員加以監督或指導。至於訓練方法必須針對工作性質、種類以及組織的設備、需求狀況等條件，加以選擇，做最適切的訓練。此已如前節所述，不再贅言。

三、評估訓練效果

　　實施員工訓練的最後步驟，乃為對訓練效果的評估。一般而言，多數組織都認為辦理員工訓練都已收到預期的效果。惟事實上，訓練效果是需要做有系統的評價過程，才能確知。所謂評價或評估，乃是評定訓練計畫是否能幫助員工或團體獲得預期的工作技能、知識和態度。訓練評價應以「受訓者」與「未受訓者」兩相比較，並對不同訓練方法的效果加以比較。

(一)訓練評價的基礎

　　訓練評價應採取適當標準，並注意標準的相關性、可靠性與明確性。可以用來評估訓練效果的衡量標準很多，諸如工作的質量、操作的時間、作業的測驗及考核等是。根據卡特列羅（R. E. Catalanello）與克白萃（D. L. Kirkpatrick）的看法，認為訓練的評價標準，包括下列四項[14]：

　　1.反應標準：即受訓者對訓練的反應，此種反應資料可作為決定下次
　　　訓練計畫的參考。此種反應資料多於訓練結束後，以問卷或面談的
　　　方式取得。它包括受訓者是否喜歡訓練計畫，喜歡的程度如何。

2. 學習標準：此即為受訓者對所授內容、原則、觀念、知識、技能與態度等的學習程度。該項標準在於獲得受訓者對課程的學習方面，而不在於是否能運用所學於工作上。對於知識、內容、原則、觀念等，可用各項測驗或考試方法，加以評估。對於技能可用實作測驗評估，至於態度則可施予態度量表評估之。

3. 行為標準：此為評估受訓者在接受訓練後，工作行為改變的程度。有關用手操作的工作，運用有系統的觀察法，即可得到完整資料。但對較複雜的工作，就得分別採用其他適當方法，如工作抽查、主管考核、自我評核、自我記錄等，才能得到完整的工作行為資料。當然，上述各種方法也可綜合運用。

4. 結果標準：此乃為評估受訓者的工作行為，是否影響到組織功能的實施，最後的結果是否已達成。這些評估範圍包括工作效率、成本費用、生產質量、員工流動、態度改變、目標認知、業務改進等。結果標準評估的困難，乃為如何認定這些改變是訓練成果所形成的。蓋效能的提高和經驗也有關係，工作的進步是經驗與訓練的共同作用。如果經過訓練之後，工作成效有立即的改變，才能確定訓練的價值，否則很難正確地評估出訓練的成效。

上述評估標準的選擇，應按訓練目標而定，該四項標準可以共同評估，但也可個別評估。不過，共同評估時必須注意其間的相關性。例如，一位受訓者反應良好，但可能學習不好，或者學習雖好，但無法應用到工作上，或者可能改變了工作行為，但對組織的功能未具實效。理想上，最好對此四項標準都各自設定一個目標，予以評估。總之，目標訂得愈精確，訓練評估也愈正確。因此，訓練評估標準，即為目標設定標準。

(二)訓練評價的方法

評價訓練的方法很多，最主要可歸為三大類：第一種方法稱為控制實驗法，即應用兩組員工，一組為實驗組並對該組加以訓練，另一組

為控制組不加訓練,以該兩組在訓練前後所得的測量資料加以比較,以瞭解實驗組是否比控制組為進步;第二種方法只是一個訓練組,比較測量該組在訓練前後的成績;第三種方法也是一個訓練組,但僅測量其訓練後的成績。以上三種方法以第一種最為適當,可以有效地評估訓練成果。

通常第一種訓練評價方法,可以稱之為「控制式的驗證」。它不但可比較訓練組與控制組的成績,也可比較訓練「前」、「後」的表現,故可有效評估訓練效果。假使缺乏控制組,或缺乏訓練前的資料,便很難做評價。此種方法能運用科學、實驗的技巧,來評價各種訓練方法與訓練計畫的優劣。

總之,訓練效果的評價是實施員工訓練的一環。它可促使員工訓練計畫更進步、更精確,是一種訓練計畫的「回饋」。如果訓練評價正確,可提高訓練的效果,否則不但不能正確評估訓練效果,且將危害整個訓練計畫的進行。

個案研究——訓練內容的偏失

　　泰安化學本是一家頗具規模的公司，最近卻因經營不善而關閉了。該公司一向自認制度健全，人事上軌道，尤其是員工訓練方面花了公司不少經費。

　　過去公司一直很重視新進人員的訓練，舉凡公司的沿革、規章制度、生產程序、工作方法等，無不詳加規劃，且用以教育員工。公司也很重視在職訓練，認為工作技巧是至高無上的，一切生產以技術為優先，故常要求主管對部屬做隨機指導。甚而經常選派人員接受外界的技術訓練，期求能學得新技術而為公司所用。

　　雖然公司主事者很重視員工的技術訓練，然而業績卻始終無法提升，有些員工甚至在接受外界技術訓練不久後，就跳槽到其他公司。

　　至於新進人員在工作技巧上固然也得到各級主管的教導，但也風聞公司老闆及高級主管作風的一些傳言。因此，該公司的組織氣氛一直不好，勞資關係與上下從屬關係不是很和諧。一般的看法，都認為老闆所重視的只是業績，似乎不關心員工，不太重視人群關係技巧的養成。員工們很少對老闆懷有好感，對公司也缺乏認同和歸屬感，總認為公司的一切措施過於嚴苛，工作意願不高。久而久之，公司營業也日漸衰退，終於走上關門一途。

問題討論

1. 該公司員工喜歡跳槽或工作意願不佳的原因何在？試說明你的看法。
2. 一般員工訓練是否限於工作技能的訓練？
3. 你認為人群關係訓練與工作技巧訓練，孰重？何故？
4. 有人說：真正的訓練，是從工作場所中開始的。你同意否？原因何在？

註 釋

❶ W. McGehee & P. W. Thayer, *Training in Business and Industry,* New York: John Wiley, p. 132.

❷ E. L. Thorndike & R. S. Woodworth, "The Influence of Improvement in One Mental Function on Efficiency of Other Functions", *Psychological Review,* pp. 247-261.

❸ 李序僧著，《工業心理學》，大中國圖書公司，頁144-145。

❹ C. P. Otto & O. Glaser(eds.), *The Management of Training,* Reading, Mass.: Addison-Wesley Publishing Company.

❺ L. P. Bradford & D. J. Mial, "Human Relations Laboratory Training", in R. L. Craig & L. R. Bittel, *Training and Development Handbook,* New York: McGraw-Hill, Ch. 13.

❻ P. Pigors, "Case Method", in Craig & Bittel, Op. Cit., ch.10; and P. Pigors & F. Pigors, *Case Method in Human Relations: The Incident Process,* New York: McGraw-Hill.

❼ L. P. Bradford & D. J. Mial, *Human Relations Laboratory Training,* Op. Cit., Ch. 13.

❽ R. B. Miller, "Task Description and Analysis", in R. M. Gagn'e(ed.), *Psychological Principles in Systems Development,* New York: Rinehart & Winston.

❾ E. A. Rundquist, *Job Training Course Design and Improvement,* San Diego: Naval Personnel and Training Research Laboratory, Research Report SRR 71-4.

[10] W. McGehee & P. W. Thayer, Op. Cit.

[11] R. B. Johnson, "Determining Training Needs", in R. L. Craig & L. R. Bittel(eds.), Op. Cit.

[12] D. H. Fryer, M. R. Feinbery, & S. S. Zalkind, *Developing People in Industry,* New York: Harper & Row.

[13] J. D. Jr. Folley, "Determing Training Needs of Department Store Sales Personnel," *Training and Development Journal,* pp. 24-26.

[14] R. E. Catalanello & D. L. Kirkpatrick, "Evaluating Training Programs - The State of the Art", *Training and Development Journal,* pp. 2-9.

Chapter 7

工作評價

人力資源管理的一大項目乃為薪資管理。薪資收入雖不是員工工作的唯一動機，卻是很重要的動機之一。蓋人們努力工作的目的，不外乎在維持最起碼的生活，使得他們無法逃避工作。因此，企業必須釐訂合理的薪資制度，而薪資的合理化則有賴於工作繁簡的分析，並以較為科學化的方法給予工作評價。是故，工作評價實為釐訂薪資的基礎。

第一節　工作評價的意義、程序與目的

工作分析是根據工作事實，分析其執行時所應具備的知識、技能與經驗，以及所負責任的程度，從而訂定工作所需的資格條件。至於工作的難易程度與責任大小，以及相對價值，則屬於工作評價（job evaluation）的範圍。佛蘭西（Wendell French）認為：工作評價是一項用以確定組織中各種工作間的相對價值，以明瞭各種工作價值的差異，而給付不同薪資的程序[1]。實質上，工作評價乃是工作分析的延伸，亦即在根據工作分析的結果而評定工作的價值。兩者的相互關係，可以**圖7-1**表示之[2]。

有系統的工作評價始於一九〇九年，由美國芝加哥文官委員會在芝加哥市政當局試行。工業界於一九一〇年後，首由美國國家愛迪生公司所採用，當時僅限於員工的選拔、遷調與安全維護而已。及至第一次世界大戰後，由於人事管理的發展，始用工作評價來決定薪資。由於第二次世界大戰期間，工作評價對薪資的決定具有重大影響，才更為人所注意。至今，企業界都已公認：工作評價是一種較合理的核薪方式。今日工業心理學家即把工作評價視為一個組織將所有工作利用科學判斷方法，找出其中的相關價值，以指數（indexes）表達出來，作為量工計酬的標準。

工作評價的過程，至少包括下列步驟[3]：

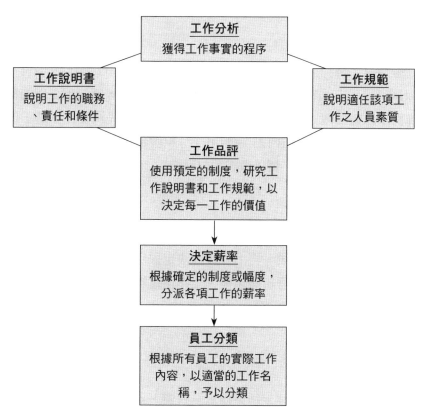

圖7-1 工作評價的因素

一、設置評價機構

　　一家企業若欲實施工作評價，必先設置機構，把責任界定清楚。一般可先成立一個工作評價委員會。委員會的優點是擴大員工參與的機會，以求集思廣益，增進員工對工作評價計畫的瞭解。若是公司規模很小，可不必成立委員會；但工作評價是屬於一項專門技術，得委請工作分析專家負責。

二、準備工作說明

著手工作評價的第一步驟，乃為收集詳盡的工作說明（job description）。工作說明是依據科學的工作分析方法，將每項工作的特性及條件予以書面規定。工作說明為制定人事規範的先決要件，是工作評價不可或缺的資料。經由工作說明可充分瞭解每項工作的特性，發展為一項工作評價規劃方案，據以做客觀的評價。

三、給予工作評價

工作說明充分瞭解後，再由委員會決定採用評價工作的方法。評價的方法有很多種，可隨著組織規模、工作性質等因素，加以採擇，給予每項工作計點或評等。

四、換算薪資標準

工作評價後，要將評定結果換算為薪資。這個過程包括薪資調查，以決定勞力市場勞動力進入組織的可能性，然後再依據工作評價為核薪的標準，俾求達到「量工計酬」、「同工同酬」的理想。

五、調整部分薪資

當工作評價完成，換算為薪資時，必發現若干職位的薪資與工作評價積點不符。有些薪資過高，有些薪資過低，對此類現象應設法加以調整。事實上，工作評價結果只有增加薪資，甚少貿然遽予削減，以免影響工作情緒。此時，可採取四項措施予以合理調整：

1.採取自然消失方式，俟原工作者離職，予以重新核薪。
2.遇有增加待遇時，薪資偏高職位暫不予調薪，以保持齊一水準。

3.把薪資偏高職位人員調至其他工作，使薪資合理化。

4.加重薪資偏高者的職務，以增加其工作評價積分。

六、繼續工作評價

由於工作評價本身是一種制度，亦是長期性的工作。加以近代企業組織與技術的不斷革新，工作與職位亦不斷變動，勢必產生許多新工作，並淘汰許多舊工作。是故，工作評價計畫須不斷地繼續進行，才能做到正確而合理的新評價[4]。

工作評價的主要目的，固在建立公平合理的薪資制度。然而，在人力資源管理上，工作評價的應用是多方面的。一般而言，尚有下列數種目的：

1.確定各部門每種職位或工作間的相對價值，並和其他不同部門的類似工作相互聯繫。

2.提供人事部門完整而簡化的資料，俾便於員工的雇用、升遷與調整。

3.制定一種比較標準，便於與社會上其他機構相同工作的待遇，做一比較。

4.確使職位升遷有一定的合理順序，使升遷者的經驗與能力皆能適當配合。

5.決定組織中所有職位與工作的最低或最高薪資，使員工得到公平合理待遇，減少不滿情緒。

6.確認有價值的工作，鼓勵員工上進，追求更高的成就慾與滿足感。

7.保持原有工作與新增工作的相對性，便於做調薪的依據，並可查究調薪的原因。

8.可視為一種控制人工成本，促進勞資關係和防止員工流動的利器[5]。

　　總之，工作評價的目的是多重的，它尚可順應個別差異作為員工甄選的參考、舉辦員工訓練的依據，以及績效考核的憑藉。凡此都說明人力資源管理的各項工作，都是環節相扣的。

第二節　工作評價的方法

　　傳統上，工作評價方法可分為兩類：第一類屬於非計量的方法（nonquantitative method），不需應用翔實的工作因素，所用方法比較簡單，計有排列法和分類法兩種；第二類屬於計量的方法（quantitative method），所用方法較為詳盡，須選擇並衡量工作因素，計有積點法與因素比較法兩種❻。近代發展出一種較具實證性的方法，利用工作分析的資料來評價工作，依此建立薪資水準，此稱之為工作元素法。前面四種方法是以人為判斷做基礎；後一種則根據組織的工作分析資料來分析。

一、排列法

　　排列法（ranking method）是一種較簡單的方法，多用於規模較小的公司。實施時，把公司內的所有工作，依其重要性與工作的繁簡排成若干等級與層次，然後加以評定。此法的優點是簡明扼要，但不宜適用於規模較大的公司。排列法有很多種：

(一)定限排列法

　　將一個單位中最高與最低的工作挑選出來，作為高低界限的標準；然後在此限度內，將所有工作按其性質與難易程度逐一排列起來，即可顯示出工作與工作間的高低差異。該法因不能顯現差異程度，故並不精確。

(二)配對排列法

　　將一個單位內的所有工作，成對地加以比較。例如，甲、乙、丙三項工作，甲比乙高，丙比乙高，甲比丙高，則其結果是甲工作最高，丙次之，乙最低。此法比定限排列法精確，但還是不能顯示差異程度；同時該法過於繁複，單位工作太多，就不能採用此法。

(三)小組排列法

　　即在一個機構內組織一個小組，由小組成員共同評估工作的高低。各項工作由小組成員全部評估後，將結果予以平均，即為工作高低的排列。該法是由多數人判斷，比較客觀，易為人所接受；但也不能顯示工作高低的差異程度。

(四)間距排列法

　　以上各種排列法過於粗略，不能顯示工作差異程度，故可採用間距排列法。所謂間距排列法，就是將一個單位的工作數，用一條有刻度的線來做比較，比較結果記於刻度上，整個刻度上的紀錄，就是全部工作的高低順序排列。由此可看出各工作間的差距，並據以調查薪資、畫成薪資曲線。該法是定限排列法與配對排列法的混合應用，結果相當正確；但無法作為人力資源管理上其他方面，如訓練、晉升等的使用。

二、分類法

　　所謂分類法（classification method）是指預先訂定工作等級量尺，將各項工作加以歸類，分成幾個類別。分類時，須將工作的價值分為幾個等級，每項工作均有等級說明書；並且將每項工作經過工作分析，訂有工作說明書。評價時只要將工作說明書的內容與等級說明書加以比較，如果相符，則該項工作可歸屬於該一等級。是故，分類法必須有兩個要件，第一是工作說明書，第二是等級說明書。如果要使所有工作都納

入價值的比較，必須有共同的比較基礎。因此，等級說明必須是一般性的，並且能涵蓋各項工作。

　　一般說來，在各種工作評價方法當中，分類法是較為簡單、方便的一種。然而，等級說明由於須涵蓋各項工作，只能使用一般性的說明，在評價時極易引起員工與管理當局的爭執。同時，一個企業內有很多種不同類別的工作，每類工作都有一套等級說明，要比較這些不同類別的工作，是相當困難的事。

三、積點法

　　積點法（point method）是目前使用最廣的一種評價方法。此法是將工作的價值按因素程度，以積分來表示。進行步驟為：

1. 使用某些工作評價因素來評價工作。
2. 利用「點數」表示該工作具有某因素的程度或水準。
3. 在評價一項工作時，看此工作具有某種因素的程度，並將之轉換為積點。
4. 將每個工作評價因素的點數加起來，其總點數即為該工作的積點。
　　最後，將總點數轉換為薪資水準。**表7-1**即為積點法的標準例子。

　　該法的優點乃為分等和比較均較正確，且以分數作為工作價值的表示，可不受現時薪資的影響；又因事先經過詳細分析，核分有客觀標準可循，不致含混籠統，而致評分標準彼此參差，但積點法計算較為麻煩，且衡量工作價值的因素不易確定；還有該法過於固定、機械化，往往因工作性質不同難期適用同一標準，故宜就不同性質的工作，分別考慮其因素，始稱公允。

表7-1　美國電子製造業公會工作評價系統的工作特性及各等級的積點值

因素	各工作因素等級的積點數				
	第一級	第二級	第三級	第四級	第五級
技術					
1.教　育	14	28	42	56	70
2.經　驗	22	44	66	88	110
3.創造力	14	28	42	56	70
努力					
4.身體的狀況	10	20	30	40	50
5.心智及視力	5	10	15	20	25
責任					
6.設備或工作過程	5	10	15	20	25
7.原料或產品	5	10	15	20	25
8.他人的安全感	5	10	15	20	25
9.他人的工作	5		15		25
工作條件					
10.工作環境	10	20	30	40	50
11.意外危險	5	10	15	20	25

四、因素比較法

因素比較法（factor comparison method）是一種手續比較複雜的方法，須由工作評價專家主持。此種方法首先為工業心理學家班吉（E. J. Benge）、柏克（S. L. H. Burk）、海伊（E. N. Hay）所發展出來[7]。

此法的第一步是選擇十五個到二十個「關鍵性工作」（key jobs），這些工作必須被認為在待遇上尚稱合理而少爭論的；然後按照各項工作的因素加以比較，這些因素有心智要件（mental requirement）、技術要件（skill requirement）、生理要件（physical requirement）、責任（responsibility）、工作條件（working conditions）等。易言之，在評價時，以上述五項工作因素為基準，將所有的「關鍵性工作」的名次列表。一般而言，此種排名的過程，是由幾個評定者各自獨立評定，每人

必須評定三次，每次相隔時間為一週左右，然後再算出全部評定者所評每項因素的「關鍵性工作」的平均等第。若A、B、C、D、E等五項關鍵性工作，以上述五個因素排名，可列表如**表7-2**。

表7-2　因素比較法各項因素等級評定表

心智	技術	生理	責任	工作條件
A	B	E	A	C
B	A	B	B	D
C	C	C	C	A
D	D	A	D	E
E	E	D	E	B

第二步為將各項工作的薪資比率分配到各項工作因素上，以得知每項工作因素要支付多少薪資。例如，關鍵性工作A的平均薪資為三十一元，則按工作因素之分配為心智十元，技術七元，生理二元、責任九元、工作條件三元；又工作B的平均薪資為二十八元，C為二十五元，D為十七元，E為十四元也分別以金額評定其因素價值，排列如**表7-3**。

表7-3　因素比較法各項工作之因素的薪額表

平均薪資	心智	技術	生理	責任	工作條件
A：31	A：10	B：9	E：6	A：9	C：5
B：28	B：9	A：7	B：5	B：4	D：4
C：25	C：8	C：6	C：3	C：3	A：3
D：17	D：6	D：4	A：2	D：2	E：2
E：14	E：3	E：2	D：1	E：1	B：1

依此，吾人可得到兩種等第：一為各關鍵性工作在工作因素上的排名，一為以薪資價值為準的排名。然後，將這兩種等第加以對照，如果一件工作在此兩種評定過程上的排名不一致，則加以刪除。最後，沒有被刪除的關鍵性工作，即構成因素比較法的基礎與架構。若有新工作

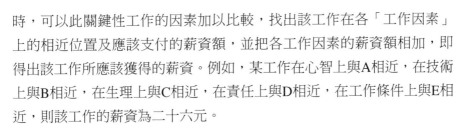

時，可以此關鍵性工作的因素加以比較，找出該工作在各「工作因素」上的相近位置及應該支付的薪資額，並把各工作因素的薪資額相加，即得出該工作所應該獲得的薪資。例如，某工作在心智上與A相近，在技術上與B相近，在生理上與C相近，在責任上與D相近，在工作條件上與E相近，則該工作的薪資為二十六元。

因素比較法的優點是可以把不同的工作加以比較，純粹從工作因素的重要性加以分析，比較富有彈性。在評價時，任何工作因素均無上限，而且所運用的因素較少，可避免類似的重複。同時，將新工作與原有工作比較，既合理又易於進行。惟其缺點是手續繁複，比較結果不易為員工所瞭解，非工作評價專家無法勝任；加以所用的因素定義含混，影響精確度；何況現有工作的價值常隨著時日的遷移而有所改變，易導致未來的錯誤。因此，該法不像積點法那麼流行。

五、工作元素法

工作評價中有一種尚在實驗的方法，稱為工作元素法（job-component method）。它的假設是工作內容相類似時，所需具備的工作要件也類似。因此，薪資水準的訂立應該根據工作內容來處理。同時，無論一項工作包含多少個工作元素，其組成方法如何，任何一個工作元素都具有獨特價值。採用此種觀點來做工作評價，只要運用工作分析過程，指出及測量工作包含的工作元素數量及程度，即可評價該工作的難易，據以作為核定薪資的參考。

採用工作元素法來評價工作的例子之一是邁爾士（M. C. Miles）的研究[8]。他利用辦公人員工作分析列表（job analysis checklist of office operations）來評價各種辦公人員的工作元素及其重要性。結果發現，五種最重要工作元素組合起來的總值，和勞力市場上的工作薪資水準相關頗高。易言之，該五種重要工作元素的組合和薪資水準有很大的關係。

此外，金納瑞（P. R. Jeanneret）和麥高梅（E. J. McCormick）

也使用工作元素來評價工作。他們以職位分析問卷（position analysis questionnaire, PAQ）分析三百四十種工作。它是一種有組織、有結構的工作分析問卷，利用一百九十四個「以工作者為中心」的工作單元來分析工作。經過因素分析後，可得到三十二個工作因素及九個工作向度。他們將九個工作向度分數予以加權，並組合起來，求得總工作向度分數和薪資水準間的相關。由於此種方法尚在實驗階段，其價值尚未獲得完全證實。

第三節　工作評價結果的轉換

　　工作評價無論採用何種方法，最後結果都必須根據既定原則，把工作分為若干等級（grade），將之排列在一個假設的量尺上。此種量尺上的量度可為積點數，也可以是等第名次，亦可為工作類別或其他測量系統。雖然採用因素比較法和工作元素法時，評價結果以「薪資數額」來表示；但大部分評價結果都以「點數」表示，故必須將點數轉換為薪資金額，以便建立工作的薪資標準。在做這種轉換時，通常必須發展出「勞力市場薪資」曲線（labor market rate curve）與「組織薪資」曲線（organization rate curve）。

一、發展「勞力市場薪資」曲線

　　一般而言，在實施或建立一個薪資給付計畫時，必須瞭解工作評價結果和勞力市場上薪資間的關係。假使缺乏勞力市場上的薪資資料，必須舉辦薪資調查，以確切掌握勞力市場上的薪資情況，作為組織決定薪資政策的參考。**圖7-2**勞力市場薪資的中位數，乃是從美國勞力統計局（Bureau of Labor Services）的調查中擷取的[9]。該圖為一九七一年美國一般管理、技術及文書工作人員每月所得薪資和工作評價點數間的關

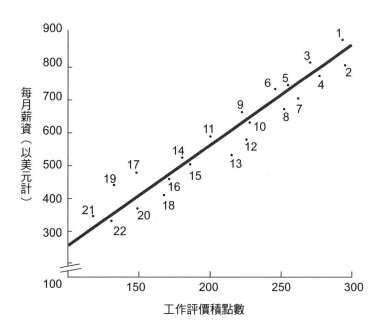

圖7-2   二十二個工作的工作評價點數和月薪中位數間的關係（勞力市場上
的薪資中位數乃根據美國勞力統計局的調查而來。圖中直線即為勞力市場
薪資曲線；表示工作評價點數和勞力市場薪資間的關係）

係。由此，發展出「勞力市場薪資」曲線。雖然勞力市場薪資和工作評
價點數間的關係成一直線，此乃為取其理想的中位數之故；但事實上多
數評價系統中，此種關係也有可能成曲線。

二、訂定「組織薪資」曲線

　　工作評價結果除了要發展「勞力市場薪資」曲線之外，尚須訂定
「組織薪資」曲線。本曲線乃是根據「勞力市場薪資曲線」發展而來，
是一般性的薪資型態，可以涵蓋所有工作評價系統的工作。雖然本曲線
是以勞力市場其他組織的部分工作為基礎發展而來，但必須能涵蓋所有
的工作，包括本組織內較獨特的工作，及勞力市場上所沒有的工作。同

時，所有工作薪資標準，必須依據同樣原則來訂定。

　　圖7-3表示某些工作的「組織薪資」曲線。在圖中，現行組織薪資曲線比勞力市場薪資曲線為低。不過，這條曲線也可以比勞力市場薪資曲線為高，這得依薪資調查資料、契約的訂定、福利政策、組織或勞力市場的經濟狀況而定。由此可知，組織薪資可能較勞力市場薪資為高，或低，或相等。

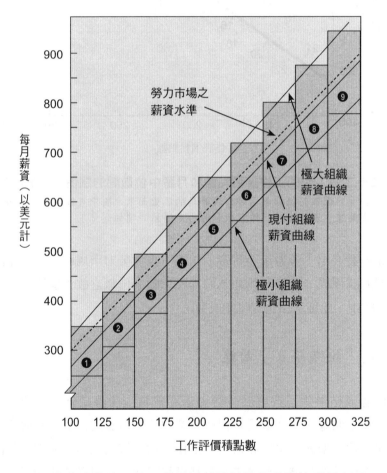

圖7-3　組織薪資曲線及將工作評價積點轉換為薪資水準的例子（在此例中將積點數轉換為九個薪資等級，每個等級的薪資水準不同）

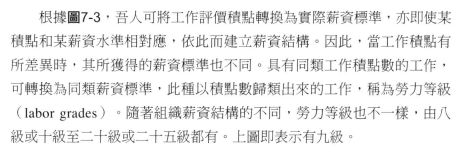

　　根據**圖7-3**，吾人可將工作評價積點轉換為實際薪資標準，亦即使某積點和某薪資水準相對應，依此而建立薪資結構。因此，當工作積點有所差異時，其所獲得的薪資標準也不同。具有同類工作積點數的工作，可轉換為同類薪資標準，此種以積點數歸類出來的工作，稱為勞力等級（labor grades）。隨著組織薪資結構的不同，勞力等級也不一樣，由八級或十級至二十級或二十五級都有。上圖即表示有九級。

　　一般而言，有關薪資及勞力等級的增加與調整，常引起爭議。勞力方面所要求的是希望公司應按照年資自動調整等級，並增加工資；而公司方面則主張要加以控制，實施有系統的績效評等計畫，參照考績辦理。不管薪資的調整方式為何，當把積點數轉換為薪資標準時，薪資等級的區間常隨著薪資標準的提高而加大。

第四節　工作評價的問題及其解決

　　工作評價的目的是希望以科學方法，對企業組織中每項工作都能做相對的和比較的評量，以研究結果作為釐定薪資或核算待遇的參考。因此，工作評價是協助做決定與判斷的工具。惟工作評價如未能慎重辦理，盡量使其正確，對企業而言可能會利少弊多。是故，工作評價宜考慮下列問題：

一、員工抗拒問題

　　任何組織實施工作評價的目的，並不在減低成本，而是希望作為公平支付薪資的基礎。因此，在實施評價之前，必須先建立正確的評價觀念，有計畫地推展宣傳，促進觀念的溝通；只有得到員工的同意與瞭解，才能取得真誠的合作。

　　再者，運用工作評價制定薪資方案時，切不可剝奪員工既得利益。

如果員工既得薪資高於新評定等級，應維持原有薪資，俟其異動後再採新定薪資；或鼓勵其發展才能，增加其工作積點，以符新定標準。至於既得薪資低於新定工作等級薪資時，則宜即時加以調高。

二、管理抵制問題

有時管理人員也會對工作評價提出反對意見，認為這種評價減弱了他們決定工作等級的權力。實則，在工作評價基礎下，管理人員固不能單獨決定工作等級，但在評定工作等級前，仍有機會審查工作分析與評價資料，並提出意見，況且工作評價決定了工作等級，已為管理人員解決了員工對薪資所生的不滿，同時又已明確指出員工可升遷至較多薪資地位的機會[10]。

再者，實施工作評價的目的，是想在一個公平的基礎上，用集體研究及分析的方式，來共同決定工作等級，以排除私人的臆斷與徇私因素，如此可以減少管理人員有關薪資管理的麻煩與困擾。是故，工作評價實為協助管理階層決策的最佳工具。

三、評價本身問題

工作評價常引起員工與管理階層的衝突。此乃因管理階層評價工作時，常只考慮心智、技術、責任、生理和工作條件等因素；而員工則認為年資、經驗、受監督方式、超時工作、獎勵高低等都和價值有關。事實上，到目前為止還沒有一種評價制度，能涵蓋所有影響工作價值的變數，也沒有一種方法可以做到絕對科學的地步；且評價多由工作評價者或專家依主觀觀察判定，很難使每個員工都滿意。甚而員工所建立工作評價的變數或順序，可能與工作評價所建立的因素或順序完全不同。

不過，工作評價方法畢竟比一般未經分析與臆斷的個人意見，要來得合乎科學原則。工作評價至少已在組織的各種工作間，建立了科學的

基礎。由於工作條件的不同，工作評價很難建立絕對的評價標準，但至少已在工作間做到論工計酬，以點核薪的理想。工作評價方法可使用計量，使工作條件數量化，用統計方法加以計算與校正。

總之，實施工作評價須有它的先決條件，就是企業內必須有工作分析的基礎；亦即各項工作都有翔實的工作說明書或工作規範，才能進行工作評價。工作評價制度一旦建立，必須經常不斷地配合現狀繼續評價。是故，工作評價計畫是永無止境的，而非固定不變的。現代行為科學的發展已產生一種觀念，即個人的智力、性向、敏感性、態度與偏好等心理狀態，都會影響工作成效。不同的人從事相同工作，其成效亦各不相同。況且個人潛力的發揮，還可能使工作成為動態的發展。因此，工作評價所定的薪資報酬須與人的能力發展相配合，這才是成功而有成效的工作評價。

個案研究——未實施評價的工作

　　虎旗飛機公司成立迄今已有四十多年之久，擁有四十架小型客機，營運國內航線。公司擁有二千名員工，分配於二十九個部門。由於國內航線的小型客機營運公司僅此一家，在毫無競爭壓力下，公司資本雄厚，無資金周轉的困難，使得虎旗飛機公司四十多年來的營運尚稱順利。

　　員工進入該公司必須簽約，一般期間為十年。因為該公司考量員工必須接受較長時間的訓練，並熟練地從事操作工作，以求能確保飛航安全。薪資則依照年資計算，另在契約中也訂明若無特殊事故，公司不得任意遣散員工；員工也不得毀約辭職。工作安定性很高，是吸引員工進入公司的最大條件。

　　在維修部門擔任維護總班長的林建全，進入公司已有八年之久，算是一位相當優秀的員工。當初，林君進入該公司也是受到這份工作的安定性所吸引；況且公司這麼大，應有很好的發展空間。然而，八年來，林君已感受到公司制度的不合理，以致許多年資愈高的員工愈不願做事；而肯做的人與不肯做的人，所領薪資並沒有任何差別。

　　有一次，林建全鼓起了勇氣向公司建議，認為員工薪資除了應依年資計算外，尚須考慮工作量以及工作能力的差異，最好能對工作進行分析和評價，以免「表現愈好，工作愈多」，而無相對的報酬。然而，此一建議未蒙公司重視。如今，林君的士氣已愈來愈低落，對工作也不想付出太多，只想藉著兩年期滿後，趕快退職另謀發展了。

問題討論

1.你認為公司除了要依年資、學經歷等條件來核定薪資外,是否也該做工作評價?

2.工作若未實施評價,將有何弊端?

3.工作評價的結果對員工薪資有何影響?

4.該公司若做工作評價,並切實執行,將對員工士氣有何影響?試加以評估。

5.你認為公司應如何進行工作評價?

註 釋

❶Wendell French, *The Personnel Management Process*,台灣美亞公司,p. 315.

❷Dale S. Beach, *Personnel: The Management of People at Work,* N. Y.: MacMillan Co., p. 617.

❸D. W. Belcher, W*age and Salary Administration,* Englewood Cliffs, N. J.: Prentice-Hall, Inc.; J. L. Otis & R. H. Leukart, *Job Evaluation,* Englewood Cliffs, N. J.: Prentice-Hall, Inc.

❹以上參閱李序僧著,《工業心理學》,大中國圖書公司,頁169-171。

❺吳靄書著,《企業人事管理》,自印,頁230。

❻Edwin B. Flippo, *Principles of Personnel Management,* N. Y.: McGraw-Hill Book Co., p. 277.

❼E. J. Benge, S. L. H. Burk, & E. N. Hay, *Manual of Job Evaluation,* New York: Harper & Row.

❽M. C. Miles, "Studies in Job Evaluation: A Validity of a Check List for Evaluating Office Jobs", *Journal of Applied Psychology,* Vol. 36, pp. 97-101.

[9] National Survey of Professional, Administrative, Technical, and Clerical Pay, Bulletin, Bureau of Labor Statistics.

[10] 王德馨著，《現代人事管理》，三民書局，頁213-214。

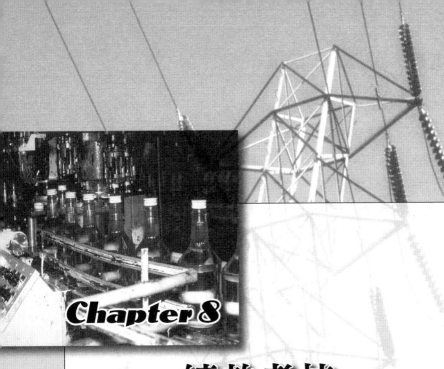

Chapter 8

績效考核

　　績效考核為人力資源管理中重要的一環，它與員工甄選、訓練等相互為用，相輔相成。如果績效考核不正確，其他人力資源管理工作亦難奏效。因此，欲健全人事制度，必須注意績效考核的完整性與正確性，期以建立客觀的合理標準。本章將對績效考核的目的、方法，可能產生的偏差以及適當地應用等，加以研討。

第一節　績效考核的意義與目的

　　績效考核（performance appraisal）是指主管或相關人員對員工的工作，做有系統的評價而言。此種評價的名稱甚為複雜，如功績評等（merit rating）、員工考核（employee appraisal）、員工評估（employee evaluation）、人事評等（personnel rating）、績效評等（performance rating）、績效評估（performance evaluation）等是。本章採用「績效考核」一詞，意指以工作考績為討論的主要範圍，避免涉及年資或人格特質的考量。當然，有時考績也深受年資及人格特質的影響。不過，後兩者不是本章研討的主要範疇。

　　依此，本章所謂「績效考核」，乃指針對某人在實際工作上，工作能力與績效的考評。它與一般員工評估看重人格特質優劣點的評價，略有差異。換言之，績效考核主要強調實際工作的績效表現。是故，績效考核的目的，不外乎在提供行政作業的參考，及作為員工工作績效的改進依據。茲將重要目標列述如下[1]：

一、作為改進工作的基礎

　　績效考核的結果，可使員工明瞭自己工作的優點與缺點。有關工作優點能提升員工工作的滿足感與勝任感，使員工樂於從事該項工作，幫助員工愉快地適任其工作，並發揮其成就慾。至於績效考核所發現的

缺點，能使員工瞭解自己的工作缺陷，充分體認自己的立楊，從而加以改善。當然，這必須依賴考核者與被考核者的充分溝通，最好能於考核後，立即進行商談，始能奏效。

二、作為升遷調遣的依據

績效考核的結果，可提供管理階層最客觀而正確的資料，以為員工升遷調遣的依據，並達到「人適其職」的理想。不過，績效考核若欲作為升遷調遣的依據時，亦應對未來欲調升的職務做預先的評估，以求兩者能相互配合。同時，績效考核固可作為升遷調遣的依據，亦可用作選用或留用員工的參考，更可用來淘汰不適任的冗員。

三、作為薪資調整的標準

績效考核的結果，可用來作為釐訂或調整薪資的標準。對於具有優良績效、中等績效或缺乏績效的員工，可分別決定其調薪的幅度。通常績效常與年資、經驗、教育背景等資料，同為核定薪資的重要參考。

四、作為教育訓練的參考

績效考核的結果，可應用於教育與訓練上，一方面透過考核瞭解員工在技術與知能方面的缺陷，作為釐訂再教育的參考；另一方面則可協助員工瞭解自己的缺點，而樂意接受在職訓練或職外訓練。

五、作為獎懲回饋的基準

績效考核可作為獎懲員工的基準。所有的主管都可依據績效的優劣訂定賞罰的準則；對工作績效優良者，加以獎賞；對工作績效不佳者，

加以懲罰。同時。員工本身也可據以瞭解組織評估其績效的標準，以做適當的回應與改進。

六、作為人事研究的佐證

績效考核可作為各種人事研究的佐證。有些績效考核可用來維持員工工作水準，積極有效地改進其工作績效。有些績效考核可促進主管用來觀察員工行為。有些績效考核則可作為研究測驗效度，或其他遴選方法效果的工具。

總之，績效考核的目的，不僅在考核員工工作績效而已，它常用來作為加薪、訓練、遷調以及其他人力資源管理項目的參考。

第二節　績效考核的方法

績效考核方法會影響考核計畫辦理的成效。通常考核方法須有代表性，必須具有效度與信度，並能為人所接受。此有賴人事單位的努力，除了負責設計之外，還須將執行情形隨時予以檢討。一項好的考核方法應具有普遍性，並可鑑別出員工的行為差異，使考核者能以最客觀的意見做考評。目前企業界所採用的績效考核方法，差異雖然很大，其基本形式不外有下列方法[2]：

一、評等量表法

評等量表法（rating scale）是最常見的績效考核方法。該法的基本程序，是評定每位員工所具有的各種不同特質之程度。它的形式有二：一為圖表評等量表（graphic rating scale），是以一條直線代表心理特質的程度；評定者即依員工具有的心理特質程度，在直線上某個適當的點

打個記號，即可得到評定項目的分數；二為多段評等量表（multiple-step rating scale），是將各種特質的程度分為幾項，且在各項特質的某個程度打個記號，然後將各項特質的得分相加，即為員工個人工作的總分。典型的評定量表如**表8-1**。

　　至於評等量表所用的心理特質之種類與數量，依組織及工作性質而各有不同。史塔與葛任里（R. B. Starr and R. J. Greenly）發現績效考核項目至多有二十一項，最少的只有四項，平均以十項左右最多❸。一般最常用的特質為：生產量、工作品質、判斷力、可靠性、主動性、合作性、領導力、專業知識、安全感、勤奮、人格、健康等。當然，有些特質間常是相互關聯的。不過，依因素分析結果發現，基本上的特質可大別為擔任現有工作的能力與工作品質兩大因素。

二、員工比較系統法

　　評等量表是將員工的特質依既定標準評等，缺乏相對比較，以致多偏向好的或壞的一端評等，使考核效果不彰，無法辨別優劣。員工比較系統法（employee comparison）則可把某人的特質，與他人加以比較，而評定其間的優劣。此種比較系統有三種不同的形式，如下所述：

(一)等級次序系統

　　等級次序系統（rank-order comparison system）即在實施考核時，先由考核者加以評等，然後再排定其次序。通常每個被考核者以一張小卡片記載姓名，加以試排或調整其次序。每次評等及試排次序時，僅限於一種特質；若評定多種特質時，須分別評定之。

(二)配對比較系統

　　配對比較系統（paired comparison system）是相當有效的績效考核法❹。不過，該法相當複雜而費時。該法的程序是先準備一些卡片，每張卡

表8-1　圖表測定量表

（評定者在表量上打勾）

專業知識

| 極佳 | 高於平均 | 平均 | 低於平均 | 貧乏 |

(b)多段評定量表
（評定者選一類）

可依賴度

特出 不須督導 完全可信	**高於平均** 通常可能 要指定工 作	**平均** 須一般或 正常的督 導	**低於平均** 須督導， 不能常常 依規定行 事	**極差** 須經常督 導才能依 規定行事

工作量

始終高於 工作要求	經常超過 工作要求	合於工作 要求	常低於工 作要求	始終低於 工作要求

專業知識

瞭解透徹	相當瞭解	平均	低於平均	貧乏

*典型的評定量表。多段評定量表通常包含五至九種類別。

片上寫著兩個被評定者的姓名，每位被評定者都必須與其他一位配對比較，評定者自卡片上兩個姓名中選出一位較優良者。如有n個被評定者，則配對數目共有：

$$配對數＝n（n－1）／2$$

若有二十位員工接受評等，則配對數為20（20－1）／2＝190；若有一百位員工，則配對數為100（100－1）／2＝4,950，數目大得難以處理。因此，解決配對數過多的方法有二，其一是將員工分為幾組，由各組內做配對比較。若員工不易分組，且評定者相當熟悉員工的工作績效，可採用第二種方法，即從所有配對中，挑出有系統的一組樣本，供作參考。依此作為評等標準，據以研究其準確性與完全配對結果比較，其相關高達0.93以上[5]。

(三)強制分配系統

強制分配系統（forced distribution system）通常都在組織龐大，而主管又不願意採用配對比較系統時運用。該法是將被考核者的人數採用一定百分比，來評定總體工作績效，偶爾亦可應用於個別特質的評等。應用此法時，須將所有員工分配於決定的百分比率中，如最低者為10%，次低者為20%，中級者40%，較高者為20%，最高者為10%。分配適當的比率，主要在防止考核者過高或過低的評等。不過，此法對有普遍存在很高或很低的工作績效之評核，並不適用。

三、重要事例技術法

重要事例技術法（critical incident technique）為費南根和本斯（J. C. Flanagan and R. K. Burns）所倡導。它的主要程序，是由監督人員記錄員工的關鍵性行為。當員工做了某種很重要、具價值或特殊行為時，監督人員即在該員工的資料中做個紀錄。通常這些關鍵性行為，包括物質

環境、可靠性、檢查與視導、數字計算、記憶與學習、綜合判斷、理解力、創造力、生產力、獨立性、接受力、正確性、反應能力、合作性、主動性、責任感等十六項[6]。該法由於涉及人格因素，故而缺乏客觀計量的比較；不過，它的最大優點乃為以具體事實提供主管作為輔導員工的資料。

四、其他方法

其他績效考核的方法尚多，諸如行為檢查表與量表法（behavioral checklists and scales），該法又可分為加權檢查列表（weighted checklist）、強制選擇檢查列表（forced choice checklist）、量度期望評等量表（scaled expectancy rating scale）等，這些方法大都用來評定工作行為或人格測驗。由於這些量表製作不易，且耗時過久，應用不廣。本章不擬詳加討論。

再者，瓦滋渥斯（G. W. Wadsworth）採用實地調查法（field review method），由人事單位派出專人訪問每位被考核者的直接上司，詢問其意見，然後再綜合各有關人員的考評做成結論，送請各相關人員參考。另外，羅蘭德（V. K. Rowland）提出團體考核計畫（group appraisal plan），即召集被考核者的直接上司及有關上級主管共同做團體考核；該法的優點可免除直接上司的獨斷[7]。另一種方法是自由書寫法（free-written），即評等者對員工做文字描述。其他尚有同僚評等（peer rating）、個人測驗、個人晤談等。

總之，選擇適當的績效考核方法，是件相當複雜而困難的工作。每種考核方法都有其特性與優劣點。吾人採用績效考核方法時，最主要的必須注意其適用性與公平性，才能真正做到有效的考核目標。

第三節　績效考核上的知覺傾向

　　每個人在不同的環境中，受到不同的刺激，再加上過去習得的經驗與當時的動機和心向、生理狀態等因素，以致產生不同的知覺。即使環境相同、刺激相同，亦不免因主觀意識的差異，而形成不同的知覺。對管理者而言，在做績效考核時不免會有同樣情況發生。一般而言，人們在知覺過程中，都有一些知覺傾向[8]。這些知覺傾向，常造成績效考核上的偏差：

一、知覺準備

　　人們常有一種普遍的傾向，會知覺到自己預期或希望知覺到的事物。在知覺上，人們並不是被動的，他們會依照過去的知覺增強歷史，及目前的動機狀態，主動地選擇並解釋刺激，這個傾向稱之為知覺準備（perceptual readiness）。顯然地，過去的知覺歷史會影響到目前的知覺過程，亦即個人會看到他們所預期到的事物。此種過去經驗可能教導個人，使自己注意到某些事物，或某些事物的某些特性，這些特性和別人所注意的也許不同。一個管理者過去所受的訓練，即影響他看問題的方式，以致注意到績效考核的某些層面，忽略了另一些評分標準。

　　此外，當時的動機也會影響到知覺。一個受權力激勵的管理者，較易感受到情境裡面和權力有關的部分。他在對員工做績效考核時，難免擺出權威的角色，做較嚴苛的評等。再者，當個人的動機很強時，卻偏偏有一個問題阻撓著他，則個人的知覺可能會受想像或幻想的影響而扭曲。一個想爭權而得不到權力的管理者，即有著「偉大」的幻想，以為自己握有比實際所能的更大權力，而對部屬做「隨心所欲」的績效考核。

二、暈輪效應

暈輪效應（halo effect）與知覺準備的一般過程有關。所謂暈輪效應是指個人對他人某一特性的評價，強烈地受到個人對他人整體印象的影響。例如，對自己喜歡的人來說，個人會有高估他的表現或優點的傾向；對自己不喜歡的人，則會低估其表現與優點。

在這種傾向下，管理者常給予自己寵愛的部屬較高的績效考核，對討厭的部屬則給予較低的績效考核。如果一個員工曾經很努力地工作，可能高估他在其他工作方面的表現。此種暈輪效應常使多元效標評價變得毫無意義可言。此乃為長官對部屬考核結果的知覺，已受到自己預期期望的影響。此外，在團體裡面，身分較低者的考核，常被打折扣；身分較高者的考核，常有高估的現象。凡此都是受到暈輪效應的影響。

三、內隱人格理論

所謂內隱人格理論（implicit personality theory），是指個人對別人做判斷或推測時，個人具有一種信念：認為他人的某項特質與其他特質是相關的。例如，個人常將勤勉的特質與誠實連貫在一起，將懶惰與狡猾混為一談。它與暈輪效應不同的是，前者將某一特質與另一特質相連在一起，而後者則認定某項特質與整體印象相關。

此時管理者在做績效考核時，如果覺得某個員工是努力工作的，也必然是誠實的；即使對對方誠實與否毫不瞭解，仍對誠實做較高的評價。此種現象使得兩個不同的管理者，對同一個員工所做的績效考核常有不同。如果某個管理者對該員工的看法，是熱忱的、富人情味的，則其績效考核可能出現體卹別人、善於表達、世故，較受歡迎，也較幽默等評語。相反地，另一個管理者對該員工的看法是冷漠的，則其評語可能出現不善體人意、呆板、拙於表達等結果。考其事實，是否真是如此？是值得探討的。然而，這正表示將人情味和體卹、知識與幽默，聯

想在一起的內隱人格理論之知覺偏差。

四、第一印象

第一印象（first impressions）也可能引起評價上的考核偏差。通常個人的第一印象常會持續下去，以致影響績效考核上的評價。所謂第一印象，是指個人最先對他人形成的看法，此種看法所得到的訊息，常決定個人對以後訊息的知覺和組織方式。但人們會將早期的訊息看得比較重要，而認為以後的訊息較不重要；即使當後者與前者發生矛盾時，亦然。個人對某人的第一印象，會使個人產生知覺準備，而以一種特定的方式來看這個人。

準此，管理者如以第一印象對部屬做績效考核，難免發生偏頗。通常人們欲取得他人的良好印象，在初次行為時都會加以修飾偽裝，或表現出本身的最佳特質，然而時日一久不免暴露其本質。由於此種第一印象很難消除，故管理者對新進員工與舊有員工的績效評價，常有不公的現象產生。對於舊有員工來說，管理者常有知覺心向（perceptual sets）的產生，他常依憑過去對該員工的經驗歷史，做績效考核；然而，此舉常超出管理者的記憶能力，以致在眾多員工之間列出最好的和最壞的，而把其他大多數員工馬馬虎虎地分布在最佳與最差的評價中間。

五、刻板印象

所謂刻板印象（stereotypes）是指個人對他人的看法，往往受到他人所屬社會團體的影響。換言之，當個人察覺到他人，並形成印象時，可能會依據某些明顯的特性，將他人歸類。這些特性包括性別、種族、地位、身分、宗教團體等是。個人對類別中某人的知覺，可能使他相信這些人都具有某些共通的特質，以致他認為某人也具有同樣的特質。至於非類別中的特性，他會預期不可能發生在某人身上。一般人的刻板印

象，是身分高的人較文質彬彬，身分低的人較粗野。事實上是否如此，尚待探討。不過，所有的刻板印象並非全是不好的，也不完全是不對的。吾人只能說某些特質在某些社會團體成員身上，較容易找到；而在某些社會團體較不易找到而已。

刻板印象之所以會導致知覺失真，乃因個人隨時會將自己認定的團體特性，加諸某人身上。如此一來，不但使人易於看到個人的某些特性，也使人不易看到不屬於團體特性的一些特質。管理者依此而對眾多員工做績效考核，難免會產生不正確的現象。諸如參加某宗教團體的員工是善良的或勤奮的；某一種族的人是骯髒的、懶惰的……都是一種刻板印象。

六、投射作用

在某些情況下，個人往往會從別人身上看到自己所具有的特質。也就是說，他會把自己的感受、心理傾向或動機，投射（projection）在他對別人的判斷上。當個人具有某種自己不希望有的特性，且自己不承認時，這種傾向尤為明顯。譬如，一個衝勁不足的人，可能會把某人看成是懶惰的；一個不誠實的人對別人會產生懷疑，並認為別人有不誠實的傾向；膽子小的人，會將別人的行為解釋為恐懼或緊張等是。

準此，管理者在對部屬做績效考核時，多少也會反映本身的特性，形成偏差。當一個管理者討厭某個部屬時，常將自己的某些不良特質評定在該部屬的績效考核上，甚而誇大其詞。同樣地，某些主管也很容易將自己的一些良好特質，評價在自己喜歡的部屬身上。一個沒有成就的主管，很容易評定部屬不好好地努力工作；一個有成就的主管，卻常評定部屬績效卓著；一個爭權奪利的主管，很容易批評部屬越權。凡此都是受到投射作用的影響。

七、歸因

歸因（attribution）是指個人將其所覺察到的行為，歸究於某種原因的過程。尤其是具有成就導向的人常把成功歸因於自己，而將失敗歸因於外界。一般而言，個人對別人行為的評價與反應，常歸因於別人，而不是環境；而對自己行為的評價，則有歸因於環境的傾向。此外，由於身分的不同，歸因亦有區別。人們認為身分高的人比身分低的人，對自己的行為較具責任感。同時，身分也會影響到個人對行為者意向的知覺。人們比較可能將善良的意向，歸因於身分高的人。一個受敬重的員工加班，會被認為是為了組織利益而工作；而一個差勁的員工加班，則被認為是為了加班費，或早該做完的事沒做完。上級人員外出，會被認為是紓解一下工作壓力；而下級人員外出，會被認為是蹺班、逃避責任。

此外，個人對行為者意向的知覺，會影響到對行為的反應。如果個人認為某人的建議，是想改善部門效率，通常會受到重視，得到很高的評價；相反地，如認為某人是想譁眾取寵，那麼他的建議就不會受到重視，也會得到很低的評價。再者，行為者的行為是否受到監視，也會影響到他人對其責任感或意圖的看法。如果在沒有嚴格監視的情況下，員工都能做好工作，比較容易得到較高的信任與評價；相反地，如果在嚴密監視下，才做得好，則不然。前者會被歸因於他們是優秀的，後者則被認為是因為害怕受懲罰。一個行為者在屢次失敗後得到成功，可能被歸因於運氣好，而不歸因於他的能力強；相反地，一個人在連續成功後遭遇到失敗，會被歸因於運氣差而非能力不足。凡此種種都會導致績效評價的偏差。

總而言之，知覺受過去經驗與當前動機的影響。每個人的經驗與動機不同，其知覺自然不一致，甚而在做績效考核時難免失卻正確性與公平性。當然，績效考核的影響因素甚多，諸如性別差異所形成的不同知

覺，人格、文化、溝通等都可能形成績效考核上的知覺錯誤。不過，績效考核是管理者重要工作之一，他必須盡量避免知覺傾向所造成的評價不公與失誤。

第四節　績效考核的偏誤與調整

理想的績效考核，除了要慎選考核方法外，尚須具備科學的正確性。因此，績效考核必須具備考核信度與效度。所謂考核信度（reliability of rating），係指不同的考核者或同一考核者先後評分是否具有一致性而言。假若同樣的被考核人員，一次考核成績非常好，另一次非常壞，而本身並沒什麼變化，這樣的考核結果必然缺乏信度，決策者就很難以此做人事升遷、調補或教育訓練上的參考。因此，績效考核必須具備相當信度。根據研究顯示：評等量表的信度係數高達0.35至0.55，等級次序系統法的信度係數為0.85至0.95之間。

至於所謂考核效度（validity of rating），係指評分結果實質上反映被考核者真正特質的程度。吾人若純粹從數量上找出評分效度實很難辦到，蓋在績效考核中無法找出可資比較的標準。因此，吾人考量評分效度唯一可循的方法，是從評分效度中去推衍。假如一種考核經過不同的考核者，對某個員工考核結果的一致性很高，則表示該項考核具有相當效度，經由該項考核即可真正考核員工績效。

話雖如此，但在進行績效考核時，常不免發生偏誤，主要為來自多方面：考核者的心向、單位差異、年齡差異、經驗不同、年資差異等。根據研究顯示：當考核者已知被考核者的某一特質，常影響其他特質的評等。若考核者滿意某個員工的某種特質時，對該員工的其他特質常有高估的現象；相反地，不滿意某種特質時，則對其他特質亦常加以低估，此種現象即為暈輪效應[9]。由於暈輪效應的結果，常使績效考核發生偏差。

再者，由於服務的單位不同，績效考核的結果也有所不同。此乃為考核者的寬嚴不一，或工作難易的不同標準所致。根據研究顯示：服務於工程部門的員工績效考核有偏低的現象，而保養部門為中等，修護部門最高[⑩]。又某個員工服務某類工作績效考核好，但換了另一類工作則差。就年齡因素而言，通常年齡在三十五歲左右的人得分最高，大於或小於三十五歲者得分較低，尤其是年邁的人有逐漸減低的趨勢。就年資而言，服務年資愈久，績效考核得分反而愈低。凡此都說明績效考核的偏誤現象。

由以上的討論與分析，可知員工績效考核的結果，常因各種情況的不同而有極大的差異。有的是來自考核者不可避免的錯誤與偏見；有些則因被考核者所屬單位、擔任的職務、個人的年齡，以及任職的久暫而深受影響。因此，為了導正績效考核的偏誤，可採用下列兩種方法：

1. 以平均數值調整差異：假若一種考核因考核者所採取的寬嚴標準不同而發生差異，則宜先求出全部考核者的總平均數與個別考核者的平均數，然後加減其差額，予以比較之。此種方法使用在各考核者考核效度相等的情形下，極為有效。

2. 以標準分數調整差異：就是把所有考核者的評分都變為共同的數量尺度，以消除其差異。其中以標準分數最為常用。標準分數有好幾種，最常見的是Z分數。標準分數表示個別分數在整體分配中的相對位置，是以個別分數與全體平均分數之差除以標準差而得。標準差是每個分配內所有個別分數變異程度的指標。在一個近似常態分配線的分配中，約有三分之二的個體分布在平均分數與±1個標準內，約95%分布在±2個標準差內，99%分布在±3個標準差內。因此，不管一個分配的平均值或其標準差的大小，吾人都可將任一個個別分數以標準分數表示之。

現在吾人以標準分數的觀念，來比較「寬鬆的考核者」與「嚴苛的考核者」所做的評定值。假設圖8-1中，甲、乙兩個考核者分別

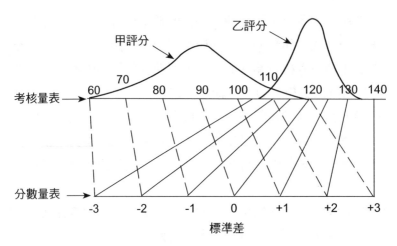

圖8-1　以標準分數調整考核差異圖

評分從60到120與105到135，則吾人可看出：甲的評定值為110之Z分數為＋2，乙的評定值110之Z分數為－2，則甲評定值100約等於乙評定值125，蓋他們的Z分數都是＋1。由此，吾人可換算不同評分的相同績效。

總之，績效考核宜由多人評分，然後再加以核算，始能成為一個綜合分數；且考核項目的比重，必須予以特別重視，才能求得公平的考核結果。又績效考核常受個人知覺傾向的影響，下節即進行這方面的討論。

第五節　績效考核的有效運用

績效考核是主管對部屬的一種有系統的工作評價，可作為人事資料的一部分，以為員工升遷、調補、薪資核定，以及教育訓練的重要資料，更可作為員工自我瞭解與工作改進的依據。因此，績效考核必須求其正確、公平而合理。惟管理者對員工做績效考核時，難免受主觀知覺

的影響，而造成考核的不正確與不公平。為了避免此種現象發生，必須講求考核的技術與原則，鑽研考核的正確方法，然後才能求得準確性。

理想的考核必須從純科學與心理學的觀點著手，它應具備下列原則：

1. 考核表的內容必須具備相當信度與效度，亦即考核結果要真正代表員工實際工作成效。
2. 考核項目雖然無法避免文字的敘述，但是考核結果要能做量的比較，最好可以運用統計方法加以處理。
3. 選擇考核的項目不宜過多或過少，各項目間的關係亦能加以統計處理。

績效考核的擬訂是一項專門的知識與技能，宜多聘請熟悉工作情況的各級主管以及心理統計專家，共同擬訂考核的方法與程序，將考核的結果做數量的統計分析，診斷各項業務的優點與缺點，提供組織及員工各項有關工作的積極改進意見。

一個組織欲實施有效的績效考核制度，避免知覺偏差，宜注意下列事項：

1. 對考核者施以專門訓練，盡量利用評分差距，以客觀的行為作為考核的依據，避免受暈輪效應等知覺傾向的影響。
2. 考核的程序應以會議或監督的方式進行，以避免草率行事、敷衍塞責的弊病。
3. 考核完成後，應特別注意不同單位、不同職位的比較，做誤差的校正，以避免過高或過低的評分。
4. 解釋任何評分結果，應按實際職務上的要求，不宜以考核結果作為處罰的依據。
5. 多與被考核的員工檢討考核結果，且以積極態度誘導或嘉勉之。
6. 考核評分前，應盡量收集許多客觀資料，作為評分的參考。

至於避免績效考核知覺偏差的基本方法，有比較評價法、絕對標準評價法與行為定位評定量表[11]。茲簡述如下：

一、比較評價法

該法係以相互比較來評定個人的好壞，即將被考核者按某種向度做順序排名；或將被考核者歸入原先決定的等級內，再加以排名。比較評價法的優點，就是較為省時，同時可減低過高或過低評分的一般評價心向。然而其缺點乃為員工過多時難以排名，也許對最好或最壞的幾名很容易找出，但其餘的員工就很難配對；其次，比較評價法很難消除歸因傾向或暈輪效應的問題。

二、絕對標準評價法

絕對標準評價法，就是建立工作的絕對標準，然後將達到該項標準的被考核者列入該評定範圍內。該法的優點就是可用好幾個標準來評價員工的表現，而不像比較法傾向於整體特性的評價。另一優點即該法具有十足彈性。不過，此法很容易犯錯，準確性頗低。暈輪效應、歸因傾向、一般評價心向，以及直覺的偏見與誤差等，都可能發生。因此，行為定位評定量表乃應運而生。

三、行為定位評定量表

所謂行為定位評定量表，就是考核者在判斷工作者所具有的特質，以及其執行工作的績效時，對每一特質或績效表現，在評定量表上每一點的相對基準予以定位，以幫助考核者做評價。此種評定量表有許多優點。首先，它把焦點集中於行為與績效上，而不是針對個人人格；其次，利用這種量表時，評定者間的評量相關性較高，即一致性高。再

者，它可提供受考核者良好的回饋，告訴受考核者應該做那些事，或避免那種行為表現，以求符合上司的評價。

不過，行為定位量表的發展必須耗費很大的精力與時間。就像其他評價工具一樣，它必須隨時給予適當修正，以保證特定行為和工作與績效的預測有關。如果好好地發展與修正，這種量表可以消除許多知覺偏差，增加績效考核的正確性。

當然，績效考核是人為的，吾人很難做完善的評價。即使它已建立了一些標準與原則，訂定正確的考核方法，仍然無法完全掌握其準確性。不管吾人如何去提升其準則，只要管理者存有某些私心或偏見，都會破壞評價的公平性。是故，績效考核的公平與否，絕大部分仍掌握在主管手裡。只有管理者建立客觀的心理標準，培養豁達的胸襟，多觀察、多思考，避免主觀的知覺，才能使績效考核運用有效。所謂「觀其所以，察其所由」，多與員工接觸，瞭解其工作性質與職務關係，採用正確的評量方法，始能臻於公平而合理的境界。

總之，績效考核是一種對員工做定期考核與評價的工作，考核的公正與否影響員工工作情緒甚鉅，故不能草率從事，致引起員工的不平與憤懣。惟績效考核常受知覺的影響，而發生不公平的現象，此為管理者所應注意的問題。管理者在做績效考核時，固可依憑個人的主觀意識，更應參酌當時的工作環境與條件，做詳實的審視；尤其宜聽取他人的意見，方能做到更公平更合理的地步。

個案研究——左右為難的考評

　　績效考核對一位主管來說，是一件相當困難的事。要做到公平合理，且讓員工心服口服，確實不易。石台生現在正為這個問題，感到相當困擾。

　　首先，績效考核要有一套標準，即使有了標準，又如何去確定它的信度和效度呢？其次，績效考核要避免個人的知覺偏向。總之，不管是如何地「我心如秤」，也很難不為部屬所抱怨。石台生為了這次的績效考核，確實傷透了腦筋。

　　話說石台生這個單位，有位員工戴文石，私生活不檢點，脾氣古怪高傲，不易與人相處；但理解力強，工作態度認真，工作效率高，事事想爭第一，產品數量常超越規定標準，而又肯接受新觀念，服從命令。對於這樣的一個人，使得石台生感到左右為難。

　　石台生的顧慮是，如果他對戴文石做較好的考評，恐怕引起單位內其他人員的不滿，因為他們認為戴文石不願與他們合作。如果做較差的考評，則自覺不甚妥當，因為戴文石的工作績效確實不錯。為此，石台生沉思良久，難以遽下評定。

問題討論

1.主管對部屬做績效考核，能做到絕對公平的地步嗎？

2.什麼才是公平合理的考核？

3.如果你是石台生，將如何對部屬做績效考核？

 註　釋

❶參閱李序僧著，《工業心理學》，大中國圖書公司，頁103。

❷鄭伯壎、謝光進編譯，《工業心理學》，大洋出版社，頁108-216。

❸R. B. Starr & R. J. Greenly, "Merit Rating Survey Findings", *Personnel Journal,* Vol. 17.

❹C. H. Lawshe, Jr., N. C. Kephart, & E. J. McCormick, "The Paired Comparison Techniques for Rating Performance of Industrial Employees", *Journal of Applied Psychology,* Vol. 33, pp. 69-77.

❺E. J. McCormck & J. A. Bachus, "Paired Comparison Ratings: The Effect on Ratings of Reductions in the Number of Pairs", *Journal of Applied Psychology,* Vol.36, pp. 123-127.

❻J. C. Flanagan & R. K. Burns, "The Employee Performance Record: A New Appraisal and Development Tool", *Harvard Business Review,* Vol. 33, No. 5, pp. 95-102.

❼V. K. Rowland, "The Mechanics of Group Appraisal", *Personnel,* Vol. 34, No. 6, pp. 36-43.

❽鄭伯壎、林詩詮合譯，《組織行為》，中華企業管理發展中心，頁172-180。

❾E. L. Thorndike, "A Constant Error in Psychological Ratings", *Journal of Applied Psychology,* Vol. 4, pp. 25-29.

❿J. P. Guilford, *Psychometric Methods,* New York: McGraw-Hill Book Co.

⓫同註❽，頁190-194。

Part 3

組織心理學

個人從事生產活動，是透過組織功能而表現出來的。惟個人在組織活動中，不免形成各種團體，產生團體動態關係。因此，組織心理學（Organizational Psychology）即在研究人類工作動機、團體行為模式、員工態度與士氣、組織管理哲學、領導行為、意見溝通與員工參與等問題。從行為科學的觀點看，組織是一種心理社會系統，是一個有機體。組織的生存與發展，團體與個人的配合與協調，都是組織心理學的重要課題。

Chapter 9

動機激發

人類自出生以來，就具有許多需求。他們工作的目的，即在追求這些需求的滿足，自工作中找尋各種慾望。他們之所以從事工作，有些是為了金錢的報償，有些是為了社會地位，有些則是因為熱愛自己的工作。在傳統上，一般都認為：只要有優渥的待遇，便能使員工唯命是從，努力於組織目標的達成。吾人不否認良好待遇對員工深具吸引力，惟人類慾望無窮，行為變化萬千，不可捉摸，此實受到個體動機所左右。蓋工作成效的良窳，生產質量的優劣，部分是繫於人類的潛在行為因素。本章將探討這些潛在因素對工作的影響。

第一節　動機的意義

「動機」一詞在心理學上，最為一般心理學家所重視，且被廣泛地研究。動機為個人行為的基礎，是人類行為的原動力。人類的任何活動，都有其內在的心理原因，這就是動機；凡有動機必然產生某類行為，「動機—行動」是心理學上的因果律。吾人欲瞭解某人的動機，往往得觀察其行動。例如，某人有求食的活動，必因飢餓的動機；又某人有從事寫作的活動，可能是出自於自我成就的動機，或始於經濟上原因的動機。

惟動機是相當廣闊而複雜的名詞，通常動機的名詞下，還包括有需求（needs）、需要（wants）、驅力（drive）、刺激（stimulus）、態度（attitudes）、興趣（interest）、慾望（desires）等名詞❶。一般心理學家習慣上多以驅力表示生理性或自發性的動機，如飢、渴、性慾等是；而用動機表示習得性或社會性的動機，如依賴、成就等是。本章依其性質，把它們視為同義詞，而以「動機」為沿用標準。

有些學者認為動機就是一種尋求目標的驅力（goal-seeking drive）❷。就個體而言，動機乃為內心有某種吸引他的目標，而採取某種行動來達成該目標，此稱為積極性動機；同樣地，個體也可能逃避令他痛苦

的目標，此稱為消極性動機。就動機本身的作用言，它是一種內在的歷程，乃指人類行為的心理原因。是故，動機為隱而不現的行動，一切動機是由行動的方向和結果所推論出來的。

至於動機的產生，主要有兩大原因：一為需求，一為刺激。需求即指個體缺乏某種東西的狀態，如口渴需喝水，此為個體內部維持生理作用的物質因素；另外一種需求來自外界社會環境中的心理因素，如欲得到社會贊許。刺激亦有得自外在因素者，有來自內在因素者，如火燙引起縮手的活動屬於前者，胃抽搐引起飢餓驅力即屬後者。

就動機和行為的關係看，動機具有三種功能：(1)引發個體活動；(2)維持此種活動；(3)引導該項活動向某個目標進行❸。例如，一個有強烈欣賞慾的人，產生了看電影的需求，必然使他走向電影院，直到看完電影，目標達成為止，他的慾望方才消失。此種欣賞慾就是動機，而看電影的一連串活動，皆因欣賞慾而起。此種由動機的引發，產生動機性行為，以及目標的達成三者構成了一個週期，稱之為動機的週期（motivational cycle）。

然則「動機─行動」的因果，果如前述之單純？凡對社會科學稍有涉獵的人，經常會發現一樁事實：人類行為是相當複雜的。因此，單就外在行動而欲全然瞭解動機的本質，是件不容易的事。觀其原因有如下諸端：(1)人類動機的表現，常因文化型態的不同而有所差異；(2)即使是類似的動機，也可能由不同的行為方式表現出來；(3)不同的動機，可能經由類似的行為來表露；(4)動機與行為之間，有時表現不出明顯或直接的關係；(5)任何單一行為，都可能蘊藏著數種不同的動機❹。

綜合言之，管理者欲認識動機的本質，應對「動機」一詞做廣泛的探討，並瞭解動機與行為的真正關係，選擇最佳的管理策略。

第二節　激勵的內容理論

　　動機在個人日常生活中占有很重要的地位，在管理上也是吸引人注意的問題之一。談到動機理論的研究，因各家所持觀點不同，而形成分歧的現象。現代學者分析人類動機，常依動機的內容和過程，將之分為激勵的內容理論和激勵的過程理論兩方面。所謂激勵的內容理論（content theories），係指何者激發了人們努力去工作的意願。至於，激勵的過程理論（process theories），則指何種過程激發了人們努力工作的意願。本節先討論前者，後者則留待下節研討之。有關內容理論方面，至少包括：需求層次論、兩個因素論、成熟理論和ERG理論等，茲分述如下：

一、需求層次論

　　需求層次論（theory of needs hierarchy）以一般人類動機的觀點，認為個人經常處於動機狀態下。一個需求滿足後，新的需求又起。惟人類新需求的興起，並不一定要基本需求得到百分之百的滿足，但卻具有層次性。一般需求的層次有五個：生理需求、安全需求、社會需求、自我需求、自我實現需求。

(一)生理需求

　　所謂生理需求（physiological needs），是指人類的一般需要而言，如食、衣、住、行等方面的需要。通常都以飢、渴為生理需求的基礎，而生理需求又是人類一切需求的基礎。假如生理需求不能得到滿足，往往難以表現自我成就的追求。馬斯洛（A. H. Maslow）曾說：一個人如果同時缺乏食物、安全、愛情與價值觀，則其最強烈的渴求，當以食物的需要為最。我國《管子・牧民篇》有云：「倉廩實則知禮義，衣食足則

知榮辱。」當為最佳的印證。因此,管理者給予員工的薪津,必須足夠維持他們生活的最起碼條件,否則很難安定員工的工作情緒。蓋生理需求的滿足都與金錢有關,而人類對金錢的滿足並非全指金錢本身,實指金錢所能購買的物品。固然,其他需求亦可憑藉金錢來獲得,但金錢的重要性當隨需求層級的增高而遞減。

(二)安全需求

　　人類的生理需求一旦得到相當滿足,往往會產生一套新的需求,稱之為安全需求(safety needs)。過去人類很難劃分生理需求與安全需求,今日由於社會的急遽發展,相互競爭激烈,尋求安全的需要也急速增加。它包括身體的安全、免於危險的自由、免於恐懼的自由、免於剝削的自由等,擴大到尋求心理上的安定感。其中身體的安全乃是尋求不受物理危險的侵害,而心理上的安全感乃為來自對工作本身與周遭環境的安全意識。

　　人類不僅希望自己身體上不受任何侵害,以致充滿保衛自身的安全防衛機構;而且在工作上渴求經濟上的保障,希望處於有秩序、可預知的社會環境中。他們都避免在挫折、緊張和憂慮的環境中工作,這些情況都足以說明人類對安全需求的渴望。組織管理者應使員工覺得有保障,安排安全的工作環境,合理的就業關係,使員工彼此相互依賴,在團體生活中感到安全;管理者切不可裝腔作勢或剝削員工,使員工心理感到害怕或產生反感。

(三)社會需求

　　當生理的或安全的需求獲致基本滿足後,社會需求(social needs)便成為一項重要的激勵因素。社會需求有歸屬感、認同感與尋求友誼等。每個人都希望受到他人的接納、友誼和情誼,同時也會給予別人接納、友誼和情誼。換言之,人類都有合群的本性,都有追求團體認同的需要。

　　大凡具有相同信念的人都喜歡相聚成群，互相慰勉，彼此砥礪，產生相同的結合力，增進彼此的信念和感受。蓋人是社會的動物，都有合群的本能，所謂「同類相聚」、「物以類聚」便是這個道理。因此，管理者除了須注意組織本身目標之外，應能兼顧員工的社會需求，以免造成敵對、仇視、不合作的態度。

(四)自我需求

　　人們在生理需求、安全需求和社會需求都得到相當滿足後，自我需求（ego needs）又變成最突出的需要了。自我需求又可分為兩方面：一為求取自我尊重，即要求自己應付環境與獨立自主的能力；一為希望獲得聲望，即期望受他人所認識、尊重與景仰。而其中他人的尊重尤顯重要。由於他人的尊重才能產生自我價值，個人才會有自信、聲望與力量的感受；當然，此種需求的滿足仍要依靠個人本身的自尊。一個人具有自尊，便會積極奮發、力爭上游，進而追求自我的成就感；否則將只求溫飽，得過且過，甚而喪失意志與信心，形成相當的自卑感。是故，管理者應多給員工獨立自主的機會，使他們感覺到「天生我材必有用」，多讚美，少責備，則員工必終生感激不盡。

(五)自我實現需求

　　由於以上需求的滿足，個人常會更進一步希望繼續不斷地自我發展，重視自我滿足，表現自我成就，發揮創造潛力，以求貢獻於社會，此即自我實現需求（self-actualization needs）。凡人都有成就自我獨特性的慾望，藝術之能夠達到「登峰造極」的境界，乃是藝術家最高成就的表現；企業之所以能不斷地擴展，亦是企業家自我成就的發揮。以上這些自我成就的表現，乃係基於人類一般需求的相當滿足方易致之❺。

　　依據馬斯洛的見解，人類的需求是具有層次性的，惟此種層次並不是絕對的，且高層次需求的滿足並不見得要低層次需求的完全實現。需求滿足程度的百分比，常自低層次需求而向上逐漸遞減。此外，吾人尚

須注意幾點：

1. 需求的層級絕不是一種剛性結構，蓋層級並沒有截然的界限，層級與層級之間往往是相互重疊的。如情愛的需求固屬社會需求，亦可能是一種安全需求或生理需求。
2. 有些人可能始終固定地追求某個層次的需求。如有些藝術家即使是生理需求不能滿足，但始終追求自我與自我實現的需求；一般貧困的員工經常不斷地追求生理需求與安全需求。
3. 馬斯洛所提出的各項需求之先後順序，並不一定完全適合每個人。
4. 馬斯洛的各項需求層次有時很難分別，如社會需求中尋求友誼，可能與生理需求的性需求，或自我需求的受認同、受尊重等難以分開。

凡此種種都是研究需求層次論應加以注意的地方。此種理論的最大好處，在於指出每個人都有某些需求，管理者可就員工需求做個別的瞭解，以便做有利的人事安排。

二、成熟理論

阿吉里士（Chris Argyris）對動機的看法，是依人類心理的正常發展過程來探討的，此即成熟理論（maturity theory）。他認為個人自兒童期至成年期的人格發展，乃是由被動而自動，由依賴而獨立，由粗略轉而為精細，由少數幾種行為方式演變為多種行為方式，由偶然的短暫興趣而持久的深厚興趣，由基本需要的追求到自我實現與自我意識的控制❻。以上演進的階段，可視為一段連續性的光譜，不成熟與成熟各處於兩個極端。阿吉里士雖未明顯地表明需求的層次性，然而兒童期較傾向於低層次的需求，成年期則側重於高層次需求的追求，則是事實。管理者可因年齡的長幼或人格情緒的穩定與否，而建立員工個人對組織行為的法則，以為適應個別動機的變化。

　　根據阿吉里士指稱，大多數組織都將員工視為不成熟狀態。例如，組織中的職位說明、工作指派與任務專業化，都造成呆板性、缺乏挑戰性，將員工自己的控制力減至最低，結果難免使員工趨向於被動性、依賴性與服從性。因此，管理者欲使員工達到心理的成熟程度，應採行民主參與的決策，適當地運用激勵手段，啟發個人的成就感；同時釐定激發工作動機的標準，採取因應措施，賞罰分明，論功行賞，以過行罰。如果管理人員不能瞭解真正足以激勵員工的方法，則有關動機的理論就無法發揮效用。關於需求層次論的觀念，應用在工作方面最有成效的，首推赫茨堡（F. Herzberg）教授。

三、兩個因素論

　　赫茨堡的動機理論，一般都稱之為兩個因素論（two-factors theory），一為維持因素，一為激勵因素[7]。

(一)維持因素

　　所謂維持因素，係指維持員工工作動機的最低標準，使組織得以維持繼續成長不墜的因素，如金錢、技術監督、地位、個人生活、工作安全、工作條件、公司政策與行政等因素；這些因素對於員工工作滿足的效果，恰與生理衛生之於人體健康的效果相類似，故又稱之為健康因素或衛生因素。如員工對組織的薪資待遇不滿足，則可能發生對工作的抵制，而一旦在薪資調整後，可以維持其工作精神於不墜。雖然，薪資的調整並不能完全滿足員工的需求，但卻能恢復其原有的工作狀態。此種原有的狀態，可稱之為「零狀態」，這就是一種「衛生」作用。換言之，維持因素大部分是以工作為中心的。

(二)激勵因素

　　至於激勵因素，乃指可以激發員工工作動機至最高程度的因素而

言。此種因素對職位的滿足具有積極性的效果，能促使產量增加，故又稱為滿足因素，它包括成就、認知、升遷、賞識、進步、工作興趣、發展的可能性以及責任等。這些因素在需求層次論中，乃屬於高層次的需求，是以人員為中心的。綜觀赫茨堡的理論，他已推廣了馬斯洛的需求層次論，並將之應用在工作激勵方面。

　　赫茨堡理論具有獨到的見解，把人類需求的滿足應用到工作激勵上；惟維持因素與激勵因素有時是難以劃分的。如職位安全固屬於維持因素，但在藍領工人來看，卻可能成為激勵因素。且一般人對有關本身成就的事，都以自表滿足居多；而對於組織政策往往多表不滿，此種人類自私的本性，常造成兩個因素論結論的不正確性。

四、ERG理論

　　ERG理論係由阿德佛（Clayton Alderfer）所提倡，他認為人類需求並不是如馬斯洛所說的，由較低層級逐級往上發展；也不是如赫茨堡所說的，由一組因素發展到另一組因素。他認為人類需求有如一個連續性光譜，在追求各種需求時，他會做自由選擇，可能越過某些層級的需求，而直接追求他所認為最重要的需求。因此，該理論實係馬斯洛和赫茨堡理論的擴充與延伸。他將人類需求分為生存需求（existence needs）、關係需求（relation needs）和成長需求（growth needs）等三個核心需求。茲分述如下：

(一)生存需求

　　所謂生存需求，是指人類生存所必需的各項需求而言，亦即是生理的與物質的各種需求，如飢餓、口渴、蔽體等是。在企業體系中，薪資、福利和實質工作環境均屬此類需求。此種需求類似於馬斯洛理論中的生理需求和某些安全需求，且和赫茨堡維持因素中的工作環境、薪資相當。

(二)關係需求

　　所謂關係需求，是指在工作環境中個人和他人之間的關係而言。就個體而言，此種需求依其與他人間的交往，而建立起情感和相互關懷的過程，以求得滿足。此種需求類似於馬斯洛的某些安全、社會、某些自尊等需求層面；也和赫茨堡維持因素中的人際關係和督導，以及激勵因素中的賞識與責任相對應。

(三)成長需求

　　成長需求是指個人努力於工作，以求在工作中具有創造性，並獲得個人成長與發展的需求而言。成長需求的滿足，一方面係來自於個人不斷地運用其能力，另一方面則來自於個人發展其能力的工作任務。此與馬斯洛的某些自尊、自我實現需求相類似，也與赫茨堡的升遷、成就、工作本身等相對應。

　　ERG理論的三個主要前提是：(1)某個層級需求愈不能得到滿足，則其慾望愈大，愈希望能得到滿足。如生存需求在工作中，愈沒有被滿足，員工就愈追求；(2)當低層級需求愈被滿足，就愈希望追求高層級需求。例如，生存需求愈得到滿足，就愈期望能滿足關係需求；(3)當高層級需求愈不能得到滿足，就愈需要滿足低層級的需求。例如，成長需求的滿足程度愈小，就愈希望得到更多關係需求的滿足。

　　其次，ERG理論與需求層次論的主要區別有二：一為需求層次論認為低層級需求得到滿足後，會進而追求高層級需求；而ERG理論則強調高層級需求一旦得不到滿足，往往會退而求其次去追求較低層級的需求。二為ERG理論認為在同一時間內，個人可能同時追求兩個或兩個以上的需求；而需求層次論則主張個人對低層級需求滿足後，才會追求更高層級的需求。

　　總之，ERG是一個相當新穎的理論，它是依據需求概念（needs concept）所發展出來的有效理論。雖然ERG理論的三類核心需求無法證

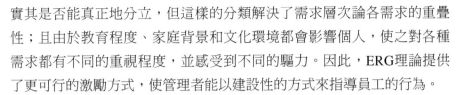

實其是否能真正地分立，但這樣的分類解決了需求層次論各需求的重疊性；且由於教育程度、家庭背景和文化環境都會影響個人，使之對各種需求都有不同的重視程度，並感受到不同的驅力。因此，ERG理論提供了更可行的激勵方式，使管理者能以建設性的方式來指導員工的行為。

綜上言之，現代動機理論對人類需求的分析所顯示的特色，大體上可劃分為兩個層次，即低層次需求與高層次需求。低層次需求大致以生理需求為基礎，這些需求包括食物、水、性、睡眠、空氣等，其始自基本的生理性生活，對種族的繁衍至為重要。高層次需求往往以心理需要為主，此種需求較為模糊，它代表心靈與精神的需要，其往往依每個人的成熟性與動機的差異而發展。因此，在管理上演變的結果，乃為生理需求要以懲罰、監督和金錢的激勵為手段；而心理性的需求則以鼓勵、承諾和發揮員工的自我成就為方法。

現代各種動機理論最大的貢獻，乃為建立了人類需求的兩個極端，成為一段連續性的光譜，使管理人員瞭解人類在工作中所可能具有的動機，從而採用最適當的管理方法。吾人可以肯定地說，激勵問題乃直接掌握在管理階層的手中。管理人員可以採用懲罰的手段，也可以用激發為工具，須視人事時地的情況而異。

雖然有關動機的各家理論，大致上是相同的；但它們之間最大的缺點，乃是將激勵的程序過分簡化，未能將影響工作的因素完整地表現出來，甚而未將個人需求的滿足和組織目標的達成連貫在一起，而且對於何以個人間的動機會有差異，並沒有適切的說明。近代行為科學家在處理這些問題上，通常都把人性視為「有機性的」，而不是「機械式的」。吾人可在動機的過程理論中，窺知人類動機與工作環境和組織激勵的關係。

第三節　激勵的過程理論

　　激勵的內容理論乃在說明工作的動機是什麼；而動機的啟動、前進、維持或靜止，則屬於激勵過程理論所需探討的主題。本節所擬探討的激勵過程理論，有期望理論、增強理論和公平理論。

一、期望理論

　　在近代激勵程序中，期望理論深受一般學者的重視。所謂期望理論（expectancy theory），乃是預期一個人可能具有高度績效的條件，導致個人產生高度績效的條件是：(1)當他認為他的努力極可能導致高度績效時；(2)當他的高度績效極可能導致成果時；(3)當他認為獲致的成果對他具有積極的吸引力時。

　　在期望理論中，特別強調理性和期望。換言之，一個人之所以被激勵，乃是他具有一套期望，他的行動是依期望被激勵的結果而定。關於動機的期望理論，討論得最為詳細的，首推弗洛姆（Victor Vroom）和波特爾與羅勒爾（Lyman W. Porter and Edward E. Lawler）[8]。

(一)弗洛姆

　　弗洛姆的期望理論頗為複雜，其基本概念如下：

$$激勵 = \Sigma\ 期望價 \times 期望$$

　　簡單地說，所謂激勵乃是期望價的總和乘以期望。因此，個人的激勵乃是於完成某項目標，所實際獲得的報償或其自覺可能獲得報償的結果。該理論包括三項概念，即媒具、期望價與期望。

　　1.媒具：所謂媒具，乃指當事人所察覺到的一級結果和二級結果之間的關係。例如，公司希望某人增加生產力，此種生產力的增加須視

他對報償的察覺程度而定，此種增加生產力的結果為一級結果，而報償則為二級結果。故媒具為增加生產力的一級結果與得到報償的二級結果之間的關係；換言之，媒具乃指察覺程度。

2. 期望價：至於期望價，又可稱為個人的偏好。一個人對於一級結果的偏好，完全視個人是否確信有了一級結果，便能獲致二級結果而定。茲以生產力與報償的關係為例，某人對生產力的期望，乃是依其對報償的期望而定。如果他對報償的慾望很高，則其期望價必高；如他對報償的慾望無動於衷或全無，則其期望價很低，甚至於形成負數。

3. 期望：所謂期望，指的是某項特定行動能否導致某項一級結果的機率。因此，所謂激勵等於各項一級結果的期望價，分別乘以其期望之積的總和。弗洛姆的模式相當複雜，但對激勵的說明十分有用，能有助於管理人員對個別員工應如何採用激勵的瞭解。

(二)波特爾與羅勒爾

波特爾和羅勒爾的理論，亦以動機的期望理論為基礎。他們認為某人之所以獲得激勵，乃是依據過去的習得經驗，因而產生對未來的期望。其中包含有幾個變數，即努力、績效、報償與滿足等。在此種模式中，認為一個人的努力是由於報償的吸引力，及當事人對報償的認知程度而定；如果當事人對報償的認定合於他的期望，他就會努力工作，達到良好的工作績效。至於報償與績效之間的關係，係個人的滿足乃為其所獲得的報償之函數；而報償則係因有績效始能獲得。

在波特爾與羅勒爾的激勵模式中，報償可分為內滋報償與外附報償。所謂內滋報償乃是職位的設計能夠使一個人只要有優良的工作表現，便能自行由內心滋發一份對自己的報償，如個人的工作能在內心滋生一種成就感；在此種情況下，工作績效和內滋報償之間始能有直接關係。至於外附報償是指工作有了良好的績效，而由外界產生的報償，如加薪等。

根據該模式顯示,工作有了績效,才容易使員工獲致滿足。但一般管理人員都以為有了滿足,才能有良好的績效,亦即所謂「快樂的員工才是有生產力的員工」。到底滿足和績效何者為因,何者為果,是很難成為定論的。惟在激勵的程序中,報償確是一項極為重要的因素,報償的高低必須與當事人自認為他們所應該獲得的期望程度相稱,這是所謂的「公平理論」。

二、增強理論

增強理論(reinforcement theory)是另一種深受重視的激勵過程理論。增強理論乃為利用正性或負性的增強作用,來激勵或創造激勵的環境。該理論主要源自於斯肯納的見解,認為需求並不屬於選擇上的問題,而是個人與環境交互作用的結果。行為是因環境而引發的。個人之所以要努力工作,是基於桑代克所謂的效果律(law of effect)之故。

桑代克所謂的效果律,是指某項特定刺激引發的行為反應,若得到酬賞,則該反應再出現的可能性較大;而若沒有得到酬賞,甚或受到懲罰,則重複出現的可能性極小。此稱為操作制約原則(principles of operational conditioning)。

操作制約乃為用於改變員工行為的有力工具,其係以操縱行為的結果,將之應用於控制員工工作行為上。近代管理學上所謂行為修正(behavior modification),就是將操作制約原則運用在管制員工的工作行為上。此時,管理者可運用正性增強(positive reinforcement),如讚賞、獎金或認同等手段,以增強員工對良好工作方法、習慣等的學習。管理者也可運用負性增強(negative reinforcement),以革除員工的不好習慣和方法,並使員工避開不當的行為結果。該兩者都在增強所期望的行為,只不過前者是在提供正面報償的方法,而後者則在避開負面的結果而已。

在管理實務上,管理者可運用三種增強時制,即連續增強時制、消

除作用時制和間歇增強時制,以增強員工的工作行為。連續增強時制,是指每次有了期望行為的出現就給予一次報償。消除作用時制,則不管任何反應都不給予報償。間歇增強時制,則只有定期或定量報償所期望的行為。根據研究顯示,連續增強時制會引發快速學習;而間歇增強時制則學習較緩慢,但較能保留所學習的事物。至於消除作用時制,僅用於去除不良的工作習慣和方法,亦即在消除非所期望的行為。

不過,增強理論所受批評甚多,如以增強過程來操縱員工的行為,不合乎人性尊嚴;且以外在報酬激勵員工,顯然忽略了其內在報酬的需求。蓋工作有時是一種責任,此須有更多的榮譽心來驅動。又增強因素不能長久地持續運用,它不見得對具有獨立性、創造性和自我激勵的員工有效。因此,增強理論的運用固有助於解說某些問題,但無法解決每項激勵的問題。

三、公平理論

所謂公平理論(equity theory)又稱為社會比較理論(social comparison theory),是指員工不但會衡量他們本身的狀況,而且還會比較別人的狀況。人之能否獲得激勵,不僅是依他們所獲得的報償而定,而且還會因他看見他人或以為他人所得到的報償而起變化。他常會將自己和組織中他人的「投入」與「報償」關係,做社會比較。縱使他認為本身報償很高,但如與他人加以比較後,發覺自己的報償遠不如他人,其工作情緒便自然下降。蓋人在感到沒有適當待遇時,便產生了緊張。消除此種緊張的方法,有辭職他就、怠工、消極抵制、與他人衝突,或改變對投入與報償比率的看法。

此外,某些論著指出,人在報償所得偏高時,往往會自動多做點工作,但經過相當時日後,往往又回復原狀。因此,金錢乃為一項短程的激勵因素,它是一項靠不住的激勵工具。吾人不應忽略了真正影響生產力的其他變數,且宜考慮各種激勵的特定情況,包括外在報酬的激勵與

內在需求的激勵。

第四節　外在報酬的激勵

　　組織員工被激勵的因素，大致上可劃分為外在報酬與內在滿足兩種。外在報酬即外附報償，它來自老闆或管理人員；內在滿足即內滋報償，它卻來自工作本身或員工自身。員工工作動機的強弱，要看工作人員希望從工作中得到什麼而定。管理人員提供的外在報酬和員工個人的內在滿足感，決定員工付出心力的多寡。本節先行討論外在報酬的激勵。

　　外在報酬一般所指的是金錢，即討論金錢如何滿足員工需要，而成為工作動機。就需求層次的觀點言，人類工作大部分是為了滿足最基本的需求，這些需求的滿足都得助於金錢的報酬。換言之，工作與工作報酬對於大多數人都很重要，很多人賣力工作的原因，一方面是為了保住工作，另一方面是為了獲得獎金或晉升，以滿足其他需求。

　　金錢對於滿足生理及安全的需求，最為重要。一般人有了金錢，便能滿足生理上物質的需求。由於有了工作的保證，便能衣食無缺，則心中的安全感會更踏實。其次，金錢雖然無法買到愛情和友情，但卻扮演協助的角色，如在家庭中穩定的工作和收入，有助於甜蜜的家庭生活。再次，金錢的多寡有時常能贏得社會的尊重，或由於購買力的增強而滿足了其自尊的需求；且有時金錢亦代表某種地位和權力，一個能完全掌握財產的人常有強烈的自主感。又收入高的人常有自我價值感，高薪已成為衡量個人成就的工具。

　　由上可知，如果金錢是能夠獲得長久滿足的工具，人們會更重視工作。而金錢推動各層次需求的強弱關鍵，在於金錢是否被認為是滿足需求的工具，它是不是成就的象徵或是交換貨物的媒介。這些都影響員工追求金錢的慾望，甚而影響其工作努力的程度。

　　至於管理人員究應如何以金錢去獎勵員工呢？這要依個人對金錢的看法與工作性質而定。對於那些經常缺錢用的人，金錢的激勵效果較大。窮人較希望能立即收到錢；富人對於金錢的追求較為淡薄，他們通常都熱中於高層次需求的追求。又低成就動機的人比高成就動機的人更容易為金錢所激勵，高成就動機的人比較關心工作能否提供個人滿足，故其對於無聊的工作，希望得到更多的薪水，因為他犧牲了由工作所獲得的滿足；而低成就動機的人恰好相反。如果工作能使成就導向的人感到更多的內在滿足，他會全力去做，而不在乎是否有金錢獎勵；而低成就動機的人會隨著金錢報酬的升高而努力工作。一般人如果有更多的錢去滿足低層次需求，不能用來滿足高層次需求，則他對薪水的要求不高；但若少數的錢用來滿足低層次需求，更多的錢能用來滿足高層次需求，則所要求的酬勞也更高。唯有在金錢可滿足高層次需求時，才會使人要求更高的酬勞。

　　綜觀上述推理，可知工作賺來的金錢幾乎可滿足所有的需求。當然，金錢並不是滿足感的唯一來源。如和同事建立良好關係，有自主性、責任感、技能和創造力，都是工作滿足的來源。對於能力和成就等高層次需求的滿足感，金錢當然更不重要，但並不是完全沒有作用。金錢是一種象徵，使人對事物的評價更具體化，而這種象徵的意義隨著個人的背景而不同，它能滿足許多需求。因此，金錢具有激勵員工的潛能，管理人員正可利用這種潛能。

　　誠然，由於金錢激勵牽涉甚多因素，如有些人並不在乎賺取更多的錢，致使獎工制度不易成功，綜其因素不外乎[9]：

1.員工不信任管理人員。通常管理人員都會逐步設定更嚴的工作標準，使員工逐漸付出更大的心力，以取得應有的代價，員工有了此種經驗後，將不再如過去般地與管理人員合作。

2.員工對增加的獎金評價不高，獎金的數額不會太大，對員工的吸引力甚微。通常獎金的提高，係意味著生產力的增加，成本的降低，

因此就需要更多的工作。就長遠的立場言，如果一個員工多生產一點，其他人員就減少一份工作機會，反而產生了不安全感。

3. 通常團體中的個人都有一種平均產量的想法，一個人生產過多，往往會受團體內其他分子的排擠，反而犧牲了與同事和諧相處的機會，而得不到社會滿足感。

4. 一般員工寧可不做超額的工作，而花更多的時間從事工作以外的其他活動。因為有些需求的滿足，唯有在工作餘暇才易獲得。

5. 有時工作表現良好，並不一定能獲得相對的獎賞。此乃因有些績效的衡量很難有客觀的標準。一般言之，工作績效與酬賞之間不一定能顯示出關鍵性，因此管理人員只好不以績效為準，而以年資及忠誠作為加薪的標準。

針對上述有關獎工制度失敗的原因，管理人員應逐步採取一些措施，來增加金錢的激勵效果。其措施如下：

1. 管理人員應信守承諾。要使激勵獎工制度產生效果，管理人員應使員工對他產生信任，並瞭解激勵計畫，使其看出績效與薪津的關係。管理人員應「一諾千金」，不可做超越本身能力範圍的承諾，一定要使工作績效最高的人成為最滿足的人，如此始能使員工明白獎賞的意義。管理人員必須使員工能看到績效愈好的人，所得到的待遇愈高。

2. 獎金的數額要大，足以滿足員工不同的需求，以產生激勵的效果，對員工才有吸引力；否則員工不會關心增加的獎金，也不會維持較好的工作績效。且獎金的發放應針對確有績效的人，不可給予每人相同比率的數額。

3. 獎金的發給應於有良好的工作表現之後，即時發給，切不可拖延，才能產生即時的效果。

4. 實施激勵獎金制度，必須使員工不致過分犧牲其他需求，如安全感、社會親和需要等是。

第五節　內在需求的激勵

　　組織員工工作的目的，不僅在追求外在報償，更重要的乃在滿足內在需求，此種內在需求的滿足大部分來自於員工本身的執行任務、解決問題和達成目標等方面。在科學管理運動以前，管理人員一般都將員工視為獨立的個人，盡量以獎金來激勵員工；可是在人群關係時代，管理人員就察覺到許多員工都重視其在非正式社會結構中的地位。事實上，除了一些極端利己主義者外，每個人確渴望能在工作中與別人溝通，保持親密的友誼關係，以便得到他人的支持，此種關係的作用有時甚至比得到一些額外的獎金來得重要。當然，工作和親和滿足的關係常因人而異，然而只要工作和技術條件許可，每個人都會在工作時進行若干社交活動。

　　其次，在工作中亦可達到社會尊重的需求，而其中尤以職位高或身懷技術的人員為甚。高職位的頭銜很能夠滿足一個人社會尊重的需求，在層級結構中地位象徵與職務津貼，都能反映出個人的社會自尊程度。因此，管理人員不能忽略薪水、頭銜、職權和地位象徵的一致。當然，就階級地位的觀點而言，社會尊重的需求與管理人員的關係較為密切，管理人員都希望地位與頭銜等能明白顯示出來，如此管理人員才能從工作中滿足其地位的需求。換言之，管理人員的地位都可自部屬的地位象徵及職位津貼中反映出來。

　　工作除了可滿足物質、安全、親和、社會尊重等需求外，還可滿足難以捉摸的能力、權力和成就需求。能勝任工作是自尊的主要來源，自尊和能力的需求常被稱為「企求工作完美的本性」。對某些人來說，工作是滿足自我實現需求的主要方式。例如，經營自己的企業或管理一個組織，可找到挑戰和權威的機會，並藉此機會表現自己的成就和權力的需求，因此工作就成為其生活重心。對於這些人，他們工作一方面為賺取生活費用，另一方面又可滿足高層次需求。質言之，他們把工作當作

娛樂，工作就是生活。如果工作缺乏內在滿足，員工一定盡可能地減少工作時間，以便有時間滿足工作中不能滿足的需求。

根據研究顯示：工作之能滿足高層次需求的，通常都是研究專家或管理人員；而非技術性工作及一般事務人員的工作，只能滿足低層次需求。惟近代教育水準的提高，一般員工對那些高薪而無吸引力的工作，仍會感到不滿意。為了增加工作動機，降低工作的單調感，可以改良工作設計。這些適應高層次需求的程序，如工作輪調、工作擴展與工作豐富化等，都可激發員工潛能，而其中尤以工作豐富化最為人所重視。在這些過程中，加入更多具有責任性和挑戰性的活動，提供個人晉升和成長的機會，如此個人成就可增加表彰的機會。

所謂工作豐富化，是使工作最具變化性，使個人擔負的責任最大，個人最有自我發展的機會。它的策略可就三方面而論：(1)工作單位的設計；(2)工作單位的控制；(3)個人工作結果的回饋[10]。工作豐富化的目的，只是想改變工作者和工作的關係，重新安排工作，使工作富多樣性。質言之，工作豐富化是給予員工更重的責任，更多的自主權，更大的完成感，立即的回饋更多，員工可以考核自己的工作成果和績效。它可提高員工的內在需求之滿足，用以激發員工的工作動機。

工作豐富化除了可用於擴大個人的工作範圍外，尚可用於整個團體或部門間的工作結合；它不僅是把工作擴大而已，並且適度地把大家擺在一起；它不僅是幾個工作要素的擴展而已，且是許多連續性工作的結合與凝聚；它不只是垂直式的擴展，而且也是水平式的擴大。總之，工作豐富化是以人類為本位的工作設計，其真正價值乃在用以引發員工的工作興趣，滿足其內在需求。

雖然工作豐富化很受現代管理學者的重視，在某些方面確具有相當大的成效；但它也不是萬靈丹。其主要原因乃為：工作人員並非完全是內在需求的滿足者，唯有金錢或工作的社會滿足才能激勵他們。由於期望的不同，每個人對工作的看法也大異其趣；因此，要此種不同性格的人在人事上充分配合，是相當困難的事。簡單而重複的工作，對某些人

來說是深具吸引力的。況且有些學者指出：人性是怠惰的，並不是每個人都企求工作，在這些人的眼光裡，工作是一種懲罰，而且令人厭惡。是故，管理人員為激發員工內在需求的滿足，除應注意工作設計，推行工作豐富化外，尚須注意工作豐富化的適用範圍，瞭解人類的共同慾望與個別抱負，最重要的必須體認酬賞、員工需求與工作滿足的關係，以便決定最佳的激勵手段。

 ## 第六節　激勵員工的途徑

根據一般的激勵法則顯示：員工的激勵都具有外在報酬與內在需求。管理者欲使員工努力工作，應該考慮各種可行的途徑。惟以近代教育普及，員工知識水準日高，追求成就感、有意義的工作及對組織的認同等慾望，亦愈強烈。即使是外在報酬的金錢，其所代表的意義，不僅僅是物質需要的滿足，而且具有更多的社會地位與聲譽，甚而用它來完成許多自我需求與自我成就慾。因此，管理者似宜重視員工的內滋激勵之效果。準此，管理人員欲改善員工的生產質量，提高工作士氣，就現代激勵員工動機的立場，宜採用如下措施：

一、充分訓練員工

在一般情況下，員工所受訓練太少，個人的生產動機會降低；而一個產量低的工人，其所受的訓練往往也很缺乏。通常工作團體的知識水準低落，其團體產量並不高，且工作訓練的長短和工作性質有關。一個簡單而重複的工作，並不需要接受太多的訓練；可是由於訓練太少，卻導致生產量的低落及產品品質的降低。至於性質複雜的工作，更不能忽略了員工訓練。因此，為提高員工的工作動機，達到增加生產的目標，組織應給予員工充分的訓練。

　　組織能給予員工較多的正式訓練，可激發他們的工作投入感，使工作對他們更有意義，且滿足他們的自尊。如給予員工較多的在職訓練，不但可發展個人的技術專長，提供一些新科技的知識，且能強調個人工作在整個生產線上的功能，使工人覺得他們的工作是相當重要的。當然，在職訓練並不一定會收到立竿見影的效果，但能激發員工的生產動機及生產力，更可使工人對公司產生認同感，遂使怠工、流動率等消失於無形。

二、創造次級目標

　　一般員工對組織目標並不見得清楚，他們所重視的是自我需要的滿足與本身目標的達成，他們不瞭解生產所代表的意義，尤其是重複性很高的工作，工人永遠有做不完的感覺。因此，身為管理人員有義務明揭工作目標，以提高員工的生產力，尤應在整個組織目標之前釐訂次級目標，或站在員工立場設計比較容易達成的目標，則員工較易見到自己的成就，也較願意賣力去完成其工作任務。

　　根據實驗的證據顯示，工作目標明確或有完成感，是一項很重要的激勵因素。當個人的工作目標很清楚，則個人的績效較佳，且對工作有較大的興趣。此乃因工作目標清楚，可使個人為該目標而努力，工人不會覺得工作單調，則不易產生心理上的疲勞感。因此，管理人員在總目標之前，最好能訂定一項次級目標，先使員工有一種個人的完成感與成就感，再依序完成對整個組織的貢獻。

三、定期報告成績

　　當一個工作團體知道他們以前的工作績效，其生產動機較高，而且產量也較多。相反地，假如工人不知道他們以前的工作績效，或缺乏績效的反饋，則個人的生產量及生產動機會降低。此乃因個人知曉工作績

效，必能集中其注意力於績效的增加，以便能發揮其成就慾。因此，管理人員定期報告員工的工作成績，實有助於工作動機的激發與工作效率的提高。

根據許多心理學的研究報告指出，不管工作成績的好壞，如果能讓個人曉得成績，則個人的表現會更好。惟一般組織的實際狀況，往往忽略了這個原則。一般組織的弊病乃是以為工作績效應是整體的，只要員工知道團體績效即可，個人的成績是次要的；殊不知組織績效與個人績效，往往是相輔相成的。因此，能使個人瞭解過去的成績，培養個人的工作能力或接受相當的訓練，給予個人適當的誘因，則個人的工作績效自然就會提高，進而促成團體績效的增進。

四、安排適當環境

組織員工的大部分時間都花在工作中，工作環境與個人的工作績效和工作態度有相當的關係，故環境的整潔與否影響員工工作情緒甚巨。一般評定工作環境是否整潔，有四項標準：(1)物品的標示是否清晰；(2)物品是否隨意堆積；(3)物品的放置是否井然有序易於查詢；(4)物品不用時是否放在工作場所的地面上。一般研究顯示：工作場地不整潔或擁擠不堪，容易造成員工厭惡的情緒，引起身心疲勞，影響工作效率。準此，工作場所保持整潔，有助於效率的提高。管理人員要求員工保持環境整潔的態度，有助於員工注意其生產力。蓋在工作環境中，個人心理的成長與成熟需求和工作環境有關，個人在工作中應能同時達成內在心理需求與外在組織目標的一致。

此外，管理人員將工作環境安排一下，亦能增進員工順利交談。適度的交談會減除工作的單調感，並降低心理性的疲勞，提高產品的品質。當然，假如工作十分複雜，這種交談可能造成分心，使員工注意力不集中，將不為公司所歡迎，於是工人交談的機會減少；況且工作環境寧靜，工人易於交換意見，工人的生產力會提高。惟工作環境寧靜，到

底會提高或降低生產效率，至今猶未有定論。其可確定的乃為：個人長期地處於噪音的環境中，是會妨礙工作效率的；至於短期的噪音有時反而迫使人們早點完成工作，以便趕快脫離現場。在一般情況下，寧靜的工作環境有助於員工保持身心平衡。

五、擴大工作範圍

工作過分簡化如工作週期太短，工作性質只限於一、二類，工人行動受到嚴格限制等，都會使生產動機及生產量降低。因此，增長個人的工作週期，使個人能多做點其他工作，則可減低個人的心理性疲勞。而且擴大個人的責任，可使個人的生產動機提高，此即為擴大個人的工作範圍。當然，有時組織採用工作輪調方法，亦可達到減低疲勞的效果。

管理者擴大員工個人工作範圍的方法，乃在增加個人擔負更多的責任，並由個人自行檢查他的工作成果。比如個人檢查工作進度、保管工具及設備器材等，能使個人切實掌握自己的責任範圍。當個人自行做決策的機會加大，則個人的工作興趣提高，就不容易產生厭煩感。固然，有些員工不一定喜歡擔當更大的責任；惟能使員工控制自己的工作方法，檢查自己的工作成果，在振奮員工工作精神方面，確為一種可行的途徑。在許多情況下，擴大工作範圍確能增加員工的滿足感，同時也增進了組織的利潤。誠然，擴大工作範圍應透過人員的重新訓練與工作的重新分配，來做技術性的修正；惟為使組織工作能合乎時代要求，完成組織所希望的理想，其確有實施的必要。

六、給予適時授權

所謂授權就是上司賦予下屬在職務上充分任事的權力，是分層負責的基礎。管理者若能適時而充分地實施授權，員工有了辦事的權力，即可發揮他們的工作潛能。凡事不必常常請示上級，如此可避免推諉塞

責、敷衍了事,並提高行政效率,激發員工積極負責的精神。通常授權不易貫徹的原因,不外乎:(1)管理者擔心授權後,大權會旁落,影響自身的權威,於是凡事無論巨細靡遺,皆不肯輕易授予下屬。(2)下屬員工不肯擔負責任,辦事態度消極,不求有功,但求無過。因此,主管如何擴大胸襟,適時授權給下屬,發揮其工作意願,是管理上的一大技巧。

就管理者的立場言,實施充分而合理的授權,可減輕管理者的負擔。只要管理者隨時予以監督,應不致造成對管理者權力的損害。當然,一旦部屬有不得已的疏忽,只要不造成太大的妨害,管理人員應有為部屬承擔責任的心胸,則部屬必會感激涕零,加倍為長官效力;凡是主管交代的事項,必能鞠躬盡瘁,以為管理者分憂。惟若部屬無能分辨權利與義務的對等性,恆常踰越權限,管理者仍有充分糾正的權力,督促其注意權力的範圍。管理者如能根據上述原則,給予員工適時的獎懲;依據個人的專長與性向,合理授權,必能激發其動機,提高工作績效。

總之,組織的工作設計,必須顧及員工的人性需求。蓋員工的人性需求和科學技術及經濟因素,對組織來說是同等重要的。吾人不僅應注意工作本身因素,且要注意工作性質對工作動機的影響。管理者不應純就工作觀點,要求員工有良好的工作表現;更重要的乃為瞭解員工的工作立場,適當地採用激勵手段,發揮員工的潛在能力,以求能真正地為組織目標而努力。

個案研究──接受挑戰

賀文芳是個大學畢業生，跟許多青年一樣，對未來的前程充滿著憧憬和希望。

在大學畢業不久，由於經濟景氣不差，賀小姐很快地找到了第一份工作。第一天上班的確非常緊張，當天一大早七點五十分就得上班。由於公司距離住家約有四十分鐘車程，六點就得起床，稍加梳妝，就匆匆忙忙地趕到公司。

由於初入社會，對公司業務非常陌生，辦起事來礙手礙腳；加上沒有耐性的陳主任，脾氣暴躁，很是折騰人。每天工作了一個上午，好不容易挨到中午休息時間，又得到約二十分鐘車程的地點吃飯，回來就已是上班時間了。就這樣，一個月下來，賀小姐感到身心俱疲；加上微薄的薪水，扣除交通費、伙食費，已所剩無幾。在經過一番權衡後，只好放棄了生平的第一份工作。

有了這次經驗之後，賀小姐在面對第二份工作機會時，認真地考量了工作待遇後，就決定接受這份工作。起初，為了適應新環境，賀小姐慢慢地摸索著，也認識了不少新同事，相處還算融洽。在工作上，天天都感覺到自己在進步，滿足了學習的衝勁，終於可以熟能生巧地發揮自己所長了。同時，由於她的努力也得到上司的肯定和賞識，職位由助理員升任為主辦員。

然而，在同一部門工作的邱美儀卻感到憤憤不平。其實，邱小姐在公司表現不差，年資也較久；唯一的缺憾，是她僅擁有高中學歷，而不能升任主辦員。為此，邱小姐始終很不友善，不但工作不配合，且常百般刁難，幾乎使賀小姐無法順利工作，而有離職的念頭。

不過，在經過一番思慮之後，賀小姐認為自己有責任將此工作氣氛加以化解。最後，她仍決定繼續待下來。

問題討論

1.依本個案而言,是什麼因素使賀小姐繼續待下來工作?
2.俗謂:適者生存,不適者淘汰。個人是否應改變自己,以適應環境的挑戰?
3.你認為賀小姐放棄第一份工作,而接受第二份工作的理由是什麼?動機何在?

註 釋

❶ 參閱李序僧著,《工業心理學》,大中國圖書公司,頁182。李序僧著,《人格心理學》,台灣書店,頁85。

❷ Elton T. Reeves, *The Dynamics of Group Behavior,* New York: Management Association, Inc., p. 25.

❸ 張春興、楊國樞合著,《心理學》,三民書局,頁120。

❹ 同前註,頁125。

❺ 馬斯洛的需求層次論,主要是以超勢(prepotency)的概念來解說一切需求。最超勢的需求置於最低位置,即生理需求,然後依次為安全、社會、自我,最高為自我實現。參閱A. H. Maslow, *Motivation and Personality,* New York: Harper and Bros, Ch. 3.

❻ 阿吉里士的理論,指出兒童期至成年期的人格變化,是一種由被動與依賴轉為自動與獨立的變動。因此,當個體成熟後,逐漸不依賴別人來滿足自己的需求;由於心理成長與發展所孕育的力量,促成個人的自由解放,即滿足其自我實現的需求。請參閱Chris Argyris, *Personality and Organization,* New York: Harper and Bros, Ch. 2.

❼F. B. Herzberg, B. Mausner, & B. Synderman, *The Motivation,* New York: John Wiley & Sons, Inc.

❽以下部分可參閱許是祥譯，《企業管理：理論、程序、實務》，中華企管中心，頁365-374。

❾獎工制度不易成功的因素，以及採用獎工制度以提高激勵效果，可參閱吳思華等合譯，《組織理論與管理》，長橋出版社，頁117-120。

❿參閱林欽榮著，《管理心理學》，五南圖書出版公司，第二十一章。鄭伯壎、樊景立編譯，《組織行為》，大洋出版社，第五章。

Chapter 10

態度與士氣

工作者之所以要從事工作，最主要的原因乃在於迎合自己的價值觀，以及滿足自己的動機。有關動機已於前章論述過，本章將討論與動機極具關係的態度。此乃因工作如能滿足工作者的需求，他必定有良好的態度；如果個人需求無法得到滿足，個人處處遭遇挫折，則其態度必然很差。於是敵對、遲到、早退、缺席、流動率高、工作績效差等現象，必然應運而生。此種情況同樣表現在團體的士氣上。因此，管理者必須隨時瞭解員工的感受與態度，以便做最佳的決策。本章的主旨，即在探討態度與士氣對工作的影響，並對它加以測量，尋求改善方法。

第一節　態度、意見與士氣

態度係屬一種心理狀態，也是一種意識型態，是個人對一切事物的主觀觀點，其形成受學習及經驗的影響。一個人的態度一旦形成，很難改變；個人亦習以為常，很難自我察覺到。無論態度是基於理性的與事實的，抑或基於個人的情緒與偏見，都同樣地影響個人行為。個人行為反應的指向，平時多取決於固定的態度，甚少基於健全理智的思考。當然，態度常因人而異，以致形成對同一事物的看法，亦因人而有所不同。

依照菲希班（M. Fishbein）的看法，所謂態度是人類的一種學習傾向，基於這種傾向，個人對事物做反應，此種反應可為良好的反應，或為不良的反應[1]。薛馬溫（M. E. Shaw）和萊特（J. M. Wright）更進一步指出：態度是一種持久性的感情與評價反應系統，此種系統可以反映出個人對事物的評價和看法[2]。態度包括三個因素：感情或評價因素、認知或概念因素、行動或意欲因素[3]。在狹義上，吾人將感情因素視為態度，本章即以此觀點為準。

根據梅義耳（N. R. F. Maier）的看法，態度是一種引起個人某種意見的先前傾向（predisposition）之心理狀態，亦即是一種影響個人意見、

立場及行為的參考架構（frame of reference）❹。由是態度為意見的先決條件，欲改變一個人的意見，必先改變他的態度。態度必然影響意見；而意見則不一定影響態度。薩斯東即認為：意見是態度的表現❺。

　　然則態度與意見有何不同呢？意見是指個人對某項論題及人物所下的判斷與觀點的表現。態度既是一種心理狀態，乃屬於一種概括性的主觀觀點，比較具有普遍性，如喜歡或厭惡某項事物等。而意見則為對某項特殊事件所持主觀的特殊解釋，比較具有特定性，如上級對獎勵的不公等。易言之，態度是一種較為廣泛的傾向，指的是個人對所有事物及概念的看法；意見則指個人對較特定事物及概念的看法。

　　就基本行為的序列言，意見是受態度的影響。蓋個人是依據一己的態度，對外在事物加以不同的解釋。例如，公司加強工廠安全規則的執行，在抱持不友善態度的員工看來，可能認為是廠方故意找麻煩；而在抱持友善態度的員工看來，則認為這完全是為員工安全著想，而全力支持。因此，欲改變個人的意見，必先改變其態度。

　　意見既為目睹事物的主觀解釋，則影響意見者，不僅為主觀的態度，同時亦受客觀事實的影響。只是對客觀事實的解釋，尚有賴態度的決定而已。因此，意見雖不能直接形成態度，但有時可反應出態度，從而可自意見中探知態度。

　　此外，有人認為態度和價值有某種程度的一致性。有人則持相反看法，認為價值和態度的形式往往不合於邏輯。事實上，態度和價值都是人對事物的認知。一般而言，價值是基本的、廣泛的認知；態度則比較直接，為對特定事物的好惡。態度屬於意識的範圍，是可以表達出來的。價值所涉及的範圍比較廣泛，也比較深入，而且包括較多潛意識的因素。如對公正、貞操等問題的深入認知，通常都視為價值觀點。吾人可以把價值視為一組普遍的、基本的態度，這些態度不一定存在於意識界。個人原始的普遍信念，就是價值。因此，價值是一組不變的信念，也是深入的科學信仰。

　　態度雖然很難改變，但亦非一成不變。例如，抽煙行為源於對吸煙

的喜好態度，但根據科學研究結果顯示：抽煙可能造成癌症，則個人可能減少抽煙，甚或禁絕，以求合乎身體健康的原則。換言之，改變個人行為也可以改變態度，行為固然會漸漸符合態度，而態度也會逐漸符合行為。此即說明了態度與行為之間有重大的關係。

　　至於士氣，原本是軍事用語，意指戰鬥的精神狀態而言。用於組織管理方面，係指工作的精神狀態。顧巴（E. E. Guba）說：士氣乃為組織中的個人，願為組織目標特別賣力的熱忱程度[6]。因此，士氣實質上就是個人獻身於工作的一種精神。它與態度、價值等都有密切的關係。

　　然而，士氣亦隱含著一種團隊精神（team spirit），如一個球隊或一個機關，其成員所表現的團體精神，即可稱之為士氣。士氣既含有團體的意義在，必有助於紀律的維持與指揮的統一；對於管理者而言，它是一種助力。良好的士氣通常被界定為「在組織的最佳狀況中，個人與團體對工作環境的態度，以及盡他們最大程度的努力，採取自動合作的情境」[7]。個人或團體在組織中自動合作的態度，須靠紀律與統一指揮的維繫，故士氣乃是在組織的團結態度下才能發揮。

　　就組織成員的立場言，個人之所以願意為組織而貢獻出自己的能力，有時是他對組織有種滿意的感覺，在工作上表現極高的工作精神。有時候他對組織內部深惡痛絕，而採取消極的工作態度，呈現低落的工作情緒。因此，士氣有時亦可解釋為對工作的滿意程度。戴恩（R. L. Kahn）與摩斯（N. C. Morse）認為：士氣就是個人為組織工作而得到的滿足程度之總和[8]。

　　心理學家古庸（R. M. Guion）主張：士氣是個人需求得到滿足的狀態，而此種滿足得自於整個的工作環境[9]。此種定義重視個人需求的團體性，並未反映士氣的團體原則，惟特別強調整體環境對個人滿足感的影響。

　　士氣除了具有個人滿足感的因素外，尚且包含其他因素。行政組織學家孟尼（J. D. Mooney）曾說：士氣乃是包括勇氣、堅忍、決斷與信心的綜合心理狀態[10]。因此，士氣乃是一種精神水準，亦是一種信心，與勇

氣、堅忍、果決等特質有著牢不可破的關係。士氣猶如健康一樣,健康
乃是一種生理狀況,而士氣則代表組織的一般心理狀態。

　　總之,士氣具有雙重含義:就個人而言,它代表一個人工作需求
滿足的程度與工作的精神狀態。就組織而言,它代表一種團隊精神,即
每個成員願為實現組織目標而努力的程度,亦即組織整個情境的綜合狀
態。換言之,士氣代表組織成員個別利益與組織目標是否相一致的結
果。

第二節　態度的形成

　　心理學家指出,人類行為受態度的影響很大,而態度的形成多半來
自於學習與經驗。態度一旦形成,很難改變,蓋態度是對於事物的主觀
觀點,經常與喜惡有密切關係。凡是任何足以影響情感的事,同樣會影
響態度。其他因素,諸如:收入、年齡、居住環境、教育程度、性別、
家庭、黨團、宗教信仰等,都足以影響一個人態度的形成[11]。現逐次說明
之。

一、情感

　　情感本身具有主觀性、衝動性與不穩定性。一個人情感的好惡,常
常形成他的基本態度。例如,一個主管如喜歡某個部屬,即使部屬犯了
大錯,也會給予原諒,甚或替他掩飾;相反地,主管若討厭某個部屬,
就經常會挑小毛病,甚至把一些細故遷怒於部屬。同理,宣傳廣告能否
有效地影響群眾,須視群眾的情感狀態而定。因此,情感實是決定態度
的主要因素。

二、收入

收入亦是影響態度的因素之一。一個收入豐富的人，較能形成積極進取的人生態度；相反地，一個人收入不高，其社會地位低，很容易損害其對人生的態度。當然，在某些情況下，收入不豐也可能刺激個人努力工作，以賺取豐富的收入，提高個人的自尊與地位。由此看來，不管收入的情況為何，總是決定個人態度的因素。

三、年齡

一般言之，年紀較輕的人富有衝勁，較有積極進取的態度。他們對於人生懷有相當的憧憬，養成奮發向上的精神，常持一種激進的態度。至於年紀稍長的人對人生的閱歷較深，比較懂得人情世故，經驗多，一般多持保守傾向的態度[12]。

四、住家

居住環境對態度的影響，與收入情況相同。有獨門大宅院的人家，通常較富有，對人生有積極的態度。一個高水準的住宅群社區，代表著高地位象徵，通常較保守、求安定，是和樂的一群，常持樂觀的人生態度。至於貧窮落後的住家或社區，對人生的看法較消極、悲觀；但也有因之「化悲憤為力量」者。因此，住家環境亦影響個人的態度。

五、教育程度

知識水準的高低，常是衡量個人態度的標準之一。一個教育程度高的人，對個人自尊與價值的評價較高，通常對人生的看法較積極。而教育程度低的個人，比較有消極的態度。不過，此種情況亦常因個人特質

與遭遇的不同而異。又新知識的吸收常有助於個人態度的形成，而教育程度高的個人吸收新知識的能力較強，此亦足以形成一個人的態度[13]。

六、性別

性別決定個人態度，主要是受社會觀念與生理狀態的影響。在「男主外，女主內」的社會中，男性與女性的態度有顯然的不同。這是由於兩性在社會上所扮演的角色不同所致[14]。今日社會強調男女平等，女性與男性有相同的就業機會，有關性別決定態度所受文化因素的影響，恐怕已日益降低；而主要在於生理區別對人生態度的影響。

七、家庭

根據心理學的研究，個人在家庭的出生順序，常影響一個人的人格特性，終而決定個人的基本態度。又家庭中成員的思想、觀念，以及父母的職業、背景與教育程度，都可能影響個人對任何事物的主觀看法，而形成不同的人生態度。

八、黨團

一個人參加某種黨團，對其人生態度亦有不同的影響。如果黨團是保守的，其成員亦可能持保守的態度。假如黨團是激進的，其成員亦可能較激進。就以政黨來說，黨所揭櫫的目標，通常為該黨成員所深信不疑，以致在不同政黨間顯現不同的政治態度傾向。一般社團的情況，亦因其性質不同而使得個人表現不同的態度。

九、宗教信仰

一般對宗教有所信仰的人，常懷虔誠的心，有著犧牲的慈悲胸懷。且各種不同的宗教信仰，常有其不同的行為模式，致形成各種不同的人生態度。

總而言之，個人的態度是受到其先天遺傳與後天學習和經驗而形成的。每個人的經驗不同，其所養成的態度亦有差異。以上所列只不過是一般常見的因素，實際上影響態度的因素絕不僅止於此。又各個形成態度的因素是交相錯雜的，此處只說明影響態度的一般情況而已。

第三節　影響士氣的因素

所謂士氣就是員工由消極轉為積極的態度，而形成的一種團體精神。高昂的士氣表示管理有了成效，亦為正常行為氣氛的測量。它結合了組織內在與外在的有利條件，把個人需要與組織目標結合為一體；亦即調和了組織與個人的衝突，使個人努力於組織目標的實現，同時也藉由組織目標的達成來滿足個人的慾望。因此，士氣的高昂往往代表效率的提高，而效率的提高對組織與外在環境的關係而言，在公共機關乃是提供熱忱的服務精神，在私人企業方面則是生產質量的改善與增加。一個組織如何才能發揮高度合作的士氣呢？士氣的提高實係基於下列因素的影響[15]：

一、工作動機

動機乃是代表個人慾望的追求，一個有強烈動機的人較有良好的工作態度，且抱持積極的工作精神；而無法滿足工作需求的個人，則對工作感到不滿意，而抱持消極的工作態度。根據心理學家的實驗研究，

工作態度與生產質量之間雖無絕對關係，但大致上的結論認為：持積極工作態度的員工多為高效率者，而持消極工作態度的多為低效率的工作者。因此，組織欲求士氣高昂，提高員工的工作興趣，激發其工作動機，實為首要課題。

二、薪資報酬

薪資報酬在工作動機中，雖非影響員工士氣的唯一重大因素，然而仍為一般員工所共同關心的問題。蓋薪資的高低除了代表經濟意義外，尚含有個人對組織貢獻的評價意義在內。準此，薪資標準的核算是否公平，影響工作情緒甚鉅。健全的薪資制度足以激發員工工作動機，提高工作精神；不合理的薪資制度，卻會降低工作精神，造成組織管理的困擾。

三、職位階級

職位高低影響個人工作情緒與態度，至為明顯。根據許多心理學家的研究，所得結果大致相同。一般而言，擔任管理工作的人員對工作滿意的程度，比一般事務人員要高，此種原因有二：一為職業聲譽，一為控制權力。前者乃因一般社會人士認為地位高的職業，受人尊重，容易得到滿足，否則就感到屈就而沮喪。後者則基於人類權力慾（love of power）的驅使，一個有權管理或控制他人工作的人，較易有滿足感；反之，屈居下位而被支配的員工較容易沮喪，且造成抗拒的心理或態度。

四、團體意識

自從芝加哥西電公司的浩桑研究發現人群關係的重要性之後，今日無人能否認工作團體的意識，對員工行為所產生的影響。工作團體的

關係，對員工工作精神影響甚大。有團體歸屬感的個人或團體，有安全感與工作保障；而沒有團體意識的個人或團體必是孤立或分裂的，不易有工作安全保障，很難有良好的工作精神或士氣。惟良好的工作精神並不一定是高度生產的保證，其原因厥為團體動機發展而成強烈的消極抵制，故而限制了生產。依此，管理者必須善為利用員工的團體意識，激發團體合作的工作精神。

五、管理方式

管理方式係指領導特質與領導技術而言。根據研究顯示：凡是工作精神旺盛的團體，其主管都是比較民主的、寬厚待人、關切部屬、察納雅言、接受訴苦、協助解決問題；而工作精神低落的團體，其情形恰好相反。同時，具有高度破壞性的團體，類皆出自管理方式的不當所致。因此，管理人員的特質與其所採取的手段，能決定工作組織的士氣與效率。

六、工作環境

工作環境的配置與設計是否得當，直接影響員工的工作精神。不良的工作環境易造成員工生理上或心理上的疲勞，直接減低工作精神或效率。一般工程心理學家（Engineering Psychologist）研究，在照明、音響、空氣、溫度、休息時間長短以及休息段落方面，若能配置得當，當可減少工作疲勞，振奮員工工作精神。例如，空氣過分濕熱，必使員工燠不可耐，脾氣暴躁，易於遷怒其他事物。

七、工作性質

隨著工作性質的不同，員工對於工作的滿足感亦有差異。一般而

言，具有專業性和技術性人員比半技術性及非技術性人員的工作滿足程度要高。此乃因專業性及技術性人員身懷一技之長，對於工作充滿信心，有安全保障的感覺，並可發展自我的成就感；而其他人員則無。故工作性質的差異，亦影響組織士氣的高低。

八、工作成就

根據學習心理學的原則，個人能直接看到自己工作的效果或自感有工作成就的人，容易保持學習的興趣。在組織內有實績表現的員工，自覺受到上級的激賞，都有較高的工作精神；反之，成績低劣或不為管理階層激賞的員工，其工作精神大都不好。事實上，工作本身與組織目標是否達成的關鍵，並無太大關係。員工自己的態度與管理階層對員工的看法，才具有真正的影響。

九、員工考核

考績乃為升遷的準據，也是薪資訂定的標準，更是工作的評估，因此考績貴在公平合理。不合理的考績制度，必然影響員工的工作精神。故考核的方法與結果，必須要使被考核人瞭解，以作為員工自我改進的依據。

十、員工特質

工作精神的高低與工作情緒的良窳，部分係取決於員工個人的人格特質或健康狀態。良好的個人特質如積極性、負責性、合作性、健康等等，不但促使個人隨時保持積極的工作態度，且與組織成員亦能竭誠合作，共赴事功，激起高昂的士氣；而消極的、怠惰的、推諉塞責、不健康等特質的員工，不但本身採取消極的工作態度，且不與人合作，製造

事端,適足以削弱團體的工作士氣。

　　總之,影響士氣的因素甚多,非本章所能完全顧及,蓋影響員工心理的因素,並不是那些重大政策,而是一些細微末節的事項。組織管理者應多方發掘問題,多與員工接觸,注意其工作情緒,讓員工有參與決策的機會,或舉辦團體討論活動。本章僅列數端,資供參考。

 第四節　態度與士氣的測量

　　態度與士氣既是員工對團體或組織滿足程度的一種指標,則組織欲瞭解員工滿足感與其對組織目標效力的意願,唯有實施態度與士氣調查。態度與士氣雖然不能用秤去秤或用尺去量,但可用心理科學方法去調查,然後加以測量。桑代克曾說:任何存在的東西都有數量,有數量就可測量[16]。只不過態度比較抽象而已。惟科學方法即在找出適當的、直接的測量方法,以統計分析力求數量化、客觀化。態度與士氣調查的目的,即在瞭解員工對組織、工作環境以及上司、同仁的態度,提供管理者作為重要參考。通常測量態度與士氣的方法很多,最主要的有下列幾種[17]:

一、態度量表法

　　典型的態度量表(attitude scale)是擬訂若干陳述語句組成問題,徵詢員工個別意見,然後集合多數人的意見,可以反映出一般員工的態度。一個母體或組織員工態度分數的平均值,即代表該團體或組織員工對事物所持態度的強弱。儘管態度量表編製的方法不一,然其所要完成的目標並無二致,該量表大致上可分為兩種:

(一)薩斯東量表

薩斯東量表（Thurstone Type）是先由主事者撰寫有關事物的若干題目，這些題目代表員工對組織的不同觀點，從最好的觀點到最壞的觀點依次排列，並以量價（scale value）表示之，此種量價事先加以評審訂定。在實際進行員工士氣調查時，不要將已選定的句子依一定次序排列，而要將好壞攪雜；且不可註上量價，由員工自行圈定個人自認為適當的句子，以表達自己對組織的態度。最後由主事者將全體員工所圈定的句子，計算出量價的平均數，即為該組織的員工態度。

今以工業心理學家白根（H. B. Bergen）所編的量表之一部分為例[18]：

語句	量價
1.（　）我自覺是組織的一分子。	9.72
2.（　）我深切瞭解我與主管之間的立場。	7.00
3.（　）我認為改進工作方法的訓練應普遍實施。	4.72
4.（　）我不知道如何與主管相處。	2.77
5.（　）組織給付員工的待遇少得使人無可留戀。	0.80

顯然地，員工圈選1、2、3題句子的量價之平均值，要比圈選3、4、5題為高；此則表示前者的態度要優於後者。因此，組織可根據該量表所測得的結果，作為改進員工士氣的參考。

(二)李克量表

李克量表（Likert Type）比薩斯東量表簡單，敘述語句中不用消極性的句子；同時事前不用評審，只列出不同程度的答案，例如：

美國應該在世界上保持最大的軍事優勢
□絕對贊成　　□贊成　　□不能決定　　□不贊成　　　□絕對不贊成

該量表有五種答案，由絕對贊成給五分，到絕對不贊成給一分。量表全部有二十五句，每句的計分方法相同，其總分即為個人對某項事物態度的分數。

二、問卷調查

態度量表可以測量一個人對組織的態度，以及全體員工的工作精神，但無法找到造成不良態度或低落士氣的具體原因。因此，用問卷調查法列出有關工作環境、公司政策、薪資收入等特殊問題，可徵詢出員工的意見，此種方法稱之為意見調查（opinion survey）或問卷調查（questionnaires）。以下是米賽（K. F. Misa）設計有關員工的態度問卷，如下[19]：

(一)對上司的態度方面

1.你的上司是否關心你及你的問題？
　是（　）　否（　）　無法說（　）

2.你的上司對你的工作是否瞭解？
　是（　）　不知道（　）　否（　）

3.你的上司是否稱讚你的工作？
　常常（　）　有時（　）　很少（　）

4.你的上司與同一單位的人是否相處融洽？
　是（　）　否（　）　無法說（　）

5.你的上司和顏悅色規勸你嗎？
　是（　）　有時（　）　否（　）

6.你的上司即時注意你的不高興嗎？
　是（　）　否（　）　無法說（　）

7.你對你的直屬上司印象如何？
　很友善（　）　平常（　）　不友善（　）　不知道（　）

(二)對公司的態度方面

1.你覺得你服務的公司與其他公司相比如何？

非常好（　　）　差不多（　　）　不太好（　　）　不知道（　　）

2.你的公司對員工利益照顧的情形如何？

非常照顧（　　）　差不多（　　）　不太照顧（　　）　無意見（　　）

3.你會否建議你的朋友也加入本公司工作？

是（　　）　否（　　）

4.你覺得你在公司的前途如何？

很好（　　）　平常（　　）　不太好（　　）　不知道（　　）

5.你是否充分瞭解公司的各項措施？

充分瞭解（　　）　還可以（　　）　不瞭解（　　）　無意見（　　）

6.你是否充分瞭解公司高階層的各項重要決策？

是（　　）　有時（　　）　否（　　）

7.你覺得你在公司裡的發展機會如何？

比其他公司好（　　）　差不多（　　）　比其他公司少（　　）

不知道（　　）

(三)對收入的態度方面

1.你的收入與其他公司職位相同的人比，你覺得如何？

多（　　）　一樣（　　）　少（　　）　不知道（　　）

2.你公司的薪水政策與其他公司比較，你覺得如何？

非常好（　　）　很好（　　）　平常（　　）　稍差（　　）　不知道（　　）

此外，可在問卷備註說明：「如果你有其他寶貴意見，請寫在以下各欄內」等字樣。該項建議常可反映一些態度，提供管理階層的參考。

三、主題分析法

主題分析法（theme analysis）為美國通用公司（General Motors Corporation）員工研究組（Employee Research Section）所倡導[20]。該公司以「我的工作——為何我喜歡它」為題，向全體員工徵集論文，除了審查作品給予優良作品獎金外，並從應徵作品中依據幾項主題分類整理出員工意見。

在徵集函件中，雖然反映的多為對公司的積極建議，但對函件中普遍未提及的事項亦加以注意。經過嚴密的統計分析，將第四十八工作單位的員工對各項主題反應的態度，與公司全體員工平均態度加以比較，其所得結果如**表10-1**。

表10-1　美國通用公司我的工作主題分析表

主題	全體員工對各主題滿意度	第四十八單位員工對各主題滿意度
(1)監督	1	1
(2)助理	2	2
(3)工資	3	3
(4)工作方式	4	4
(5)公司榮譽	5	5
(6)管理	6	6
(7)保險	7	9
(8)產品榮譽	8	11
(9)工資利益	9	13
(10)公司穩定	10	12
(11)安定	11	16
(12)安全	12	10
(13)教育訓練	13	7
(14)升級機會	14	8
(15)醫療服務	15	23
(16)合作工作	16	14
(17)工具設備	17	17
(18)假期獎金	18	20
(19)清潔	19	24
(20)職位榮譽	20	15

　　表10-1中數字表示員工對各主題滿意程度的等第。由表中可看出：第四十八單位員工對前六項主題的態度，與全體員工的看法完全一致；而對以後各項的看法，則稍有差異。例如，晉升機會在全體員工中列第十四等，而第四十八單位員工的態度中則列為第八等，此表示第四十八單位員工升級的機會比其他單位為佳。相反地，醫療服務在全體員工中列第十五等，而第四十八單位中卻列為第二十三等，此即表示該單位所受醫療服務較其他單位為差。

　　主題分析法是由員工自行陳述，可從受測者獲得較多的情報資料，其與前述兩種方法由主測者編撰題目比較，在範圍上較不受限制。同時，主題分析法將各單位對各項主題的態度，與全體員工的態度加以比較，可看出各單位的優點與弱點，以便作為管理上改進的依據。惟該法結果的整理較為複雜困難，一般較少採用。

四、晤談法

　　晤談法（interview）是面對面地查詢員工態度與士氣的方法。該項面談最好請組織以外的專家或大專學者主持，並保證面談結果不做人事處理上的參考；且予以絕對保密，以鼓勵員工知無不言，言無不盡。通常晤談又可分為有組織的晤談與無組織的晤談。

　　有組織的晤談是事前擬定所要徵詢的問題，以「是」或「否」的方式來回答，有時可稍加言語補充，也可說是一種口頭的問卷調查。無組織的晤談則不擇定任何形式的問題，只就一般性問題，誘導員工盡量表達個人意見。有組織的晤談可即時得到反應，統計結果較容易；而無組織的晤談可迅速掌握員工態度的一般傾向。惟兩者的花費太大，不如一般問卷的經濟；且無組織的晤談易使主事者加入主觀的評等，很難得到適中公允的標準。

　　此外，組織亦可利用員工離職時舉行面談，稱之為離職晤談（exit interview）。該法徵詢離職員工，較能取得中肯的意見，充分反映員工的

不滿與離職原因；蓋離職員工顧忌較少，可暢所欲言，作為組織改進的參考。但離職員工亦可能夾雜私人恩怨，表達個人偏見，須慎重加以判斷。

第五節　改善員工態度的方法

態度形成的因素乃為主觀的情感，而情感發自個人的情緒或願望。情緒是暫時性的，依個體的生理狀況與願望而來。一個人在工作中的態度，實來自於其對工作的情緒與願望。工作情緒高昂，充滿著工作願望與動機，則其工作態度必然良好。反之，個人對工作沒有滿足感，沒有工作意願與需求，則無法產生良好的工作態度。蓋態度不一定具有理性基礎，往往含有主觀情感的成分在內，故易導致誤會。管理人員欲使員工改善其態度，至少要做到下列幾點：

一、改善客觀事實

態度具有解釋與選擇事實的作用，故改善客觀事實，有助於改善態度，進而修正其意見。如員工抱怨工作環境太差，固然可能來自於態度對環境事實的曲解，然而必有幾分真實性。因此，管理人員若能針對工作環境的不良，做適時的改善，則可改變員工的態度。當然，有些態度惡劣的員工，事事吹毛求疵，雞蛋裡挑骨頭的情況是不可避免的，只要工作環境改善，即可找出這些人員。至於改善環境的方法，管理者宜在提出改進之前，先對員工所持的意見，做仔細的研究、分析，以求意見究係環境不善或態度惡劣所形成的，則能瞭解事實真相做適當的改革，方不致徒勞無功。

二、改善團體生活

　　態度是具有感染性的，個人的態度有時會受團體生活的經驗所影響。團體的歸屬感和認同感愈大，則成員的態度愈趨於一致。任何團體若能使員工感覺到他是團體的主要分子，則員工對團體的態度必是友善的；相反地，團體若不重視個人，則員工可能採取不與團體合作的態度。因此，改變員工個人態度的方法之一，乃是培養團體的和諧氣氛，重視員工的地位。諸如實施利潤分享計畫、建立公平的法規制度、重視員工利益、改善員工福利措施、注重員工意見，並鼓勵員工多提供建議等，都可使員工產生歸屬感，提供團體共同的生活經驗，使員工態度能符合組織的要求。

三、善用聆聽技巧

　　一個人在工作過程中，不免遭遇挫折或不滿其工作現狀。此時欲培養員工良好工作態度，必須讓他把淤積在內心的話說出來，誠心誠意地傾聽他訴苦，這就牽涉到聆聽的技巧。一般主管常忽略傾心地聆聽，以致顯得不耐煩的樣子，招致員工不滿，產生不良的工作態度。固然，員工意見的表達，常常帶有情感的成分，甚且前後矛盾，但身為主管應以情感的邏輯推理，去瞭解員工的意見，不必以理智的邏輯推理去瞭解。也就是採用「情感」的領導方法，去化解員工的抱怨，培養良好的態度。主管不必急於去辯駁員工的意見，杜絕其充分表達的機會，只要平心靜氣地耐心聽取，必能找出真正的問題所在。

四、善用團體討論

　　團體討論為組織發展的方法之一，其目的就是讓員工充分地表達其意見與情感，達到對團體問題的共同認知，進而培養與其團體一致的態

度，以消除歧見。在團體討論的過程中，每個員工除可表達個人意見與情感外，尚能瞭解他人的意見或情感，使自己意見與他人意見有相互折衷融合的機會。此乃因個人意見或情感，在討論過程中相互修正，甚至放棄個人意見，以順應團體的要求，形成團體的共同意見。團體討論法的運用，不僅可以澄清個人態度，消除個人間的歧見與誤會，並可促使個人接受團體制約，進而促成團體合作。因此，團體討論技能的運用，實為培養共同態度的良好途徑。

五、善用角色扮演

所謂角色扮演就是編製一齣心理短劇，影射問題的本身，使個人分別扮演他人的角色，將自己的態度與情感，在模擬劇情中充分表達出來。角色扮演可使每個人有機會充分瞭解或體驗他人的立場、觀點、態度與情感，進而培養出為他人設想的態度。藉著角色扮演，不但可瞭解自己的困難與痛苦，尚可發洩不滿情緒，進而培養良好的積極態度。

六、善用宣傳文字

在組織中欲改變員工工作態度，可多利用標語、口號、壁報競賽、演說會等方法，深入員工的內心，促其培養良好態度[21]。一般人都有好奇心，應用文學式的灌輸，可在日常生活中，使員工產生良好習慣，達到潛移默化的效果，進而形成不易改變的態度。

七、培養相互信任

受尊敬和信任的主管較能改變員工態度，故主管應培養與部屬間的相互信任。主管要想得到部屬的信任，就必須先信任他們，尤其是主管個人的態度常影響員工的態度。因此，培養相互信任的態度，實為改善

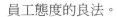

員工態度的良法。

　　以上是改善態度的幾種方法，管理者應妥善加以運用。如果運用得當，則可使組織內的員工增進相互瞭解，使其行動日趨一致，達成共同的工作目標。否則在工作進程中，員工態度不佳，沒有一致的工作態度，必然暗潮迭起，阻礙組織工作的進展。因此，管理者實宜隨時研究員工態度，助其改善態度。

第六節　提高士氣的途徑

　　組織管理者除了應重視員工態度外，亦應站在組織立場，提高組織的整體士氣。蓋士氣的提高，乃為任何機構所必須急切追求的。針對前述影響士氣的因素，提高士氣的途徑有：

一、激發工作動機

　　傳統管理學家認為個人的工作動機，是基於經濟上的因素。惟據近代行為科學家的研究，個人在工作中的需求，除了待遇之外，尚涉及社會價值、責任心、榮譽感、自我表現、工作地位等因素。因此，滿足員工個別動機的各項措施，已不斷發掘與應用。惟這些動機的瞭解，必須透過問卷方法加以調查，以探討個別差異的存在。針對個人的需要，指定適當的工作，尤其是對於家境寬裕或個性淡泊的員工，應安排自我表現的機會，避免主觀判斷的錯誤，打破高薪即可增加生產的偏見。

　　管理階層既知激發工作動機的重要，除了對個別動機要有確切的瞭解外，在積極方面應改善管理環境與態度，尋求個人興趣的調查，讓他做所願做或所想做的工作，使其與組織目標相一致，用以提高工作效率，增加生產質量；在消極方面應避免主觀判斷，消除對員工的偏見。

至於員工方面亦應量力而為，按照自己的能力、專長與興趣努力以赴，切勿好高騖遠、出鋒頭，以免一旦挫敗而影響工作情緒。

二、提高薪資待遇

薪資待遇在員工工作方面，雖非影響工作動機的唯一因素，然仍為一般人所追求的目標之一。因此，訂定較高的薪資標準，仍不失為提高士氣的主要措施。蓋薪資的多寡，有時常代表個人地位的高低或工作成就的優劣，故組織管理者在盡可能的範圍內，應訂定較高的薪資標準，提高薪資的基數，頒發工作獎金，以振奮人心。尤其宜考慮各方面的資料做科學化的評價，以達到同工同酬的原則，建立於公平合理的基礎上，拉近上下的差距，免得招致部分員工的不滿情緒，抵銷了工作成果，產生「不平則鳴」的現象。

在人事管理方面，薪資給付應使員工知道核算的方法，必要時給予適當的解釋，否則即使是些微的差額，往往也會招致怨恨，這實在是值得注意的問題。又各個組織之間應繼續努力的，乃為建立「同工同酬」的準據，以免造成差別待遇。

三、健全升遷制度

每個工廠或機關職位低的員工每易沮喪，如果人事制度合理，除甄試合格人員以吸收新進人才外，應設置一定升遷標準及優先次序，以建立由下而上的升遷制度，給予充分升遷的機會。同時做到人事公開、公正而合理的地步，使員工對工作的神聖性有較正確的體認，且有助基層員工工作精神的改善，激起向上奮發的精神。

事實上，基於分工的需要，組織總有一些職位階級較低的人員，為了消弭不平的現象，管理階層應給予員工更多自主控制的權力，並提倡「職業平等」、「職業無貴賤」的觀念。在人事制度上給予適當的授

權，使員工樂於從基層工作幹起，以消除員工不當的自卑感。

四、培養團體意識

　　士氣既是員工由消極轉為積極的態度，而逐漸形成的團體精神，故培養團體採取一致行動的工作精神，即為提高士氣的途徑。個人在團體環境中固有個人的需求，亦有團體的榮譽感，唯有在團體中個人需求才有發展的可能，離開了團體的影響，人性將無從發揮。蓋社會需求往往由團體中放射出來，個人得向周圍的人學習，以逐漸形成自己的人格；同時團體也在個人交互影響下，發揮其集體作用。

　　此種團體意識的發揮，端賴管理階層的有效領導與領導藝術的運用，故管理人員須接受相當的心理訓練或領導學術的灌輸，增加員工彼此交往的機會，採行民主管理措施，促進意見或思想的溝通，使員工工作精神受到團體的激勵，以培養員工的團體意識。如此自可增加工作效率，達成增進生產的目的。

五、採行民主管理

　　近來工業管理著重主管人員的「人群關係」訓練，主要目的在使各級主管瞭解民主領導的重要性，加強員工心理背景的認識。民主領導方式諸如意見溝通、員工參與等觀念的灌輸均甚重要，其對員工工作精神與團體意識的產生有極為深遠的影響。在人事管理上任用或擢升基層主管或領班時，除了考慮工作成效優良的人員外，尚須注意其領導才能或積極地加強人群關係或民主領導的技術訓練。

六、改善工作環境

　　不良的工作環境易引起員工的身心疲勞，影響其工作情緒甚鉅。因

此，對於空氣、溫度、音響等宜做適當的調節，且工作環境的設計與布置亦不可輕忽，壅塞的環境易使人感覺納悶。通常國人喜談風水問題，吾人認為此為改善工作環境的心理因素，其固有迷信的成分存在，然絕非空穴來風。準此，工業管理學家在工作環境方面的措施，須隨時調節照明等因素，避免噪音的產生或改善噪音的環境，因工作性質而訂定工作時間的久暫以及休息的次數與長短。質言之，工作環境的改善適足以提高工作情緒，並達到增加生產的目標。

七、發揮個人潛能

個人在組織中工作總懷有若干潛在能力或才幹，這乃是個人在組織中力求表現的驅力。此種驅力使個人對工作感到滿足而抱持積極態度，故組織管理者安排員工發揮潛在能力的問題，至為重要。管理者須藉各項調查問卷加以發掘，並分門別類發現各人的專長何在，才幹如何，以為將來任事用人的依據。員工如深知個人才能有發揮的機會，前途有了發展，必能勇於任事，積極負責，提高工作情緒與興趣。

人事管理者除對半技術性或非技術性員工加強或實施其職業訓練外，應針對本機關工作所需條件作為選用員工的取捨標準，並訂定人事規範，發揮個人專長，以提高個人工作情緒或態度，達到人事配合的目標。

八、實施合理授權

所謂授權就是上司賦予下屬在職務上充分任事的權力，是分層負責的基礎。員工有了辦事的權力，除了可發揮其工作潛能外，可不必事事請示上級，避免推諉塞責、敷衍了事，並提高行政效率，激發積極負責的精神。就管理階層而言，實施合理授權可減輕主管部分負擔，但宜隨時監督，一旦發現錯誤應有替部屬承擔責任的胸襟；而部屬應在授權範

圍內行事，體認權利與義務的對等性，切不可逾越權限，害人害己。

　　根據成就感的有無會影響工作精神的看法，實施合理授權有實際上的必要。人事管理方面用人如能根據個人專長，隨時注意個人的工作成就，並給予適時的鼓勵或讚賞，對於提高員工工作績效，亦是良好的方法。

九、建立公平考績

　　考績的優劣與升遷或薪資有很大的關聯，且間接顯示出對員工的工作評估及獎懲，對員工的工作精神影響甚鉅；且考績涉及科學性的技術，故應力求公平合理，並趨於平實止於至善。管理階層應建立考績的權威性，並將考績的標準於事前通知員工，使其知所取捨，樹立人事考核紀律；並多聘請專家使用科學技術與方法，擔任考核設計以進行考核後與員工會談的工作，盡量消除員工對考核的疑慮，瞭解考績的依據，知道其工作立場，以謀求員工的積極合作精神，體認優良的工作表現，使考績發生積極的獎勵作用。

十、瞭解員工特質

　　關於員工本身特質的問題甚為複雜，需管理階層不斷地去發掘。人事管理者應對個別差異有所瞭解，尊重員工人格價值與尊嚴，分析個人的身世背景，多注意性格偏差的員工，多與之接觸，瞭解其困難或痛苦所在，助其解決問題，員工必終生感激不盡，竭力效命，且能提高工作精神。

　　總之，管理者提高員工士氣的途徑很多，必須努力去尋求，採用適當的管理措施，才能提高員工士氣，達成組織目標。

個案研究——只求適當的尊重

　　王麗吟自高中畢業後，就來到裕民飲料公司當作業員。在工作方面壓力不重，同事之間相處尚稱融洽。由於公司盈餘不是很高，薪水還差強人意；公司福利制度還算不錯，與其他同類公司比較，不相上下。然而，該公司員工流動率甚大。

　　王小姐初到公司，滿懷著工作熱忱。雖然那不是一家規模很大的公司，但只要過得去，而且大家相處愉快，也就別無所求了。

　　王小姐在經過多年的工作後，逐漸發覺老闆是個喜歡人家送禮走後門的人，且心胸狹窄，很會記恨。在工作上往往不會體諒員工，稍有差池，即當眾破口大罵，使員工無地自容，難以下台。

　　王小姐心裡常想：「目前社會上經濟生活已相當富足，薪資不再是員工追求的第一目標，工作上和諧的氣氛才是最重要的。雖然高薪是令人嚮往的，但若要處處提防他人，又要走後門，那就不是一種輕鬆的事了。」

　　基於某些現實，王小姐仍然繼續待在這家公司。不過，她繼續這樣期盼著：「目前員工最需要的，就是上級主管在生活上能與大家打成一片，多聽取部屬的意見，讓部屬有一份被尊重的感覺，部屬才能發揮他的長才，具有成就感。」

問題討論

1.你認為王小姐的想法對嗎？何故？
2.你認為薪資是員工工作最重要的因素嗎？
3.影響員工士氣的因素有那些？你能一一加以列舉嗎？
4.在你列舉的因素中，什麼才是影響員工士氣的最重要因素？

註　釋

[1] M. Fishbein (ed.), *Readings in Attitude Theory and Measurement,* New York: John Wiley), p. 257.

[2] M. E. Shaw & J. M. Wright, *Scales for the Measurement of Attitudes,* New York: MczGraw-Hill.

[3] M. Fishbein, Op. Cit., p. 479. M. E. Shaw & J. M. Wright, Ibid., p. 11.

[4] N. R. F. Maier, *Psychology in Industry,* Boston: Houghton Mifflin Co., p. 5.此外，有學者認為態度是動作的趨向，行為的發端，行為的預備。請參閱孫本章著，《社會心理學》，商務印書館，頁188-189。

[5] L. L. Thurstone, "Attitudes can be Measured", *American Journal of Sociology,* Vol. 33, pp. 529-554.

[6] Egon E. Guba, "Morale and Satisfaction: A Study in Past and Future Time Perspective", *Administrative Science Quarterly,* p. 198.

[7] Keith Davis, *Human Relations in Business,* New York: McGraw-Hill Book Co., Inc., p. 444.

[8] R. L. Kahn & N. C. Morse, "The Relationship of Morale to Productivity," *Journal of Social Issues,* p. 10.

[9] Robert M. Guion, "The Problem of Terminology", *Personnel Psychology,* p. 62.

[10] J. D. Mooney, *Principles of Organization,* New York: Harper & Sons, Inc., p. 177.

⑪ 參閱姜占魁著，《人群關係新論》，五南圖書出版公司，頁31-32。另外，赫繼
隆（Albert R. O'Hara）認為：決定個人態度的因素，有個人慾望、知識、團體關
係、人格等。請閱赫繼隆著，張承漢譯，《社會心理學》，台灣開明書局，頁
67-71。

⑫ 以上所論只是一般性的比較觀點，非絕對性的看法。有些年輕人常持保守態度，
有些老年人接觸面廣，態度積極的亦有之，此常因個人境遇的不同而異。

⑬ 個人態度受吸收新知識的影響，可參閱赫繼隆著，張承漢譯，前揭書，頁
68-69。

⑭ 男女角色的不同，經過多位學者的實驗，所得到的結論是：男性直接或間接地表
現更大的自信與攻擊，更大的剛毅與不懼，儀態、語言、感情較為粗魯。女性則
表現更多的同情與憐憫，更膽小、潔淨、藝術感受性、情緒激動，著重道德，對
情緒與身體的控制較弱，參閱同前註，頁146。

⑮ 影響士氣的因素甚多，非本章所能總括。惟應注意的，通常影響工作情緒的不僅
限於重大政策，有時細微末節的小事亦會有所影響。請參閱李序僧著，《工業心
理學》，大中國圖書公司，頁225-231。

⑯ L. L. Thurstone & E. J. Chave, *The Measurement of Attitude,* Chicago: University of
Chicago Press.

⑰ 參閱李序僧著，前揭書，頁206-220。

⑱ H. B. Bergen, "Finding Out What Employees are Thinking", The Conference Board
Management Record.

⑲ 米賽所設計的問卷，係根據心理學家哈瑞士（F. J. Harris）的意見調查表而來。
該問卷包括三組核心問題，一組是屬於員工對直屬上司的態度，一組是對公司的
態度，另一組是有關對收入的態度，一共有十六道問題。請參閱李序僧著，前揭
書，頁211-213。

⑳ 美國通用公司員工研究組的研究主題，是「我的工作——為何我喜歡它」（My
Job Contest-Why I Like it Test），簡稱MJC。其分析方法可參閱C. E. Evans & L. N.
Laseau, "My Job Contest", *Personnel Psychology Monograph*, No. 1, Washington D. C.

㉑ Norman R. F. Maier, Op. Cit., pp. 77-79.

Chapter 11

團體動態

　　個人在組織中工作，不僅是一個獨立的個體，也是團體中的一分子。個人在團體中，受到社會助長作用、社會標準化傾向、社會顧慮傾向、社會從眾傾向等的影響，而產生共同的行為。此種團體行為常左右生產質量，顯現出團體動態關係。本章首先將討論團體的意義及團體發展的心理基礎，接著探討團體結構，然後分析其正面功能與負面困擾，最後則研討如何有效掌握團體所帶來的困擾。

第一節　團體的意義

　　在現代社會中，人們隨時都可能是團體的成員，或許是家庭的成員，或許是委員會的委員，或者是工作小組的人員……這些組織通稱之為團體。在組織中，團體所占的地位相當重要。個人要進入組織，或組織要吸收個人，往往就是透過這種團體關係。社會需要如歸屬感與自重感，往往都是由這種團體中放射出來的。團體動態力量的運作，正足以助長個別活動的整合，來達成集體成就的實現。因此，團體是個人與組織的橋樑。就生理系統而言，吾人可喻個人為單細胞，團體為器官，組織為人體，三者連貫為一體。

　　就組織立場言，團體是屬於組織中的單位。它對組織具有相當的影響力。然而團體具有何等特徵？要界定「團體」一詞，並非易事。團體的界說，在社會學上應用甚廣。就一般觀點而言，可以說是以某種方式或共同利益相連結的許多人所組成的集合體，如家庭、政治黨派、職業團體等是。李維斯（Elton T. Reeves）說：團體乃是由兩個以上的人，基於共同目標而組成，這些目標可能是宗教的、哲學的、經濟的、娛樂的或知識的，甚且總括以上諸範圍[❶]。

　　不過，本章所用的「團體」，特別強調團體成員間的相互關係，不只是集合體的構成而已。蓋集合體所構成的行為，只能說是集體行為，這種集結的人員不得稱之為團體。因他們彼此沒有相互認知與交互

行為，並進而產生共同意見，如街道上的群眾、客機上的旅客是。雪恩（Edgar H. Schein）曾謂：團體乃是由「(1)交互行為；(2)心理上相互認知；(3)體會到他們乃是一個團體」的許多人員所組成的[2]。克列奇等（D. Krech and R. S. Crutchfield）也說：團體乃是兩個或兩個以上的人相互坦誠的心理關係；換言之，團體的成員多多少少具有直接的心理動向，他們的行為與性格對於團體內的個人具有相互的影響力[3]。因此，團體的組成強調相互認知與交互行為的程度與其結果。

當然，團體的組成也有其相當的結構特性。誠如麥克大衛（J. W. McDavid）與哈瑞里（H. Harari）所說：團體乃是兩個或兩個以上相互關係的個人，所組成的一種社會心理系統；在這個系統中，各個成員間的角色有一定關係；同時它有一套嚴密的規範，用以限制其成員行為與團體功能[4]。薛馬溫也說：團體乃是一種開放的互動系統，系統中的各種不同活動決定了這個系統的結構；同時在這個系統的指涉下，各種活動是相互影響的[5]。顯然地，團體有它的一定結構。質言之，具有特定的持續性目的，又有一定組織的個人集合體才稱之為團體；而偶然的、一時的和無組織性的個人集合體，只能稱之為群眾。後者具有衝動性、搖擺不定、容易興奮等特質[6]。

此外，團體的形成，必基於成員間的共同意識。費德勒（F. E. Fiedler）就認為：團體是一群具有共同命運的個人，基於相互依賴的意識而相互影響的組合[7]。因此，團體是兩個或兩個以上的個人具有共同的二個條件：一為團體成員關係的相互依賴，即是說每個成員的行為影響其他成員的行為；二為團體成員有共同的意識、信仰、價值及各種規範，以控制他們相互的行為[8]。

團體的組成除了受上述因素的影響外，尚須經過相當時期的認同與共同行動。邱吉曼（C. W. Churchman）特別重視團體內的觀念認同性（identifiability），他指出：一個團體乃是任何多方人員，經過一段時期的認同與完全的整合，而使得其行動與目標相互一致者[9]。此外，白里遜（B. Berelson）與史田納（Gary A. Steiner）更強調面對面關係的重

要性。他們認為「團體乃是由兩個以上至不特定,而非太多的成員所構成的組合體。他們經過一段時期的面對面關係之聯合,使別於團體外人員,而在團體內相互認同彼此的成員關係,以實現團體的目標」❿。換言之,個人之間必須有交互行為,包括任何方式的溝通,直接的接觸,以獲致種種的反應。團體如無這些關係存在,將呈靜止狀態,必不能成為團體。

當然,團體常因工作性質、工作情況與團體自我目標而有所差異⓫。不過,本章所指的團體,則泛指組織內各階層的各類團體。此種團體至少在某一定組織結構內,顯現過相當程度的交往,在心理上相互認同,具有共同的意識;在行為上表現相互依賴,建立共同規範,而欲達成共同目標⓬。質而言之,團體至少包括下列要素:

一、團體目標

目標是一個團體成立與存在的必要條件,也是成員活動的指針或努力的標的。此種目標可為追求共同利益,或為爭取組織中的地位,或為推展社會活動,或為滿足心理需求。團體有了目標,團體成員的活動才有固定方向。一個團體若無目標,團體力量必然分散,成員的工作也會失去重心,必無法成為一個團體。因此,團體目標實為維持團體活動的基石。唯有團體目標,成員才能團結合作,相互砥礪,彼此切磋琢磨⓭。

二、團體規範

團體的構成,除了須具有團體目標外,尚須有團體規範。所謂團體規範,是指團體具有規制成員行為的準則,是團體成員行為的依據,是所有成員對於適當行為的共同期望。一個團體如有共同行為規範,則個人行為才能有所遵循,不至於脫離團體行為途徑。團體行為規範的強弱,決定於團體的一致性。凡是能夠表現一致性的團體,其行為規範較

強；反之，其行為規範則弱。蓋團體行為規範的作用，即在使團體成員能持相同意見，而且行為型態亦趨於一致[14]。團體如無規制成員行為的規範，必然分裂為許多小團體，則無以成為一個完整的團體。

三、團體意識

當團體成員交互行為時，即產生了團體意識。團體意識是由成員的共同信仰、價值及規範所形成。團體信仰是團體意識的一部分，對團體成員有一種整合作用。團體價值亦是團體意識的重要部分，對團體成員提供一個大的信仰系統，是團體的財產。至於團體規範則由團體價值產生，是團體行為的規則，決定何者是正當的，何者是不正當的；同時，也規定成員遵守或不遵守規則時所應得的賞罰[15]。據此，團體意識是團體得以存在或成長的要素之一。雖然團體成員各有其慾望，但團體意識會減少成員行為的差異。團體意識之所以能夠減少成員行為的差異，是因為它創造了成員共同慾望的核心，且提供了表示共同慾望的方法。

四、團體凝結力

所謂凝結力是指促使一個團體結合的力量。它是團體成員基於相互吸引力，或團體與其活動對成員具有吸引力所形成的。凝結力本身是原因，又是結果。它鼓舞團體成員達成目標，同時，由於大家的共同參與，也強化了團體的凝結力。通常，影響團體凝結力的因素很多，諸如團體大小、領導型態、外力威脅、成員對目標的認同性、團體的成就表現等，都與團體凝結力有關[16]。雖然，各個團體可能基於上述因素，致其凝結力有大小之別；然而，團體凝結力無異是團體存在的基本條件之一。否則，團體必不能成為團體。

五、團體制約力

　　每個團體皆有制約力的存在，以懲處一些破壞團體目標或排斥與團體目標不一致的成員。團體制約力是迫使成員接受團體規範的力量。團體制約力可促使成員團結一致，用以符合團體行為規範與目標，並維持團體的穩定性。此種制約力的來源，一方面始於個人接受團體要求的慾望，另一方面則為受他人行為與意見的影響而產生的[17]。因此，團體制約力的存在，顯然是團體賴以生存的基本條件之一。

　　總之，本章所謂的「團體」，乃指兩個以上但非太多的成員，在一定的組織結構中，經過相當時期的交互行為，在心理上相互認同，產生共同的意識與強固的凝結力，以建立共同的規範，而欲達成共同目標的組合體。

第二節　團體發展的心理基礎

　　在組織中，管理者通常都很重視正式程序。在他們指定每位員工工作時，下屬自然彼此相互溝通。然而，員工都會喜歡或不喜歡和他們一同工作的人，以致常有一些未經規劃的情感出現，甚而產生許多非正式的溝通方式和行動。此種溝通和行動，便構成組織系統外的第二系統。當員工之間彼此產生友誼，相互接受時，團體便逐漸形成了。此種團體之所以發展，主要係基於下列心理基礎：

一、共同情感

　　人們之所以參加團體，基本上是為了獲致友誼，追求親和需求（affiliation needs）。大多數人渴望結交朋友，乃欲彼此交換自己的感受，而產生共同的情感。換言之，團體的發展，可說建立在成員共同情

感的基礎上。基於共同的情感，員工自然而然地聚集在一起，不但在工作時如此，工作外的時間亦復如此。久而久之，他們之間有了默契，形成一套團體規範，約束彼此的行為，由此而衍生更密切的情感，如此因循不斷，致形成更堅實的友誼，發展成堅定不破的團體關係。

二、共同興趣

　　凡是具有共同興趣的人，較易組合而成團體，此稱之為同質團體。有時興趣完全相反的人，亦可能組成團體，社會心理學上稱之為異質團體[18]，此乃係基於成員心理上的互補作用。惟構成團體的基本元素，至少在開始組成時都具有共同興趣，然後依此而逐漸發展著。縱使有些成員興趣改變，仍可基於互補關係而維持團體的存在。當然，其關係可能不如往昔密切，甚而可能造成解體。大致言之，共同興趣乃為團體之所以持續發展的心理基礎之一。

三、共同利益

　　團體之得以發展，部分原因乃為成員具有共同利益。由於利益的相同，致使有機會相處在一起的人員之間，產生相同的情緒，形成一致的行動。因此，具有共同利益的人，常與一些不同利益者相互對立。此種共同利益的組合，是團體得以維繫與成長的心理基礎之一。

四、共同慾望

　　個人之所以參加團體，使得團體得以發展，主要乃為團體能夠滿足其慾望。人們為了滿足其慾望，乃產生了團體。同時，團體的意識型態控制個人的態度與行為，並影響其慾望的滿足。團體能滿足成員慾望，才是團體組成的基礎。尤其是團體成員在其他方面無法獲致滿足的狀態

下，此種共同慾望的滿足，更形成團體發展的堅強基礎。

五、共同目標

構成團體的基本條件，乃為成員間具有共同目標。目標是成員所共同追求者，它是約定俗成的，是成員行動的指針。若無共同目標，則無足以維繫團體組合或繼續成長的要素。無論團體成員的動機為何，為了團體的存在和功能，它需有一個或多個成員的共同目標。同時，他們也得承認這個目標，是整個團體成員的共同目標。通常，團體都有一個獨特或特殊的目標，即使有些目標可能逐漸嬗變，卻無法為團體成員所否定。

六、相互認同

團體形成的心理基礎之一，乃為成員間具有共同的意識。意識的協同一致，使成員間產生認同感，彼此認同相互行為，且有了相當的默契。由於相互認同的結果，彼此間有了共同行動，終致產生休戚與共的心理，導致更強烈的凝聚力，故相互認同是共同行動的基礎。

七、交互行為

團體發展很重要的一個概念，就是交互行為（interaction）。交互行為使團體成員的意識得以相互交流，以致相互刺激與相互反應，其結果使行動愈趨於一致。而團體行為的發展，即係基於相互影響與交互作用而形成。所謂交互行為可包括任何形式的溝通與交往，此為團體卒能組成的一大基礎。

總之，組織員工基於上述共同的心理基礎，而逐漸與原先的組織分離。團體一旦形成，便有了自己的一套行為方式，這是一種動態、自行

發展的過程。此種過程使團體成員接觸的機會日益增多,則團體將不再只是成員的集合體而已,它已固定地發展出一套行事的方法,外人很難加以改變。

第三節　團體的結構

　　團體一旦形成,必然存在著某種結構。所謂結構是指一個社會系統中,已經成為標準化了的任何行為模式而言。組織的正式結構以法規明文規定的組織章程為準則,一切照章行事,不講人情,比較具有靜態的性質;而團體是變動的,其結構較鬆弛而不嚴格,沒有一定法則可循,故偏重於動態的性質,可稱之為動態的結構。關於團體的結構,吾人可就兩方面加以陳述:

一、交互行為

　　在一般組織中,組織成員是否為團體的一分子,須視該成員在某種團體內的地位、角色與勢力而定。如該成員在任何團體中無任何地位、角色與勢力可言,必是該團體外的孤立分子。因此,地位、角色與勢力發展而為一套系統,三者結合起來成為團體結構。蓋團體無如組織的正式結構,端賴成員的交互行為而定;而交互行為的形成,厥取決於地位、角色與勢力的交互為用。

(一)地位

　　地位乃是在社會體系中人員的層級。費富納（John M. Pfiffner）與許爾伍（Frank P. Sherwood）認為:地位是數種社會體系中成員依其位置的比較性尊嚴[19]。社會地位與組織地位是有分別的,社會地位是社會的階級以及一個人的相當位置,它依據許多因素,如年齡、體力、身高、智

慧、職業、家庭背景以及人格特質等，綜合而成一個人在社會體系中的一般地位。它們的增減足以訂定個人無數的地位特質表；而組織地位一般則歸於組織的特殊層級節制位置。巴納德（Chester I. Barnard）界定組織地位為：組織中一個人的地位即是個人的條件，也就是說他在組織中的權力、特權、赦免權、責任與義務；亦即是規制他人行為的權限，這些皆取決於他人對他的期望[20]。

組織成員依正式層級的地位，係屬於組織地位；而團體既是自然結合而成，則團體成員的地位應屬於社會地位。何門斯（George C. Homans）認為欲瞭解組織內個人行為必須具有三個概念：活動、互動與情感[21]。組織內成員的活動愈多，互動的可能性就愈大；同時在某種活動範圍內，互動常使不相關聯的活動相結合，增進彼此的情感，甚且培養成相同的價值系統，組合而成一個團體。相同地，共同的情感亦能提供團體活動或互動，予以和諧的氣氛，並排斥團體外在環境或整個組織系統。

為了瞭解成員交互行為關係，以「社會測量圖」（sociometry）來加以解析（如圖11-1）。

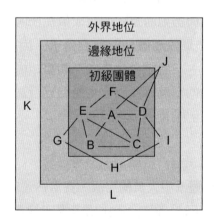

圖11-1 初級團體的成員關係圖

註：此圖取材於William G. Scott, *Organization Theory*, Homewood: Richard D. Irwin, Inc., p.93.

　　依據**圖11-1**所示，A乃是團體領袖，處於初級團體的中心地位，B、C、D、E、F則依交互行為的程度而處於A的周圍，在團體內進行面對面的活動。K與L完全脫離團體關係，是團體外的孤立分子。G、H、I與J處於初級團體的邊緣地位，與團體成員進行或多或少的交互行為，可能偶然地在活動過程中，與初級團體稍有接觸或永久地居於邊緣地位分享部分活動，有時是屬於團體的，有時則否。由此，吾人可由組織成員的地位，發現他是否屬於團體的一分子，且窺知其地位的高低。

　　然而決定團體成員地位高低的因素有哪些？凱斯特（Fremont E. Kast）與羅桑維（James E. Rosenzweig）認為影響個人地位有諸多因素，如年齡、體力、身高、智慧、家庭、職業與人格特質等，這些因素的整合可造成一個人在社會團體中的地位[22]；而帕森司（T. Parsons）則認為影響地位體系的因素有五：家世、個人特質、成就、所有權與權威[23]。當然，決定個人地位高低的因素甚為複雜，吾人欲認定團體成員的地位，應多考慮各種因素，才能得到正確結論。

(二)角色

　　「角色」一詞原本是指在戲劇中，據有某種地位或位置而加以扮演而言。扮演小生就是小生的角色，扮演小丑就是小丑的角色。如今社會學、社會心理學上應用角色的名詞，乃表示個人在社會互動關係中擔當某種任務而言，亦即是一個人在特殊位置上的種種活動。在家庭裡做父親的在行為上像個父親，做母親的像個母親，他們都依團體規範而行事。費富納與許爾伍即認為：角色是指在某種特殊職位上的人員，不管該人是誰，都依被期望的方式而行事的一套行為[24]。因此，角色與交互行為的關係極為明顯，角色一般都被界定為一套行為，這些行為被與某種特定位置有關係的任何人所期望。

　　沙吉特（S. S. Sargert）與威廉遜（Robert C. Williamson）也認為：一個人的角色乃是在情境中適合他的一種社會行為型態，這種行為須合於他所屬團體人員的要求與期望[25]。換言之，社會上對每類人都有一種期望

或規範，關乎占據某種位置的人，在行為上應有的表現與行為，此種與該位置有關的期望或規範，即稱為一個社會角色[26]。

由此可知，角色是不能單獨存在的。它必然涉及他人期望或團體規範，且依其社會地位而行事。又角色與地位是不可分的，無地位則無角色可言，無角色的運作殆無穩固的地位；然兩者尚有差別，地位是指一個人在社會團體中的位置，是較具靜態的象徵；而角色是代表動態的一面。吾人前已言及：團體強調交互行為的特質，而交互行為厥為角色運作的結果。因此，角色成立的要件有二：一為所占的位置或地位，一為他人的期望。

角色在團體行為中，須涉及他人期望，而每種期望即代表一個角色，這些其他角色與該角色就構成角色群（role sets）的概念，吾人欲瞭解角色就必須連同角色群一併觀察。所謂角色群是指組織內的某一特定職位彼此相關的數種定向（orientations）[27]，也就是說「某個人占據某一特殊社會地位所有的相關角色，彼此具有互為補足作用的關係人物」[28]。然而這個概念與多元角色（multiple roles）是不同的，後者係指在不同社會體系中同一個人所扮演的所有不同角色。例如，在家庭團體中父親的角色在教育團體是教師，在政治團體是國大代表，在宗教團體是牧師，他在以上各個團體中所扮演的這些角色便是多元角色。至於在該家庭團體內，妻子、子女等與父親所共同扮演的個別角色，便同屬一個角色群。同樣地，多元角色與角色群的概念，亦適用於組織內部各個團體的成員。

顯然地，在團體中角色的運作，往往是該團體的動態結構。蓋地位僅代表個人的階層，而角色與交互行為的關係更形密切，即角色運作愈多者常是該團體的領袖，而角色運作愈少者往往成為追隨者。因此，角色的運作足以造成個人在團體中地位的高低。當然，地位的高低有時亦影響角色運作的多寡，故角色與地位同為構成團體結構的因素。

(三)勢力

所謂勢力就是在社會體系中個人據有某種地位或扮演某種角色，足以改變或影響其他人員行為的力量。勢力是自然成長的，非為強迫的力量，故與權力不同。權力是根據某種法定的職位，用以改變或影響他人行為的力量。因此，勢力具有非正式的性質，權力則屬於正式結構的範圍。團體既是自然結合而成的，其成員的交互行為是出自於彼此的認同，是心甘情願的，而非層級節制體系所能完成的。就實際作用而言，勢力有時較能改變或影響成員的實際行為，故又可稱為實際影響力。質言之，改變或影響團體成員行為的力量，大致上皆來自於勢力。勢力的大小，亦決定或取決於成員地位的高低、角色運作的多寡，三者自成分支系統，且相輔相成，並進而形成團體結構的三大支柱。

依據前述「社會測量圖」顯示：A、B、C、D、E、F在初級團體內進行面對面的接觸，故是相互影響，相互領導的，係同屬於團體的成員；而G、H、I、J只與初級團體內部成員偶然地相互影響，而處於邊緣地位，對初級團體並無發生更大而實際的影響力。換言之，彼此具有實際影響力的成員是屬於同一團體，然而居於團體中心地位或角色運作較多的成員，對其他成員的影響力較大，而其他成員間的勢力較小。因此，勢力與成員的地位或角色的關係極為密切，在團體內地位高，角色運作多的成員，其勢力愈大；反之，其勢力愈小。總之，在團體內交互行為頻繁的成員，其勢力或影響力愈大。

二、溝通關係

團體結構除了依成員的地位、角色與勢力進行交互行為而形成之外，尚受到成員的溝通關係所左右。蓋團體動態的中心乃是成員的交互行為，而交互行為乃指成員不拘形式的溝通。因此，溝通在團體動態中扮演極為重要的角色，此乃因團體成員間的關係常受彼此溝通形式的限

制，經過團體溝通可能改變成員的彼此行為，使團體的各個成員行為趨
於一致，產生團體的凝結力。

團體溝通研究通常都強調非正式關係，然而某些溝通可能依正式
程序而建立起來，如組織中的各個部門，其上司與下屬之間的溝通，有
時亦可能形成一個團體。不管團體的溝通關係為何，一般都具有四種向
度：溝通網、溝通內容、溝通干擾及溝通方向[29]。其中尤以溝通網對團體
結構最有影響。溝通網是團體的結構之一，它會影響團體解決問題的方
式，此種結構告訴我們一個團體是如何聯繫在一起的。一般團體的溝通
網有五種代表類型（如圖11-2）[30]。

下列圖形是假定有五個團體，均由五人所構成，其中線段代表溝通
路線，則各個團體溝通路線的安排與數目都不相同。因此，各個團體成
員的地位亦各不相同，解決問題的效率自然也不同，各個團體的凝結力
也有差異。根據圖形顯示：網式與圈式溝通團體所表示的，乃為五個成
員的地位相當，角色的運作相同，其勢力亦然。鏈式溝通團體則以最中
間成員的地位為高，兩端成員的地位最低。Y型溝通團體以分叉點的成員
地位最高，最有滿足感；而頂端三個成員地位最低，最缺乏滿足感。輪
式溝通團體則以中樞點成員地位最高，而其他成員地位相若。

至於問題的解決方面，輪式溝通團體的速度最快，Y型團體次之，
鏈式團體再次之，圈式溝通團體又次之，網式溝通團體最末；惟網式與
圈式溝通團體的士氣最高，各個成員最熱忱。蓋輪式溝通團體乃是個有
秩序的團體，每個成員都只與中心人物溝通，可以避免不必要的訊息傳

網式溝通網　　圈式溝通網　　鏈式溝通網　　Y型溝通網　　輪式溝通網

圖11-2　一般團體的溝通網

達；而網式與圈式溝通網則沒有較明確的組織程序，每個人都可同時與兩個人溝通訊息，由於多繞了一些圈子，因此溝通速度比較緩慢。

但鏈式、Y型與輪式溝通團體，其領導者通常都處於中心點或交叉點；他能夠優先得到訊息，其所負責任較重，最具有獨立感，比較快樂，很可能變成功能上的上司，而其他成員則不然。至於網式與圈式溝通團體的成員，其溝通機會均等，權力較為平衡；每個成員都可能成為領袖，各個成員的參與感都一樣深，責任感也一樣重，比較不依賴某個特定的人，他都可能從兩個人那裡得到訊息，比較容易得到滿足與快樂[31]。

從以上陳述得知，團體溝通網會影響團體結構與效率。有些團體溝通結構較為明確，溝通速度快，但成員士氣較低。有些團體溝通結構較不明確，成員的士氣高，心情愉快，能夠歷久不衰，但溝通速度慢，此種「士氣」與「效率」之間的衝突，實際上就是一般組織的衝突。當然，上述研究結果只是一種試探，並非真實情境的研究。其中所涉問題相當複雜，組織管理上利用實驗法研究溝通效果為時很短，不能作為一般理論的概判。到目前為止，還未發現一種能同時增進溝通的速度、精確性，且加強溝通者的士氣與彈性的溝通網。

惟各種溝通網對各個團體的結構與效率之影響，只是一般性的比較狀況而已。固然，團體是面對面的溝通系統，加以其體系不大，很可能發展出整體聯結的網式團體，使每個成員都能做直接溝通。惟團體結構並無一定型態，且成員都會自限溝通對象，常有具備相當特質或影響力的人，出而領導團體，致使網式團體很難存在。在一般狀況下，不管團體的大小，團體溝通結構仍以輪式溝通存在的可能性較大。

綜合言之，團體結構部分是依團體成員間的溝通關係而形成的，由於此種溝通關係的存在，致產生團體的領袖與成員地位。此不僅造成團體的組合狀態，並影響其凝結力與工作效率。

第四節　團體的正面功能

團體存在組織中，具有滿足個別成員願望與幫助組織實現管理目標的雙重功能，茲細分陳述如後：

一、維繫組織文化價值

每個組織在形成與成長的過程中，主要係依靠文化價值的維繫。文化價值乃是該組織行為的準則，且成員的結合部分是基於某種文化條件與價值，故團體能幫助此種文化價值的整合。

二、提供成員社會滿足

團體能給予個人地位的承認，意即使員工產生同屬感與安全感。當員工初入組織，固然在物質上能獲致滿足，但精神上的滿足則不易達成，唯有透過團體的非正式誘導，才易滿足其地位或成就。如在辦公室內，員工可能自覺只不過是個薪給的號員（payroll number）而已，但在團體內則能給予個人友誼與地位的承認。

三、建立良好溝通系統

組織為了迎合成員需求，必須發展良好的溝通系統與孔道。團體的溝通完全是面對面的系統，此種溝通方式係建立在組織員工的社會行為上，是由員工的交互行為產生，不是組織結構所能達成。因此，組織管理階層常不知不覺地依賴此種溝通系統，以傳遞某些類型的訊息。此外，團體也是組織成員情感上的「安全活塞」（safety valve），假如員工感到不快活或挨了官腔，只有透過團體做友誼的交談，以發洩不滿情緒。

四、形成社會控制作用

　　社會控制乃是用以影響及規制員工行為的力量。社會控制有內在與外在之分：內在控制係指組織的文化標準，促使成員採取一致行動的制約力而言；外在控制則指組織外在力量對該組織行為的約束力而言。如管理階層對工作團體的控制屬於團體的外在控制，而工作團體的規範屬於團體的內在控制。每個團體都有其行為標準，人員既係自動地組成團體，必然會遵守團體的要求與準則，團體即依此種準則，來控制成員行為，使其產生從眾傾向。

五、減輕管理工作負擔

　　如果組織管理階層能體認團體的重要性，且願意實施授權或分權，而不必事事躬親，乃表示他信任這些團體，則其成員必然「感恩圖報」，支持其長官，並透過各種關係貢獻一己之力，提出增進生產效率的方法，為管理者分憂。所謂「士為知己者死」，如此或可彌補管理者的能力缺憾。假如管理者不善計畫能力，員工亦可以公開行動貢獻能力於組織，促成管理者的心願，間接發揮員工的工作潛能。

六、配合組織彈性適應

　　由於組織計畫與政策是預先建立的，故係固定不變的，難以適應動態環境中的每個問題；而團體關係常能迎合某些需要，具有伸縮性與自主性。杜賓（R. Dubin）曾說：組織中的非正式關係，能維持組織免於自我毀滅，並有助於對正式政策、法規、律令與程序上的實際服從[32]。沙陀亦稱：非正式結構乃是使工作進行的一種動態指標，且為了達成效率，必要時可與正式結構分道並行[33]。因此，團體如能受到正式管理者的接納與尊重，常能使組織工作進行得更為有力，並能達成員工的心理契合，

更樂意去實現組織目標。

七、提醒管理謹慎行動

團體另一鮮為人所注意的功能，乃是對管理者的濫權行為有制衡作用。由於管理者居處高位或位列要津，難免有「獨斷專行」的作風，一經團體的抵制，可能喚醒他的自覺，使其體認決策的可能偏差，做適時的修正，以阻遏不當計畫的施行。

除了上述功能外，團體亦能傳遞組織所不能或不願傳達的訊息、維護組織成員的既得利益、保障員工的工作安全、重組員工的身分地位……這些都是透過團體力量促成的。惟吾人如希望團體功能得以發揮，須以不妨害組織的正常作業為前提，力求其正式化、合法化，以配合正式系統的應用，期其與組織相輔相成。

第五節　團體的負面困擾

任何事物各有其優劣利弊，團體在組織中固有它的許多功能，但也表現一些消極特色。管理者要如何權衡得失，期以避害趨利，端視管理技巧的運用與發揮。本節即在探討團體對組織的困擾。

一、抗拒改革

現代組織乃是開放的社會系統，無時無刻不受外在環境的衝擊，以致引起不斷地變革，以適應外界環境，並維持組織內部的平衡。惟組織本身常保有傳統的習慣或文化，而舉凡與傳統習慣或文化有所變異的事物，往往受到一種保持現狀的願望所抵制，此種抵制心理由於團體的形成而逐漸成為一股力量[34]。

此外，引起團體抗拒改革的原因，尚有技術性的革新。技術革新必牽涉到社會關係的變動，以致破壞了團體既有的社會關係，故團體對此種革新多抱持消極冷淡的態度。再者，組織變革足以影響個人既得利益，例如採用新方法或新機器設備，使舊有人員受到嚴重威脅；他們往往為維持其個人既得利益，而堅強地凝聚在一起，採取激進的不合作態度，以抗拒改革。因此，海恩斯（W. Warren Haynes）與馬許（Joseph L. Massie）認為：凡是組織中的變遷足以威脅到團體的生存，都會引起強有力的抗拒，對組織而言，無疑是最嚴重的阻礙❸。其他如個人主觀的偏見、嫉妒與自私等，都足以使具有相同感覺的人結合在一起，形成一股抗拒的力量。

一般言之，團體所造成的抗拒改革，通常都具有一致性態度，其對變革的消極反應常因彼此互助而增強，致形成多數人持消極態度；縱有少數人支持變革，在團體壓力的情境下也很難推行。因此，管理人員採取改革行動時，不可不注意此種力量的存在，方可趨利避害。

二、角色衝突

團體能夠提供成員的社會滿足感，但此一要求亦可能導致成員遠離組織目標；蓋有利於員工的事，不一定有益於雇主。如在工廠內訂定「咖啡時間」，固可提供員工慾望的滿足，但如員工久而久之耽於此道，可能妨害工作時間，引起工作效率的降低，形成任務上的衝突。又在企業組織中，員工須同時迎合他的團體與雇主的需要，兩者常引起角色的衝突；欲消除此種衝突，必須小心翼翼地展開組織與團體間的相互利益，對於兩者的目標、工作方法與評估系統愈能整合，其生產效率與滿足感愈能實現。

三、傳播謠言

溝通透過非正式傳聞，往往比較容易達成；然而謠言在團體內亦易存在，蓋傳聞在非正式場合多未經證實，加上傳播者的主觀意識以及個人的愛憎，在工作人員情緒不甚穩定，缺乏安全感而牽強附會的過程中，必然以訛傳訛，信以為真，影響工作人員士氣與組織內部和諧，導致員工不安和組織的破壞。此種謠言對組織的破壞就如同颱風一般，將帶來很嚴重的損害。

假如管理當局正計畫調遣一位員工，則傳聞會在很短時間內，很驚人地散布開來，而使一些敏感的員工利用各種聯繫方式去阻撓被調遣。且一些難聽而討厭的流言也會以此種方式，傳播有關員工或管理人員的私生活。無論此種傳言是否真實，都足以影響員工士氣和組織內部的和諧，並引起上下的不安。組織管理者欲消除此種謠言的最佳方式，便是發現或追蹤謠言的發生原因，且公開事實真相，但應避免對謠言重複散布。

四、消極順從

由於團體的社會控制作用，也會形成消極順從的強固壓力。蓋團體需要要求成員態度的一致，此稱為規範；各個成員接受此規範所形成的團體，稱為參考團體（reference group）；該團體運用報償或懲罰，以導引個人順從團體規範，稱為制約力；此種規範與制約力可導致成員的順從，它們一致使成員贊同或反對組織管理階層的意旨；凡成員不順從規範或制約力，必受排斥或折磨，除非他接受此規範與制約力或離開該團體。

團體的最大困擾並不是它的模糊順從，而是該團體成員往往消極地順從於領袖的控制，以遂該領袖的個人私慾。此種領袖不必受官方牽制，不必負正式責任，也不為任何規章所拘束，故可批評組織管理者缺

乏創作性，害怕更張；而他們一旦「在其位」，往往又怕犯錯，受人攻訐而畏首畏尾。是故，消極順從的結果，使團體成為野心家的私人工具。此外，就組織立場言，消極順從亦導致下列弊端：(1)抹殺人員的創造才能；(2)抹殺人員的個性；(3)使員工行為脫離組織所需要的行為型態 ❻ 。

五、徇私不公

團體如受到組織管理者的重視，固可減輕管理負擔；然常造成上級偏袒部屬，予以特別照顧，徇私枉法，相互勾結，以飽私利。且團體成員亦可藉本身關係，向主管做非分奢求或狐假虎威，謀求特殊利益，以私害公。正如尼格羅（Felix A. Nigro）所說：非正式結合往往袒護他們所偏愛的人或事，而破壞了其他工作者的士氣，以及造成屬員對管理階層的偏見 ❼ 。

六、工作抵制

著名的浩桑研究業已證實，組織對員工生產的要求不應太嚴謹，某個人的工作量不可超過一般人太多，同時也不可太少。即離開平均量太大，不論太多或太少，都會受到團體的責難，社會壓力會使其恢復至標準量，否則將會受到排斥。當數人共謀減低生產，即形成了所謂「生產抵制」。由此可知，員工的工作動機、工作質量，都與員工彼此間或員工與管理間的社會關係有關。在浩桑研究中，發現到生產量最高和最低的，都可能是孤立者；而團體一般都以「普通生產量」，來作為維護內部和諧發展的手段。甚且當團體與組織管理者交惡，他們最好的武器與報復手段，乃是利用管理者不易察覺的情況下做手腳、搗鬼，或挖空心思地去欺瞞管理人員，並以上級所指定的「最低生產量」去敷衍了事。

由是觀之，管理當局對員工毫無感情或漠不關心，有朝一日，當

組織需要員工發揮更高的生產或忠誠及創造性心智時，則一切棘手問題都會產生。尤其是當員工形成堅強的團體並進行抗拒時，最明顯的報復行動即是使工作受到抵制。無疑地，如此將使組織受到更大的損害與打擊，此等問題自構成管理上最嚴重、最應注意的重大課題之一。

第六節　團體困擾的掌握

團體在管理上引起或多或少的困擾，其有效掌握與解決途徑如下：

一、培養改革氣氛

一個正常的組織必須不斷地適應外界環境變遷，以調適內部關係的平衡與成長，才能達到生存與發展目的。在一般組織中，無變革即無發展，故組織的競爭力即指組織對環境的適應力而言。因此，吾人必須瞭解組織的變革是必要的。組織管理者欲消除團體的抗拒行為，除須盡量避免管理上的「人謀不臧」，加強領導人員的訓練，減少執行技術上的偏差外，尤須瞭解「抗拒改革」本身有時並不是一種原因，而是一種手段或結果。

因此，加強組織內部的融合力與建立良好的人群關係實有必要，並藉培養員工應有的工作道德與價值觀，庶可提高工作士氣，有效地激發工作動機。此種情況的達成，須賴管理當局適當而有效地吸收組織內、外的訊息，避免變革所可能引起對團體成員的威脅與恐懼，並且避免影響其既得利益，管理者必須瞭解其部屬的立場，用以改變員工態度，遠比命令來得有效。

其次，盡量讓員工有充分參與改革計畫的機會，使其瞭解改革計畫的內容，分享改革成敗的榮辱，則團體成員在心理上有被尊重的感覺，較易與管理者合作，甚或自願犧牲個人利益。改革計畫切不可由少數人

擬訂，或將榮譽歸於少數人。再者，組織在進行改革之前，即應詳加考慮各種因素，是否在推行時會破壞傳統風俗和習慣，以及員工的團體關係。如有必要，仍應適當地透過非正式領袖，以合作的方式採行疏導與漸進的手段，萬不可斷然行之，使人有措手不及之感。

更重要的，管理者務須在平時多培養員工研究發展的精神，不斷地做管理訓練，加強員工技能與工作知識，直接適應技術的改革，免於威脅其利害關係；間接維護員工利益，避免持消極態度。當然，最好是顧及員工個人利益與組織目標實踐的一致，正式關係與非正式關係的和諧，則自然引起支持改革的氣氛而利於目標的達成。許多實際例子常顯示，管理者總認為「權力至高」、「管理無上」而剛愎自用，一意孤行，漠視員工的心理需求與反應，更視團體為不屑一顧的對象，對其抗拒漠不關心，一味地採取高壓政策，最後多使良法美意的變革計畫，因執行不善而無疾以終。

二、避免角色衝突

組織與團體間的角色衝突，幾乎是不可避免的。因此，管理者必須使組織與團體間的利益相調和，以避免兩者目標背道而馳。此實有賴管理者發揮高度的領導藝術，在貫徹實現組織目標的同時，亦能滿足團體成員的社會與心理需求。通常在分工技術上盡量使工作相互依賴，而利於形成有效團體，再經由團體參與方法，使共同決定團體目標。蓋由成員參與目標的決定，遠比由團體指定目標更易為成員所接受。

此外，經由正式領袖與非正式領袖的協調合作，在滿足員工的社會與心理需求時，擴大其「我群意識」，培養個人成敗與集體成就的休戚相關心理，俾能發揮團隊工作精神，以競爭性和挑戰性的工作目標，激發團體戰鬥精神，發揮其本能的工作潛力與合作精神，以及自然的心理成就慾與榮譽感。惟仍須注意員工競爭時所遭遇到的心理挫折與不安，或過度競爭而形成的相互傾軋與攻擊。

再者，在平時管理者就必須設法增加員工彼此交往機會，在工作中適度安插休閒時間，採行民主管理措施，多注意部屬的利益與個性的瞭解。管理者務須知曉，影響組織成員利益的，往往不是一些重大政策，而是一些細微末節的小事，由於未能及時加以注意及疏導，致流於個人恩怨或感情用事。因此，調和角色衝突的最重要關鍵，尤有賴管理者精明的領導。蓋人在基本上，到底是建設性多於破壞性的。一旦員工態度與行為得到管理者的認同，這些態度與行為都會顯得有意義，且觀察員工的言行與反應，可以發現到很多事實；經過仔細分析後，有的係出於自然，有些則出自人為，如此才容易掌握問題的重心。

至於高度藝術化的領導行為，乃在激發合作與團結意識，尋求組織與團體的融合。蓋組織的片面領導常是無效的，是難以產生作用的；只有在相互領導與相互影響下所產生的團體意識與行為，才是真正健全而有效的領導。且組織的真實性不只是一個法則問題，而事實問題更形重要，形式上的組織只是軀殼，無形的組織才是靈魂。因此，麥格瑞哥（Douglas A. McGregor）認為：管理的主要責任，乃在於如何安排組織條件及其執行方法，指導個人從實踐組織目標中，同時亦達成個人目的[38]。

儘管佛利波（Edwin B. Flippo）認為過分遷就團體，將使管理者增加相當負擔[39]。然而吾人認為對管理者而言，這不僅是一項「負擔」，甚且是一種「責任」；尤其是現今組織逐漸走向高度控制化與正式化的過程，無疑地將使工作者更需要從事於一些非正式活動，在培養組織活力方面也許被認為是無形的浪費，然於員工精神方面的調劑卻具有相當作用。固然，組織與團體常導致角色衝突，但如能有效地加以調和，勢將避免組織的僵化與癱瘓，而個人與團體的社會與心理需求，亦將不會被抹殺。

三、消除謠言傳播

經由傳聞失實而導致的謠言，確對組織的破壞帶來嚴重後果。因此，戴維斯（Keith Davis）認為管理者應認清謠言是如何地在打擊組織，以及它攻擊些什麼。如果我們僅打擊傳播謠言者，這將不是明智之舉，就如同因為打錯字而將整台打字機摔爛一樣沒頭腦。他認為：阻止謠言的最好辦法就是找出原因予以澄清，而不是消滅它。當員工在組織內有安全感，工作情緒穩定，並瞭解整個工作情境，謠言便無從發生。相反地，在情況不明時才易滋生謠言。這乃是一種正當防衛，促使整個情境變得更有意義，更為明朗❹。

此外，組織管理者應該「推行公共關係，加強意見交流」，這才是當務之急與正本之源。因為公共關係對內而言，就是主管與員工溝通的系統，俾使上情可以下達，下情可以上達。在溝通方面，公共關係可以藉對內刊物、公報等的發行，作為教育訓練的宣傳，以及做到公開、客觀而公平的觀念灌輸；並可藉各種福利及康樂活動的參與，以口頭傳播正確的訊息與報導管理決策的推行；更可藉採訪各項會議、活動等資料，將客觀而持平的部屬輿論與反應，隨時隨地轉知管理者，以做必要而合理的變革與決策。

至於加強意見溝通的好處，乃是可以不必經由正式孔道，發布正確而必要的訊息，並適時產生對謠言的不攻自破，及流言閒語的自然消失。且在主管或員工不便出面做各種協調溝通時，更使公共關係表現得恰如其分。同時，以提供有力的事實，證明謠言的荒謬，給予員工參與決定有關事務的權力，則由於組織成員對自己有關的事務，得以因參與而瞭解，謠言便無由發生。

四、發揮積極控制

團體在發展過程中，常使個人在各方面順從團體的標準。他們常會

為了「利群」，在同心協力、互相容忍、共有共享、共同參與的價值觀念下，予以「利群」者嘉勉，而摒棄破壞團體的合作者。同時更為消除各種差異，致迫使個人壓抑自己，個別成就和地位的實際差別，必須減至最小；對信仰與習慣顯著不同者，亦予以盡量抑制。就團體本身的發展言，這或許是逼不得已的手段。然就管理的立場言，顯然嚴重地限制了工作組織「全才」發展的要求。對組織的影響，無疑地已成為一項極大的損害。因此，該問題的重視是刻不容緩的。

然而，對此一問題必須管理者先有確切的瞭解，即存在於團體的社會控制作用，常是積極與消極同時並存的。它可以產生積極性的合作，經由社會控制作用，加以改造或影響個人，以協助來自由上而下的訊息，推行正式措施與教育訓練，並使個人獲得且保持團體的穩定性。因此社會控制作用，未嘗不是直接或間接地有助於組織的運作。但它也可能產生消極性的阻礙，蓋團體成員所關心的常在於尋求自保和防衛，而不是積極地完成某種任務，則敵意與攻擊的行為，常崛起而成為社會控制。此種社會控制乃在保護團體的生存，以達成消極的統一，而非動員成員力量向積極方面發展。是故，團體的壓迫和強制，更會形成團體規範與行為標準。

綜觀團體的社會控制，對組織來講，可以導致破壞，也可以產生合作；可以消極地順從，也可以成為積極地進取；端在管理者如何化阻力為助力的巧妙運用。管理者最佳的調和方式之一，乃是容許更大的授權而不喪失其控制，並藉非正式領袖的合作，以幫助提高士氣，排除正式溝通的阻礙，尋求團體意識與組織目標的融合，而建立合理的內部紀律；藉正式的協助，減除成員「我為魚肉，人為刀俎」的恐懼心理，而間接對工作與組織發生情感。甚而管理者在任命各階層主管時，亦可從非正式領袖中挑選，此亦有助於兩者利益的調和。

綜上所述，團體對其成員的社會控制，以及因此而形成的消極順從，對組織的不良影響，實有其極限。其關鍵所在，端視管理者能否提供個人的保護，與積極滿足成員利益的能力如何而定。

五、力求公正公開

　　無可否認地，在團體中私人的滿足總是高於一切，私人的利益總是放在最優先。當然，這多少和其團體的凝結力有關。吾人無法在個人進入組織之前，即消除他過去全部的觀念、態度，或斷絕其非正式關係與活動。同時，吾人相信個人總是會有或多或少的愛憎好惡，尤其是在組織主管決策，或布施小惠時，都足以造成對員工不同程度的心理影響。此種在管理上所造成的偏袒情況，都足以破壞一切既有的正式制度，而間接地影響到其他員工的工作情緒。若管理者未能及時採取公平而客觀的解決途徑，員工當會產生對管理者信心的消失，甚或再聯合其他不滿的員工，另外再形成一股反對力量以謀對抗，則容易產生惡性循環的現象，造成組織的更大困擾。

　　在管理方面，吾人總認為正常而有效的組織，似宜透過公正、公平、公開而客觀的程序，建立「成就取向」而力排「關係取向」的人才選拔標準。固然，吾人不能否認團體會形成其成員更加團結的傾向，然而一旦團體威脅或影響到組織目標的達成，管理者應在處事上將關係正式化，並做到對事不對人或破除情面的境地，保持相當的非私人關係。同時為了避免組織上層的人情壓力，宜擇派專人或組成特別委員會，以超然的立場處理人事問題，免除人情困擾，則徇私不公的現象或可減輕或消除。

六、排除工作抵制

　　團體在迎合其成員的情緒需求方面，的確占了一個非常重要的角色。許多學者的研究指出，當員工加入合於其個性的團體後，才會有安全感；如果失去了此安全感，縱使在金錢上或工作上得到豐盛的保障，也不足以為補償。惟此種相互依存關係，卻往往導致工作上的抵制。此乃因機器大量生產的結果，常形成員工機械的效率觀，且員工常因日漸

龐大的組織，而自覺其地位相形變得藐小；加以工作單調而乏味，常使員工感覺工作毫無意義。一旦監督者要求更高的生產力時，就益增加工作的困難，致引起情緒上的緊張與不安，因而益增員工對管理當局的不滿與抱怨，甚或形成消極的工作態度與抵制。

最明顯的例子是，當一個新人受僱進入工廠，那些老工人就會告訴他，每天的工作進度不得超過某一定限額，否則就會受到排斥，或遭受他們的冷嘲熱諷。似此等例子，在組織中是屢見不鮮的。其解決之道，必須進行工作擴展或工作豐富化，找出一個員工實際所能從事的最大工作，並在擴展工作的範圍內，消除單調，提高動機，增加工作的意義，工作的榮譽心，以及自動自發的精神。固然進行此方面的工作，勢必花費管理者大部分時間與精力，然而吾人不應否認，此種情境似可在員工的社會與工作關係中，加以發掘而建立。

其次，管理者必須瞭解團體的特性，培養員工的團體意識，激發團體合作與和諧的工作精神，並適度地去滿足員工的經濟動機、安全動機、自我表現與創造發展的動機。因為凡是生產力較高的組織，不僅是工作機械效率的提高，更是員工愉快效率的重視。當員工對其工作夥伴、監督者及其所擔任的職務等，全抱樂觀態度，且認為組織與一己為唇齒相依時，就會表現高度的參與和關切。如此，則團體所引起的工作抵制當不會多見。

個案研究——課長們的團體

　　柯予玲是正義股份有限公司的總務課長，張娟為該公司的倉儲課長。由於彼此年齡和個性頗為接近，很談得來，經常在一起共用午餐，久而久之，彼此的感情愈來愈好。

　　柯予玲因業務上的需要，經常向倉庫領取零件，但卻不以規定程序向發料員吳佳蓉辦理領料手續，而逕自向倉儲課長張娟領取。為此，吳佳蓉對張、柯兩人甚感不滿。

　　在一次偶然的聚會裡，吳佳蓉對在場的同事表達了對張、柯的不滿，雖然大家對吳佳蓉頗為同情，但也無可奈何，只好安慰吳佳蓉一番。惟經過這一次聚會後，吳佳蓉確已感到有同事真好，可以相互安慰，相互協助，就也不在意這件事了。

問題討論

1.就整個體制而言，柯予玲和張娟的做法是否得當？
2.吳佳蓉是否必須向上級反應這件事？反應或不反應的結果將如何？
3.小團體是如何形成的？你是否可一一加以列舉？
4.小團體有什麼作用？請以你的觀點加以說明。

註　釋

[1] Elton T. Reeves, *Dynamics of Group Behavior,* New York: American Management Association, Inc., p. 11.

[2] Edgar H. Schein, *Organizational Psychology,* Englewood Cliffs, New Jersey: Prentice-Hall, Inc., p. 67.

[3] D. Krech & R. S. Crutchfield, *Theory and Problems of Social Psychology,* New York: McGraw-Hill, p. 18.

[4] J. W. McDavid & H. Harari, *Social Psychology: Individuals, Groups, Societies,* New York: Harper and Row, p. 237.

[5] Marvin E. Shaw, *Group Dynamics: The Psychology of Small Group Behavior,* New York: McGraw-Hill, p. 10.

[6] 此種特質為法國社會學家黎朋（G. Le Bon）所認定，其中情緒性和行動性特別顯著的群眾特稱為亂眾。請參閱大宮錄郎著，宋明順譯，《社會心理學》，商務印書館，頁10、97、167。

[7] F. E. Fiedler, *A Theory of Leadership Effectiveness,* New York: McGraw-Hill, p.6.

[8] 郝繼隆著，張承漢譯，《社會心理學》，台灣開明書店，頁99。

[9] C. W. Churchman, *Prediction and Optimal Decision,* Englewood Cliffs, New Jersey: Prentice-Hall, Inc., p. 299.

[10] B. Berelson & Gary A. Steiner, *Human Behavior,* New York: Harcount, Brace & World, Inc., p. 325.

[11] 有關團體的種類，依正式組合與否，分為正式團體與非正式團體。請參閱Edgar H. Schein, Op. Cit., pp. 68-69.

依縱橫面關係，分為水平式團體、垂直式團體、混合式團體，參閱Melville Dalton, *Men Who Manage: Fusion of Feeling and Theory in Administration,* New York: John Wiley and Sons, Inc., pp. 57-65.

依組合時間長短，分為臨時性團體與永久性團體；依成員能否自由參加，分為開放性團體與封閉性團體；依是否直接做面對面接觸，分為基本團體與次級團體。請參閱Fremont E. Kast & James E. Rosenzweig, *Organization and Management: A Systems Approach,* New York: McGraw-Hill, pp. 276-277.

至於郝繼隆將團體分為心理團體和社會團體;並依成員是否具有一致性,將之分為同質團體與異質團體;講參閱郝繼隆著,張承漢譯,前揭書,頁99、133。

至於依團體大小,分為大團體與小團體,可參閱李維特著,劉君業譯,《管理心理學》,長橋出版社,頁217。

⑫依此,組織中的工作團體、工會、友誼俱樂部、運動團體、友誼圈、委員會、附屬部門、小派系等都合於團體的定義。請參閱郝繼隆著,前揭書,頁99。Edgar H. Schein, Op. Cit., p. 67.

⑬姜占魁著,《人群關係新論》,五南圖書出版公司,頁64。

⑭同前註,頁71。

⑮郝繼隆著,前揭書,頁109。

⑯Elton T. Reeves, Op. Cit., pp. 108-109.

⑰姜占魁著,前揭書,頁80-81。

⑱郝繼隆著,前揭書,頁133。

⑲John M. Pfiffner & Frank P. Sherwood, *Administrative Organization,* Englewood Cliffs, New Jersey: Prentice-Hall, Inc., p. 274.

⑳Chester I. Barnard, "The Functions of Status System," in Robert K. Merton(ed.), *Reader in Bureaucracy,* New York: The Free Press of Glencoe, p. 242.

㉑George C. Homans, *The Human Group,* New York: Harcourt, Brace & World, Inc., p. 43.

㉒Fremont E. Kast & James E. Rosenzweig, Op. Cit., p. 242.

㉓T. Parsons, *Essays in Sociological Theory: Pure and Applied,* New York: The Free Press of Glencoe, pp. 171-172.

㉔John M. Pfiffner & Frank P. Sherwood, Op. Cit., p. 39.

㉕S. S. Sargert & Robert C. Williamson, *Social Psychology,* New York: The Ronald Press Co., p. 353.

㉖雲五社會科學大辭典第九冊,《心理學》,商務印書館,頁194。

㉗Fremont E. Kast & James E. Rosenzweig, Op. Cit., p. 262.

㉘Robert K. Merton, *Social Theory and Social Structure,* New York: The Free Press of Glencoe, pp. 369-370.

㉙一般人際關係的溝通,都包含該四個向度,團體溝通亦然。有關人際溝通,請參

閱李維特著，前揭書，頁132-142。

⑳參閱B. Berelson & G. A. Steiner, *Human Behavior,* New York: Harcourt, Brace & World, Inc., p. 356.

㉛參閱 李維特著，前揭書，第十八章。

㉜R. Dubin, *Human Relations in Administration,* Englewood Cliffs, N. J.: Prentice-Hall, Inc., p. 68.

㉝C. L. Shartle, "Leadership and Executive Performance", *Personnel,* p. 378.

㉞Keith Davis, *Human Behavior at Work: Human Relations and Organizational Behavior*，台北狀元出版社，p. 256.

㉟W. Warren Haynes & Joseph L. Massie, *Management: Analyses, Concepts and Cases,* Englewood Cliffs, New Jersey: Prentice-Hall, Inc., p. 94.

㊱姜占魁著，《人群關係》，政大公企中心，頁206。

㊲Felix A. Nigro, *Modern Public Administration*，台北新月圖書公司，pp. 165-166.

㊳Douglas A. McGregor, "Adventure in Thought and Action", in Paul Pigorset et al.(eds.), *Recording in Personnel Administration,* New York: McGraw-Hill Book Co., p. 201.

㊴Edwin B. Flippo, *Management: A Behavioral Approach,* Boston: Allyn and Bacon, Inc., p. 208.

㊵Keith Davis, Op. Cit., pp. 268-269.

Chapter 12

組織管理

　　自有人類以來，人們就懂得運用組織以尋求各方面的滿足。雖然組織可劃分為若干更小的團體，並賦予各個成員以特定角色；然而仍須透過組織進行分工協調的工作，以達成滿足成員需求的目標。由於今日組織結構更形複雜，其乃為滿足人們的需要而存在，且在滿足成員需求的狀態下，尋求社會認可，承擔延續人類文化的功能，因此組織的性質日益紛雜。本章擬討論組織的一般概念、管理理論、組織結構、組織設計及其發展與變革。

第一節　組織的一般概念

　　組織自存在以來，由於其性質不斷演變，以致其概念亦隨之而有所不同。早期組織學者解釋組織，都把它看作靜態的結構，分析組織多從技術觀點著手。近代組織專家則多從動態觀點加以分析，認為組織不僅是技術分工體系，更是心理社會體系。因此，組織的概念與定義相當分歧。不過，組織的目標則相當一致：一方面為滿足成員需求，另方面則為完成管理目標。

　　組織既是人類為了追求共同目標而設置，則所謂組織無非是一種有目的性的人群組合，它決定了權責劃分與職務分工，並多少左右了人與人之間的關係，故人類一切行為的表現，實以組織為其背景。有關組織的概念，各專家學者言人人殊，難以遽下明確的定論，其主要原因厥為此一名詞過於抽象，且甚為廣泛，很難使之專門化和實體化[1]。就名稱而言，舉凡機關、學校、工廠、工會……甚至於國家，皆可稱之為組織。惟本章所指以「機關組織」、「工廠組織」與同類組織為主。

　　就定義而言，各家所下定義甚多。高思（John M. Gaus）說：所謂組織，乃是透過合理的職務分工，經由人員的調配與運用，使其能協調一致，以求達到大家所協調的目標[2]。根據此一定義，則組織包括四項主要要素：目的、意見的一致、人員的配置、權責的合理分配。

　　行政學大家巴納德所下的定義為：組織乃係集合兩個人以上的活動或力量，加以有意識地協調，使能一致從事於合作行為的系統❸。準此，任何組織須具備三項條件：相當溝通、一致的行動、共同的目標。

　　孟尼與雷利（Alan C. Reiley）則說：組織是人類為了達成共同目的的組合形式，為有秩序地安排群體力量，產生整體行為以追求共同宗旨❹。以上這些定義，只能解釋組織的靜態面。

　　然則組織到底不僅是靜態的形式而已，它隨時受到外在社會文化背景及內在動態因素的影響。因此，組織實是一種社會心理體系，是個人與組織交互行為的結果。普里秀士（Robert V. Presthus）曾說：組織是一種人與人之間具有結構上關係的系統，個人被標示以權力、地位、職位，而得以指定出各個成員間的相互作用❺。該定義不僅將組織視為一組機械結構，同時穩定了人員間的關係，強化了組織的動態性質。

　　此外，懷特（L. D. White）亦持同樣看法，他說：組織是個人工作關係的配合，是人類所要求的人格之聯合，不只是一種無生物的堆積❻。馬渠（James G. March）與賽蒙（Herbert A. Simon）說：組織是在一定時期內，人們以意志和可完成的目標計畫或制定的決策，努力去達成其目標的組合。在組織內大部分的行為，都是合乎理性的行為❼。由此可知，組織不再單從物質的、機械的觀點著眼，而必須從心理的、社會的角度去探究。

　　就現代組織理論的觀點言，組織的概念相當分歧。吾人擬集合各家說法分為下列四項，加以概念化：

一、組織乃是一種過程和一種產物

　　薛爾頓（O. Sheldon）曾說：組織乃是一個聯合個人或單位貢獻其才能，共同從事於達成同一目標而努力的過程，這樣才能使組織成員的努力，臻於最有效而系統化的正確且協調的績效❽。此一界說乃認為組織係一種過程，而此種過程必須由行政當局共同努力，使不同的個人能形成

一個共同工作的團體,並且把組織視為一個相互關係的結構或組合,通過這些結構,組織的任務乃能賴以達成。因此,組織即是上述過程的一種產物。

二、組織乃是以集體合作為基石

組織是由許許多多的個人所構成,它乃為一部極為複雜的人、事、物之結合體。就組織目標而言,每一構成要素均占有重要地位。組織內的任何部門,如不能與其他部門合作,必然使組織化為烏有,故組織之形成,實以合作與協調為兩大支柱。在正常情形下,兩個人以上的集體合作力量所獲致的成效,遠較個人獨行其是的效果為佳。阮達爾(Clarence Randall)曾說:一個組織在世界上,只不過是一個團體,但這個團體整體的合作成就,遠比其所屬各部門個別努力所得成果的總和為大[9]。

三、組織是與人體結構相同的整體

最早組織理論認為健全的組織與一個健康的人體一樣,組織常做有效地吸取營養與節制精力的消耗。就整體結構來看,組織的各部分乃是經過精密設計與協調,以和諧合作、協同一致的行為,來達成總體的功能。小器官涵蘊於大器官之內,再由大器官構成整體行動,其結果厥為最高效率的成就、適當的效果和最小的衝突;因此,人體結構與人類組織,就細密分工的功能而言,實了無差異[10]。這是就生理學的觀點來看組織的結果。

四、組織就是人

就組織結構的觀點言,一個為眾人所接受的組織定義為:兩個或兩

個以上的人，各具特殊專長，各展才智，為了共同目標而努力；而且各人的行為，又全受正式法規的限制[11]。這一定義完全把組織看作企業的有形結構，結合人力和自然資源，為實現個人目標而行動的團體。

綜合上述，組織乃是一個比較抽象而不具體的名詞，然而為了適宜處理「人」的問題，期對人類行為能做更進一步的瞭解，除了對上述概念應確切體認外，須知現在乃是系統分析（system analysis）的時代。組織不再侷限於科學管理的機械化概念，也不只是人群關係的社會學概念，而是包括生理學、生態學、心理學、人類學等各門各類學科的總體，應用的是有效的系統，由輸入（input）而轉化（conversion）而輸出（output）而回輸或反饋（feedback），不斷地與內在、外在環境發生交互行為的總系統，這乃是包括靜態（statics）與動態（dynamics）的組織體。

第二節　組織的管理理論

組織管理階層對人性的看法，影響其管理哲學，進而採用他認為適當的管理策略。由於對人性的看法不同，其所採取的管理策略也有所差異。一般管理理論即針對人性的看法而來，本節擬討論麥格瑞哥與雪恩的理論。

一、麥格瑞哥的理論

管理心理學家麥格瑞哥在所著《企業的人性面》（*The Human Side of Enterprise*）一書中，就管理立場說明人性，提出X理論與Y理論，形成一幅連續性光譜，茲分述於後[12]：

(一)X理論──督導管理的傳統看法

1. 一般人生性厭惡工作，總是設法加以逃避。
2. 一般人沒有什麼志向，樂於為人所指揮、規避責任、缺乏雄心、苟求安全。
3. 由於人有厭惡工作的本性，管理上必須以強制、督導、懲戒的手段，促使他們努力於組織目標的達成。

(二)Y理論──個人與組織目標的融合

1. 一般人並非天生就厭惡工作，蓋工作中精力的消耗就好像休閒嬉戲一樣。
2. 人們通常都會自動自律地完成工作使命，外力的管理和懲罰的威脅，並不是唯一達成組織目標的有效方法。
3. 人們認為對達成組織使命的主要報酬，就是自我和自我實現的滿足。
4. 一般人在情況許可下，不僅能接受職責，還會設法去尋求。
5. 全體大眾都具有運用高超而豐富的想像力、創造力與智能，去解決組織內部問題的能力。
6. 在現代工業生活的環境裡，一般人所具備的潛在能力，並未完全發揮出來。

依照X理論的說法，認為人性是懶散的，不喜歡工作的，並盡可能地逃避工作責任。人們不會主動與管理者合作，以追求最大利益，故管理者應採用懲罰的手段，此與我國荀子的性惡思想相近似。事實上，自古以來一般組織的管理者也都傾向這種看法。在管理上強調的，是生產力，同工同酬的觀念，冗員怠工的弊害，以及業績的酬勞等問題，以致認為金錢是有效的激勵手段。惟人們會不斷地要求更高的報酬，只有運用懲罰的威脅手段，才能提高工作績效，此為X理論的要旨。

就Y理論的觀點言，人性是好動而喜歡工作的，且認為工作後的成就

就是自我和自我實現的滿足。管理者只有瞭解員工需求，施加一定的獎賞和鼓勵，並建立良好的主雇關係，使員工有自我表現的機會，尊重其人格價值與人性尊嚴，才易取得員工主動的合作，此又與我國孟子的性善思想相吻合。依照需求層次論的原則來看，Y理論所具備的動機，可使員工達到最高層次需求的滿足。此種論點相當理想化，甚易為員工所接受。但實際上，自我指導和自我控制並不是每個人都具備的；而且人類需求的滿足，並非完全自工作中獲得，許多需求往往都是自工作外而獲致滿足的。

綜合X理論和Y理論的觀點，到底何者為優？何者為劣呢？這個問題的答案乃是應依情況而定。換言之，在管理過程中X理論與Y理論都有其必要性。因此，曾有學者提出所謂「Z理論」，對麥格瑞哥理論加以補充，認為人性兼具勤惰本質，喜逸樂也好勞動；有些人比較偏向追求高層次的需求，主動努力於自我成就的表現；有些人則恰恰相反。人類需要的追求，實本於自身條件的差異，蓋人類的天性是機動的，而不是靜止的[13]。管理者宜採應變措施，對某些人須加以強制管理，對另一些人則採激勵手段；對某些情況須繩之以法，而對其他情況則施之獎賞。管理者應能賞罰分明，過分的苛刻固足以招致不滿，而一味地討好亦將造成組織的腐化。惟在實際情況下，大多數的管理者喜歡偏用X理論，而忽略了Y理論。

二、雪恩的理論

雪恩在所著《組織心理學》（*Organizational Psychology*）一書中，認為管理人員對人性的假設，有四種人性的哲學觀點：即理性經濟人（rational-economic man）、社會人（social man）、自我實現人（self-actualizing man）、複雜人（complex man）[14]：

(一)理性經濟人

理性經濟人的假設乃來自於快樂主義（hedonism），認為人的行為都在追求本身的最大利益，人們工作的動機即為獲取經濟報酬。因此，激勵員工努力工作的主要工具，乃是經濟上的誘因。在傳統的組織裡，這種人的存在是相當普遍的，且以金錢誘因來激勵工作是十分有效的。

根據此一假設而引發出來的管理方式，是組織應以經濟報酬來達成工作績效，取得員工的服從，並以權力和控制體系來保護組織與引導員工。是故，管理的特質乃為訂定各種工作規範，加強各種規章的管制。組織目標能達成何種程度，有賴於管理者如何控制員工。此種假設類似於X理論的論點。

(二)社會人

社會人的假設與理性經濟人完全相反，認為員工的滿足感主要來自於社會性的需求，人們最大的工作動機是社會需求，並藉著與同事關係去獲致認同感。此乃因工業改革與工作合理化的結果，使得工作本身喪失了意義，以致人們必須從工作的社會關係中尋求滿足。同時，員工的工作效率，受同事的影響遠較管理者的控制為大，並隨著上司能滿足他們的社會需求程度而變化。

根據此段假設，管理者除了應注意工作目標的完成外，並應重視員工的需求。在控制和激勵員工之前，應先瞭解員工的團體歸屬感，與對同伴的連帶感。管理者的權力不是用以管人，而是去瞭解與關心員工的感受和需求。假如管理者無法滿足員工的社會需求，他們就會疏遠組織，而獻身於非正式團體，並與管理階層相對抗。

(三)自我實現人

自我實現人的假定，主要為認定人們會利用自己的技能，去從事一些成熟的、有創造性的、有意義的工作，以發揮自我潛能的慾望。人們都希望在工作上更成熟、更發展，具有某種程度的獨立自主性，而認為

外在壓力可能造成不良適應。組織如給予員工機會，他會自動自律地把個人目標與組織目標整合起來。

　　基於上述看法，管理者應使員工感到工作具有意義，富於挑戰性，並以工作來滿足員工的自尊與價值。管理者的主要任務，是鼓勵員工接受工作的挑戰，獨立自主地完成工作。蓋員工的動機是出自內心的激發，而不是靠組織的誘導；員工對組織的獻身是出於自願，並自動地將組織目標與個人目標加以統合。此種看法與Y理論極接近。

(四)複雜人

　　複雜人的假設認為人的本身是十分複雜的，每個人都有許多需求與不同能力，人不但是複雜的，而且變動性很大。各人動機層次的構造不同，且其層次並非固定，常因時、因地、因事而改變。個人是否感到心滿意足，或肯獻身於組織，是由個人動機與組織交互作用的結果；且個人在不同組織或組織的不同部門，其動機可能不同。此外，個人常依自己的動機、能力與工作性質，對不同的管理方式做不同的反應。在此種情況下，沒有一套管理方式適合所有時代的所有人。

　　依此，管理者必須洞察員工的個別差異，去發現與探究問題，並面對差異解決問題；同時針對員工的不同需要，採取應變的行動，管理者不能把所有的人視為同一類，以某種固定模式去管理他們。即使是金錢激勵，對不同的人也會有不同的意義，有人視金錢為基本生活保障，有人視金錢為權力的象徵，有人視金錢為成就的標誌，有人則視金錢為舒適生活的工具。是故，對不同的個人應採不同的激勵手段。

　　綜合前述，對人性假設常依歷史的發展而異。二十世紀初，產生了理性經濟人的觀點；一九三〇年至一九五〇年出現了社會人的觀點；隨後由於行為科學的勃興，乃有自我實現人的出現。此三種假設反映當時的時代背景，代表各時代的員工心理，也達成當時組織目標的最適當假設。此種人性假設的發展順序，大致符合需求層次論的論點，即由最

低階層需求的滿足，發展到尋求最高層次「自我實現」的滿足。惟最近由於系統觀念的影響，個人的心理需求，已不只是單純的理性經濟人，也不是完全的社會人，更不是純粹的自我實現人，而是適應因時、因地等各種情況的複雜人。總之，在不同的環境下，必須採用不同的管理哲學，方能獲致最大的效果。

第三節　組織結構

在任何組織中，組織管理理念乃決定了管理方式；惟此種方式係在組織結構中運行。通常組織結構涉及三大問題：一是權力的化分，冀使順利地完成組織目標的行動有所依據；一是責任的分配，冀以控制組織的行動；一是充分的協調與合作，以彌補組織行為的缺失[15]。

一、權力的化分

權力（power）一詞，可解釋為行動的權利或對他人行為的規定與限制。權力和權威（authority）有許多地方頗為相似，所以才會有不少人將權力視為指揮他人和規制他人的權威；實則「權力」是指以強制為手段，而產生影響作用的力量；而權威則為「合法的權力」（legitimate power），即具備某一合法地位者所享有的權力[16]。換言之，權威是不能賦予他人的，而權力可以經由授權賦予他人，這種權力的表現，尤以官僚體制（bureaucracy）發揮得最為透徹。

權力係屬可以賦予的，但它的來源多為組織理論家與學術界所爭議的主題。就組織立場而言，「接受學派」（Acceptance School）認為權力乃係個人接獲上級命令去執行任務而來，如果他拒絕接受命令，則權力不復存在。「權力乃係隨職務而來，故通稱為職權。不是職務的需要，不能享有權力，職務終了，權力也即終了。」[17]

至於功能權力學說則從生物模型來看人類組織，認為權力是發揮個人或各部門的機能而來。功能權力行使之有效，需行政主管享有決策與程序問題的直接權力，而其餘各人能努力完成功能性工作，故功能主義的基礎厥為在專業化的分工。然而此一學說的大問題，乃在於如何使行政主管的直接權力與其他個人的功能權力做適當而合理的配合[18]。

不管權力的來源為何，就組織結構而言，權力的劃分是屬於上下從屬關係，也就是組織上「縱」的結構，由此一個組織便發生了授權（delegation）問題。一個組織的管理者通常須透過授權的方式，將上層權力傳至下級，以促成組織目標的達成。一個管理者如不能善用授權，便不得稱之為管理，故而授權實已構成組織結構的一大支柱。

然而授權必須於適當時機採取合理的方式，否則將徒勞無功。至於管理人員是否授權給下級，端賴後者有無組織及領導與工作知能而定。授權以被授權者的能力強弱及知識高下為依據，應因事選人，確定明確範圍，釐定考核辦法，建立互信互賴關係，以發揮屬員的聰明才智，期其對組織發揮更大的貢獻。但授權也可能發生數種問題：(1)有責無權或有權無責；(2)職權重複、牴觸或遺漏；(3)雙頭指揮；(4)應用例外原則而無先決條件等現象，組織管理者不能不加以注意[19]。

儘管授權發生許多問題，但由於現代組織的龐大複雜，且更形專業化，權力的劃分也隨著組織結構而更形擴張。換言之，由於組織結構的擴展，權力的階層也愈來愈多。因此，組織管理者應將組織結構簡化，行政集中，採取較改進的態度，容納更多的創造力和更大的責任感[20]。

二、責任的分配

責任一詞係指一個人對他所擔當的任務而言，這是組織上「橫」的結構，也是由於職能不同所造成的。管理者有他們自己的責任，任何部屬之間也有各自的責任，這樣組織中的各個分子才能各盡其才智，以臻於組織目標的達成，這些責任的分配實係依分工專業化而來。然而所

謂責任除了完成的任務以外，應要有聽從指揮以完成共同任務的責任，故責任的意義是雙重的，一旦權力經過劃分之後，則責任也隨即跟著發生。

張金鑑教授在《行政學典範》一書中說：「授權與分工不可同日而語。分工是各負其責，彼此無隸屬關係；而授權則上下間仍具有監督與報告的關係。」[21]吾人以為「授權」即屬於「權力劃分」，而「分工」當為「責任分配」，這乃是組織結構的兩大支柱。

傳統上，責任的分配常忽略了人性的考慮，僅僅注意到經濟與技術上的觀點，考其原因乃為：由於工作性質與環境的不一，不同部門間往往有不同的工作焦點。如一個工廠的生產部門常以「事」為主，銷售部門則以「人」為主，廣告部門又以「觀念」為主，這都是觀點取向不同所使然。由於這種職能或責任分工的弊病，組織管理者除了須依正式結構尋求合作與協調之外，並應依非正式結構進行團體活動。

責任或職能分工儘管有它的缺陷，但其優點為促進責任專精，並且使得職能內部容易協調，人員能集中運用，甚而使組織走向部門分工（divisionalization）的途徑，其先決條件為：

1. 建立分權觀念，俾能確立權責各有歸屬的基礎。
2. 推行管理發展（management development），以培養部門分工後所增多的管理人才。
3. 考慮成本的增加。
4. 建立控制手段，俾部門分工仍能維持整體活動。
5. 顧慮需要的時間[22]。

三、協調的急需

個人責任的劃分係以分工專業化為依據，但由於分工專業化的結果，協調合作對組織來講反而更為急切。蓋對組織行動有效控制的程度，實係依協調的程度而定，協調則基於權力劃分與責任分工的結果。

　　所謂協調就是使組織的各個單位間、各個員工間，以分工合作、協同一致的整齊步伐，來達成共同使命。現代組織由於「縱」切面與「橫」切面的擴展，引用分工專業化的原則，對於人力和物力，應予以適當的平衡。而對於各種重要任務的達成，又非透過組織各部門的充分協調不可。組織欲達成協調的目的，往往得借助控制的手段，建立績效完成的準則，並使有關人員能充分瞭解，提供足夠的財力，物質的支持，有彈性地變更計畫，期以收到因時因地因人因事制宜的宏效。這些如能成功地達成，協調之功必可不期而致，而組織目標必可圓滿達成。

第四節　組織設計

　　組織設計在科學管理時代提倡工作簡化（work simplification）；惟現代經濟的發展，人們生活變得更富裕，物質標準將不再是員工追求的唯一目標，組織應安排具有挑戰性的工作，才不致使人感到厭煩或單調。根據一般研究顯示：一個具有中等難度的工作要比沒有挑戰性的工作，更能激發員工的工作動機。蓋一個沒有挑戰性的工作常使人覺得枯燥乏味，但一個充滿荊棘的問題卻常造成一般人的挫折感。唯有中等難度的工作比較能引起一般人的興趣，且不致使員工感到心理壓力的負荷。因此，組織最好能安排一些具有挑戰性，但不至於太困難的工作，以引發員工的工作意願。

　　依據現代組織理論的觀點，組織設計應能推行工作豐富化（work enrichment）。當然，吾人討論「工作豐富化」，須假定組織員工已在物質條件滿足的前提下，始有作用之可言。根據心理學家馬斯洛的見解：人類之追求高層次需求的滿足，往往係基於低層次需求的滿足之後。因此，吾人若以「工作豐富化」為激勵員工努力去工作的手段，基本上亦應以先提高待遇為原則。誠然，有些員工並不一定在意於物質條件的追求，而只求能自己控制自己的工作方法，檢查自己的工作成果，如此自

由自在而已，故「工作豐富化」的實施未可一概而論。

惟科學管理時代的組織設計，乃在追求工作效率；而其工作設計則為增加最大利潤而來。一般組織都藉著工作簡單化、標準化和專門化來達成增加利潤的目標，並把職務設計成標準化和簡單化的工作，產生了極大的經濟效益。然而此種經濟效益，有時卻被員工不滿所造成的損失所抵銷，如員工的流動率高、缺勤率大、成本的增加、品質的下降，工人缺乏工作動機，在心理上從工作中退縮。就工程效率觀點言，設計標準化、特殊化和簡單化的工作，到底能否增加生產力或提高利潤，仍為未定之數。後來人群關係運動強調培養員工的高度滿足感，並聲稱滿足感會提高生產力；惟部分研究發現，高滿足感並不一定會導致高生產力。因此，如何創造組織的適當條件，以便同時達到滿足工作者需求與提高生產力的兩大目標，乃形成今日組織管理所面臨的挑戰。

最近許多行為科學家都大力強調：工作擴展（job enlargement）或工作豐富化（job enrichment）可能是一條可行的解決問題之途徑。在許多情況下，工作擴展或工作豐富化確能增加員工的滿足感，同時也增進了組織的利潤。此種方法於一九五〇年代即為阿吉里士所強調，而其中尤以「工作豐富化」最具代表性的意義，且為管理學家赫茨堡所力倡。諸如工作延伸（job extension）與工作輪調（job rotation），都與工作豐富化有相當深切的淵源與關係。

一般言之，工作豐富化是指工作最富有變化，個人擔負的責任最大，個人最有自我發展的機會；而工作擴展、工作延伸與工作輪調則依序遞減；顯然，這些差異只是語意上的差別而已，並不是實質上的不同。其中工作豐富化與工作擴展之間的差距更微不足道，只是工作擴展的名詞創始於先，而工作豐富化使用於後而已。

至於工作豐富化是一種怎樣的組織設計呢？一般言之，工作豐富化的策略可就三部分加以討論：(1)工作單位；(2)工作單位的控制；(3)個人工作結果的回饋[23]。

在工作豐富化的過程中，首先應將工作單位的界限劃分清楚，否

則工作單位不具體，劃分不清晰，員工將無所適從，不曉得個人的職責所在，其工作績效自然就降低了。在劃分工作界限的同時，應將許多相關枝節性的工作合併由一人獨立完成，亦即擴大個人的工作範圍，加重個人的權責，使其不致產生單調枯燥的感覺；且由於工作單位的大小適度，而能產生「該工作為我個人獨立完成」的成就感。質言之，工作單位的界限之劃分，並非意指物理上清楚的界限，而是在於使員工產生滿足感與成就感而後發的，此種成就的產生較易發生於具體性的工作單位。因此，組織管理者應擬訂較具體而明確的工作單位，用以提高員工工作績效，並滿足其成就感。當然，工作豐富化實施之後，有些員工可能不一定能掌握整個工作及勞務；然而當他們有了經驗後，往往可以把擴大的工作做得更好，組織管理者不宜低估員工的工作能力。

　　其次，隨著員工工作經驗的增加，管理人員必須慢慢地把工作責任移交給員工，直到員工能完全掌握工作為止，此種過程為工作單位的控制。所謂把工作責任移交給下屬和把控制權交給下屬是不一樣的。顯然地，由於員工間能力上的差異，把工作控制權完全交給員工是相當冒險的。但一般經驗顯示：讓員工自己去負責自己的工作是可行的，且可能產生良好的效果。蓋權責的下授或由下一級人員負擔更多的責任，是一個組織趨於成熟的必然現象。此外，讓員工自己訂定工作目標，決定工作時限，比較能在時限內完成自己的工作，甚且比管理人員所規定者為短。很明顯地，此乃為由員工自行控制工作方法所得的結果。

　　再者，讓員工知道自己努力的結果，由自己做檢查的工作；否則即使工作單位劃分得很清楚，工作由員工自行決定；工作控制權已經下授，仍是徒勞無益。換言之，工作成果須有回饋的過程，使員工知道自己的工作缺點，研究改進工作的方法，使工作能適切的修正與調整，亦即採用自我檢視（self-monitoring）的方式，讓員工瞭解自己的工作成果與未盡圓滿的地方。所謂自我檢視，乃是指由員工記錄每天的工作產量與品質；同時繪出統計圖表，來比較每天成果與缺失，於是員工可獲知產量的高低與品質的好壞，並找出原因，以免重蹈覆轍。就管理階層

而言，員工能自我檢視可省掉許多管理上的麻煩，而且在效果上要好得多，一旦工作出錯，可由員工自行察覺，不必由管理人員多做查考的工作。因此，隨時讓員工知道自己的工作績效是非常必要的。

工作豐富化除了可用於擴大個人工作範圍外，尚可用於整個團體或部門間的工作結合，並予以擴大之。在工作的過程中，將兩個工作結合起來，往往可變成一個優異而具有意義的工作單位。通常工作豐富化以整個工作團體為對象時，可採用「工作加入」的技巧，以擴大整個團體的工作，並激發高昂的士氣及提高工作表現。例如，改變工作團體內每個人員的工作位置，使其成為一體，彼此可相互幫忙，使大家都能有屬於一個團體的歸屬感與認同感。換言之，工作豐富化不僅是把工作擴大而已，並且應適度地把大家擺在一起；它不僅是幾個工作要素的擴大而已，而且是許多連續性工作的結合與凝聚；它不僅是垂直式的擴大，給予員工更多更大的自主權而已，而且也是水平式的擴大，也就是賦予員工更多的職務，增加工作的變化性[24]。

第五節　組織發展與變革

社會是個多變的人類活動大單元，隨著工業革命的發生，經濟生活的繁榮，科學技術不斷地更新與改進：組織處於這種多變的大社會中必須實施變革，以調整其內部結構，防止組織本身的腐化，針對組織的弊端採取均衡措施。組織變革既是時代潮流之所趨，管理學家不得不研究新的組織理論，作為組織改革的方針，及做適時的修正與適應，組織發展與變革就是在這種情況下產生的。

「組織發展」一詞在今日學術研究領域中，尚屬於演進的階段，依各種不同的角度與實際作業，而有其不同的意義。吾人站在行為科學的立場，認為：組織發展乃是指組織經過長期的努力，以改進其解決問題的方法，並更新各種組織的過程。

　　所謂努力是指有效而合作地對組織文化加以管理，尤其是特別強調正式工作團體的文化，在變革代理人（change agent）或催化人員（catalyst）的帶動下，應用行為科學的理論及技術，包括行動研究來達成管理目標。依據此定義，組織發展的內容含有五大要項[25]：

一、組織文化

　　所謂組織文化是指影響界定組織關係、職責的現行活動型態，以及相互影響模式、規範、情感、態度、信念、價值觀與生產。其中生產乃係科技創新的結果，故組織發展亦包含科技的創新。雖然科技問題在組織發展中居於次要地位，然若將科技範圍包括工作程序、方法與設備等加以擴大，其必受組織發展活動的影響，同時亦會影響組織發展的活動。

　　此外，組織文化尚包括組織的非正式系統，它為組織行為不明顯或內隱的部分，包括感覺、非正式活動及交互行為、團體規範與價值觀等。組織發展的努力，必須同時重視正式與非正式系統的改進，並且強調合作管理的文化，使組織成員在管理上的責任相互分擔，人人各盡其職。由於各個組織對於上述文化內容的認可有所差異，因而每個組織的文化是大異其趣的。

二、工作團體

　　工作團體是組織發展活動的主要單位，它與傳統組織重視管理人員或上司是不同的。組織發展活動的主要核心，乃在於正式工作團體，並長期注意其動態的工作情境，在工作中不採取直接干預的方式，而讓它在一定模式中有自由發展的機會。就整體組織發展來看，不但注重長久性的工作團體，同時也非常重視暫時性的工作團體、團體成員的重疊問題，以及團體間的關係和其在整體系統中的含義。蓋就組織的整體性而

言，組織任務有時並不是正式團體所能單獨完成，其尚待非正式團體的配合，乃不容置疑。

三、變革代理人

組織發展的定義中，有所謂「變革代理人」或「催化人員」，雖然非絕對必要，但卻是可欲的。蓋在早期的組織發展過程中，組織是否能做自動自發地努力而產生最佳的效果，是令人懷疑的。因此，有個不屬於現行組織文化的第三者，站在客觀的立場來提供必要的服務，對組織發展應是有益的。當然，變革代理人或催化人員也可以是組織中的成員，但他應是處於激發組織發展管理系統之外的人員。

四、行動研究

行動研究是組織理論研究的新方法，其特點為注重有意義的行動，而不只是限於行為研究；即研討具有特定意義的行動，用以改變組織的行為，促進組織發展。行動研究是處理大部分組織發展的基本模式，故有人稱組織發展為經由行動研究而促成的組織改進。其模式為：(1)初步診斷；(2)收集有關團體的資料；(3)將資料送回團體；(4)該團體研討所得資料；(5)問題診斷；(6)策劃行動；(7)採取行動。組織發展透過行動研究的過程，乃能達成管理的目標。

五、改進方案

組織發展改進方案的努力與傳統組織是有差別的，傳統組織專家只研究組織情勢，提供建議性的改進方案；而組織發展的變革代理人，則會干預組織的實務發展過程。組織發展干預活動，具有下列特徵：(1)強調團體與組織的過程，而不是實質內涵；(2)強調工作團隊是學習有效率

的組織行為方式之主要單位；(3)強調工作團體文化的合作管理方式；(4)強調對文化的整體系統及整體系統的枝節之管理；(5)「行動研究」模式的運用；(6)「變革代理人」或「催化人員」的運用；(7)將變遷的努力視為連續不斷的過程；(8)基本上仍強調人際與社會關係。最後一點雖然不一定是組織發展與其他組織理論相異之處，然卻是一項重要的特徵。

此外，在組織理論研究上，與組織發展具有極高關聯性的「目標管理」、「工作豐富化」，亦有值得一提的必要，以供比較參考之用。所謂目標管理（management by objective），乃是訂定明確目標，決定管理方針，安排工作進度，並使其有效地達成；同時對其成果須加以嚴格複核的一種組織內部管理體制。無目標或未認清目標，將招致管理工作上的困難，形成努力的浪費和員工間的摩擦與衝突。如果目標管理亦源於行動研究，則目標管理亦是組織發展的延伸，或為組織發展的一部分；也就是說目標管理亦為收集有關改變當事者所經歷到的問題之資料，再將資料送回有關的團體，而後謹慎地診斷問題的性質。惟目標管理方案大都是由管理人員或人事部門單獨提出，缺乏聯合診斷，未運用團隊精神的方法，甚而未體認各項職務彼此間的關聯性，且未幫助測試團體文化，此與組織發展的過程是略有出入的。

至於工作豐富化，已如前節所述。它亦是一種改進組織的方案，且與組織發展有極高的關聯性。某些工作豐富化是附著於行動研究中的，工作豐富化極可能是行動計畫的結果，行動計畫則屬於行動研究循環的一部分。然而工作豐富化也可以是一種非基於合作診斷基礎的強加方案，剝奪了員工的社會交互行為，且產生焦慮或不適應的感覺。因此，不管是目標管理或工作豐富化與組織發展之間，有時彼此具有極高的關聯性，甚或成為組織發展的一部分；然而有時卻有極大的不同，須視組織發展所採用的方案與運用的過程而定。

組織發展主要導源於一九四五年勒溫（Kurt Lewin）所建立的團體動力學研究中心，對社會心理學的研究。該研究在行動研究方面獲得不少

進展，且其在應用行為科學方面的興趣，促成了調查研究法與實驗訓練法的發展。該中心最初設於麻省理工學院，其後遷往密西根大學。所謂行動研究亦稱為調查研究與回饋，其主要特徵是在團體集會中採用態度研究及資料回饋兩種方法。有關行動研究的例子之一，是底特律愛迪生公司（Detroit Edison Company）一九四八年的計畫；該公司研究人員首先進行全面性的員工與管理人員態度調查，從而建立資料回饋系統。在此計畫中，一項態度調查所獲得的資料，送回參與調查的會計部門；從此種過程來看，它具有當代組織發展的特質。

調查與回饋研究得到一項觀念：即利用員工問卷調查的結果，作為密集群體討論的內容，以導引組織走向正面的改變。它與傳統訓練法的不同，乃是此方法的有效性在於它將人際關係視為整體系統來處理，同時考慮到每位管理人員和員工的個別差異與環境差異；而在處理任何問題時，都依照個人職務、個人問題及個人的工作關係等，來分別處理。此方法為組織發展的主要模式，如果任何一種改變的努力不符合這項特點，則只能說是一種組織改進方案，而不是具有組織發展的歷史意義了。

組織發展的另一道主幹乃是實驗訓練法，它是指在一個沒有結構的團體中，一群和組織上並無關係的成員，從彼此的交互行為及團體動態歷程中，學習並瞭解人際相處的藝術。目前有許多組織均希望藉著實驗室的團體討論，或其他動態過程，使員工行為發生改變，然後將之帶到實際的工作情境裡。初期此種技巧用於解決實際問題時，卻遭遇到嚴重的挫折；蓋在小組訓練中所習得的簡單技巧，很難轉移運用到複雜的組織環境上。然而行為科學家並不因而氣餒，詹士（John P. Jones）就曾有系統地討論實驗訓練技巧，將之運用於複雜的組織環境裡，並建立一個內部諮詢小組；其主要工作在於應用行為科學的知識，來輔助管理人員，該小組被稱之為組織發展團體（organization development group）。

實驗訓練法致力於個案方法與實驗方法的結合，並設計了所謂管理工作會議法，特別強調小組訓練、組織實習與相關演講。在訓練方案中

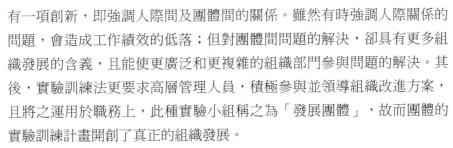

有一項創新，即強調人際間及團體間的關係。雖然有時強調人際關係的問題，會造成工作績效的低落；但對團體間問題的解決，卻具有更多組織發展的含義，且能使更廣泛和更複雜的組織部門參與問題的解決。其後，實驗訓練法更要求高層管理人員，積極參與並領導組織改進方案，且將之運用於職務上，此種實驗小組稱之為「發展團體」，故而團體的實驗訓練計畫開創了真正的組織發展。

綜合上述組織發展的過程，一般學者都尊稱勒溫為組織發展之父，蓋他所創立的團體動態學（Group Dynamics）與場地理論（field theory）實為組織發展的主根。他是創始美國國家訓練實驗室（即今美國國立訓練實驗中心）與團體力學研究中心的核心人物，迄至今日對組織研究具有相當深遠的影響[26]。

個案研究——組織結構的改變

　　立業公司創立已有五十年的歷史，從事於精密電訊設備的製造，公司內部呈現一片繁榮景象，那得歸功於創辦人和專家的優越技術。

　　去年，由於某種原因，創辦人不想繼續經營，乃將整個事業轉讓給一家規模龐大的企業機構接辦。對那家收購的企業機構來說，這是第一次在通訊工業上的投資。該企業機構事實上也是以製造業務起家的。董事會認為立業公司的獲利力甚強，是一樁極有價值的收購。

　　立業公司在被收購和接管後，新公司當局告知原有員工，人事方面不會有重大更動，一切業務均照常處理。唯一的變動，是在組織結構上做一次調整，將推行一種直線與幕僚的綜合結構。新公司認為原有組織過於散漫，故須建立一種較正式的溝通路線，和職權與責任關係。唯有如此，才能使人人知道自己應該做些什麼和該對誰負責。

　　在經過改組六個月後，立業公司的財務報告出現了困難。新公司不但沒有達到高度的獲利力，反而顯現了多年來第一次的虧損。總經理和手下的一群顧問都找不出虧損的原因。一位董事說：「我們對公司的組織結構，建立了一層新秩序，目的本在改善公司的紊亂。但是結果不但沒有獲致利潤，反而帶來虧損。目前應該聘請一家管理顧問公司來協助。也許我們需要的，該是比當初設想的正式結構更為正式化些。總之，現在是採取行動的時候了。」

問題討論

1.新公司組織正式化後,反而帶來虧損,原因何在?試說明你的看法。

2.你認為組織結構的改變,會影響公司的營運狀況嗎?何故?

3.你認為該公司是否須兼顧其他因素,尋求與組織結構改變的配合?

4.你對該公司有什麼建議?請依「機械性結構」和「有機性結構」的觀點,說明你的看法。

註　釋

[1] 蔡麟筆譯,〈組織行為與行政績效的檢討〉,《憲政思潮季刊》,第15期,頁94。

[2] John M. Gaus, "A Theory of Organization in Public Administration", in *The Frontiers of Public Administration,* Chicago: University of Chicago, p. 69.

[3] Chester I. Barnard, *The Functions of the Executive,* Cambridge: Harvard University Press, p. 73.

[4] James D. Mooney & Alan C. Reiley, *The Principles of Organization,* New York: Harper and Bros, pp. 1, 5.

[5] Robert V. Presthus, "Toward a Theory of Organizational Behavior", *Administrative Science Quarterly,* p. 50.

[6] L. D. White, *Introduction to the Study of Public Administration,* N. Y.: Harper & Bros, pp. 37-38.

[7] James G. March & Herbert A. Simon, *Organization,* New York: John Wiley and Sons, Inc., p. 29.

[8] O. Sheldon, *The Philosophy of Management,* London: Sir Issac Pitman & Sons, Ltd., p. 35.

[9] 同註[1]，頁95。

[10] L. P. Alford & J. R. Rangs(eds.), *Production Handbook,* N. Y.: Ronald Press Co., p. 12.

[11] P. B. Applewhite, *Organizational Behavior,* Englewood Cliffs, New Jersey: Prentice-Hall, Inc., p. 1.

[12] D. McGregor, *The Human Side of Enterprise,* New York: McGraw-Hill Book Co., Inc., pp. 33-34, 47-48.

[13] L. F. Urwick, "Theory Z", in *Advanced Management Journal*, pp. 14-20.

[14] Edgar H. Schein, *Organizational Psychology,* Englewood Cliffs, New Jersey: Prentice-Hall, Inc., Ch. 4.

[15] 蔡麟筆譯，前揭書，頁99。

[16] 張潤書編著，《行政學（下）》，中華電視台教學部，頁47。

[17] 鄒文海著，《政治學》，三民書局，頁198。

[18] E. H. Anderson, "The Functions Concept in Organization", *Advanced Management,* Vol. 25, No. 10, pp. 16-19.

[19] 徐立德著，《人群關係與管理》，中華企管中心，頁54。

[20] James C. Worthy, "Organizational Structure and Employer Morale", *American Sociological Review,* Vol. 15, No. 2, pp. 169-179.

[21] 張金鑑著，《行政學典範》，中國行政學會，頁315。

[22] 徐立德著，前揭書，頁57-58。

[23] R. N. Ford, "Job Enrichment Lessons from A. T. and T.", *Harvard Business Review,* pp. 96-106.

[24] 有關工作豐富化的限制條件與實施，可參閱林欽榮著，《管理心理學》，五南圖書出版公司，第二十一章。

[25] 參閱鄭伯壎、樊景立編譯，《組織行為：管理心理學》，大洋出版社，頁182。

[26] 有關組織發展與變革的其餘部分，可參閱林欽榮著，前揭書，第二十五章。

Chapter 13

領導行為

　　領導行為在組織研究中是相當熱門的論題，也是組織學者爭相討論的焦點，蓋組織效率常取決於領導的良窳，組織中社會影響的過程常受領導的氣氛所左右。良好的領導是促使部屬有效工作的手段，可集合眾人之力邁向共同的目標。俗話說：「帶人者，應帶其心」，可見領導是一種深入人心的藝術。有效的領導是有效管理的重要要素。自有組織以來，領導問題即已存在；惟到目前為止，尚未有一套非常完整的領導理論出現。本章將討論領導概念的發展，以及其應用的情況。

第一節　領導的意義

　　領導是極其廣泛而深切的名詞，言人人殊，難以得到明確的定論。大體上，吾人就組織心理學的觀點，可說領導是一方面由組織賦予個人統御其部屬，完成組織目標的權力；另一方面把組織視為一個心理社會體系，而給予領導者一種行為的影響力，及於團體中激發每一分子努力於組織目標的達成。換言之，領導的主要作用，一方面為完成組織目標，另方面則表示領導是一種群體交互作用。

　　史達迪爾（Ralph M. Stogdill）認為：「領導是對一個有組織的團體，致力於其目標的設定與達成等活動時，施予影響的過程」❶。此項定義包括三項因素：(1)必須是一個組織性的團體；(2)必須有共同的目標；(3)要有責任的分配。根據史達迪爾的見解：領導是組織團體的一部分，它必須實施功能分工始有存在的可能，故領導係針對組織中擔任各種正式職位的人為出發點，此種看法忽視了領導權中人際的動態關係。

　　貝尼斯（Warren G. Bennis）強調領導乃是「一位權力代表人引發部屬，遵循一定的方法去行事的過程」❷。該項定義有五個因素：領導人、屬員、引發行為、方法、過程。此定義偏重領導的動態關係，以及環境條件的運作。

　　貝維勒（Alex Bavelas）則注意領導行為，認為領導是協助團體做抉

擇使能達成其目標，領導權包含著消滅不確定的作用❸。這個概念即是說，領導者的行為能為團體建立起從前所未經確知的情況，一經領導者在組織中擬具出目標，他就能執行這些領導活動，使得其他人追隨其行動。

湯納本（R. Tannenbaum）與馬沙里克（F. Massarik）曾就領導與影響系統的關係之觀點，陳述領導是「依情況而運作，並透過溝通的過程，而邁向一個特定目標或多重目標的達成之一種個人影響。領導總是包含著根據領導者（影響者）去影響追隨者（被影響者）的行為之企圖」❹。換言之，最能滿足團體內個人需求的人，才是真正的領導者。

費德勒則指出：一個領導者乃是「在團體中具有指令與協調相關工作的團體活動的任務；或者是在缺乏指派領導人的情況下，能擔當基本責任於實現團體功能的個人」❺。該定義強調領導是一種過程；是一種地位集群。不過，它重視「一種過程」，遠甚「一種地位集群」；且「任務指向的團體活動」似乎表示領導與管理是同義詞。惟事實上，管理比領導更具有較寬廣的基本功能。

領導是管理的一部分，但並不是全部。一個管理者除了需要去領導之外，尚須從事計畫與組織等活動；而領導者則僅只希望獲取他人的遵從。領導是勸說他人去尋求確定目標的能力，它是使一個團體凝結在一起，同時激發團體走向目標的激勵因素。除非領導者對人們運用激勵權力，並引導他們走向目標；否則其他管理活動如計畫、組織與決策，就像「冬眠的蠶」一樣靜止著。此種含義強調領導角色乃在發掘行為的反應，它隱含著達成團體目標的人為能力。

綜上言之，領導就是以各種方法去引導別人或一群人，使其往一定目標邁進的能力，亦即為激發他人去達成特定目標的影響歷程。在今日組織中，有積極平衡性的個人才可能是領導者；而未具平衡性的個人，則不可能帶動別人從事適當活動。質言之，影響企圖失敗，則表示領導無效，領導者就會喪失領導能力。

第二節　領導的權力基礎

　　領導既是個人對他人或團體所擁有的影響力，則它必以某些權力為基礎；惟學者對權力的看法，則言人人殊。艾茨歐里（A. Etzioni）認為權力有三種類型：外在權力（physical power）、物質權力（material power）、象徵權力（symbolic power）。賽蒙把權力關係分為四種：信任權力（authority of confidence）、認同權力（authority of identification）、制裁權力（authority of sanctions）、合法權力（authority of legitimacy）。本節首先就早期傳統及其後所衍生的個別看法，說明各種權力理論；然後討論韋伯（Max Weber）以及佛蘭西（John R. P. French）與雷文（Bertram Raven）的理論，以供參考。

一、早期及其後的各個論點

　　領導權力來源的說法，本就眾說紛紜；早期對權力的看法，都以本位立場各據一方。當組織開始形成之初，一般都認為權力是由上而下的，此在專制政治體制尤然；隨著民主思想的開放，乃認為權力應是由下層人員容允（permissive）而得的；其後經過若干修正，又有了其他的論點出現。由此，有關領導權力的個別理論乃應運而生，其時對權力來源的主張都本於獨立的看法，而各自建立起其論點，最主要的可分為下列幾種看法，茲分述如下（如**表13-1**）：

表13-1　早期各個權力來源的看法

理論類型	內容來源
形式職權論	權力來自組織的頂層
接受職權論	權力來自組織的底層
情勢職權論	權力來自緊迫的情勢
知識職權論	權力來自專業的知識

(一)形式職權論

形式職權論（formal theory of authority）是指一位領導人的權力乃係來自組織的頂層。不管此種領導人是如何來的，他所擁有的權力是因為他居於組織的頂端，這是組織權力來源的最早看法，也是組織層級理論的傳統看法。站在組織統合的立場而言，此種權力來源應是最具正當性和合法性的。因此，此種看法在早期人類有了組織即已存在，及至今日，組織學者仍無法否定組織權力來自頂層的說法。是故，形式職權論乃是傳統學者所共認的理論，也是一般組織普遍存在的事實。

(二)接受職權論

接受職權論（acceptance theory of authority）主張領導人之所以具有權力，乃是因為部屬接受他權力的運用而來；若部屬不接受領導者的權力，則其權利是無法存在的，至少也被大打折扣。此種權力學說乃為行政組織學家巴納德所極力提倡的。他認為組織領導者的權力，應是由下而上的，而非為由上而下的。蓋組織底層若拒絕接受權力，則領導者自無權力可言，故權力應是部屬容允而得的。

(三)情勢職權論

所謂情勢職權論（authority of situation）是指權力的來源係始自於緊迫的情勢。當組織或任何情境處於緊迫的狀態下，行為者可當機立斷以處理其緊急的情況，由是他乃擁有當時的權力；而當此種緊急情況消失後，他所擁有的權力立即消失；但也可能因他有過的經驗，而再衍生其後續所產生的權力。不過，此種個人權力在性質上是由情勢所促成的，因此他當時確擁有一份指揮權。大凡在危機情勢下，而必須立即採取行動的狀況，都能促使在場者行使權力，此種權力是不必經過正式授權的。

(四)知識職權論

所謂知識職權論（authority of the knowledge）乃是指權力的來源係因某人擁有專業知識之故。此即某人具有專業技術能力，而擁有指揮他人的權力。在今日社會中，由於分工專業化的結果，擁有專業知識權力者日眾；而其他缺乏某項專業知能者，只有聽從指揮的份。所謂「知識即權力」「知識就是力量」，正是此種情況的寫照。因此，擁有豐富知識的個人，乃能成為領導者。因為專業知識具有引導他人的作用，甚而為他人謀取利益，故而能成為權力的來源。

顯然地，權力的來源不止一種。然而，由於上面的論述正足以說明權力是一種動態的概念，隨之而來的領導權也必須以動態的觀點而加以正視。亦即領導權的產生，絕不僅限於組織正式層級所賦予的意義，有時也必須從組織的底層或其他方面去探討，方不致產生偏頗的現象。

二、韋伯的理論

德國社會學家韋伯把權力（power）稱為「權威」或「職權」（authority），他認為權力是控制別人行為的能力（the ability），而權威則是控制別人行為的權利（the right）。他把權威分為三種基本類型：法理權威（legal / rational authority）、感召權威（charismatic authority）和傳統權威（traditional authority），如**表13-2**。

表13-2　韋伯的權力來源理論

權威類型	來源
法理權威	・權威來自法定規章的合法程序 ・權威來自理性體系的職位或職務
感召權威	・權威來自個人的稟賦才能 ・權威來自領導者個人的魅力特質
傳統權威	・權威來自世襲的職位 ・權威來自傳統的文化價值

(一)法理權威

　　法理權威或可譯為合法合理權威，它既不是反應某人的特質而來，也不是完全依賴傳統的文化結構而生，而是來自於一個理性的系統，亦即由法令、規則和條例體系所界定的。某人之所以擁有權力，係依法定程序而來，是依據組織體制的合法合理性而生。因此，決定個人擁有權威的因素，是職位或職務，而不是占有該項職位的個人。法理權威是屬於法治的，而不是人治的；權威的執行只限於公務，也就是在技術上或功能上的地位。在法理權威下，領導者只能在法定情況下行使權力，而他所執行的是一個理性體系所賦予的職責。

(二)感召權威

　　感召權威或可稱之為神性權威或魅力權威，其乃來自於個人天生的異稟才能，也就是一種近乎超人或超自然的稟賦才能。此種權威的取得是依靠領導者個人的魔力性質，使他的追隨者自願去服從他的命令，人們追隨他的原因是出自個人崇拜，而不是由於法律規章的約束。韋伯曾說：「感召領袖只有藉著展現他對生命的力量，才能獲致與保持權威。他若想成為一位先知，就必須讓奇蹟出現；若想成為一位司令官，就必須有英雄事蹟。」

　　就影響力的觀點而言，感召權威概念遠超過權威概念，因感召權威的形成乃依據個人特質而來，具有強固的地位特性。由於感召領袖有獨特特質，故不易找到繼任人選；也由於這個原因，感召權威常不穩定，且無法持久。

(三)傳統權威

　　傳統權威介於法理權威和感召權威之間。傳統權威的職位通常是世襲的，而人們也覺得必須對占有該職位者忠誠。此種權威的來源最初通常是始於感召權威的建立，或接受政治體制而生，或由宗教信仰而來，

而後逐漸形成傳統的文化價值，使得傳統權威得以傳遞下去。在傳統社會中，人們經常認為，習以為常的事就是神聖不可侵犯的。凡是具有傳統權威的個人，就是基於人們對這種文化價值的認同，以致獲得他人的追隨與服從。

以上這三種權威可能會彼此重疊。在法理權威下所產生的領導者，可能擁有相當的傳統權威，而且本身也具有感召權威。而在傳統權威下的領導者，也可能有某些法理權威或個人的感召權威。同樣地，出自個人感召權威的領導者，也可能衍生出法理權威或建立起傳統權威。不過，在此模型下，這種權威有可能以某一種權威為主要的憑藉。

三、佛蘭西與雷文的理論

佛蘭西與雷文認為：權力是指某個人對他人所能發揮的控制力。顯然地，在某個社會團體中，某人具有權力即是他擁有控制能力之故。依此，他們認為權力的來源有五：即報償權力（reward power）、強迫權力（coercive power）、合法權力（legitimate power）、參照權力（referent power）、專家權力（expert power），如**表13-3**。

表13-3　佛蘭西和雷文的權力來源理論

權力類型	來源	類屬
報償權力	權力來自於領導者擁有獎賞的能力和權限	正式權力
強迫權力	權力來自於領導者擁有懲罰的權限程度與強度	正式權力
合法權力	權力來自於領導者擁有合法的職位與職務	正式權力
參照權力	權力來自於部屬對領導者認同的程度	非正式權力
專家權力	權力來自於某些人是否具有專業知識而為人所肯定的程度	非正式權力

(一)報償權力

所謂報償權力或可稱之為報酬權力或獎賞權力，是指某人能提供他

人多少獎勵的能力而言。在報償權力下，領導者掌握了對下屬的獎賞權力，以致增強了他所具有的影響力。如果下屬能按照領導者的意思去做事，將可獲得正面的報償。這些報償可能是金錢，如加薪等；也可能是非金錢，如讚賞、記功等。領導者所擁有的報償權力，不僅和他所能給予獎勵數量之多寡有關，且和他所能支配獎勵範圍的大小有關。因此，領導者報償權力的大小，除了係依其在工作範圍內，能給付多少薪資的獎勵能力而定之外，尚須依憑他在組織內能否變更此一工作範圍，或對屬員晉升的機會，提供強有力的影響之可能性而定。

(二)強迫權力

強迫權力或可稱為強制權力或懲罰權力，係指領導者具有某些足以令他人接受其命令，以免遭受到痛苦或損失的權力。亦即領導者具有懲罰屬員的影響力，此與報償權力為一體之兩面。此種權力會使部屬體會或知覺到不順從主管的意志，將招致懲罰。在組織中，領導者的強迫權力，有申誡、記過、調職、減薪、降級和解雇等方式。強迫權力的大小，依當事人違反權力者意志的程度，以及權力者所能施加懲罰的強度而定；此常與獎賞權力交互運用，以求達到屬員服從的目的。

(三)合法權力

合法權力係衍生於組織內部的規範與文化價值，且是依據組織的合法職務而來的權力。一位主管若經由法定程序任命，則他所具有的權力即屬於合法權力。由於主管擁有合法權力，故部屬認為聽命於主管乃是理所當然之事，以致主管乃得以影響其下屬的行為。不過，此種合法權力常依據獎賞和懲罰權力為基礎，始能發生作用。此種權力亦可指定某人代行權力，而另一些人則有接受該權力運作的義務，此乃因它是合法的泉源。

(四)參照權力

參照權力是基於影響者與被影響者的認同關係而來,故又稱為歸屬權力或認同權力。此即為領導者擁有某些特質,而為被領導者所認同,以致產生共同的歸屬感與一致感。此種歸屬感的形成,乃是因為領導者被認為具有一定的吸引力,且是希望的來源之故。此種權力往往是領導權的真正來源,因為它是基於「被治者同意」的原則而來的。

(五)專家權力

專家權力是指某人因擁有專長、專門技能和專業知識,而具有影響他人行為的力量而言。此種專家常受到他人的尊敬和順從,此有助於工作的順利推行。專家權力的強度須視影響者在專門知能領域上,受別人所敬重的程度以及依據某些標準所衡量的水準而定。一個人在這些範圍內受到肯定,往往更具領導權,尤其是在今日分工愈為精細的社會中,專家權力愈為廣泛。組織中具有專門知識與技術的專家以其擁有的才能與技巧,而形成對他人極大的影響力。

上述這五種領導權力的基礎中,前三者與正式組織有關,是屬於組織權力,它是正式組織的主管所專有。但一位管理者也不能忽略來自個人特質的參照權力和專家權力,此兩者一般是屬於個人的,是一種非正式權力;但其影響力不下於正式權力。此即為有效的管理實應兼具有效的領導之故。

第三節　領導權的形成

領導既是影響他人行為的能力,然則領導權是如何形成的呢?個人之所以成為領導者,到底是「時勢造英雄」呢?還是「英雄造時勢」呢?依據現代組織理論的研究顯示,兩者是相互作用的。在領導權形成

的過程中，情境因素是很重要的；惟在特定的環境中，個人性格亦能依據情境而創造出他的領導風格，此即所謂的「特質研究法」。該法認為領導權的形成，乃是領導者的人格特質、價值系統與生活方式所塑造而成的。依此，特質論者常常建立起領導者的明確特質表，可能包括身材高矮、力氣大小、知識高低、目標認知性、熱忱與友善程度、做事積極、具社交能力、工作能力、持續力、整合力、道德心、技術專長、決定能力、堅忍心、外表、勇敢、智慧、表達能力與對團體目標的敏感性等。個人具有這些特質的一部分或全部，是許多研究所承認的事實。故有人解釋領導力是指「綜合群體行為中的有關決定因素，以便推動群體行動的能力」❻。

領導特質的測量，通常都發生在一個人已成為領導者之後，故吾人很難證明領導權形成的因果關係，惟一般成功的組織領導都具有四大特質❼：

1. 知識：領導者的知識比一般追隨者略高，此種差異並不太大，但總是存在的。為了能瞭解廣泛而複雜的問題，領導者必須具有分析能力；為了表達他的意念，激發員工士氣，他必須具有溝通能力。

2. 社會成熟性：領導者具有較寬廣的興趣與活動，他們的情感較為成熟，不易因挫折而沮喪，或因成功而自得。他們具有較高的挫折忍受力，對他人的敵視態度較淡，且有合理的自信與自尊。

3. 內在動機與成就驅力：領導者具有強烈的個人動機，用以完成工作任務。當他們實現一個目標之後，其靈感水準將提升至更高目標的追求，故一次成功可能變成更多成功的挑戰。他為了滿足其內在驅力，更需努力去工作，以滿足成功慾望。

4. 人群關係的態度：成功的領導者常體會到工作的完成，乃係他人助成的，故試圖去發展其社會瞭解與適當技能。他常能尊重他人，對人性產生健全的觀感，蓋他的成功是基於人們的合作。因此，他很重視人群關係的態度與發展。

　　基於上述所言，這些領導特質是可欲的，但並不是頂重要的。蓋領導者與追隨者之間，在恰當特質上的差異不能太大。領導者為了維護團體的親善關係，他不能具有太高的知能；否則由於差異性的阻礙，可能使他在團體內失去與他人接觸或交往的機會。因此，吾人討論領導權的形成時，不能排除「情境探討法」的論點。

　　所謂「情境探討法」，乃是從情境的觀點來研討領導權的形成，亦即在設定領導權時，特性並非突出的主要原因，其更恰當的相關變數乃為情勢或環境的因素。在某種情境下，某人是領導者；但在另一種情境下，他可能就不是領導者。另外，同樣的領導者在某些情境下，會表現較好；在另外一些情境下，則表現較差。依此可知，領導權與個人所具有的特性是無關的。雖然任何組織的結構大致是相同的，但每個組織都有它獨立的特點，以致每個組織領導的特質與需求是不同的。此種不同的情境須有不同的領導者，故情境探討法具有相當價值，它說明了領導功能與情境因素有密切的關係。任何人都可以成為領導者，只要環境允許他去執行情境所需的各種活動。如果情境出現緊急狀況，則可能產生一個領導者來完成這種情境所需要的功能，而該領導者卻不一定適合平常穩定時期的領導。

　　近代組織學者常從領導權的功能觀點，來看組織中的領導角色，並採取調和情境論與特質論的方法，此稱之為「相互作用探討法」，認為決定領導權的主要因素，乃視團體與領導者在某種特殊時期的關係而定。即個人在團體中與他人進行交互行為時，由於團體權力、工作方向與價值觀等情境因素的綜合，再加上個人具有吸引人的特性，以致脫穎而出成為團體的領導者。此種立論似乎近於情境學派，惟事實上並非如此。蓋該論特別強調相互作用，為互動論的精髓所在。

第四節　領導的方式

　　領導權一旦形成，領導者所用的領導方式，常影響組織成員的行為，甚而決定了組織的成敗。一般而言，領導方式可就兩方面加以說明：

一、依權力運用的劃分

(一)民主式領導

　　民主式的領導是在理性的指導下與一定的規範中，使組織內各個成員能自動自發的努力，施展其長才，分工合作，各盡所能，以達成團體的共同使命。領導者與被領導者之間，以相互尊重的態度，使思想相互會合，彼此呼應。這種領導方式能使組織內的各個成員打成一片，是新式而適度的領導，成功的管理者宜常採用之。

　　民主領導者多不注意其所居的領導地位，只知重視領導功能，只注重其責任而不強調其權力。對部屬的行動不但不採取消極的放任政策，反而積極地提供建議，尤其是經常提供部屬有關的工作資料。對於舉凡與組織有關的事務，除願付諸團體討論協議解決之外，並時時考慮到各個成員的個人需求與願望。在語言與行動上，不以領導者自居，處處與部屬處於平等地位，在民主領導下，部屬都有團體觀念，一切言行多以組織為中心。

　　民主領導可說是一種培養人群關係的方法，其重要貢獻乃為鼓勵團體決策，提高決策正確性。同時，也可激發員工士氣，使成員支持決策，滿足個人的心理需要與願望。然而其缺點乃為決策緩慢，對決策責任感的減輕，有時為討好每個人，必然做出妥協性的方案。

(二)獨裁式領導

　　獨裁式領導是靠權力與威勢以強制的命令迫人服從，自表面觀之，

此種領導似乎頗有效率；其實人非牛馬，不能靠鞭撻迫人工作，在監督與迫使下，獨裁的領導者對於一切決策及部屬的工作行為途徑均代為強制決定。領導者多重視權力而忽略其工作責任，與部屬也保持相當距離，很少發生交互行為關係。此種領導方式會導致部屬的不滿，並經常引起抗拒行動，甚且部屬的工作須事事請示上級，從而沒有自己的工作主張，缺乏工作熱忱及團體情感。

(三)放任式領導

放任式領導就是毫無工作規範與制度地讓各人自由活動，做自以為是的發展。領導者既不把持權力，也很少負其責任。此種領導方式自表面看來，似乎極其自由，部屬對領導者不會有所怨言；然而沒有團體規範的約束，必導致成員間的相互衝突，爭權奪利。領導者與部屬間也不發生交互行為的關係，則必使工作組織懈怠，人人各自為政，多以自身利益為主，缺乏團體精神與一致目標，而形成一盤散沙，工作效率降低。

從上述領導方式的分析，可知其與組織情感間的關係甚大；在民主領導下，組織情感濃厚，在獨裁與放任領導下，缺乏團體情感；尤其是在獨裁式領導下，不但沒有團體情感，人員間且易發生摩擦與衝突，彼此懷有敵視態度。惟領導方式亦宜因情勢的需要而有所不同；為了應付緊急危機，宜採用獨裁式領導；而在平常時期，則宜採用民主式的領導。又領導方式亦因組織性質的不同而有所差異，一個充滿技術性的工作或高水準成員的組織，固宜採用民主式領導；而對於技術性較低或低水準成員的組織，似宜採用較獨裁式的領導。

不過，有些組織學者認為：在大多數情況下，組織很難採用某種固定的領導方式，領導者通常都扮演著「仁慈獨裁者」（benevolent autocrat）的角色❽。所謂仁慈獨裁，就是在不影響員工士氣的情況下，領導者對員工施加壓力，此種壓力的運用是很有益處的。仁慈獨裁者富有同情心，但採用獨裁手段。他們承認工業人道主義是一個確切的目

標，然而在大規模而複雜的組織環境中，是不宜運用民主手段的。蓋有效與效率的成就，在民主參與式領導出現的同時，往往更需要獨裁式的領導；亦即仁慈獨裁常被竭力地提倡，以作為實際的領導風格，它不是理想主義的，而是適應事實需要而存在的。

二、依主管作風的劃分

(一)以員工為中心的領導

以員工為中心的領導方式，強調員工個性與需要的重要性，直接順應員工的社會與情感的需求，是屬於體卹（consideration）式的領導。領導者重視部屬的個人問題，注意其身體健康、情緒狀態、情感、態度，與在推行工作時所遭遇到的困難和障礙，並協助其解決困難和消除障礙。對部屬的監督，多採一般性的監督態度。部屬有相當的自主範圍，不必事事請示上級。領導者多依客觀事實，時時對部屬加以讚揚，此類似於前述的民主領導。因此，部屬的工作效率高，多能充分發揮自由意志，離職率降低，能發展出較高的團隊生產力。

(二)以工作為中心的領導

以工作為中心的領導強調生產與技術，視員工為達成組織目標的工具，只重視工作任務是否達成，係屬於體制（initiation of structure）式的領導。領導者僅重視部屬生產量或效率的提高，忽略員工的個人問題，只要求部屬遵守作業程序、守時、態度認真、不可推諉責任。對部屬採取嚴密監督，部屬的一切行動都在控制之下。部屬失去自主權，處處聽命於上級。領導者缺乏固定標準，隨心所欲地批評部屬，動輒採取獎懲措施。此偏向於獨裁式的領導，而與之雷同。由於員工受壓抑的結果，工作效率降低，無以發揮工作潛能，離職率增高。

惟實際領導的情況，很難完全出現兩種極端的型態。以員工為中心的

領導與以工作為中心的領導，都各有其利弊。長久以來，許多研究顯示：以員工為中心的領導，有較高的生產量；而早期的學者則指出專制式的、以生產為中心的領導，在某些情況下有較好的生產。不過，就長期的觀點言，以生產為中心的領導對員工士氣與滿足感的邊際效益，是有害的。有關以員工為中心與以工作為中心的領導情況，將於下節討論之。

第五節　管理方陣圖

有關領導行為對組織員工士氣和工作效率的影響，白萊克（Robert R. Blake）與摩通（Jane S. Mouton）根據領導者對生產與員工的關心程度，畫成了「管理方陣」（managerial grid），區分領導為八十一種型態，其中有五種主要類型[9]（如圖13-1）。

圖13-1以「生產關心」（concern for production）為橫軸，以「人員關心」（concern for people）為縱軸。每軸各列為九格，以表示關心的程度，共有八十一種合成型，而最基本的五種領導型態為：

(一)1.1型管理

表示對生產與人員關心的程度很低，這種領導者只求確保自己的飯碗，對於團體目標和成員需求，只做最低限度的努力。在命令系統上只做傳遞的工作，敷衍塞責。除非為防衛自己，不輕易批判別人，遠離上司，放任部屬，可說是消極型的逃避責任專家。而員工也很懶散，表情冷淡，很難培養良好的人群關係，衝突勢所難免。

(二)1.9型管理

乃是對生產做最低的關心，只求對人員做最大的關懷。只承認人性的真價值，鄙視機械性的功能，主張只有人性受到最崇高的尊敬，效率才能良好。此種領導者只重視人際關係，忽略組織目標。他認為提高生

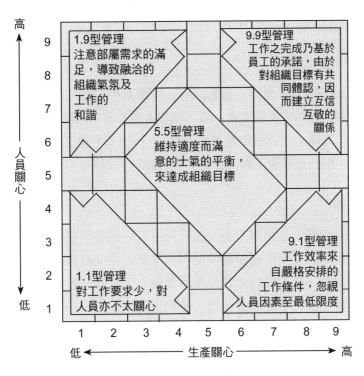

圖13-1　管理方陣圖

產的要求與部屬個人的需求不相一致,強調部屬最重要,優先於一切,使部屬講求自己需要的滿足,不賦予太高的生產要求,免得部屬無法接受,故與部屬關係良好,很少有衝突存在。

(三)9.1型管理

表示對生產最為關心,對人員的關心最低。此類領導者認為提高生產才合乎團體要求,為了滿足生產要求必須犧牲個人慾望,否則就影響團體目標的達成。此種領導者屬於機械效率主義者,忽略人性的價值與尊嚴;為了提高更大的生產力,寧可考慮工作的組織化,而不考慮人員的組織化。領導者的職責乃在計畫、命令、指揮,而部屬只能絕對服從。此種類型的領導,使得部屬怠工,消極服從,甚而產生非正式結

合，以為對抗正式管理的資本。

(四)5.5型管理

　　乃為領導者對生產與人員的關心，均取其中間值。他們認為組織的生產目標與個人需求不會完全一致，而想透過妥協的過程，以「差不多主義」來解決問題；一方面考慮人員因素，另一方面考慮工作重點，而求兩者的平衡。但該型領導者對人員與生產的關心，並未盡最大的努力。

(五)9.9型管理

　　表示對組織的生產與人員，都表現出最高程度的關心；認為組織目標與人員要求，完全不相矛盾。此類管理為近來一般管理學家、心理學家所共同承認，屬於最新的管理領導理論。它認為只有使組織工作與人員需求同等滿足，才能導致總體目標的實現。因此，在該領導類型下，部屬參與工作決策，有效地配合工作進度，充分活用部屬的意見，並行使授權，使部屬瞭解組織目標，造成良好的人群關係與科學管理。在系統的組織安排下，以達成總體任務。此為最理想的領導類型，惟事實上是很難存在的。

　　以上白萊克等的研究，以9.9型領導為最理想。只有對組織成員與工作做最高的關心，才能使領導者走向成功之路，此為組織領導者所應具有的基本觀點，也是領導者應積極努力的方向。當然，大部分的組織領導者都在兩種極端的組合中間，此為最可能的領導型態。但身為領導者就應積極地處理衝突，並能建設性地發展共同目標。

第六節　權變的領導

　　領導者在使用領導方式時，應估量組織環境的因素，此稱為偶發式狀況領導，或稱為權變領導（contingency　leadership）。根據前面的敘

述，都是談到領導他人時，宜運用何種方式為佳。然而有時領導的成功與否，並非全是選擇何種領導方式為佳的問題，而是要瞭解領導時的環境狀況。換言之，領導者必須瞭解影響其領導的各種變數，亦即考慮環境偶發的狀況。有關偶發狀況的領導，有以下兩個情況：

一、連續性領導

湯納本與許密特（Warren H. Schmidt）曾對偶發狀況領導做過著名的研究[10]。他們認為以老闆為中心的領導，到以員工為中心的領導兩個極端之間，有許多不同影響力的組合，其如**圖13-2**所示。

湯納本與許密特認為：領導者欲應付一種特定情況的變化和敏感性，在選擇最有效的領導方式時，應考慮到三項變數：領導者的力量、部屬的力量和狀況的力量。

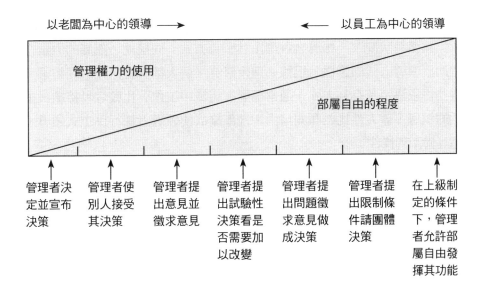

圖13-2　連續性領導圖

(一)領導者的力量

領導者的行為受到其內在動機與外在訓練和經驗的驅使，使其擔任領導的角色。通常領導者選擇領導方式的力量來自於：(1)價值觀念；(2)領導性向；(3)對部屬的信心；(4)對未知情況的安全感覺[11]。

領導者的價值觀念，包括他對員工在分配決策時應扮演的角色，和達成領導者責任的適當方法之態度，以及領導者對利潤、效率和員工發展之間相對重要性的看法。領導性向為領導者自認採取何種領導方式為最恰當。對部屬的信心則顯示，領導者對部屬應對問題能力的看法；如果領導者對他人的進取精神採取悲觀的X理論觀點，他對部屬的能力必然缺乏信心；反之，他對人性的看法偏向Y理論，則可能容許部屬有相當的自主權。至於對未知情況持不安全感覺的領導者，會嘗試著去組織它，就容易出現獨裁式的領導；若對不明情況能加以容忍，必會採取較民主式的領導。

(二)部屬的力量

在偶發狀況下，領導者會選出其領導方式；同樣地，部屬的力量亦有助於領導方式的選擇。根據心理學研究，個人都具有內在心理需求，這些需求決定其行為方式。通常部屬在組織中工作，比較容易接納民主式的領導，蓋人性比較傾向自由。惟部屬欲使領導者採行民主式領導，須具備下列條件：

1. 部屬希望更多的獨立性。
2. 部屬欲接納做決策的責任。
3. 對不確定情況有高度的容忍力。
4. 對覺得重要的事情感到興趣。
5. 能充分瞭解組織的目標。
6. 具有充分的知識與經驗。
7. 他們希望參與組織決策[12]。

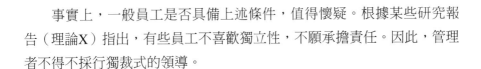

事實上，一般員工是否具備上述條件，值得懷疑。根據某些研究報告（理論X）指出，有些員工不喜歡獨立性，不願承擔責任。因此，管理者不得不採行獨裁式的領導。

(三)狀況的力量

狀況的力量也會影響領導方式的選擇，這些壓力包括組織型態、團體效率、問題類別及決策時間等。組織型態諸如生產、銷售、服務等，使得領導方式大大不同。如生產工人與服務的會計師組織，其領導方式自有差別。組織本身的大小、地理上的區位，都會影響領導方式的選擇。一個龐大而分散的組織，很難採行讓員工充分參與決策的方式。

其次，團體效率很高，就容許成員分擔決策的責任。團體成員若具有相同的背景和興趣，且有很高的能力，都是採行參與領導的良好條件。至於問題類別和時間壓力，也是必須考慮的變數。問題複雜，就需要團體成員有豐富的學識、經驗與能力，且必須有充分的參與。決策時間緊迫，不容有緩慢的討論，則民主領導方式是不適當的。

總之，今日的領導問題，並非全憑一個人所能抉擇。領導者應多注意各項可能影響決策的因素，小心評估來自自己、部屬與環境的壓力，選擇最適當的領導方式。

二、費德勒模式

偶發狀況領導模式經費德勒的修正，有了更進一步的發展。費德勒指出影響有效領導的因素有三：(1)領導者的地位權力；(2)工作任務的結構；(3)領導者與部屬的個人關係[13]。

(一)地位權力

是指領導者在正式組織中所擁有的權位而言。通常領導者在組織中對部屬的指揮權力，係依他所扮演的角色為部屬所同意的程度而定，但

這並不是必要的。地位權力有時與個人的權威等量齊觀，但有時並不如此；惟在個人的影響企圖中，同時給予他地位權力與領導權威，比給予其中一種或完全不給更為有效。

(二)任務結構

是指工作內容是否按部就班、有組織、有步驟而言。在領導情況中，任務結構是一項重要因素。一個以任務結構為中心的團體之成就，是領導有效與否的一種測量。任務結構本身在程度上，可能影響領導成就。在良好的、例行的運作結構中，領導上較缺乏創作性的處理；而不良的結構、含混的情況則容許相當的處理餘地，但領導工作較為困難。因此，凡是具有高度結構的團體，並不需要有太大權力的領導者，蓋領導者的影響行為已在工作中被固定的法令所取代。甚或在此種結構中，工作的推行乃藉著組織制約力來影響成員的行為，而增進了領導者的地位權力。

(三)個人關係

地位權力與任務結構都是被正式組織所決定；而領導者與部屬間的個人關係，則被上項兩個因素以及領導者與部屬的人格特質所影響。在大多數組織中，領導系統所受個人關係的影響，是相當大的。蓋地位權力與任務結構，僅能提供領導者運用其權力的架構；但貧乏的人群關係，卻足以否定整體系統的運行。在此種情況下，由於小團體的形成，可能完全破壞了整個作業系統。相反地，在組織系統內，一個領導者處於鬆懈的任務結構與無正式指派的地位權力中，若能運用優越的個人關係，則可能非常有效地推行其權力。亦即非正式權力的運用，有時可增強他激發成員貢獻其能力，並協調他們努力於組織目標的達成。

在上述三者的連接關係中，確定有效地領導地位是相當重要的，圖13-3即指出這三種變數的八組組合。

圖中第1欄顯示，領導者與部屬關係良好，工作任務有組織，領導

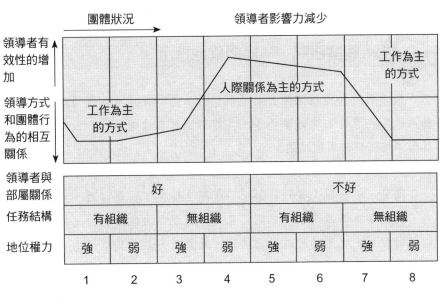

圖13-3　費德勒的權變領導模式

者很有權力，此時宜用「以工作為主」的領導方式。第4欄則表示，領
導者與部屬關係良好，工作任務沒有結構，領導者的權力很弱，此時宜
採用「以人員為主」的領導方式。該模式指出，在某種特定情況下，依
領導權力和團體行為的關係，而決定採用何種領導方式最有效。在相對
適宜（relatively favorable）如第1、2、3欄，和相對不適宜（relatively
unfavorable）如第7、8欄的情況下，直接採用控制的領導方式最有效；而
在中間部分如第4至6欄的情況下，則參與式的領導方式最成功。

　　根據費德勒的領導模式，不僅指出有效的領導應隨狀況而改變，同
時也指出在某種狀況下應採用何種最好的領導方式。領導者可根據當時
狀況修改其領導方式，如領導者處於「部屬關係良好，工作沒有組織，
領導者沒有權力」的狀況下，固然需要參與式的領導；惟該型領導方式
不適合領導者，則他可改變其權力，增強其權力，卒能採用「以工作為
中心」的領導方式。

個案研究——請明確地指示

張俊毅進入環程建築公司才三個月,是一位資淺的建築估價員。林永鴻則在環程工作好多年了,且相當滿意自己的工作。張俊毅是由林永鴻推薦到公司服務的。

有一天,張俊毅苦著臉來到林永鴻的辦公室,要求林先生給他一些高見。小張說:我跟我的上司羅先生發生了嚴重問題。他是個好人,對建築估價懂得很多,而且在文件處理方面也很在行,但他不給我任何意見,也不替我做任何決定。幾天前,他讓我做一件頗困難的估價工作,我幾乎不知如何著手。當我請教他時,他只問我:「什麼程序是最好的進行方式?」我只好回答他說:「我沒有足夠的經驗來做這件事。」羅先生只白了我一眼,然後說:「你認為自己不行?」他令我十分沮喪。我認為上司應有教導部屬的責任。如果他只會把問題扔給部屬,這樣的上司有什麼用呢?

問題討論

1.本個案中,羅先生是否為負責任的主管?

2.對羅先生來說,他已具有專業知織,但他欠缺了什麼?

3.你認為一位好主管應具備那些條件?請一一列舉。

註 釋

[1] Ralph M. Stogdill, "Leadership, Membership and Organization", *Psychological Bulletin,* Vol. 47, No. 1, p. 4.

[2] Warren G. Bennis, "Leadership Theory and Administrative Behavior: The Problem of Authority", *Administrative Science Quarterly,* Vol. 4, p. 295.

[3] Alex Bavelas, "Leadership: Man and Function", *Administrative Science Quarterly,* p. 495.

[4] Robert Tannenbaum & Fred Massarick, "Leadership: A Frame of Reference", *Management Science,* p. 3.

[5] Fred E. Fiedler, *A Theory of Leadership Effectiveness,* New York: McGraw-Hill Book Co., p. 8.

[6] C. G. Brown & Richard P. Shore, "Leadership and Predictive Abstracting", *Journal of Applied Psychology,* p. 116.

[7] Keith Davis, *Human Relations at Work,* New York: McGraw-Hill Book Co., pp. 99-100.

[8] Robert N. McMurry, "The Case for Benevolent Autocrat", *Harvard Business Review,* pp. 32-90.

[9] Robert R. Blake & Jane S. Mouton, *The Managerial Grid,* Houston: Gulf Publishing Co., p. 10.

[10] Robert Tannenbaurm & Warren H. Schmidt, "How to Choose a Leadership Pattern", *Harvard Business Review,* pp. 95-101.

[11] Ibid., p. 99.

[12] Ibid.

[13] Fred E. Fiedler, Op. Cit., p. 22, and "A Contingency Model of Leadership Effectiveness", *Advances in Experimental Social Psychology,* New York: Academic Press, pp. 149-190.

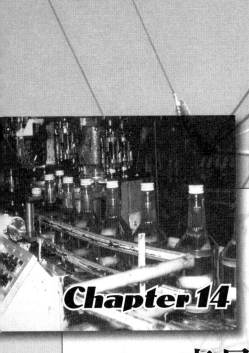

Chapter 14

意見溝通

　　一個組織目標的是否達成，依賴於領導因素甚鉅，而意見溝通實負有組織系統於不墜的功能，也是領導的手段之一。蓋有了意見溝通。組織成員始得賴以交流互替，並消除歧見，產生團體意識，提高組織士氣，避免意外事件發生，卒能達成整體使命。美國社會學家伯萊茲（Robert D. Breth）曾說：「組織內的溝通，正如人體內的血液循環一樣；如果沒有溝通活動，組織即趨於死亡」❶。故研究管理行為，意見溝通系統為主要課題之一。

第一節　意見溝通的意義

　　意見溝通（communication）一詞，含有告知、散布消息的意思。其字源為commue，原指為「共同化」。在溝通過程中，溝通者意圖建立共同的瞭解，並使採取相同態度。故本質上，意見溝通就是一種意見的交流。站在組織的立場言，所謂溝通乃是使組織成員對組織任務有共同的瞭解，使思想一致，精神團結的方法與程序。其主要目的是要使每個人對共同問題有心心相印的瞭解，對工作職權有相互的信賴與一致的認識❷。換言之，意見溝通是「人員彼此間瞭解和消息傳播的過程」❸。

　　芬克與皮索（F. E. Funk and D. T. Piersol）說：「所謂意見溝通就是所有傳遞消息、態度、觀念與意見的程序，並經由這些程序提供共同瞭解與協議的基礎」❹。

　　梅耶耳（Fred G. Meyers）也說：「意見溝通就是將一個人的意思和觀念，傳達給別人的行動；欲求溝通之有效，必須具有充分的彈性與活力」❺。

　　拉斯威爾（H. D. Lasswell）認為：意見溝通是「什麼人說什麼，經由什麼路線傳至什麼人，而達成什麼效果」的問題❻。

　　布朗（C. G. Browne）界定意見溝通為「將觀念或思想由一個人傳遞至另一個人的程序，其主旨是使接受溝通的人獲得思想上的瞭解」❼。

詹生等（Richard A. Johnson, Fremont E. Kast and James E. Rosenzweig）的看法是：「意見溝通是牽涉一位傳達者與一位接受者的系統，並且具有回輸控制作用」[8]。

綜合上述各家的看法，意見溝通可視為影響團體認同（identification）的重要因素之一。戴維斯稱：「意見溝通是將某人的消息和瞭解，傳達給他人的一種程序。意見溝通永遠涉及兩個人，即傳達者和接受者。一個人是無法溝通的，必有一個接受者才能完成溝通的程序」[9]。因此，意見溝通必須具有兩大因素：「傳達者」與「接受者」，並兼具所預期的效果，如**圖14-1**所示。它是組織人員為完成組織目標，彼此有效地傳遞消息的過程，是雙向的，而不是單軌的，故而意見溝通不僅在正式結構上，鼓舞員工的工作情緒，並且在非正式結構上，也是一種滿足心理與社會需要的手段。

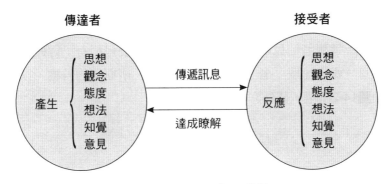

圖14-1　真正的意見溝通

第二節　意見溝通的過程與要素

組織內若要有效地增進溝通關係，一方面應訓練員工瞭解溝通的過程，一方面要有效地利用各種溝通方法及瞭解其效能。然則溝通過程到底具有什麼要素？早期的基本溝通模式，為亞里斯多德（Aristotle）所

提出，認為溝通的要素有三：發言者（speaker）、講詞（speech）、聽眾（audience）❿。直到一九四七年電子通訊方面發展出所謂先農魏夫（Shannon-Weaver）模式，認為溝通有五要素：(1)源頭（source）；(2)傳達者（transmitter）；(3)記號（signal）；(4)接收者（receiver）；(5)目的（destination）⓫。

其次，謝拉姆（W. Schramm）提出溝通模式的五要素為：(1)源頭（source）；(2)表示作用（encoder）；(3)符號（signal）；(4)收受作用（decoder）；(5)目的（destination）⓬。白庫克（C. Merton Babcock）則認為溝通的五要素是：(1)行動（action）；(2)情境（situation）；(3)參與者（participant）；(4)媒介（channel）；(5)目的（destination）⓭。伯勒（David K. Berlo）更提出溝通模式有九要素：源頭（source）、表示作用（encoder）、訊息（message）、媒介（channel）、接受者（receiver）、收受作用（decoder）、工具（meaning）、回饋（feedback）、干擾（noise）等⓮。

綜合上述學者的見解，意見溝通的要素主要包括有：源頭、表示作用、訊息、媒介、收受者、收受作用、障礙、所期欲的目標，以及情境等，如圖14-2所示。茲分述如下：

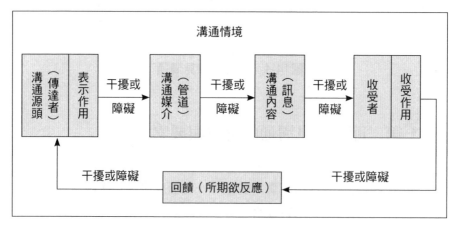

圖14-2　意見溝通模式

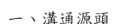

一、溝通源頭

　　所謂溝通源頭，即為溝通的傳達者或發動者。所有的意見溝通都有一定的源頭，可能是個人，也可能是組織。而影響溝通源頭的，包括溝通技巧、態度、經驗、知識、環境和社會文化因素。溝通技巧會影響溝通的有效性，包括傳達者的發音、字彙、說話的結構、思考、談吐能力，甚至於姿勢、面部表情。態度則基於傳達者個人的個性、信心、傳達的主題等，將可能影響溝通。經驗可提供個人做良好而正確的溝通。至於知識對溝通的影響，則包括對傳達主題的瞭解程度，對接受者接受能力等的辨別能力。此外，意見溝通無法孤立於社會系統之外，個人的溝通反應出個人的社會文化與環境的地位；個人的社會地位、團體習慣與社會背景都不相同，其傳達方式和行為亦然。

二、表示作用

　　表示作用也可稱之為編碼，是指溝通者將其理念或所擁有的資訊，轉化為一套有系統的符號之過程，此即在顯現溝通者的意念或目標。編碼的結果，就是在形成訊息，此可包括口頭上或非口頭上的語言或符號。溝通者的目標，就是想要他人瞭解其理念、瞭解他人的理念、接受彼此的理念，並產生與溝通者意識一致的行動。凡事編碼愈為正確，則溝通愈為有效；否則，溝通必將失敗，甚或引發誤解。

三、溝通內容

　　溝通內容即為訊息，通常溝通傳達者將態度、觀念、需要、意見等，經由口頭或書面表達出來，就可能成為訊息。訊息是源頭的實際產物，如說出的語辭、寫出的字句、繪出的圖形、面部的表情、手勢等。溝通內容主要有三項問題：一為所用的符號，符號可能是語文、音樂、

手勢、藝術等;二為內容的安排,將雜亂的觀念按所欲傳達的目的加以組織化,如文字的起承轉合、傳達層次等;三是內容的取捨,訊息應為傳達者和接受者雙方所瞭解,否則溝通的正確性將降低或干擾性將提高,故溝通時宜考慮取材用字。

四、溝通媒介

溝通媒介就是溝通管道,它是源頭與接受者的連結體。媒介主要有五:景物、聲響、味覺、嗅覺、音波。當個人欲表達某種意見時,必賴溝通的媒介。溝通傳達者有了溝通需要時,將他所希望與對方共享的訊息或感覺,製成各種記號直接傳達,或用各種表情、姿態表現出來,其所憑藉的身體各器官、各種視聽工具就是溝通媒介。根據心理學家的研究,不管溝通的媒介是什麼,都會產生下列情形:(1)意見溝通所用的方式愈多,效果愈強,此乃因視聽並用而產生增強作用的結果;(2)感官的感覺愈為直接,其刺激與反應也愈強;(3)所用傳達的方式愈多,強度愈深,而接收者愈少,溝通效果愈大;(4)溝通媒介會影響溝通方式,也會影響接收者的態度。

五、溝通接收者

溝通的接收者是意見溝通的對象,它可能是個人或團體。溝通的接收者會受溝通的技巧、態度、經驗及社會文化系統等的影響。接收者的個人特質與團體關係,亦能決定其接受溝通與否,或瞭解溝通的能力。個人之間存有心理距離,必然排斥意見溝通。且若團體關係良好,個人接受團體規範,亦較易接受團體內的溝通。此外,溝通若能適應接收者,溝通成功的機率也較大。

六、收受作用

收受作用或稱接受作用、譯碼或解碼，乃為接受者瞭解和接受訊息內容的程度或過程。通常接受者會依據他過去的經驗和參考架構（framework of reference），來詮釋或接受某項訊息。凡是接受者收受到的訊息和溝通者的意念愈一致，則表示收受作用愈準確，其間的溝通就愈有效；否則，將產生溝通的障礙。

七、期欲的反應

溝通的目的就是希望能得到所想要的反應，反應是意見溝通過程的最後步驟。當然，反應可能改變成為第二循環的訊息源流，使原來的傳達者變成接收者，則可使溝通傳達者知道訊息是否被接受，或做正確的解釋，甚而使原傳達者修正溝通的方式與內容。

八、溝通障礙

溝通障礙或稱為干擾。在整個溝通過程中，從溝通者發動溝通到回應者做出回應，都可能遭遇到障礙。此種障礙可能來自於溝通者或回應者，也可能來自於溝通過程中的任一環節。無論溝通障礙的來源為何，它都可能產生誤解，甚或發生衝突，終而阻礙溝通的進行。因此，所有的溝通都必須設法排除任何可能的障礙，如此才能使溝通工作順利進行。此部分將另列專節討論之。

九、溝通情境

人類的任何活動都必然處於某種情境之中，意見溝通亦然。溝通情境會影響當事者的期待、溝通接受者對意義的接受及其後續的行為。這

些情境包括物理的、社會的、歷史的、心理的，以及文化的情境。物理情境包括溝通當事人之間的位置、身體距離、溝通時間等；自然情境包括溫度、光度和噪音等；社會情境包括家人、朋友、同事、熟識者、陌生人之間的互動；歷史情境是指個人過去所遭遇過的事，以及過去的溝通經驗；心理情境是指溝通雙方當時的心情和感覺；文化情境則指影響溝通雙方的共同信仰、價值觀和行為規範等。上述這些情境乃是共同構成溝通的情境，都會影響溝通雙方的期待和溝通行為與結果。

總之，意見溝通就是在將人的感觸、思想、理念、態度、情緒等表達出來，透過某些媒介或工具，而得到共同瞭解的過程。溝通者在做溝通時，必須注意到影響溝通過程的所有要素，隨時注意誰要溝通，應表達什麼思想、理念和意見，透過何種管道來溝通，以何種方式對待什麼人，而希望得到什麼效果，如此才能做好溝通的工作。

第三節　日常的溝通方式

意見溝通的類型與方式甚多，其乃依溝通的目的、方向、性質、時機、對象、隸屬關係等而定，此非本章所能完全探討。本結僅就一般最常見的基本溝通方式，將之分為：口語溝通、書面溝通和非口語溝通等，分述如下：

一、口語溝通

口語溝通（oral communication）是傳遞訊息的主要方式，如演說、一對一的交談、團體討論、謠言、耳語的傳播等，都是最常見的口語溝通方式。在日常生活或工作中，人與人的交往大都依靠口語溝通，因此使用口語溝通宜採用大家都易懂、通俗而能瞭解的語句，最能達到溝通

的效果。此外，採用口語溝通甚為方便，談話時必須採客觀的態度和誠懇的語氣，比較能為人所接受。這些都是口語溝通的要領。

語言或口頭溝通是藉著具有共同意義的聲音，做有系統的溝通思想和情感之方法。語言乃為用來指示、標明和界定思想、情感、經驗、物體和人物等概念，以便能和他人分享，並尋求共同的認知與瞭解。然而，在使用語言時常有一定的限制，如語言的音調、抑揚頓挫、語句的先後順序、起承轉合，以及使用語言者的心理狀態等，都會影響溝通的有效性。

語音的四項主要特色，是音調、音量、頻率和音質。音調是指聲音的高低，音量是聲音的大小，頻率是聲音的快慢，音質是聲音的質地。這些常單獨或共同表達個人所想傳達的意思。例如，有些人在生氣時會大聲說話，在情意綿綿時會輕聲細語；在緊張時會提高音調，在平靜時會降低音調；在害怕或緊張時會講話比較快，在失意或鬆散時講話比較慢。此外，每個人常以不同的音質來傳達特別的心境。人們可能在抱怨或哀怨時發出鼻音，在誘人的時刻發出柔和的氣音，而在生氣時發出刺耳而嚴厲的音質。此種不同的音質會產生不同的感覺、想法或價值判斷。然而，有些音質的差異不一定會有特別的含義。有些人一直都是高音調或有氣音或鼻音，或有刺耳的聲音。不過，個人在不同狀態下，其語音確有不同。

其次，在使用語言溝通時，尚要注意贅音的干擾。所謂贅音是指在談話時的不必要聲音，它是以中斷或介入流暢的談話。此種贅音會使人分心，陷入五里霧中，產生不舒服的感覺，甚或使溝通完全中斷。過度的贅者是一種不良的說話習慣，是長時期養成的。最常見的贅音是「嗯」、「呃」、「啊」、「這個嘛」等。例如，如果有人說：「這麼嘛，我，這個，去高雄嘛，這個看朋友。」讓人聽起來必定感到不舒服。同時，贅音將延長溝通的時間，有干擾溝通之虞。因此，個人在平時宜多訓練流暢的談話。

另外，語言溝通尚須注意用語遣詞。一句完整的句子很快就能讓

人領悟會意；而殘缺不全的語句常令人困擾，甚而產生誤解。還有詞句用語的先後順序必須主從對應，不可順序顛倒，否則必然喪失原意。同時，語句的起承轉合必須合宜，才能表達正確的意思；切不可該斷時不斷，該連接時不連接，否則極易使人會錯意。這些都是屬於語句上的問題。

最後，語言溝通常受到溝通雙方的情緒、動機、性格、態度、經驗和知覺等的影響。例如，個人處於情緒不穩定時，其措詞必較強烈，用語常不適當，甚而連本身也無法理解。因此，人際溝通宜選擇在平心靜氣的狀態下進行。其次，個人在充滿談話動機或想與人交好的狀態下，必滔滔不絕、興致勃勃；反之，則多沉默不語，缺乏談話的興致。又如性子急的人說話快速而尖銳，而性子緩的人說話和緩而平穩。對生態度積極的人話語多含樂觀的特性，而對人生態度消極的人則語多悲觀。人生閱歷多的人語多平和圓潤，閱歷少的人語多尖酸刻薄。對他人的感覺較好時，常表現溫和而喜悅的語氣；而對他人的知覺不好時，常顯現不耐或厭惡的話語。當然，這些情況都是交錯複雜的。在人際溝通時，這些個人特質都可能同時交錯出現。

綜合言之，口語溝通的優點如下：

1. 能夠迅速地傳達訊息，並收到立即回應的效果，可說是既簡單又方便的溝通方式。
2. 當訊息收受者有不清楚的訊息時，可給傳遞者做說明或修正的機會。
3. 當面的口語溝通，可用語調、手勢和面部表情加以輔助，有助於溝通理念的清晰。
4. 口語溝通有較多解釋和說明的機會，故比書面溝通具有影響力和說服力。

但口語溝通也有一些缺點如下：

1. 訊息經過一堆人或組織的層層輾轉，可能造成扭曲的現象。

2.口語溝通的內容可能因語調或態度的差異而被曲解。

3.口語溝通可能因個人體會或詮釋的不同,而與原意相去甚遠。

4.口語溝通的訊息不經由記錄,容易流失。

二、書面溝通

書面溝通或稱文字溝通(written communication),是以文字書寫的方式所進行的溝通,最常見的有信件、公文、字條、備忘錄、刊物、電子郵件、傳真函、布告欄以及其他以文字或符號所書寫的文件等均屬之。這些符號所顯示的意義,常受到文字排列順序、標點符號、起承轉合等的影響。文字溝通可以文字、圖畫、數字、符號、記號、藝術品等方式呈現。

由於文字並非人人都懂,以致文字溝通大都表現在一定領域內的人際之間。例如,文字本身只有受過相當程度教育或某些識字的人才能瞭解,以致常侷限於這些人才能運用。又如記號的使用多在具有同質性的團體成員之間,才能心領神會。藝術品所表現的訊息,必須受過同樣藝術訓練的人才能理解領會。凡此都是文字或書面溝通的限制。

基此,文字溝通的運用,首先必須力求通順。一篇順暢通達的文章,不但可清楚地表達它的原意,且能使人產生傾心愉悅的心情;而一篇文句不通的文章,不但無法表達它的原意,且會造成閱讀者情緒的困擾和心思的混亂,以致無法達到理解和溝通的目的。其次,文字溝通宜力求簡短明瞭,使人一閱讀即能瞭解其原意,而不致浪費太多的時間和精力,且能得到充分溝通的效果。再次,文字溝通宜多運用通俗易懂的文句,避免採用生澀難懂的語句,較能快速地得到回應。最後,文字溝通必須切合實際,而避免虛幻空洞,以致產生不必要的誤解。

在組織中,有些訊息傳達採用文字溝通的方式,有其必要性。因為文字溝通是實質的,可加以保留存檔,以供查證。當人們對訊息內容有所疑義時,文字溝通可提供查證的機會,此對冗長而複雜的溝通有相當

的助益。此外,文字溝通可做成計畫,以提供執行者隨時的參考。文字溝通的另一項特色,是溝通者較為謹慎行事,不像語言溝通是即興式的表達。最後,文字溝通可運用在不便於對話的時機與場合。因此,文字溝通具有較佳的邏輯性、明確性和嚴謹性。

總之,書面溝通的優點是:

1. 由於有統一的文書,可避免謠言耳語的傳播,而能得到正確訊息的傳送。
2. 書面的傳送有紀錄可查,利於長久保存,一旦發生疑義,可有具體的查證紀錄。
3. 由於是書面傳播,在用詞上比口語更為小心,易達成真正溝通的目的。
4. 文字溝通較為嚴謹明確,比較合乎邏輯。
5. 由於有文字記載,有助於學習和記憶。

不過,書面溝通也有一些缺點,如:

1. 一旦文書上有疑點,難以立即澄清或補充資料,以致延誤對誤會解說的機會。
2. 文字溝通比較花費時間,增加成本的耗費,較不經濟。
3. 由於個人主觀看法的差異,使書面溝通容易被人斷章取義,甚至故意曲解。

三、非口語溝通

非口語溝通(nonverbal communication)就是肢體語言的溝通方式。在某些情況下,非口語溝通也能單獨傳達訊息。此種溝通方式甚多,例如,目光眼神、一顰一笑、身體移動、手勢、微笑、頷首、蹙眉、搔頭、拍手、頓足……都是一種傳遞訊息的方式。非口語溝通主要包括:

身體移動、面部表情、身體距離，以及語調的抑揚頓挫等，如**表14-1**所示。這些都屬於肢體語言的一部分。

表14-1　肢體溝通方式

基本類型	可能的表達方式		
身體移動及身體距離	·身體前傾 ·身體歪斜 ·身體後仰 ·聳肩 ·搔頭 ·搔耳 ·拍手 ·拍額 ·拍後腦 ·頓足	·向前走 ·向後退 ·橫跨步 ·打手勢 ·靠近 ·保持距離 ·面相說話者 ·背對說話者 ·鬆弛的姿勢 ·拍對方肩膀	·插手 ·抖腳 ·向後靠 ·不斷變換姿勢 ·雙手交叉胸前 ·雙手放在背後 ·手插口袋 ·兩手不斷晃動 ·比手畫腳 ·遙指遠方
面部表情及頭部動作	·目光接觸 ·微笑 ·大笑 ·蹙額 ·遙望 ·皺眉 ·點頭 ·搖頭 ·仰頭	·低頭 ·甩頭 ·頭部傾斜 ·上下打量 ·直視 ·毫無表情 ·嚴肅的表情 ·愉悅的表情 ·冷漠的表情	·哀傷的表情 ·悲戚的表情 ·僵硬的表情 ·注視他處 ·擠眉 ·斜視 ·嚎哭 ·低泣 ·啜唇
語調及音質	·輕鬆的語調 ·生硬的語調 ·講話速度快慢 ·音調的揚長 ·音調的抑頓 ·大聲	·小聲 ·輕聲 ·太快 ·太慢 ·結巴 ·聲音顫抖	·尖銳 ·高亢 ·平和 ·低沉 ·音質優雅 ·音質拙劣
其他	·咬指頭 ·拉扯衣服	·把玩原子筆 ·玩弄頭髮	·喝水和飲料 ·嚼東西

　　一般而言，人類每項身體動作都含有一定的意義，微笑多表心情愉快，搖頭多表否定的意思，這些都是很容易會意的事。然而，有些細微

的動作必須相互親近的人才能心領神會,這是群體內成員的共同語言,絕非局外人所能體會的。不過,當肢體語言所表現的動作能與口語連結時,將會使訊息的表達更為完整。

就身體動作(body movement)而言,聳肩表示不在乎,眨眼表示親密,自拍腦後表示健忘。就面部表情(facial expression)來說,一張鐵青的臉和一張微笑的臉,各代表著不同的意義。就身體距離(physical distance)而言,何種距離才是適當的,須依各種文化而定。在歐美文化中,保持相當的距離是一種禮貌:若靠得太近,可能被視為具有侵犯的意圖;若距離太遠,則可能被視為沒興趣談話或不太開心。但在南美洲和中東地區,近距離的談話則表示親密。

不過,非口語的運用必須更加謹慎。在溝通時,有時口語的表達常與非口語的表現相互矛盾。例如,對方可能在談話中滔滔不絕,但卻頻頻看錶,此即意味著他想結束談話。又如有人嘴裡不斷表示對你的信任,但在肢體上卻表現「不信任」的感覺,這是非口語溝通的缺點。然而,非口語溝通若能和口語溝通並用,有時也能使訊息傳達的含義更為完整。此外,有些溝通不方便採用口語或書面溝通時,非口語溝通則具有替代的作用。

總之,非口語溝通的特色如下:

1.非口語溝通是最古老而具體的溝通方式。
2.非口語溝通是最直接而令人信任的溝通方式。
3.非口語溝通是最能表達真正情緒的溝通方式。
4.非口語溝通是最能表達普遍意義的溝通方式。
5.非口語溝通是最能持續而自然表現的溝通方式。
6.非口語溝通是可一連串同時表達的溝通方式。

第四節　組織內的意見溝通

　　意見溝通固為人際間的行為，惟站在組織管理立場而言，尚須注意組織內部的溝通。意見溝通若依組織的形式，大致可分為正式溝通（formal communication）與非正式溝通（informal communication）。茲分述如下：

一、正式溝通

　　正式溝通是附隨於正式組織而來，溝通的形式乃依命令系統而生，循層級節制（hierarchy）體系而運作。它被限定於組織的特定路線上。換言之，正式溝通係依法律規章而建立的溝通體系。此種溝通體系決定於組織的系統圖，按指揮系統而依次上下，並敘述組織中各個職位、權力、能力和責任的形成，組織依此而做有計畫的消息傳遞。準此，則正式溝通又具有四大型態：

(一)下行溝通

　　下行溝通（downward communication）是由組織的上層人員將訊息傳達至下層人員，用以傳達政令、提供消息或給予指示的手段。下行溝通的主要方式，不外乎口頭的指示、文書的命令、公報、公告、手冊等。其他如計畫或方案的頒布、政令的宣示，亦是下行溝通的方式。一般組織的下行溝通常有執行不徹底，甚而導致失敗的現象，其主要原因乃為：(1)主管不瞭解下屬的困難和心理；(2)主管只重視溝通形式，忽略其內容；(3)主管注重權威，堅持己見。因此，欲使下行溝通暢行，必須注意下列條件：

　　1.瞭解屬員心理：主管須瞭解下屬的心理與困難，才有下行溝通可言。屬員的慾望、情感和解決問題的能力，是決定其接受主管溝通

與否的先決條件。在主管推行下行溝通時，如能事先瞭解執行問題的可能性，協助屬員解決疑難，則必可預期屬員接受溝通的反應。否則，若一味地下達命令，屬員勉為其難地加以接受，則此種溝通必大打折扣。

2.採取主動態度：在推行下行溝通時，主管不應只消極地下達命令，尤應自動地與部屬共同分析所有的消息、政策、工作措施。主管唯有主動地聽取屬員的意見，並自動傳播自己的意見，部屬才能學得此種主動的溝通精神與態度，如此必使上下的意見交流，態度一致，進而養成相互利益的觀念。

3.注意溝通內容：意見溝通本身涉及很多因素，諸如溝通方式、對象、內容、心理、過程等，實不僅止於溝通的形式而已。因此，主管應能體認溝通的複雜性與動態性，尤其宜注意溝通的內容。蓋溝通的形式只是表面的，而溝通的立場與態度才是真實的，只有注意溝通的內容，才能產生所期欲的反應，發揮良好的溝通效果。

4.擬訂完善計畫：主管在實施溝通措施前，應先擬訂完善的溝通計畫，事先徵詢屬員的意見，才容易得到他們的接受與支持。否則驟然實施，員工不但心理上未有周全的準備，更容易招致行動的阻礙，卒使執行不夠徹底。站在人群關係的立場言，適當的溝通計畫可協助培養健全的政策與良好的工作程序，並能減輕員工的緊張情緒，獲致人事上的和諧關係。

5.爭取員工信賴：良好的意見溝通，唯有獲致員工的合作才容易達成。主管欲獲取員工的合作，完全取決於員工對主管的信賴。員工對主管的信賴與溝通，實有互為依存的因果關係；沒有良好的溝通，難期有員工對主管的信賴；員工對主管不信任，也難有良好的溝通效果。員工若不信任主管，往往在溝通過程中，極盡挑剔的能事，從而曲解主管的用意。故主管在進行溝通時，宜事先取得員工的信任。

(二)上行溝通

上行溝通（upward communication）就是下級人員將其意見或建議，向上級報告的方式；亦即屬員將組織有關的事物或己身的問題，向上級表示意見與態度的程序。上行溝通的方法，就是向上級做及時的書面或口頭報告，定期的與特別的報告，普通的或專案的報告。意見溝通實不應僅限於下行溝通，上行溝通對組織來說，亦具有下情上達的功用。蓋所謂溝通並不是片面的，而是雙方的，下行與上行應能並行，才可能構成一個完整的溝通循環系統。惟一般組織及其主管常忽略上行溝通，其原因有：(1)起於組織的龐大，層級增多，使上行溝通曠時費事，甚或歪曲下級的真正心意；(2)起於主管的態度，主管常抱有粉飾太平的觀念，一方面不願過問員工的私事，另方面怕其權威受損，在溝通時抱著漫不經心的態度，認為聆聽屬員意見是一種時間的浪費，致使員工失去意見溝通的興趣；(3)起於屬員的問題，屬員在先天上沒有主動提供意見的便利，加以組織對下級意見不太重視，致屬員多報喜不報憂，或乾脆沉默寡言，提不起溝通的興趣。

基於前述問題，主管欲做好上行溝通，應採用下列措施：

1.建立諮商及申訴制度：以討論和處理員工情緒及其相關問題。
2.實施建議制度：鼓勵員工盡量提供意見，並加以採納，據而制定決策。
3.多舉辦意見調查：以瞭解員工內心的問題。
4.舉辦工作座談會：主管少說多聽，以達到充分交換意見的目的。
5.多參加社團活動：增加相互接觸的機會，減少彼此的隔閡。
6.設置意見箱：利用雜誌或通訊反映員工的各種問題。

當然，欲使上行溝通暢行無阻，最基本的問題乃為主管的態度，諸如：聽取報告要採取開明的態度，充分表現聆聽的興趣，控制情緒保持冷靜，聽取報告後即採取行動等，都足以鼓舞員工溝通的興趣[15]。

(三)平行溝通

所謂平行溝通（horizontal communication）就是組織各階層間橫的溝通，由於發生於不同命令系統的相當地位人員之間，故又稱為跨越溝通（cross communication）。平行溝通的重要方法是集體演講、舉行會報或會議、舉辦訓練班與研討會、實施通報制度等。此乃因近代組織日益擴大，職能分工愈細，為減少層級輾轉，節省時間，提高工作效率，不得不然也。惟平行溝通在基本上仍須徵求主管的同意，並將溝通結果通知主管[16]。其實施範圍大致上是：高級管理人員之間、中級管理人員之間、基層管理人員之間與員工彼此之間等。

最早倡行平行溝通者，是法國的費堯（Henri Fayol）。他稱此種溝通為橋形溝通（bridge communication），是溝通的捷徑，可收便捷迅速之效，減少層級間公文往返的流弊。在現代大型組織中，層級溝通繁瑣誤事，宜實施平行溝通，以爭取時效。如在**圖14-3**中，J欲與I、K溝通，若自A開始層層呈轉，未免太費時費事，故允許J直接溝通，則簡便省事[17]。

平行溝通的優點有：(1)處理問題簡便，省時省事，工作效率高；(2)給予員工充分交互行為的機會，增進相互瞭解與合作；(3)由於相互瞭解，可培養相互利益與團隊精神；(4)提高工作人員自動自發的精神，滿足其社會地位，進而提高工作精神與興趣。因此，開明的主管似可在不

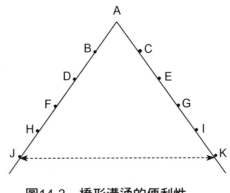

圖14-3　橋形溝通的便利性

妨害正常原則下，多倡行平行溝通。

(四)管理階層的溝通

所謂管理階層的溝通（communication among management itself），是指最低層的員工以外之各階層主管人員之間所做的溝通而言。管理階層的溝通是屬於平行溝通的一種，惟該階層負責組織的主要任務，故另列說明。管理階層人員的溝通，對組織的功能有如下數項：

1. 管理階層的溝通，是一般員工間溝通的先決條件。如果管理階層沒有良好的溝通，則很難建立員工間的溝通關係。
2. 管理階層若有良好的溝通關係，較能制定健全的政策。管理人員有了良好的溝通，則可增進相互瞭解，進而資助釐定健全政策。
3. 管理階層有良好的溝通，可傳達正確的溝通內容，對整個組織的生產活動或工作情緒，都會發生良好的影響。
4. 管理階層有了良好的溝通，可統一組織內的領導。如溝通不良，便會造成下級對政策的誤解，並使領導陷於分歧狀態。

根據戴維斯的研究，管理階層的溝通占主管的時間最多，約為全部溝通時間的四分之三[18]。由此可知，管理階層的溝通在組織溝通系統中的重要性。

二、非正式溝通

非正式溝通是建立在團體成員的社會關係上，乃是由人員間的交互行為而產生的，其所表現的是多變的、動態的，這是伴隨非正式組織而來的。非正式溝通是一種正常而自然的人類活動，不是主管所能建立的，也不是主管所可控制的，其性質頗不穩定；有時可助於管理功能，有時卻足以對組織造成損害。非正式溝通的方式，包括組織員工間的(1)非正式接觸、交往；(2)非正式的郊遊、聚餐、閒談；(3)謠言、耳

語的傳播。由於非正式溝通起自員工愛好閒談的習性，有時稱之為傳聞（grapevine），傳聞並不見得全然不正確。根據戴維斯的研究，非正式溝通有80%至99%是正確的[19]。

非正式溝通既是自然存在的，它具有如下作用：

1. 非正式溝通可彌補正式溝通的不足，傳達正式溝通所不能或不願傳遞的消息與資料。
2. 非正式溝通可藉以瞭解員工的真正態度，並發洩其不滿情緒。
3. 非正式溝通透過非正式途徑傳達，可減輕主管人員的工作負擔。
4. 非正式溝通可將正式用語轉變為通俗語詞，易為員工所接受，進而消除其錯誤的知覺與誤解。
5. 非正式溝通藉非正式的接觸，可建立良好的人群關係，培養共同的團體意識。
6. 非正式溝通傳送訊息較為迅速，而富人情味，可彌補正式溝通的不足。

當然，非正式溝通亦可能產生如下弊病，諸如：

1. 妨害正式權力的運用或歪曲事實真相，使命令發生若干阻力。
2. 在員工不具安全感或情緒不穩定時，形成煽動性謠言，破壞組織的正常作業等。

不過，本質上非正式溝通無所謂「好」、「壞」之分，主要有賴於管理者的運用。如運用得當，可增進組織活力；若只一味地壓制或不寄予注意，即可能產生相反的結果。因此，管理者實有善加利用的必要：

1. 在制定決策之初，可藉傳聞探測員工的真正意向，作為釐定政策的依據。同時考慮此一決策是否可能引起傳聞，應採何種對策，或利用傳聞推動該項計畫。
2. 認清傳聞可能具有一些真實性，應瞭解其實質上所代表的意義。由

　　於訊息的傳播遼闊，它可能代表員工急盼的願望或情緒，故必須急
　　切處理。
3.掌握非正式溝通的核心人物，必要時可藉其澄清傳播訊息，則可利
　　用非正式溝通加速傳達消息的功能。
4.提供給傳聞所需的正確資料，使其成為事實，建立傳聞的正確傳
　　播。

第五節　意見溝通的障礙

　　意見溝通是一種相當複雜的過程，在此過程中有時無法產生預期的
效果，其主要乃為來自於溝通的干擾，此即為溝通的訊息隨時會遭到扭
曲之故。易言之，溝通訊息常因傳達者或接受者的主觀人格，或傳達過
程與溝通媒介等客觀因素的干擾，而引發溝通上的問題。由於此等干擾
幾乎存在於整個溝通過程中，故探討溝通障礙宜從整個溝通系統著手。

一、過濾作用

　　在溝通過程中，過濾作用（filtering）是時常發生的事。所謂過濾作
用，是指在溝通過程中，訊息的傳達者或某些中介人士會操控、保留或
修改訊息，致使真正的訊息發生質變或量變的現象，此常妨礙溝通的有
效性，甚至發生誤解。這種情形在組織的上行溝通中，尤其容易發生。
當一項訊息逐級而上時，為避免上級主管被太多訊息所淹沒，其中間人
士不免將訊息濃縮或合成，這就導致了過濾作用。一般而言，訊息受到
過濾的程度，主要決定於組織層級的數目。凡是組織層級愈多的高聳式
結構，其訊息受到過濾的機會也愈大。

二、地位不相稱

在意見溝通的過程中，如果訊息的傳達者和接受者之間的地位差距過大時，有時也是構成溝通障礙的原因之一。由於溝通雙方的地位不同，雙方會各自以自己的觀點來詮釋訊息，以致產生不同的知覺，終而阻礙了溝通的進行。此外，不同地位的人所使用的語言也會有所不同，甚至於對語言的理解也會有所差異，凡此都可能構成溝通的障礙。此顯現在組織中尤為顯著。由於組織是一個層級節制體系，倘若下級人員心存自卑，不肯向上級坦白而暢快陳述意見；而上級人員又存有自傲的心態，不肯輕易透露詳情，以保持其尊嚴與神祕感，則必無意見溝通可言。因此，地位的不相稱自是構成溝通障礙的因素之一。

三、選擇性知覺

在溝通過程中，選擇性知覺（selective perception）可能阻礙溝通的有效性。所謂選擇性知覺，是指訊息接受者在溝通過程中，可能會基於自己的期望、目標、需求、動機、經驗、背景或其他人格特質，而做選擇的收受訊息之謂。事實上，不僅訊息收受者在解碼時，會做選擇性知覺；甚且訊息的傳達者在編碼時，也會把自己的期望等加諸訊息上。不僅如此，個人常有一種傾向，即喜歡聽取或傳達自己想聽的訊息之習性和取向，而忽略了不想聽或不想傳達的訊息，以致使得真正的訊息無法傳達或受到歪曲，而造成溝通上的困擾。

四、不穩定情緒

在溝通過程中，穩定的情緒狀態有助於溝通；而不穩定的情緒絕對會妨害溝通。蓋個人在情緒穩定與否的狀態下接受訊息，往往會影響他對訊息的理解程度。同樣的訊息對個人來說，在生氣和高興的狀態下，

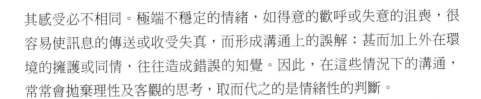

其感受必不相同。極端不穩定的情緒,如得意的歡呼或失意的沮喪,很容易使訊息的傳送或收受失真,而形成溝通上的誤解;甚而加上外在環境的擁護或同情,往往造成錯誤的知覺。因此,在這些情況下的溝通,常常會拋棄理性及客觀的思考,取而代之的是情緒性的判斷。

五、含混的語意

意見溝通最主要的工具,乃是語文。惟語文的文法結構和所要表達的含義,常有一些距離,以致很難使溝通的雙方產生一致的見解。語文雖為溝通的主要工具,但它僅是代表事物的符號,其代表性甚為有限;加以語文排列上的順序,偶爾會造成語意上的紊亂;且由於內容的不明確,接受者領會不同,解釋各異,終而招致誤解。甚至於相同的文字,對不同的個人而言,各有其不同的意義。不同的年齡、事業領域、地理領域、組織層級、社會地位、教育程度與文化背景等,都會影響對語言的使用和對字義的理解,這些都會造成溝通上的困難。

六、時間的壓力

在溝通時,若有需要迅速回應的時間壓力,可能造成分心或誤解,終而形成溝通的失效。若緊急的情勢無法對問題做深入的探討,將導致極少或膚淺的溝通,以致時間壓力往往形成溝通的阻礙,一般而言,有比較充裕的溝通時間,則可對溝通的內容和過程,做充分的意見交流,並尋求相互的瞭解,此則有助於雙方尋求共識,並獲得同理心。相反地,太少的時間只能做皮毛式的探討,甚或無法對容易引發誤解的語詞多做解說,如此將使溝通難有成功的機會。再者,由於時間的壓力使得一方或雙方不能耐心的聆聽,且讓對方誤以為未得到應有的尊重,如此必使溝通容易失敗。

七、空間距離不當

在溝通過程中，不當的空間距離也會造成溝通的障礙。兩個正在對話的人，除非是密友，否則太近的距離會形成壓迫感，終而影響溝通的進行。惟太過遙遠的空間距離，除了可能造成誤解之外，也可能形成心理距離。再就地理區隔而言，面對面的溝通遠比距離遙遠的溝通有效，此乃因近距離的溝通可看到對方的表情與肢體動作，而避免做不當的臆測之故。是故，不當的空間距離容易造成溝通上的隔閡，而妨礙溝通的持續進行。

八、資訊負荷過重

今日社會號稱為資訊爆炸的時代，每個人每天所收到的訊息已經到了難以處理的地步，因此過多的資訊往往造成一些困擾。就企業組織而言，過多的資訊常使管理者為資訊和數據所淹沒，而無多餘的精力或時間去適當地吸收或處理資訊，並對這些資訊做適當的反應。就組織溝通的立場而言，過多的資訊就需要有愈多的溝通，如此將形成沉重的負擔。因此，資訊負荷過重乃是一種溝通上的阻礙。此外，資訊過多很難使人集中意志於溝通上，而造成分心，此亦有礙於溝通上的相互瞭解。

九、不良聆聽習慣

個人不良的聆聽習慣，也是造成溝通障礙的主要原因之一。此種不良聆聽習慣的養成，一方面乃來自於個人的選擇性知覺，另一方面則始於個人的不良習性。前者乃因個人常基於自我的動機、需要、經驗、背景以及其他個人的特質而形成的；後者則出自個人人格的缺陷、容易產生偏見和成見、心胸褊狹、執拗等特性所造成的。此種不良的聆聽習慣，極易造成說話者感受到未受應有的重視和尊重，終將阻礙溝通的進行。

十、缺乏有效回饋

意見溝通的障礙之一，就是缺乏有效的回饋。一項完整的溝通必須要有回饋的過程，才能稱得上是溝通，否則也只能算是一種訊息的傳播而已。蓋一般訊息的回饋，可用來確定雙方是否對訊息有一致性的瞭解。如果缺乏對訊息的回饋，則溝通者將無法知覺與瞭解到接受者的反應，而進一步提供更詳盡而完整的訊息；且接受者也可能因接受到不正確或錯誤的訊息，而採取了不當的行為。因此，缺乏有效的訊息回饋，將導致溝通的失敗。

總之，阻礙有效溝通的因素甚多，絕非本節所能完全概括。此外，上述各項因素有些是彼此相關，甚而是相互因果、相生相成的，如時間的壓力可能引起知覺的偏離；又如不穩定的情緒可能造成選擇性知覺，而選擇性知覺又回過頭來影響情緒的穩定性。凡此都是吾人探討溝通障礙時所必須瞭解的。

第六節　有效溝通的途徑

有效的溝通對企業管理的成功運作，是相當重要的。因此，促進有效的溝通大部分是管理人員的責任。他們不但要隨時注意所期望去傳達的訊息，且要能設法做自我的瞭解，更要尋求對他人的瞭解，甚或設法被瞭解。凡此都有賴於做有效的溝通，唯有如此，任何溝通始有成功的可能。管理者為促進有效的溝通，必須從多方面著手，其途徑不外乎：

一、規劃資訊流向

規劃資訊流向，乃在確保管理者能得到最適當的資訊，使不必要的資訊得以過濾，並減少過多的資訊，得以免除溝通負荷過高的障礙。規

劃資訊的目的，乃在控制所有溝通的品質與數量。此種理念係依管理的例外原理（exception principle）而來，它乃指凡是偏離重大政策與程序的事項，都需要管理者寄予高度的關注。依此，管理者可在需要溝通時，才進行溝通，免得浪費太多的時間和精力，卻無法得到溝通的效果。當然，此乃須建立在平時即已有良好溝通氣氛的前提下。同時，組織在平日亦宜防止資訊被做不當的過濾。

二、培養同理感應

溝通乃在尋求共同的瞭解與心心相印的效果，因此培養同理心乃是意見溝通的重要條件之一。所謂同理心（empathy），就是有為他人設身處地著想，並能料定他人的觀點和情感的能力。此種能力是接受者導向的（receiver-oriented），而不是溝通者導向的（communicator-oriented）。溝通的成敗與否，既取決於接受者所接受的程度如何，則同理心自然要置於接受者的位置上，且充分考慮接受者的立場，以求真正的訊息能為接受者所瞭解和收受。因此，在主管和部屬溝通意見時，培養同理心是相當重要的要素，它可減少各項有效溝通的障礙。

三、健全完整人格

健全而完整的人格，乃是良好人際溝通的基礎。一個具有完整人格的個人，多樂於與人溝通。但在組織之中，由於地位上或心理上的因素，常阻礙了人際間的溝通。為了克服這方面所造成的溝通障礙，則健全員工完整的人格是必要的。雖然組織不免有層級之分，但這是遂行組織工作任務所必要的，此不應是形成心理因素的障礙；只要管理者能採取開誠布公的態度，不存有自傲的心理，並能協助員工革除溝通上的心理障礙，教導員工培養積極的人生觀，且能容納各種不同的意見，則在溝通時必能減少或消除溝通的阻力。否則，員工一旦有了封閉性人格，

常心存自卑，必阻礙與他人溝通的誠意。

四、控制自我情緒

不穩定的情緒是意見溝通的殺手，人類情緒的變化可能會對訊息的含義，做極大差異的解讀。因此，保持理性、客觀而穩定的情緒，乃是有效溝通的不二法門。當人們在情緒激動的時刻，不僅對接受到的訊息會加以扭曲或故意歪曲，而且也很難清楚而正確地表達想傳達的訊息。因此，在情緒不穩定時，不宜從事溝通。如果一定要溝通，至少須控制自己的情緒，以保持平和的狀態，才能使溝通順利進行。因為有了平和理性的情緒，個人才可能聆聽他人的說詞，並做理性的判斷，而自己也能發表妥善的言詞，得到他人的認同與回饋。

五、善用溝通語言

複雜而難懂的語言乃是意見溝通的主要障礙，即使是專業術語，同樣會造成溝通上的困擾。當主管運用難懂的術語時，將造成部屬對其概念轉化的困難。一般人之所以運用專業術語，乃在便於專業團體內溝通，並凸顯該團體成員的地位，但對外在團體的人員來說，反而形成溝通上的困擾。蓋溝通既在尋求相互瞭解，而運用專業術語，將無以產生溝通的效果。因此，語言溝通的運用必須顧及所要溝通的對象，顧及它對各個對象所可能產生的影響，亦即對各種不同個性或領域的人員，只能運用適合他們的詞彙。

六、做有效的聆聽

在溝通時，只做聽取是不夠的，傾聽才足以促進真正的瞭解。有效的聆聽對組織和人際溝通是很重要的，它可使演講者有一種受尊重的感

覺，容易產生共鳴。曾有學者提出所謂「良好聆聽的十誡」，就是暫緩說話、讓說話者有安適感、說話者你想聆聽、集中注意力、具同理心、忍耐、控制脾氣、寬厚對待爭議和批評、問問題以及暫緩說話。暫緩說話既是第一誡，也是最後一誡。這些對一位管理者是很有用的。當然，這其中尤以決定去聆聽為最重要，除非決定去聆聽，否則溝通是無效的。

七、注意肢體動作

意見溝通的進行或成效，不僅受到語言本身的影響，也受到肢體動作即非語言線索所左右。為了達成有效的溝通，管理人員不應只注意語言所顯示的意義，而且要注意肢體動作的輔助作用。通常，溝通者或接受者的肢體動作，有增強或抑制語言含義的作用。不管肢體動作的含義為何，它確實會影響溝通的成效。因此，一位有效的溝通者必須注意非語言線索，使其能真正地傳遞所想表達的訊息。

八、利用直接回饋

回饋是有效溝通的要素，它提供了接受者反應的通路，使溝通者能得知其訊息是否已被接收到，或已產生了所期望的反應。在面對面的溝通過程中，是最可能做直接回饋的。然而，在下行溝通中，由於接受者回饋的機會不多，以後常發生許多不正確的情況。此時為確保重要政策的不被曲解，必須多推行上行溝通，或設計組織內部的雙向溝通，以利用直接的回饋，而達到溝通的效果，且避免誤解。

九、重視非正式傳聞

非正式傳聞有時是有用的，有時是無用的，但它是非正式溝通的產

物。非正式傳聞往往比正式溝通來得快速，而且有效。因此，非正式傳聞是不可忽視的。在基本上，非正式傳聞是一種面對面的溝通，具有極大的伸縮性。對管理階層來說，傳聞有時是一種有效的溝通工具。由於它是面對面的溝通，故可能對接受者有強烈的影響力。由於它能滿足許多心理上的需求，故是不可避免的，管理者應設法去運用它，至少亦應確保它的準確性。

十、追蹤溝通效果

追蹤溝通的目的，乃在確定溝通是否得到所預期的目標，對方是否真正瞭解所傳達的訊息。更重要的，追蹤乃在確保溝通者的理念不被誤解，因為在溝通過程中隨時都有被誤解的可能。基本上，追蹤乃是溝通的後續行動，其乃在檢驗溝通接受者是否能心領神會或誤會真正訊息的意義。所謂意義（meaning），就是接受者內心的想法。如某些通告可能已為舊有員工所長期瞭解，而視為善意，但對新進員工則可能解釋為負面的，此時則有賴於追蹤以得知其想法。

總之，有效溝通乃是管理者的主要責任，其可能影響組織各項作業的順利進行。管理者宜注意溝通的內容、媒介與技巧等，且尋求與溝通對象之間的同理心，當可得到所期欲的反應，如此才是成功而有效的溝通。

個案研究——主管何以吝於誇獎？

　　劉文華是個任事極為負責的青年，自到公司服務已有十多年了。十多年來，每次主管所交代的任務，他都能如期完成。

　　彭建宏是劉君的頂頭上司，平日對部屬的工作要求甚為嚴格，很重視部屬的工作績效。當部屬表現優異時，彭建宏從未給予部屬誇獎。他認為做好自己的工作，是部屬分內的事。他認為做主管的總是希望部屬有很好的工作成績表現；只有部屬表現不理想時，才有必要加以指正，何況過多的讚賞很可能讓員工要求加薪或升級呢！

　　劉文華個性內向，平日總是默默工作，很少出差錯。最近，由於運勢不佳，而屢次犯錯，常受到主管的指責，以致自信心漸失。雖然他極力表現，但由於自信心不足，仍然無法改善他的工作情況，最後只有離職他去。

問題討論

1. 主管的態度是否影響員工的工作效率與生產力？
2. 你認為主管的讚賞確能增進員工效率嗎？
3. 你認為員工得到過多的讚賞，是否會聯想到升級或加薪，因而影響到他的工作態度？
4. 劉文華是否有必要調整自己，多向上做溝通呢？

 註　釋

❶Robert D. Breth, "Human Relations and Communications are Twins", *Personnel Journal*, p. 259.

❷張金鑑著，《行政學典範》，中國行政學會，頁310。

❸姜占魁著，《人群關係新論》，五南圖書出版公司，頁211。

❹F. E. Funk & D. T. Piersol, *Business and Industrial Communication From the Viewpoint of Corporation President,* Speech Department of Purdue University, p. 15.

❺Fred G. Meyers, "Communication", *Top Management Handbook,* N. Y.: McGraw-Hill Book Co., p. 339.

❻Charles E. Redfield, *Communication Management,* Illinois: The University Press, p. 5.

❼C. G. Browne, "Communication Means Understanding", in Keith Davis & William G. Scott, *Readings in Human Relations,* N. Y.: McGraw-Hill Book Co., p. 331.

❽Richard A. Johnson, Fremont E. Kast, & James E. Rosenzweig, "System Theory and Management", *Management Science,* p. 380.

❾Keith Davis, *Human Relations at Work,* N. Y.: McGraw-Hill Book Co., p. 344.

❿W. D. Ross(ed.), *The Works of Aristotle,* Fair Lawn, New Jersey: Oxford University, p. 14.

⓫Claude Shannon & Warren Weaver, *The Mathematical Theory of Communication,* Urbana: The University of Illinois, p. 5.

⓬W. Schramm, *The Process and Effects of Mass Communication,* Urbana: The University of Illinois, pp. 5-6.

⓭C. M. Babcock, "A Dynamics Theory of Communication", *Journal of Communication,* pp. 65-68.

⓮David K. Berlo, *The Process of Communication,* New York: Holt, Rinehart and Winston, Inc., pp. 23-28.

⓯Keith Davis, Op. Cit., p. 360.

⓰Ibid., p. 378.

[17]Henri Fayol, *General and Industrial Management,* N. Y.: McGraw-Hill Book Co., Ch. 4.

[18]Keith Davis, "Management Communication and Grapevine", *Harvard Business Review,* pp. 47-48.

[19]Keith Davis, Op. Cit., p. 263.

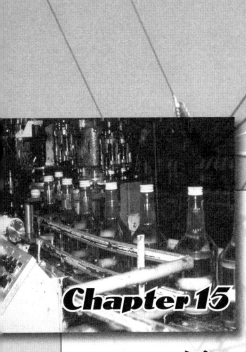

Chapter 15

員工參與

　　近來組織規模日漸龐大，性質日益複雜，分工逐漸專業化，且愈為精細。因此，組織融合的要求隨之愈為急切，蓋管理階層無法全力顧及組織的各個層面，其有賴全體員工的充分配合，管理工作始能有成效可言。而員工參與決策即是促進組織效能的有效途徑。員工提供其工作經驗與知識，不僅可促進意見的交流，思想的溝通，更能發揮創意與成就，使有利於管理環境。職是之故，員工參與的觀念，已成為有效管理的一部分。它足以鼓勵個人在團體環境中，貢獻一己之力於團體目標，並分擔共同責任。它是員工支持管理階層的心理結果，為組織內部的一種社會表決形式。當然，員工參與有其優劣利弊，如何擇優汰劣，權衡得失，本章將加以研討。

第一節　員工參與的意義

　　員工參與（participation）在管理上，可說是屬於民主管理的方式。所謂員工參與，乃是指組織內員工有權參與和其工作有關的事務而言。參與式的管理者，凡事經常與其部屬磋商，並把團體視為實施工作的社會單位。他不是管理的獨裁者，也不是拋棄責任的放任者，而仍保有其對團體的最後責任，且與員工共享工作的成效，並共同達成整體目標。換言之，員工支持管理階層的心理結果，便是員工參與。戴維斯曾說：「參與權乃為鼓勵個人在團體情境中，貢獻一己之力於團體目標，並分擔共同責任的一種情緒上的介與[1]。」該定義具有三大概念：

1.員工參與強調精神與情感的介入，而不僅僅是肌肉的活動而已。此種介入是心理性的，而不只是生理性的。它是員工個人的自我介與（ego-involved），而不只是技能或工作的介與（skill or task-involved）。亦即具有參與權的員工，對工作程序與方法有權做決定，否則其工作行為就不是運用心智，而僅僅是一種身體活動而已，這就不是參與了。

2.員工參與必是激發員工貢獻力量於團體情境，且容許員工表現創造性。它與同意（consent）不同，同意是一種注入觀念（idea）的程序，而參與涵蓋著心理與社會關係。換言之，同意只是主管將自己的觀點與意見，交給下級，徵求其同意而已；而參與除了對事務具有同意權之外，尚可主動發揮其創造能力。

3.員工參與鼓勵個人去接受團體活動的責任，是員工在組織中自我介與的一種社會過程。員工參與使員工將整個身心貫注在組織中，並使個人與組織融為一體，產生同屬感。當他們談及組織時，會說「我們」，而不是「他們」；發現某項問題，會說「我們的」，而不是「他們的」。員工參與的實施，幫助員工變成有責任的工作員，而不是無責任的機械人，他們之所以肯接受工作責任，乃是他們的本分。同時員工接受團體活動的責任，其結果必對團體任務感到興趣，進而形成團隊精神。這種分擔團體責任的意念，乃是發展團體成為成功的工作單位之主要步驟。

根據戴維斯的定義，員工參與能使員工在心理上產生被尊重的感覺，並獲致更多自由的滿足感，促發主動和獨立創造的才能，進而分擔團體的責任與榮譽。此外，魏特勒（M. S. Viteles）也說：「在民主與開明的領導氣氛下，員工在決策上的參與，有助於激發個人的內在動機，並提高員工生產量與士氣[2]。」職是以觀，員工參與必須在民主管理的先決條件下，才有實施的可能。因此，參與權的施行條件，乃為培養民主氣氛，員工才能於實踐組織目標的過程中，貢獻其才能與智慧，發揮潛在能力，進而提高工作情緒與效率。

第二節　員工參與的先決條件

員工參與的實施，雖可提高生產效率，改善工作品質，滿足員工自

我，發揮創造潛能，促成團體合作；惟其實現有賴先決條件而定。且參與成效與先決條件有密切關聯，這些條件有出自參與者的心理者，有源於工作環境者，其必須在事先予以適當的配合。因此，參與權的施行必須界予限制和範圍，其先決條件如下：

1. 在有所行動之前，員工須有充分的時間參與決策的討論與制定，庶能有完整的決策。如時間過於急促，即不能讓員工參與，否則足以阻撓組織目標，甚而威脅組織的存在，則員工參與便不適當。

2. 參與的實施不能超出所產生的實際價值，即不能浪費過多的財力、物力與時間。亦即實施員工參與，須合乎經濟原則。

3. 參與討論的主題，須與員工或其工作單位有直接關係，以促發員工的興趣，或提振他們的真正關心。

4. 員工須有參與討論的能力與知識，才能使參與行之有效。亦即員工須具備專門知識與能力，才不致造成心理上的挫折。同時，管理階層在平日必須致力於部屬技術和知識的灌輸與教育。

5. 員工參與的目的，就是要增進員工彼此的瞭解與認識。為了能充分交換意見，必須能瞭解彼此的語言，且採取雙向溝通的互動方式，才能充分交換意見達到溝通的效果。

6. 參與權的實施，不能影響任何人的地位。就管理者而言，若影響其權威，必然拒絕參與；就員工而言，如其地位受到左右，必然不願參與。

7. 組織內各個單位實施參與權，須在授權範圍內，方易產生效果。如果超出權責範圍，乃招致侵權。為了維持組織內部的完整，員工參與不能踰越權限❸。

8. 參與的員工須對參與過程的所有資料加以保密，以免機密外洩。組織機密性的事務，最好避免實施參與。

9. 參與權的實施，須保持主管與部屬間的穩定關係。主管仍保有最後抉擇的權力，部屬仍宜服從主管的決定。

10.員工參與決策的溝通途徑，必須持續有效，且其運用須方便而實際，以使員工能暢通彼此的觀念❹。

11.參與的員工必須有心理上介與的誠意，贊同參與活動的熱忱。否則唯唯諾諾，將無補於實際。

12.欲求參與權有效實施，組織對參與決策的員工要加以教育，使其體認參與在組織中的重要性，以避免觀念的錯誤，致發生執行上的偏差❺。

第三節　員工參與的利弊

員工參與在理論上，不只是一種很好的人群關係概念，也不只是一種很好的領導技巧而已，它有實際上的驗證。它的最大優點即為恢復個人在合作團體中，成為創造性的成員。老式的正式表決，即為一種原始的員工參與。因此。管理者推行員工參與制度，至少有如下的好處：

1.員工參與的最大價值，乃是給予員工發揮創造才能的機會，貢獻於合作團體，達成團體的工作目標。員工參與決策，可表達創造能力，並提供創造來源給團體成員，以做更深切的研究與瞭解。

2.員工參與可激發員工的內在動機。在民主參與的氣氛下，員工參與決策可開啟其內在成就感，並提高生產力和工作精神。

3.可協助員工調適新的工作環境。員工一旦參與決策過程，便可能事先瞭解工作環境做適當的適應，並透過團體的努力達到新的工作要求。

4.增進員工彼此間的瞭解，培養相互利益。員工共同參與決策，能瞭解彼此的困難所在，相互體諒，並尋求彼此的協調與合作，俾能做成最好的決策。

5.減低員工的離職率、曠職及怠工等現象。員工參與的實施，使員工

自覺受到尊重，更能勤奮工作，以免辜負上級的好意，摒除消極抵制的心理[6]。

6. 可增加生產，改進品質，減少浪費的情事。員工參與賦予員工參加決策的機會，故可透過團體討論如何增進生產，提高品質，並減少原料與物材的浪費。

7. 可改善上級與員工關係以及勞資關係，使之趨於平和，減少員工的抱怨。

8. 可增進管理員工工作的效能。員工參與和他們有直接關係的問題，會自覺身負更大責任，並接受上級的權威，減少對管理人員的反抗，增加部屬對上級的積極反應。蓋上級權威的來源，實始自部屬接受的程度與範圍而定。

9. 參與權可使管理階層收到集思廣益，做成明智決策的效果。員工參與決策，可提供管理階層意想不到的見解，幫助上級從多方面的角度來解決問題[7]。

10. 使員工更情願去接受變遷的事實。組織常因技術的革新與外在環境的變化，而隨時調整其結構；若員工經常有表達的機會，在心理上對變遷的環境更有所準備，可化不安全為安全的感覺。

11. 有促成下情上達的功能，提高決策效果和品質。在大多數組織中，下級的訊息常不易達到上級，若能透過參與的過程，常能使資料達到上級的手中，可大大提升管理決策效果。

12. 可促使下屬有承擔責任的勇氣。由於員工參與天天進行，則部屬也能深切瞭解決策過程，日久之後，當能養成承擔決策及執行的習慣與責任。

總之，員工參與的最終目標，乃為增進員工對整個組織的瞭解，並化消個人或團體間的衝突。惟實施員工參與固有許多益處，但也有一些缺陷：

1. 員工參與的實施，站在人群關係立場言，乃是達成團體決策、促

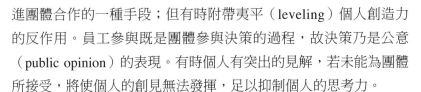

進團體合作的一種手段；但有時附帶夷平（leveling）個人創造力的反作用。員工參與既是團體參與決策的過程，故決策乃是公意（public opinion）的表現。有時個人有突出的見解，若未能為團體所接受，將使個人的創見無法發揮，足以抑制個人的思考力。

2.員工參與的實施，可能形成許多小的工作團體，使得團體間的調配問題層出不窮，組織員工參與決策的決定，可能攙雜私人的利益或團體的利害關係，而致意見分歧，造成更多的小團體，使管理者要做更多的控制與協調工作。

第四節　員工參與的實施

近代企業組織為了加強人群關係的推行，改善管理的領導技巧，採用了各種鼓勵員工參與決策的方法。這些方法有諮詢監督（consultive supervision）、民主監督（democratic supervision）、生產委員會（production committee）、建議計畫（suggestion programs）及多元化管理（multiple management）。

一、諮詢監督

諮詢監督是一種鼓勵員工參與決策的原則，乃是主管培養員工不拘任何形式，以推行參與權實施所做的各種努力。換言之，諮詢監督就是主管對有關於員工的任何問題，在做成決策之前，先廣泛徵求員工的意見，以作為最後釐定政策的參考。諮詢的方法不重任何形式與程序，只著重在主管接受員工意見的誠意，期能充分溝通意見，減少相互間的矛盾與衝突。質言之，諮詢監督的主要目的，在製造一種和諧的氣氛。因此，主管在推行諮詢參與時，須能以虛懷若谷的態度，接受和尊重員工，才能有成功的諮詢結果。

諮詢監督固在廣泛徵詢員工意見，然主管仍保有最後決定權，並不影響到主管的領導地位與聲望。甚而由於主管凡事徵詢員工意見，表現良好的民主風範，反可增進他在非正式團體中的地位與影響力。因此，推行諮詢監督至少有如下優點：(1)可促進主管與員工間的意見溝通，增進彼此間的和睦關係；(2)減少員工間意見的矛盾與衝突，調和團體間的緊張關係。

二、民主監督

所謂民主監督就是主管只站在協調與指導立場，將全部決策權交付團體，使團體達成合理的決策。其與諮詢監督不同的地方，乃為民主監督是採用小組討論的方式，由團體制定決策，而主管只是決策的指導者；而諮詢監督則為主管與員工做面對面的溝通，直接參與決策的制定。兩者相同的地方，乃是員工都具有參與決策權，惟最後裁決權仍保留在主管手中。換言之，在民主監督下，雖然決策由團體所制定，而主管仍可藉討論主題的範圍與資料的提供，來控制和輔導團體討論決策。

通常民主監督僅應用於自主性的團體，否則參與決策的團體成員，將只追求其個人目的，而不是組織的目標。民主監督並不是一種放任管理，也不是讓團體囊括一切決策權，主管仍保有控制權，始能制定合理的決策。其實施的限制如下：(1)討論主題不可踰越權責範圍；(2)主管要收集有關的事實與資料，以供團體討論參考；(3)指導團體針對問題，做合理的討論與決定。

三、生產委員會

生產委員會是由員工推選代表與管理階層的代表共同組成，也有透過工會代表所組成的，其主要任務在討論有關生產程序與技術問題。此制在歐美已相當盛行，其重點為以相互合作方式參與討論，對解決生產

問題頗具成效。惟此種方法有些實施得很成功，有些則成效不彰，考其原因乃為高層管理者缺乏熱忱，工人代表提不出具體的解決辦法，或運用時流於形式，缺乏持續性，以及主管與員工間缺乏人群關係的技巧。因此，欲使生產委員會成為分享權利與分擔責任的團體，必須使管理者有持續性的興趣與熱忱，且使員工有能力提供具體的改進意見。

四、建議計畫

建議計畫是鼓勵員工提供建議，作為改進工作和技術的參考。組織可提供一些獎金或其他獎勵，以酬賞提供良好建議的個人或團體。建議計畫是一種可行的參與方式，但其有如下的困難：(1)此種方法多限於以文字為媒介，缺乏面對面的溝通，非全體員工所能參與；(2)主管或幕僚專家認為建議過多，無異於對他的能力與效率的批評；(3)員工只提出符合自己利益的建議，構成對他人的壓力與不便；(4)建議的提供涉及專門技術的革新，或工作程序與方法的改變，勢必引起其他員工的反對。

五、多元化管理

多元化管理在一九三二年為麥高梅公司（McCormick Company）首先倡行，是由基層主管聯合參與實際管理的方式。其施行方法，是給予基層主管研究任何問題，並提供可行建議的機會。組織除了提供資料外，對其討論並不加以限制，惟對其提供的建議，必須經由高層主管的批准；且所有的建議須經與會人員的一致同意，並共同分擔建議的責任。多元化管理除可提升人員的參與願望外，並可調和管理者與員工的利益，甚至可培養高級管理人才，挹注高級管理階層的新血輪。

個案研究──員工懂什麼？

　　裕典木業股份有限公司是一家大型企業，在前任董事長李秋風先生的慘澹經營下，始有今日的規模。

　　該公司董事長職位在李秋風先生過世後，由他的兒子李國華接任。李國華在接任董事長後，乃著手整頓公司人事，健全組織結構，並實施授權，分層負責。同時，重新調整員工薪資，建立良好的福利制度。因此，公司業務蒸蒸日上，員工充滿著朝氣與活力。

　　李國華在經營有成下，更進一步欲推行員工參與制度，設置意見箱，希冀公司上下意見能夠交流，打成一片，以使公司能更上一層樓。此時，董事李秋雨先生，也就是李國華的叔父說：「公司創辦了這麼多年，都是我們在經營，那有聽下層員工的道理？」

　　然而，李國華堅持要建立該項制度，為此，叔姪兩人爭執不下。

問題討論

1.員工參與是否即為下級領導上級？
2.公司實施員工參與將有什麼益處？
3.員工參與的實施是否有它的限制？

註　釋

❶Keith Davis, *Human Relations in Business,* N. Y.: McGraw-Hill Book Co., p.170.

❷M. S. Viteles, *Motivation and Morale in Industry,* N. Y.: W. W. Norton & Co., p.164.

❸Robert Tannenbaum, I. R. Weschler & Fred Massarik, *Leadership and Organization: Behavioral Science Approach,* New York: McGraw-Hill Book Co., pp.88-100.

❹李序僧著，《工業心理學》，大中國圖書公司，頁280-281。

❺李序僧著，《行為科學與管理心理》，哈佛企管公司，頁266-267。

❻姜占魁著，《人群關係新論》，五南圖書出版公司，頁232-233。

❼同註❹，頁278-279。

Part 4

工程心理學

工程心理學（Engineering Psychology）又稱為人因工程學（Human Factors Engineering）或稱人體工學（Human Engineering Ergonomics）。它的研究重心是在探討工程設計、操作原理與工作設計上，如何去適應人體機能，以人類身心的共同特性為考慮因素，俾能在實際工作時發揮人類潛能。換言之，它的研究目的乃在尋求機器設備與人力的相互配合，謀求物質環境便於個人能力的運用。在積極方面，可提高工作效率，節省體力，以收事半功倍之效；在消極方面，為減少錯誤與意外的發生，提升工作環境的安全。依此，工程心理學的內容包括工程設計、工作情境、工業安全與意外防止、疲勞與效率等問題。

Chapter 16

工程設計

吾人研討工程心理，必先從工作者本身所使用的機器、設備、工具等的設計開始，同時研討工作情境，此即為工程設計的問題。所謂工程設計，就是包括機器、設備、工具和工作情境的設計而言。這些設計都會明顯地影響人類行為，進而左右工作效率，此即為工程心理的研究主題。然而，所有的機具設計或工作情境的研究，均須設定一些工業效標，以為遵循。是故，在研討工程設計之前，應先討論工業效標。然後，據以研討人因工程、方法設計、工作布置，以及工作設計中的人性因素。

第一節 工業效標

工程研究的目的，乃在尋求最經濟有效的工作方法，以求達到最佳的生產目標。此種目標的達成，有賴建立一些標準，此即為工業效標。一般工業心理學家所建立的工業效標，如**表16-1**所示，並分述如下[1]：

表16-1 工業效標的類型

效標種類	含義	測量因子
作業效標	以一個人在工作上所表現的種種活績效，為測量工作效率的指標	工作產量、完成工作所需時間、產品品質、績效曲線、視覺、聽覺、運動能量及其他
生理效標	以一個人的生理變化指數，為測量工作效率的重要指標	心跳、血壓、耗氧量、呼吸、血液成分、腦波、膚電反應、生理負荷量、工作時間和方法等
心理效標	以個人主觀的心理反應，為工業效率的測量標準	厭煩、心理壓力、挫折、焦慮、恐懼等
安全效標	以工業界的安全措施，為工業效率的測量標準	傷害頻率、傷害嚴重率、意外傾向、性格、出勤率、缺席率等

一、作業效標

作業或稱績效（performance）是指一個人在工作上所表現的種種活動而言，包括感官的、心理的以及生理的活動。最常用來量度作業效標的，有工作產量、完成工作所需的時間、產品品質以及績效曲線等。有時也採用基本的心理歷程，來評判作業效標。諸如視覺、聽覺、運動能量及其他心理運作。如果依照測量方法來看，此種效標可以是客觀的測量，也可以是主觀的評價。

二、生理效標

一個人從事某種工作後，生理狀況必然發生變化。若工作相當沉重或工作時間過久，個人的體能必然消耗，工作效能必然下降。工業界往往以此種生理變化的指數，為測量工作效率的重要指標。此時，個人肌肉中所儲存的能量逐漸下降，而產生生理性的疲勞。造成此種現象的原因有二：一是儲存在人體內的能量逐漸耗盡，工作過久或過勞，已無能量可用；二是人體內所產生的廢物逐漸累積，尤其是乳酸過多，常是生理疲勞的重要因素。根據生理學的實驗，若在人體血液內注射乳酸，也會產生疲勞現象。

一般測量生理疲勞的方法很多，諸如心跳、血壓、耗氧量、呼吸、血液成分、腦波以及膚電反應等，均可作為生理效標。甚至於一般人所謂的生理壓力（physiological stress），也可用來測量環境因素的效果，如工作的生理負荷量、工作時間、工作方法等。一般而言，勞力者或酷熱環境中工作者的生理變化，遠大於勞心者的思維活動與適溫環境中的工作者。此乃因後者的體能消耗較少之故。甚而勞心者固會產生生理變化，惟此種變化極微，實不足以構成生理疲勞的重要原因。

三、心理效標

心理效標又稱為主觀的心理反應或心理疲勞。顯然地,工作效率深受個人主觀心理反應的影響。因此,心理效標已成為工業效率的測量標準。通常心理反應最常見的,有厭煩與心理壓力兩者。前者乃隨著工作情境單調的缺乏變化而生;通常個人從事長期工作,或工作無法引起內在興趣,就會產生厭煩的感覺。至於心理壓力,則來自於個人內心的衝突;由於個人內心有了正、負價值,而此正、負價值又不相容,以致產生挫折、焦慮、恐懼的情緒,終而引發心理壓力。

一般而言,個人所承受的厭煩或壓力的程度,只有個人才能領會。然而心理疲勞固屬主觀的心理反應,但工業心理學家仍可運用心理測驗方法,編製一套語句量表,要工作者加以選擇回答,以測定心理疲勞的反應。麥尼里(G. W. McNelly)即曾引用薩斯東量表,編製一套心理疲勞測驗量表,施測不同程度的心理疲勞,然後經過實驗研究及統計分析,發現量表可以相當有效地測量個人的心理疲勞。

四、安全效標

安全效標是用來測量工業界的安全措施是否合乎標準,以減少意外事件及傷害的發生。易言之,安全效標可以用來分析和安全措施有關的情況變數與個人變數。此種效標的測量,可以傷害頻率與傷害嚴重率行之。其他諸如員工的意外傾向、性格,以及出勤率、缺席率等等,也可以提供作為評量的效標。

總之,工作效率的提高,必須設定一些工業標準。根據這些標準才能改善工作方法,提升工業環境,以求達到增加產量、改善品質、減低成本的目標。

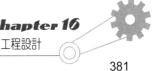

第二節　人因工程

　　人因工程（Human Engineering），早期稱為人體工學，其所涉及的主要是工作設計，使得人類在工作時能充分發揮其能力或維護其安全。其範圍不外乎是裝備的設計、使用的工具、工具的使用方法，以及工作的物理環境等，這些範疇決定了大部分的工作特性。因此，人因工程可解釋為「為人類使用方便所做的設計」。人類不斷地嘗試設計各種機具，使得自己能更有效或更輕鬆舒適的使用。過去人類使用的工具簡單，可以嘗試錯誤法去檢驗工具。今日機具日漸繁複，常須精心細密地去構思設計。

　　近年來，機具設計已逐漸考慮人性因素。此種轉變係由新式武器的設計與太空發展計畫演變而來。主要是顧及人的因素，以利於人類有效地運用機具。人因工程的主要興趣，乃在於複雜系統的設計，此種概念推廣於人類所使用、所設計的任何一項工具。因此，人因工程的研究來自於工程學、建築學、工業設計、心理學、人類學、社會學、生理學與生物學。**圖16-1**所示的人類行為模式，可以用來瞭解人因工程。

圖16-1　人類行為模式

　　任何人類行為都可透過上述模式予以說明。個體接受到外在刺激，經過選擇後，而引發某種反應。此種模式也可用來描述人體的工作行為。以操作術語來說，資訊輸入（information input）→中介歷程（mediation processes）→行動歷程（action processes），也可以套用該模式。**圖16-2**即為一種操作模式。此種操作模式的過程，分述如下[2]：

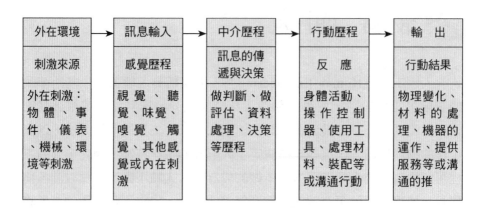

圖16-2 人類從事工作或其他活動中各種基本功能的概要圖

一、輸入歷程

　　身體的感覺器官,是個體接收外在刺激的通道。人類運用視覺、聽覺、觸覺、味覺、嗅覺、溫覺、壓覺、動覺、平衡覺等,將外界訊息與人體聯繫起來。通常運用最多的是視覺與聽覺。至於選擇何種溝通媒介,以溝通機具與人之間的訊息,須視訊息的類型、使用的方便性,以及人與空間的位置而定。

　　一般而言,選擇視覺作為溝通媒介的有利條件為:(1)傳遞的訊息很複雜或很抽象,或含有技術性與科學性的術語時;(2)傳遞的訊息太長時;(3)傳遞的訊息有日後保存價值者;(4)訊息具有方位傾向或指示空間性質者;(5)訊息傳遞無緊急性者;(6)當聽覺通路負荷過多,無法再增加時;(7)聽覺環境太嘈雜,音量太高,而不適宜使用聽覺媒介時;(8)當操作者視覺須注意一面,而不宜分散時;(9)當機器或系統有許多訊息須同時顯示,以作為互相參考時。

　　至於選擇聽覺作為溝通媒介的有利條件為:(1)傳遞的訊息很單純時;(2)傳遞的訊息簡短時;(3)著重訊息傳遞的速度時;(4)訊息無傳遞價值時;(5)訊息與立即性分秒有關者;(6)視覺傳遞通路已呈過量時;(7)

環境的光線不足,或不宜使用視覺溝通者;(8)操作者需要常常變換位置時;(9)在高空有缺氧之虞或加速操作時;(10)追蹤一項特殊隱蔽的噪音時。

個人一旦已決定以何種感官來接納訊息後,接著就是儀表的選擇與設計問題。通常儀表可分為靜態的,如各種號誌、印刷材料、廣告牌、標籤等;和動態的,如計速器、鐘錶等。它們可以呈現的訊息很多,最常見的有量的訊息、質的訊息、檢核訊息、符號訊息等。

就視覺儀表而言,它包括各種數字表尺,數字表尺可用於數量讀數或品質讀數。如依其用途及功能,可分為四大類[3]:

1. 計量儀表:目的在瞭解確實的量數,如鐘錶、溫度計、羅盤、速度錶、電錶、血壓錶等。
2. 檢查儀表:不重視量數,只重視程度的儀表,如汽車引擎熱度錶僅在指示安全與危險程度,並標示特殊的警覺信號而已。
3. 定置儀表:目的不在測知機器的即時訊息,而在預控機器的活動。如鬧鐘定時錶、定時開關錶、定溫針等。
4. 追蹤活動儀表:目的在追蹤一個目標,隨時調整操作活動,如航行方向指示錶即屬此類。

視覺儀表在設計上又可分為三種形式,即計數儀表、針動儀表、錶動儀表三類。針動儀表可用於計量、檢查、定置及追蹤上,尤其用於檢查上可明確瞭解指針的移動方向,給予操作者心理上預做準備。若在錶面刻度上區分檢查界線,針動儀表是一項最好的檢查錶;至於用在定置或追蹤上,則特別重視指針所指示的數量。計數儀表可用於計量及定置上,但不適用於檢查和追蹤上,因它本身缺乏方向指示的特性。

至於錶動儀表勉強可用作計量及定置上,其原因是錶動量違背了三項基本原則:(1)量表與控制把手必須同向旋轉;(2)把手循順時鐘方向旋轉,量表刻度應增加;反之,則減少;(3)量表的刻度應循順時鐘方向增加,才符合習慣。以上三項儀表,如圖16-3所示。

	針動儀表	錶動儀表	計數儀表
計量	可用	可用	最佳
檢查	最佳	不可用	不可用
定置	最佳	可用	最佳
追蹤	最佳	不可用	不可用

圖16-3　各種視覺儀表的用途

　　以**圖16-3**儀表刻度的原則為：(1)刻度應依使用人的實際需要而定，不必過於詳盡；(2)儀表所使用的度量衡制及單位，要符合實際應用上的需要，不須再行換算；(3)儀表刻度數量化要方便使用者，盡量能多得到近似值；(4)儀表面要盡量單純，不必要的訊號標誌力求避免。

　　吾人在工作中運用視覺觀察儀表的機會最多，人因工程師在設計儀表時所應考慮的視覺因素，大約有下列七項：

1.視距：視距往往隨儀表的大小、刻度、色彩及照明的情況，而有所差別。一般言之，顯示的材料若為文字、圖表者，以不超過十六吋為宜。若儀表與控制器相連，為了操作方便應以不超過臂長為宜。此外，各種標示、掛鐘須隨著視物的大小，而訂定適當距離。

2.照明：有些視覺儀表燈光是安裝在內層的，有些則是靠外來的光線，適宜的照明有助於儀表的顯示。

3.視野：一般而言，儀表以直視為佳；但是在機器過於複雜而儀表特別多，且分配在廣闊的儀表盤上時，設計者應避免有關儀表呈過度的視差。

4.儀表總數：多數儀表盤若必須集中於一處，設計者必須使各儀表指

向一致，並使操作者易於發現各種儀表。

5. 儀表與制動器相配合：儀表與制動器相關位置的配合，要便於工作者的確認與操作，減少錯誤的發生與時間的浪費。

6. 環境的配合：儀表的設定須配合其他環境上的因素，如振動、搖擺、加速、磁場等狀況，做因地制宜的措施。

7. 人力素質：儀表的使用須視使用者的特性而異，如老年人、色盲者與一般健壯年輕者不同。人常隨著年齡的增長，而在注意、知覺速度與反應上，呈現逐漸減退的趨勢。

此外，在設計儀表顯示裝置時，必須遵循某些指引，以及另外某些狀況下有用的其他指引，如此方可迅速反應。這些指引可綜合如下❹：

1. 可偵測性（detectability）：任何用於刺激的資訊，都必須是可以被相關的知覺所偵測到的，如可看到、聽到、感覺到，或其他類似狀況。

2. 區隔性（discriminability）：每項符號都必須和其他同級的符號區隔，亦即可明顯地分辨，如可運用不同的字母、數字或音調等。

3. 適合性（compatibility）：適合性可明確增進操作人員在時間、準確性，以及其他效標上的績效，其可包括空間、運動和概念等的適合性。如儀表的數字隨著順時鐘方向而遞增即為其例。當兩種事物有相關性時，顯示的刺激方式就應該要有適合性。

4. 意義性（meaningfulness）：在相容性中，常涉及使用資訊符號象徵的相關願望，此對接收者必須最具有意義性，才容易為接受者所立即知覺。

5. 標準化（standardization）：當符碼系統在不同的情況下，由不同人員使用時，標準的符碼較為人所感到滿意。

6. 使用多重符碼（use of multidimensional codes）：在某些環境下，可使用兩種或更多的符碼，如同時使用顏色和標誌的形狀，以更吸引注意力。

以上這些指引可加速操作者對各種訊息的快速反應，同時吸引其注意力，並增強其操作意願。

二、中介歷程

所謂中介歷程，乃指人在接受訊息後，將訊息儲存、抽取、解釋、意會，並隨著環境的不同，而加以理解、推理、計算、認知、判斷與評估，及其他心理運作，最後做成決策或對行動加以選擇的歷程。然而，中介歷程的運作與訊息的輸入和反應的產生之間，並無明顯界線。如知覺歷程與感覺功能，在中介歷程中都有錯綜複雜的關係；蓋知覺即含有對感覺到的事物加以意會的意義在。

因此，中介歷程的本質常受到輸入訊息、輸出反應，以及訊息與反應的相互關係之影響。當有機體接受到訊息，中介歷程作用的結果會產生決策，此種決策結果又回輸到原有的訊息中，形成因果循環。在重複性的操作行為中，決策早已固定，有機體的反應為條件化反應。這種行為幾乎已成為機械化或自動化的反應。此種工作亦多屬於枯燥的例行工作。實則，最能充分發揮人類智能的工作，應該是那些較繁複、結構不顯著、可預測性低的工作。因為工作的某些特性無法正確地定義或預測，才需要有變通性的人類去操作。是故，對工作適切地設計，可幫助人的中介決策過程。

至於工作設計如何才能助長中介決策過程？雖然所有的中介歷程，並非全受到人類所使用工具的設計特性所左右，但至少在某些工作或活動中，工具對中介歷程有極大的影響。因此，人因工程師必須努力設計適當的工具，以助長中介決策歷程。此種適當工具的設計方向，有必要講求適合性和減少短期記憶負荷。

首先，就講求適合性而言，在人因工程上必須設計出：刺激與反應在空間上、運動上或概念上的各種特性，最能符合人的特性與期望的，最足以增進工作績效，如縮短工作時間、增加作業準確性等。其中空間

適合性，是指儀表或控制器等物件的排列或架設的適合性而言。一般而言，儀表與控制器有密切對應，是一種較佳的適合性；反之，儀表與控制器不相對應，就不是適合性。至於運動適合性，是探討物體運動的方向與系統之反應方向的關係，系統的反應方向常用儀表顯示。通常，儀表與控制器的連鎖方式最符合人的假想或預期，員工的操作績效最佳。此外，概念適合性則以某些顏色或符號代表某些事物或概念，如紅色表示危險、曲線表示彎道等。

其次，另一種影響中介歷程的因素是短期記憶（short-term memory），而短期記憶又受到儀表及控制器設計特性的影響❺。通常在儀表與控制器的低適合度中，錯誤的增加為短期記憶的函數。若鍵盤設計使操作者須多花時間，才能將每個按鍵予以定位，則錯誤必定增加；蓋操作者必須耗費較多時間，才能將相關訊息保存於短期記憶中。

總之，人類的中介決策歷程受到所使用工具設計的影響，而此種設計必須講求適合性，降低短期記憶負荷。其他方法還有很多，尚待做更進一步的研究。

三、行動歷程

所謂行動歷程，就是對決策採取行動，對機器加以控制，其所控制的工具有按鈕、操縱桿、曲柄、踏板、開關及把手等。控制的結果由儀表顯示出來，即稱為輸出（output）。輸出可作為第二次輸入的資料，俾做下次改進的依據。

當然，行動歷程必須考慮人類的心理運動技能與機具的操作設計。機具的設計若能符合人類的心理運動技巧，較能適合人類的活動，從而可改善其工作績效。相反地，機具設計與人類心理運動技巧不合時，必有礙手礙腳的感覺，而使工作者產生厭煩或失去興趣。此外，機具設計最好能適應個別差異。在一般情況下，為改善機具控制最差人員的工作績效水準，必須設計另一套機具，使得他們亦能得到令人滿意的程度。

惟若使用最佳設計，仍無法達到滿意的程度，則可另行甄選人員來彌補設計的不足。

至於機具的設計上，必須考慮機器的辨認、設計特性與排列位置等。在使用幾個同類機具而無法辨明時，可以某種方式來減少錯誤，如以外形的差異、大小的差異、位置的差異、質料的差異、顏色的差異等，來幫助使用者分辨不同機具。至於機具的設計特性，宜變化多端，諸如大小差異、長度變化、移動距離長短、拔動所需力量大小、是否有回饋設計等，都會影響機具的運用效能。此外，機具排列位置若能依照人類操作習性，其運用效能亦較高，此將於第四節中繼續討論之。

第三節　方法設計

所謂方法設計（method design），又稱為動作研究（motion study），其主要目的為發展最佳的工作方法。方法設計常依工作測量而來。工作測量的目的是決定某項工作所需的時間，而時間的測定乃以操作動作為準。是故，欲提高工作效率，必須節省時間；而節省時間必須加速操作動作或減少不必要的動作。然而加速操作動作，反而增長人體的疲勞，故唯有自消除不必要動作方面著手。

動作研究最享盛名的，是吉爾伯斯夫婦。由於他們對動作研究的卓越貢獻，故以其姓氏字母的倒轉"therbligs"，名之為動素，且尊稱他為「動作研究之父」。吉爾伯斯夫婦將人體動作細分為十七個動作元素，如運空（transport empty）、運實（transport loaded）、握取（grasp）、持住（hold）、放手（release load）、預對（preposition）、裝配（assemble）、拆卸（disassemble）、對準（position）、尋找（search）、選擇（select）、計畫（plan）、檢驗（inspect）、應用（use）、故延（avoiable）、遲延（unavoidable）、休息（rest for overcoming fatigue）等。

一般動作研究的內容，可分為下列三項加以說明：程序分析（process analysis）、動作分析（motion analysis）與動作經濟原理（principles of motion economy）[6]。

一、程序分析

　　所謂程序分析，係就整個製造程序的大處著眼，而予以分析的技術；亦即以程序圖為分析的工具。程序圖是一種圖示方法，表示工作研究或程序中所發生各項事實的次序；並依事實的性質，以符號加以分類。例如，以○代表操作，□代表檢驗，⇨代表運送，D代表等待，▽代表儲存，⊙代表聯合活動。

　　至於程序圖的功用，乃為提供工作程序的瞭解，並作為工作目的的改進。程序圖可分為操作程序圖（operation process chart）、流程程序圖（flow process chart）、操作人程序圖（operator process chart）。

　　操作程序圖為一種表示程序中所有操作、檢驗順序的圖表。其中材料、機件或次要裝配件進入主要裝配件的進入點，以及各項操作所需的時間，均予以指明，但不包括材料輸送的情形。

　　流程程序圖為一種用適當的符號記錄全部事項，以列出製品或製品零件在工廠或某部門中工作程序的圖表。其中包括分析所需的資料，如各種事項所需的時間與移動距離，所著重的是有關工作物件的處理、檢驗與輸送。

　　操作人程序圖則為記錄工作程序中，一個或多個操作人動作的圖表。它將操作人在工作場上實際工作的雙手動作，依其發生的先後順序予以記錄、圖解，故又稱為雙手程序圖。此圖適用於分析高度重複性的手部操作。

二、動作分析

所謂動作分析，乃在縝密地分析工作中各項細微的身體動作，刪除無效動作，以促進有效動作。其目的一方面在簡化操作方法，發現員工在動作方面的無效或浪費，降低員工疲勞，進而訂定標準操作方法；另一方面則在發現空閒時間，刪除不必要動作，進而預定動作時間標準。

動作分析的方法依精確程度不同，可分為三種方法：(1)目視動作分析，是以目視觀測的方法，尋求動作的改進。如細分觀測操作單元，使用操作人程序圖，及動作經濟原理，以為分析改善的工具；(2)動素分析，即依細分動作元素為十七種動素，將工作所用的各種動素逐項分析，謀求改進。一般用較具重複且周程較短的手操作來研究；(3)影片分析，以攝影機拍攝各項操作做成影片，由影片的放映而加以分析。由於影片分析的成本太高，該方法往往限於壽命長，周程極短，且具有高度重複性的手操作來研究。

動作研究分析最初為手動作的研究，後來接合動作影片，為「細微動作研究」的骨幹；同時，導致「動作經濟原理」的發明。在某種形式的操作中，尤其是周程甚短，反覆次數甚多的動作，實應深入研究，以決定何處可以節省動作和精力，並發展可能的最佳動作形式，藉使操作者可以最少的精力反覆從事其操作。為達成此項目的所使用的技術，為動作研究的一部分，特稱之為細微動作研究。

細微動作研究，於一九一二年由吉爾伯斯夫婦發表。研究內容係以攝影機對研究的工作，拍攝成影片，再利用放映機加以放映。放映機放映速度，可快可慢，亦可倒轉，以便詳細觀察。因此，待研析工作的操作情形，自較目測為詳盡而精確。其目的有二：一為協助尋求最有效的工作方法；二為協助訓練，使接受該項訓練者，瞭解動作研究的真義，並精通「動作經濟原理」。

三、動作經濟原理

動作經濟原理的研究目的，在使操作者的動作能在最經濟有效的條件下實施，以期增進工作效率。操作者操作時應遵守的原則，依其內容分述如下❼：

(一)關於人體應用的動作經濟原理

1.雙手應同時開始，並同時完成其動作。

2.除規定休息時間外，雙手不應同時空閒。

3.雙臂應做同時、對稱或相反方向的運動。

4.手的動作在盡可能的範圍內，應以最低層次部位為之。手部動作一般分為五個層次：最低層次為手指本身的動作，依次逐漸升高為：手腕、前臂、後臂、肩膀。一般言之，較低層次部位的運作所需時間或體力消耗少於較高層次部位。

5.物體的運動量應盡可能加以利用，但若運動會耗損肌力，則應盡量少用。

6.手部平滑而連續的曲線動作，優於方向突然而猛烈變換的直線動作。

7.彈道式的運動，比受限制或受控制的運動，輕快確實。

8.只要情況許可，動作應以輕鬆自然的節奏來安排。

9.雙眼的凝視點應盡量接近，凝視次數應盡量減少。

(二)關於工作場所的動作經濟原理

1.工具及原料應置於固定處所。

2.工具、原料及裝置應布置於工作者的前面近處。

3.製成的「成品」或「成件」，應利用它本身重量自動落入盛器。

4.工具及原料應依最佳的工作順序排列。

5.工作場所應有適當的照明，使視覺舒適滿意。

6.工作檯及座椅的高度應使工作者坐立適宜。

7.工作座椅、形式及高度，應使每個工人保持良好姿勢。

(三)關於工具設備設計的動作經濟原理

1.盡量減少手的工作，而以足或身體其他部位代替之。

2.兩件以上的工具應盡可能合併。

3.工具及原料應盡可能預為放置。

4.凡用手指操作的機械，各個手指的負荷，應依照其本能予以分配。

5.工具手柄的形狀，應盡可能依手部接觸面積的增加而設計。

6.機器上的槓桿、十字桿及手輪的位置，應便於操作。

總而言之，動作研究或方法設計，乃在探求工作的各項動作，找出何者為無效動作，予以刪除或減少；何者為有效動作，應予立求改善或加強。其目的不外乎在減少工作的疲勞，選擇最佳工作方法，以提高工作效率。

第四節　工作佈置

工作場所的設計應使員工能充分發揮工作效能，並使員工能在最舒適、最安全的環境下工作。此種設計問題有兩個主要含義：一為與整個工作空間有關，包括整個工作的布置，以及各工作間連貫關係的安排。一則指個別工作的布置，包括各種工具或設備的排列。其目的乃在於促進人力的有效運用，減少搬運、走動，以保持人力與機器的充分配合，並提供工作人員方便、安全與舒適的工作環境。

就操作工作空間而言，個人在從事工作活動時，環繞於其四周的一切可用空間，皆可視為工作空間範圍。就坐著的工人來說，雙手所能及的空間就是工作空間範圍。當然，每個人身體部位及長短有別，這是工

作空間安排所應注意的問題。

　　至於工具的排列方面，必須考慮人體的生理特徵，身體各個部分運動的相對難易和可及的範圍。工具排列的設計包括：椅子、桌子、工作檯、水平及垂直工作面、工具座架、控制器、儀表，甚至於材料的設計等均是。

　　此外，工作佈置必須考慮到製造程序、生產量大小、產品性質、操作類型以及員工類型等因素，繪製工作布置圖，安排工作內部細節，然後才決定佈置方式。一般而言，工作布置的形式，可分為下列三類❽：

一、固定位置式佈置

　　固定位置式佈置（layout by fixed position）是將物料、工具、機器等置於固定位置而不移動，使產品的全部作業在一個位置內完成。其優點是減少主件的搬運；使高度技術性工作在一個地點完成其工作，此可加重該工人在產品品質上的責任；可經常改變產品或產品設計以及其工作順序；適用於多種產品的製造，較具彈性，不需要高度控制的組織系統。此適用於須單獨完成產品的工作上。

二、加工程序式佈置

　　加工程序式佈置（layout by process or layout by function）又稱為分類佈置，即將同樣加工或同類加工的作業集中在一處。其優點是機器能充分利用，減少投資；適用於多種產品的製造；適用於需要經常改變作業順序的工作；如果機器或設備發生故障，易保持生產的持續性。其缺點為：工作物無一定路線，生產管制困難；物料搬運工作多，費用高；產品製造週期長，盤存量高；機器設備間隔大，過道多，場地使用不經濟。

三、生產線式佈置

生產線式佈置（layout by production or line production）又稱為產品佈置，即將製造每件產品所需要的各種機器置於一處。它與固定位置式佈置不同的，乃為物料是移動的。一項工作緊接著下一步工作，亦即製造一項產品時可使用任何設備，不論加工程序為何，而是按照作業程序進行。此法的優點是節省運轉時間和成本；生產計畫與控制簡單，易於實施督導工作；物料按流程而下，減少物料搬運。其缺點則為增加固定資本額，同類機器不能每部都充分利用，任何關鍵性機器損壞都會導致全線工作的停頓。一般而言，此種形式最適用於：製造大量的標準產品，需要量穩定，操作平衡與物料流動沒有太多困難的工作。

當然，上述各種佈置方式的採用，常依工廠性質、工作種類、產品特性等因素，而有所不同。然而，工作佈置最重要的必須考慮人性心理，人在工作中的感受，才能真正提高工作效率。

第五節　工作設計的人性因素

一般工作設計不外兩大傾向：一為以工作為中心，一為以員工為中心。戴維斯（L. E. Davis）即認為工作設計可分為：(1)製程中心（process-centered），或稱裝備中心（equipment-centered）；(2)工人中心（worker-centered）；(3)該兩種方法的組合。製程中心工作，即以制定工作活動規範，或以理性方法找出不同生產方式所需最低生產時間而設計的。工人中心工作則與所謂的工作擴展（job-enlargement）、工作豐富化（job-enrichment）有密切關係，凡是一組工人參與工作分配者皆屬之。換言之，工人中心工作是以員工工作動機為最重要的考慮因素❾。

過去工作設計，幾乎都以製程中心為主。一般企業設計工作的著眼

點為：經濟因素、製程簡化、時空因素、現有技術與員額、所需工具與設備、習慣與傳統等。這些因素基本上是機械哲學的原則，主要目標為節省成本，全然忽略了人的動機因素，使人淪為機械的奴隸❿。

近代行為科學的重大貢獻，乃為注重員工滿足與各項工作變數間的關係。根據研究結果發現，工作滿足有關的變數，通常都與工作活動本身有關，如成就、被人賞識、工作本身、責任、升遷等。易言之，良好的工作設計必能滿足員工心理上的動機，此種需求的滿足對工作效率而言，比工作環境的布置更為重要。但過去一般企業僅注意經濟要求，很少使員工有工作滿足感。工人中心的工作設計，即在考慮工人的動機因素，以致提出「工作擴展」、「工作豐富化」的理想，以矯正過去工作設計的缺點。

工作擴展或工作豐富化是針對「工作專精」（job specialization）而言。根據克保吉（M. D. Kilbridge）的看法：工作擴展或工作豐富化是使工作包括多種任務，增進員工工作的自由，加重其檢查品質的責任，賦予工作方法的選擇⓫。它是基於工作設計的工人中心所做的工作內容之有意改善，以提供工人心理成長的動機，產生最大的心理滿足感，使其工作不至於單調、挫折，而能具有意義。

工作擴展或工作豐富化的方式很多，如增加同一本質的工作活動，增加責任較高的工作活動，實施輪班制，由員工自行檢查自己的產品，修改其產品，或由員工自行調整自己的工作步調。根據赫茨堡的看法，工作擴展與工作豐富化相當；但工作擴展是經由增加同一性質的工作，而使得工作結構更為擴大的歷程；而工作豐富化則為工作的修正，以提供員工成長的機會。有關後者，吾人已在「動機激發」與「組織管理」兩章中有過簡短的討論，下章將做擴大的研討。

工作擴展的基本假設，是它會使員工、企業兩蒙其利，可提高動機、降低厭煩與不滿、增加產量、增進出勤率。蓋簡單化、機器性的工作常造成一些缺陷；引起厭煩、無意義感，削減員工的上進心，引起工人的失落感。同時，它損害工人的自尊與工作動機，且重複同一工作過

於單調，缺乏目標，更降低了工作品質。因此，無論從人道觀點或經濟觀點來看，企業應設法使員工感到他的角色是有意義的。工作擴展和工作豐富化即為依據此種觀點而來。

不過，工作擴展和工作豐富化並非沒有限制。如某些員工對工作擴展或工作豐富化不見得會認同，因為他們寧可操作簡單、例行的工作。況且有些工作也無法以較有意義的方式加以設計，有些活動原本也不具有挑戰性。雖然如此，工作擴展和工作豐富化已成為社會心理學家與企業家所關注的焦點，此種科技與心理社會的結合，是現代人類最重要的研究主題。

至於工作擴展或工作豐富化的實施成效，看法頗不一致。根據畢根（J. F. Biggane）和史蒂瓦（P. A. Stewart）的研究，把原有經由五人做二十六項裝配的自動洗衣機工作，改由每位工人負責操作所有的裝配過程。結果發現：品質改進，成本降低，且離職率、抱怨率也降低。因此，工作擴展或工作豐富化增強了員工對工作的自我投入感，增進員工對其工作與監督人員的滿意程度，提高了工作素質，降低了生產成本[12]。

然而，福林（C. L. Hulin）和柏拉（M. R. Blood）評鑑了各種工作擴展或工作豐富化的研究，指出工作擴展或工作豐富化的效果被過度誇大。他們認為工作擴展只對某類工作有效，它不是治療員工士氣低落或產品不良的萬靈丹，它可能只適用於某些工作情境[13]。是故，工作擴展或工作豐富化並非對每位員工都有激勵效果。同時，工作擴展或工作豐富化不可能、也不應該成為整個工作設計，而只是其中一部分而已。

總而言之，工作擴展或工作豐富化的觀念與傳統機械式、規範式工作設計法，是相反的。近代科技朝自動化方向走，更助長了製程中心的工作設計。人因工程學家因為過分重視機械化，過分簡化工作行為，過分限制工人的工作行為，而深覺不妥。為了融合製程中心與工人中心的歧異，戴維斯指出：可將操作規劃分為兩個層次，即任務設計（task design），也就是完成個別操作單元；與任務組合（task combination），也就是將所有操作單元組成工作。在工作設計中，可採用製程中心來設

計工作，而以工人中心來組合工作。蓋人的動機、滿足、團體行為等變數的主要作用，表現於工作組合上。如此，製程中心與工人中心就不再是兩個無法相容的概念了❶。

個案研究——一改再改的設計

李維士是一家大型機具設計工程部門的單位主管。過去十二個月來，他一直為別家公司設計一件大型機具。在很多日子裡，他的設計不知經過多少次修正和更改。終於，他主持的設計組，要將他們的設計送呈做最後的核定。然而，就在這個時候，他的上司陳季瑞來了電話，要他馬上到上司的辦公室。下面是他們之間一段不愉快的對話。

陳：李維士，我請你來，是要告訴你一件事，我們承受了很大的壓力。我們所需要的，是最精確和適用的設計。換句話說，就是希望能更符合人性化一點，這是對方的要求。如果設計發生了任何缺點，或不符對方的意，將影響我們的信譽，可能要花上巨大的成本。

李：陳先生，我們設計該型機具，前後已經經過五次大修改了。我簡直想不出來，這裡面是否還有那項東西沒有修改過的了。這已經是本公司有史以來最好的設計了。

陳：我很高興能聽到你這句話，老李。公司的總裁對這件機具非常重視呢！

李：陳先生，請你相信，我想在一週內，就可以完成全部設計，送呈審核；我相信大家一定會有深刻的印象。

陳：老李，老實說你別這麼急，遲一個月送出去也不遲。公司當局告訴我，要請你將設計重新徹底檢討一遍。

李：那又為什麼呢？

陳：看有沒有需要改進的地方，尤其是有關人因工程方面的問

題。我想你一定能夠發現什麼地方可以再改進的。

李：陳先生，如果你給我一年時間，我保證可以設計得更好。可是，問題是東西好不好，有一個限度；超過限度，就不切實際了。事實上，按照合約設計，已完全符合對方要求了。現在已經是不能再改了，應該決定立刻生產的時候了。如再拖延下去，恐怕一輩子也到不了製造階段。

陳：老李，我完全懂你的意思。只是我們總裁希望這件設計能夠盡善盡美。所以，我才希望你能利用一個月時間再研究修改一次，以求能更為完善。

問題討論

1. 本個案中，陳季瑞所說「更符合人性化一點」的含義為何？
2. 請就人因工程的觀點，說明機具設計如何才能達到更完善的境地？
3. 機具設計如果無法達到完善的境地，應如何改善？

 註　釋

❶ 李序僧著，《工業心理學》，大中國圖書公司，頁314-318。

❷ 鄭伯壎、謝光進編譯，《工業心理學》，大洋出版社，頁498。

❸ 同註❶，頁358-359。

❹ 施貞仰譯，《工業組織心理學》，揚智文化公司，頁440-441。

❺ R. Conrad, "Short-Term Memory Factor in the Design of Data-Entry Keyboards", *Journal of Applied Psychology,* Vol. 50, pp. 353-356.

❻ 彭敏求編著，《工廠管理》，新學識文教出版中心，第六章。

❼ 同前註。

❽ 同前註，第五章。

❾ L. E. Davis, *The Concept of Job Design and Its Status in Industrial Engineering, in Symposium on Human Factors in Job Design,* Published by the Systems Development Corporation, Santa Monica, California, as Report SP-611.

❿ L. E. Davis, R. R. Canter, & J. Hoffman, "Current Job Design Criteria", *Journal of Industrial Engineering,* Vol. 6, p. 5.

⓫ M. D. Kilbridge, "Reduced Costs through Job Enlargement: A Case Study," *The Journal of Business of the University of Chicago,* Vol. 33, No. 4.

⓬ J. F. Biggane & P. A. Stewart, *Job Enlargement: A Case Study,* State University of Iowa, Bureau of Labor and Management, Research Series No. 25.

⓭ C. L. Hulin & M. R. Blood, "Job Enlargement, Individual Difference, and Worker Responses", *Psychological Bulletin,* Vol. 68, pp. 41-55.

⓮ L. E. Davis, Op. Cit.

Chapter 17

工作情境

　　工作情境的安排與設計是否得宜，直接影響員工工作效率甚鉅。所謂工作情境（work conditions），至少包括三項意義：第一項為物理環境因素，包括照明、音響、空氣等情況。第二項為時間因素，如工作時間的長短和休息的次數與間隔。第三項為社會環境因素，如公司組織、領導與溝通等（如**表17-1**）。有關社會環境因素，已於第三篇討論過。今僅就物理環境與工作時間因素，探討其對工作效率可能發生的影響。

表17-1　工作情境要素

種類	要素
物理（質）環境	照明、音響、空氣、設備、工具等工程設計
工作時間	工作時間長短、休息次數與間隔輪班制等
社會環境	公司政策與行政、組織文化與氣氛、領導、溝通、參與等

第一節　照明

　　一般而言，影響個人視力的因素有三：第一是個別差異，每個人都有不同的視覺能力；第二是工作類別不同，各項不同的工作，需要不同程度的視力；第三是照明狀況影響了個人的視力敏銳性。為了決定各種工作的照明度，美國照明工程學會（Illuminating Engineering Society, IES）提出兩項標準：視覺績效（visual performance）與視覺舒適（visual comfort），作為制定照明度的基準。其中以前者較受重視。

　　個人因視覺成分而顯現在工作績效上者，受個人視力的影響很大。照明工程學會指出，影響視覺績效的工作關聯因素（task related factors），可分為兩種：一是工作本身的特徵，如工作事物本身的形狀、與背景亮度的對比、工作事物本身形狀的大小，與視物時間的久暫等；另一是工作環境的照明特徵。

　　在近代工業工程設計上，為了保護個人的視力，往往盡量改善工作本身的條件。凡是應用到視力辨別的機件或標誌，都盡量使其加大或

使對比明顯，以使工作者節省視力而能一目瞭然。就同一事物的觀察而言，亮度對比愈明顯，視覺績效愈顯著。若就同一照明度而言，如視物時間減少，而欲維持同一辨明水準，就必須增加亮度對比。此外，當亮度對比很低時，背景明度要相當高；亮度對比高時，背景明度較低，即可達到相等閾限可見度❶。

近來工業心理學家為提高工作效率，在照明方面所做的實驗研究很多，其所涉及的問題不外乎：光線對比對工作的影響，光度對工作的影響，不良照明對工作的影響，以及直射與眩光等問題。一般而言，照明環境的可變因素，包括光度、對比、照射與眩光，這些因素都影響視力的工作效率。至於視力所包含的因素也很多，如敏銳性、深度覺、辨色力、斜視、隱視及黑暗適應力。本章除有特別說明外，所謂照明多指光度而言，視力多指視力敏銳性而言。

一、光度

光度就是光源發光的強度，測量單位以燭光（candela, cd）來表示，各種不同的光度對工作效率的影響，隨著工作性質的不同而有差異。一般而言，在不足的光度下，多數工作於某種範圍內增加光度，可提高工作效率；但是增加至某種限度後，工作效率即呈高原現象，無法再行提高。因此，光度須事先加以設定。

至於某種工作需要何種光度，常因工作性質而不同。白克惠（H. R. Blackwell）根據多種工作加以個別研究，最後以綜合方法，把工作以需要視覺的難易程度，分為容易、普通、困難、很困難、非常困難，訂出各種工作必備的光度。他所使用的光度單位為foot lambert（簡稱fl），相當於一呎燭光（foot candle, fc）的光線，照射於一完全均勻、完全反射的平面所得的亮度。因此，所謂光度係以平面能完全反射為基準。

若平面僅能反射80%的光線，而作業光度需100fc時，則光源必須是100fc÷0.80＝125fc。若平面僅能反射25%的光線，則所需呎燭光為100fc

÷0.25＝400fc。因此，任何一種工作照明水準的制定，都必須考慮工作場所的反射狀況。根據白克惠所建立的照明制定程序，則各項工作都須制定照明水準。一些常見的工作照明水準如**表17-2**：

表17-2 工作的照明水準

工作	照明水準fc
外科手術檯	2500
困難的檢驗工作	500
校對	150
會計簿記	150
辦公室	100
商店	100
食物烹調	70
包裝與標籤	50
洗碗碟	30
倉儲裝運	20
旅館走道	10

有關光度對工作效率的影響，工業心理學家不斷地做實驗研究，發現不足的光度確會影響工作效率；隨著照明光度的增加，工作效率也隨著提高；但達到某種程度後，即呈夷平現象。即使再增加照明光度，也無法繼續提高工作效率。

二、對比

對比是指工作事物的亮度或顏色，與周圍事物或環境光度或顏色的比較。光線的對比會影響工作效率，故工業工程設計必須考慮事物的對比。一般而言，弱的對比，工作效率差；強的對比，工作效率較佳。同時，在弱的光線對比情形下，視物所需時間較長；強的光線對比，所需視物時間較短。根據白克惠的研究，其關係如**圖17-1**、**圖17-2**所示。

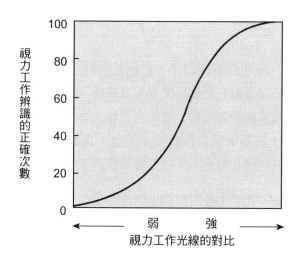

圖17-1　亮度對比與視覺績效的關係之一

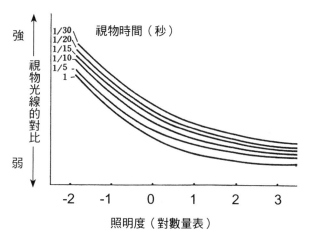

圖17-2　亮度對比與視覺績效的關係之二

　　根據圖17-1、圖17-2顯示：吾人要注意亮度對比與視覺績效間的關係，同時視物時間及亮度對比的交互作用與照明水準有關。若視物時間減少，而欲維持同一辨明水準，必須增加亮度對比。

三、直射

　　直射光和反光可合稱為眩光，它們都可能透過眼睛的視覺而造成目光昏眩之故。所謂直射光是指任何光源直接映入視野，而使工作者產生難受、刺眼、昏眩或疲勞的感覺。此乃因光源太強或太接近工作目標，而造成視覺的不快，甚至干擾工作效能。因此，直射光對工作效率有不良影響。工業工程設計應避免光源所在位置造成員工的眩目。其方法如下：

1. 減少光源的強度，多用幾盞光度低的光源代替少數強度的光源。另外，在窗戶上裝設半透明玻璃或掩體及散光鏡，以避免太陽直射。
2. 光線盡量自後方照射，並置於高處，但不能直接映入視野，至少要與視平線保持六十度以上的角度。
3. 增加光源四周的光度，使其間的對比率降低。
4. 使用燈罩、布簾或臉甲（visor），以避免直射。
5. 工作場地應注意光線的均勻分布，以減少其光線對比。

四、反光

　　工作場所物體的反光程度，常直接影響適當照明的光度。較低的反光度，需要增強照明光度，已如前述。通常反光因素（reflectance factor, RF），是指物體表面的反光率，此乃由反光係數求得。反光依其程度又可分為三類：(1)不舒適反光，會產生眼睛不適，但不一定會對視覺能力產生干擾；(2)失能反光，會影響視覺表現和能力，常會伴隨不舒適的狀況；(3)盲眼反光，若持續一段時間，可能會看不到任何物體。

　　在工業工程上減少反光的方法，可合理地減少照明的照度；並利用物體表面不會反光的紙面、油漆等，來取代會反光的物體表面；盡可能避免金屬光澤或玻璃反光對工作場所的干擾或影響；以及避免對眼睛產生直接的刺激等均是。因此，工業工程設計須考慮反光及反光率的問題。

　　總之，工業上的照明問題涉及多方面的因素。不足的光度顯然影響工作效率，但如何布置充足的照明環境，則須考慮直射、眩光與光線的均勻分布，且照明條件常因人而異。本節所討論的只適用於正常人的視力。至於視覺較差或年老工作者，則需要更強的光度，以提高其適應力。

第二節　噪音

　　近代工業心理學家研究各種環境中噪音的問題，已愈來愈嚴重。噪音對個人聽力與工作效率，都有不良影響，尤其是對工人聽力的損傷，已構成傷害賠償問題。噪音是近代人類科技文明的產物，由於機械、交通工具、擴音器及各種器械的發明，噪音問題於焉發生。

一、噪音的量度

　　在研討噪音的影響前，須先瞭解聲音的基本物理特性，即頻率和強度。聲音基本上是由振動的音波所構成的。音波每秒鐘在空氣中的速度，為三百三十二點四米，約合一千英尺。它的長短不同，音波愈長，一定時間內振動的次數愈少；惟習慣上以每秒振動次數（frequency）計算，此稱之為頻率，心理學上的名稱為音調（pitch），其計算單位為每秒周（cycles per second, CPS）或以赫茲（Hertz, Hz）表示之。音調的高低，由音波的振動次數決定，振動次數多，音調高；振動次數少，音調低。普通人所能聽到的最高振動次數為每秒三萬，最低為二十。振動次數決定音質，二至三萬之間可發生一萬一千種音感。

　　其次，決定聲音的另一因素為音強（intensity）。聲音的強弱由音波振幅的大小來決定，音調相同的聲音，振幅大則音強，振幅小則音弱。測量音強有各種不同單位，通常以音壓（sound pressure）為準，即以每

平方公分承受的達因（dynes）多少來測量，達因為物理壓力計算單位。
實用上的音強單位有二：一為貝爾（bel），貝爾數的大小是兩種音強比
例的對數。另一為十分之一貝爾的分貝（decibels, db）。通常音強多以分
貝表示之。**圖17-3**為各種機具的分貝數[2]。

　　一般而言，聲音可分為樂音與噪音兩種。樂音是指有規則的音波
所引起的感覺，如樂器發出的聲音。噪音則指由不規則音波所引起的感
覺，不是人們所需要的聲音。前者可引起愉悅的心情，後者則產生不愉
快的感覺。工業心理學家布洛斯（A. A. Burrows）解釋：凡是與實際工作
訊息無關的刺激，而為人們所厭惡的聲音，均為噪音。噪音可能影響工
作者的談話，使人厭煩，降低工作效率，損傷個人聽力，嚴重會使人耳
聾。

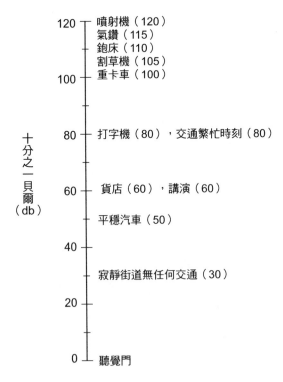

圖17-3　常見情境中的音強量度（db）（此圖所列數值皆為近似值）

二、噪音對工作效率的影響

噪音對工作績效影響的研究結論與實驗結果，其看法頗不一致。此乃因實驗情境很難加以控制，個人在工作場所所受心理或物理環境的影響很多，噪音難以成為唯一因素。克雷特（K. D. Kryter）的實驗證實，噪音不會明顯地影響個人的反應時間，簡單的工作學習，以及智力與協調能力測驗的成績；亦即噪音不影響一般人的心智體能活動。魏班茲（W. A. Wilbanks）也發現：噪音環境不僅對文書工作速度和正確性沒有壞的影響，甚且可增進效率。其理由有二：一為噪音增進個人的注意力，使其摒除外物的干擾；另一為噪音增加工作者的動機，加速其完成工作的速度。

再者，布羅班（D. S. Broadbent）更進一步指出：噪音水準若低於九十分貝，對工作沒有任何顯著的影響；但噪音水準若高於九十分貝，就可能使工作績效顯著降低。不過，受噪音影響的工作與不受噪音影響的工作，並無任何明顯的差異[3]。

相對地，有些心理學家發現噪音可能導致工作的不良影響。如在高噪音下的工作者常有頭痛、胃部疾病、疲勞、心痛、無法睡眠、易生意外等現象，因而對健康造成長期的不良影響。魏司頓（H. C. Weston）曾發現紡織廠的工人，戴上耳塞者比不戴耳塞者所受噪音干擾較少，其生產量平均增加了12%。柯恩（A. Cohen）的研究發現：一般簡單而重複性、感覺動作性的工作，固然不受噪音的影響；但檢驗性、校對性及複雜心智性工作，由於需要高度警覺度，較易感受到噪音的影響[4]。

此外，噪音是否對工作效率產生不良影響，主要須依工作者的感覺或反應而定。如果噪音被看成是一種煩惱，則可能產生不良影響。一般而言，振動次數高而強，間歇性而震耳欲聾的聲音，容易引起人們的煩惱；而長期比較穩定性的噪音，人們很快地就能適應。至於一百三十分貝以上的噪音，就會使人感到無法忍受的痛苦。

三、噪音對聽覺的影響

噪音若不是過強，固然會影響工作效率，但不致造成太大影響。在聽覺方面，長期性的高噪音會損傷個人的聽力，很難借助醫療而恢復。在工業上，測量工人的聽覺敏銳度，應用最廣的是錶響測驗（watch tick test），聽力正常的人可聽到錶響距離為四十八吋。錶響測驗的缺點很多，很難達到標準化的程度。現行聽覺測驗已採用測聽器，可測量一個人最低的聽覺閾限（threshold），以每秒聲音的振動次數及音壓的分貝數為主。

今日工業心理學已有足夠證據證明，一個人若長期受到噪音的影響，會導致聽力的減退。沙取（A. Sacher）曾研究四百五十八名翻砂鍋工人，有73.4%聽力受損傷，其中又有82.7%內耳失靈，17.3%是中耳受傷。其他，紡織業、機車頭駕駛員、地動裝備操作員，隨著工作年數的增加，聽力受損有增長的趨勢。此乃因長期暴露在噪音底下的結果。

當然，聽覺喪失受到許多因素的影響，諸如噪音強度、噪音頻率、持續時間、連續性，甚至於個人的年齡、健康與體質因素均屬之。由於影響因素甚多，無法建立絕對標準。不過，已有的實驗可證實：(1)聽力受損傷的程度與噪音的強度和持續時間長短成正比，亦即噪音強度愈高，持續時間愈久，聽力的損傷愈大；(2)音波震動次數愈多的噪音，聽力受損的情況愈大；(3)過高的噪音固然損傷聽力最大，但短暫而強烈的噪音同樣損傷聽力。

噪音為近代工業文明的產物，工業心理學家除在設法控制噪音或降低噪音外，尚在尋找何種程度的噪音足以損害人類。通常工業心理學家認為九十分貝以上的噪音，足以危害人類，但在九十分貝以下不致有太大妨礙。一般而言，即使噪音強度在某種有害程度以上，長期不斷地受噪音侵襲要比短期的間歇威脅，所受聽力的損傷為大。

工業上研究噪音對聽力的影響，一方面是希望降低噪音對工作效率與人體健康的不良影響；另一方面則為增進工人福利，減少噪音的

來源。萬一工人因噪音而損傷聽力，可訂定一些標準，作為勞工損害賠償的依據。一般聽力損傷在八十分貝以上，即屬於機能上的全聾（total deafness）；聽力損傷在十六分貝以下，並不構成法定的傷殘問題。至於聽力損傷在十七分貝與七十九分貝之間，則按全聾比例折成百分比，為輕、重傷害賠償。

四、噪音的控制

噪音除了損害人的聽力外，尚會造成煩躁的心理現象，干擾交談，甚至長期影響生理。員工的缺席率也會提高，顯現心理的緊張。因此，工業措施即使無法完全消除噪音，亦應設法減低噪音至安全程度。控制噪音的方法很多，以下為幾種較常用的方法：

1.控制噪音的來源：有效改善噪音的根本方法，即為設法找出噪音的來源，加以消除或減低。在從事機械設計時，即盡量設法消除或減低噪音的發生，事後仍須繼續不斷維護、保養和追蹤。如破損零件的更換，經常性的潤滑加油，或在機件上套用橡皮帶等，均可減少噪音的來源。

2.採用間隔設備：假若機器運轉上無法避免噪音，可採用間隔設備，阻隔噪音的傳播。一般隔音的建築材料，可減低噪音強度四十二分貝之多。

3.使用阻音與吸音方法：阻音就是在噪音發生的地方，以物體的阻礙防止噪音擴散。吸音則利用各種吸音材料，裝置於噪音發生周圍，以吸收音波。

4.使用防音材料：最有效減低噪音的方法，是把工作場地的牆壁、天花板及地板等，都用防音材料加以裝造，以減少噪音的回響，而減弱噪音。

5.使用防音裝置：萬一工作環境無法控制噪音，最後的方法只好由工

作者戴上防音裝置。一般使用的防音裝置有二種：一為耳塞，直接塞入外耳道。一為耳套，把耳朵全部蒙上。耳塞多為棉製，耳套多為橡皮質料。此種方法防止噪音對聽力的損傷，甚為有效。

第三節　空氣

廣義的空氣泛指一切大氣層的變化。人類對地球表面的空氣環境，由於長期地適應，大致上沒有發生太大問題。惟近代科技的發展，工業生產所產生的污染，已日益威脅到人類的健康。工業心理所討論的空氣環境，除了包括溫度、濕度外，尚有空氣流通、氣壓、空氣成分，甚至有毒氣體。此外，工作環境中，物件的溫度亦與主題有關。由於溫度與濕度的變化，直接影響人體的平衡，本節仍以該兩項為討論主題。

一般而言，人體在正常狀態下，對溫度的感覺不外乎三種情形：(1)在華氏七十七度以下，感覺寒冷；(2)在華氏七十七度至八十四度間，感覺舒適；(3)在華氏八十四度以上，感覺燠熱❺。不過，每人對不同溫度的舒適感不同，絕大部分人在夏天感到華氏七十一度是最舒服的有效溫度，在冬天則以華氏六十八度為最舒適❻。

人體在日常環境溫度改變的情形下，多能藉著自然生理的新陳代謝作用，來調節自己的體溫。在工作場所中的情況亦同。例如，個人處在寒冷的環境中，會產生很多生理變化，包括血管收縮、供給皮膚表面的血液減少，而降低皮膚的溫度；甚至降低血壓，呈雞皮疙瘩狀態，打寒顫發抖。這是身體為減少熱量發散的自然防衛反應。若是在高熱的環境中，血液循環會加速，汗流浹背，藉熱的交換歷程來達到身體的平衡狀態。

由於人體在新陳代謝過程會產生熱能，過多的熱必須加以排除，以維持體溫的恆定狀態。此種調節熱能的方式有四：

1. 對流（convection）：當一個物體與流體間有溫差時，物體的熱量常經由對流來散發。人體通常是藉著對流將熱量散發於空氣中；惟若空氣的溫度高於體溫，人體即藉對流吸熱。

2. 蒸發（evaporation）：人體的蒸發方式主要是依靠流汗，有時也藉著呼吸從肺部排出熱量，以達到某些程度的蒸發交流。

3. 輻射（radiation）：是兩個物體間熱能的傳遞方式，輻射結果，較熱的物體散失熱量予較冷的物體。人可經由這種方式將熱量傳給物體；有時，物體也經由這種方式將熱傳遞於人。兩個人體之間，也同樣有輻射作用。

4. 傳導（conduction）：是指物體藉著直接接觸而傳遞熱能，如赤足走在冰冷的地板上，或將手放在炙熱的火爐上即是。不過，由於人體的衣服隔熱，傳導不是人體重要的傳熱方式。

根據工業心理學家溫斯樓與赫靈頓（C. E. A Winslow & L. P. Herrington）的研究，人體在不同環境下，熱能的散發有所不同。一般而言，人體散發熱能受到下列環境因素的影響，如工作環境溫度的改變、濕度的高低、空氣的流通以及其他物體的溫度等。這些因素對工人的主觀感覺、工作績效等的影響，頗為複雜，很難詳細解說。

純就環境的溫度變化而言，牆壁的溫度過高，人體無法以輻射散發熱能，主要依靠的是對流。設若空氣和牆壁的溫度都過高，則人體熱能的散發完全要依賴蒸發。惟若再加上高濕度，人體熱能唯一散發的蒸發方式也會受到限制，人體的體溫就漸漸上升，必然使體力無法支持而發生中暑昏倒，嚴重者可能死亡。因此，人體生理是具有濕熱的生理極限的。普溫斯（K. A. Provins）即認為：體溫的上升是造成熱緊張（heat stress）的主因[7]。

不過，高溫對工作績效的影響，常隨工作性質的不同而異。一般而言，重體力的工作比重心智的工作，所受影響要大得多。此乃因重體力工作所消耗體能更多，排出的熱量愈多，加速了新陳代謝。工業心理學

家麥克渥（N. H. Mackworth）所做的實驗證明，在各種不同的有效溫度（effective temperature）下，重體力工作隨著溫度的增加，其體力活動有逐漸減低的趨勢；在心智活動的工作上，所犯的錯誤率亦隨著溫度的上升而逐漸上升[8]。

然而，戚勒士（W. D. Chiles）的實驗結果，認為有效溫度在華氏七十六度與九十一度間，勞心工作並無顯著影響。相反地，裴波勒（R. D. Pepler）則認為在七十六度至九十一度間，溫度每增加五度，工作效率就會受到不良影響。此時，就必須設法調整工作負荷、休息時間、溫度及空氣流動速度等，作為因應。

至於寒冷的空氣情況對人體和工作效率的影響，工業心理學家亦做過很多研究。暴露在寒冷環境中，人體會產生許多生理變化，包括血管的收縮，降低表層皮膚的流量，使表皮溫度下降。這種現象對身體熱量流失而言，是一種保護反應。至於寒冷空氣對工作效率的影響方面，一般來說，在華氏三十二度的寒冷情況下，其工作效率要比正常溫度華氏六十度，要減低20%。自三十二度下降到零度，仍可保持不再減低的趨勢；可是自零下十度、二十度至四十度時，則工作效率呈遞減趨勢。另外，克拉克（R. E. Clark）更發現：在寒冷的工作環境下，工作效率的遞減與手部皮膚的溫度有關；一般人手部皮膚表面溫度介於華氏五十五度至六十度之間，若手部皮膚溫度低於五十五度，工作效率立即受到不良影響[9]。

由以上分析，工作場所溫度的過高或過低，都會影響工作效率。工業上欲增進工作效率，可從改善室內溫度著手。今日由於科技進步，室內溫度已能做有效控制，如冷暖氣機的裝置，加強通風設施，採用隔熱材料，以及在工作場所四周種植樹木等，均為積極有效地改善室內溫度的方法。尤其是冷暖氣機的發明，人類可利用自動化電腦操作，調節室內溫度於常溫狀態。

第四節　工作時間

　　近年來，工作時間有愈來愈短的趨勢。此實受兩種因素的影響：一是由於科技的進步，各種自動化機器的發明，使得一切操作均賴機器控制，致人力操作時間逐漸減少。另一是由於勞工福利政策的提倡，使長時間工作時數受到立法限制。工人每週工作四十至四十八小時的標準，已為世界各國工業界所接受。工業心理學研究工作時間，純粹屬於科學原則，旨在探討適當工作時間，以發揮最高工作效率，提高生產質量。同時，各種工業應根據個別情況，加以心理實驗與調查，找出工作時數與效率的關係，以充分發揮人力資源。

　　一般工作時間，可分為日班制、夜班制和輪班制。雖然一般人都習慣在白天工作、夜間睡眠，但有些工作必須在夜間從事，如運輸業、餐飲業等。更有甚者，有些公司為了充分利用工廠設備，亦設有夜班制。根據摩特（P. E. Mott）等人的研究，輪班會影響員工時間取向的身體功能，如睡眠、消化、排泄等[10]。但梅德拉與華爾克（G. De La Mare and J. Walker）的研究結果，則發現正常日間工人與輪班工人的健康情況，並無顯著差異[11]。

　　摩特等人判定輪班制或夜班，確實對員工的家庭關係、社會參與、從事娛樂活動的機會等有不良影響。但這種影響並不是普遍一致的，有些人並不受影響。一般員工雖不喜歡輪班或夜班，但有些是喜歡的。根據梅德拉與華爾克的調查，一般員工對日班偏好為61%，對夜班偏好為27%，輪班偏好為12%。由此可知，個人偏好完全決定於其價值系統，其如**表**17-3所示。企業應依據其偏好去選擇工作時制。

　　至於輪班制對工作的影響，是會造成錯誤率的些微增高，產量些微降低的，其中尤以夜班為然。但這種結果不很一致，且可能與個體特徵有關。易言之，夜班或輪班制是否對工作績效有不良影響，尚待進一步的研究。

表17-3　工人對三班制的偏好

班制	不同描述
上午班	我可以有較多的時間，對家居生活有幫助，不會影響我的社交生活。
下午班	干擾我的社交生活，浪費白天時間，較不會疲倦。
夜間班	令我疲倦，對家庭生活不好，干擾睡眠，可使我有更多時間。

在工作時間的長短方面，卡索里與卡勒（M. D. Kossoris and R. F. Kohler）在第二次世界大戰期間，比較因戰爭需要而延長工作時數，或因戰後復員減少工作時數，與實際生產量、傷殘和缺勤的關係。結果發現：改變工作時數的效果，受到工作沉重與否、機械或人工操作、支付薪資方式等因素的影響。大致說來，若其他條件相若，以生產效率和缺席率而言，每天工作八小時或每週工作四十小時為最佳；工作時數太長，相對地工作效率呈遞減的趨勢。此外，意外傷害頻率與嚴重率，亦隨工作時間的增長而增加。

至於休息段落和次數方面，尚未有具體證據證明，因其常涉及各種不同的工作種類和工作性質。休息時間的給予，並不是基於人道的理由，給予工作者優惠待遇；而是假設休息足以消除身心的疲勞，增加實際的工作效率，提高工作士氣。尤其是檢查性的工作，需要高度的集中注意力，多數工作者在工作半小時後，其工作效率即行降低，差不多要休息二十或三十分鐘，始能重新恢復工作。此外，在重體力的勞動性工作，每間隔一段時間就要休息一會兒，以避免過度的生理疲勞。法摩和貝維頓（E. Farmer and S. M. Bevigton）的研究，即證實給予休息時間，不但不會降低員工的生產量，而且還會有些許的增加[12]。

有關休息時間是否要硬性規定，不可一概而論。有些工作的工作時間很不規則，員工可以趁沒有工作的時候休息。有些工作卻沒有自然的休息時間，管理人員就必須給予員工休息時間。但休息時間應該由員工自行決定，或由公司統一規定的問題，相當複雜，必須考慮行政效益、工作性質等各項因素。麥吉和與歐文（W. McGehee and F. B. Owen）即發

現，在辦公室中採用二次短暫休息時制，可減少員工偷閒時間，且增進工作速率[13]。

就休息時間的制定而言，每種工作都應該有最佳時刻，而且只要情境許可，可採取分段多次的休息時間。有些連續作業中間不能中斷，不需要統一規定休息時間；但許多重體力勞動或過熱環境下的工作，工人休息次數要多，且要看工人的體力狀況，隨時給予休息片刻的機會，才容易消除生理的疲勞。根據生理原理，重體力勞動者若長期工作，其所導致的過度疲勞，往往非短期內所可恢復，故寧可實施多次分段休息為宜。

再就靜態或輕鬆的勞力工作而言，休息的益處可能多半來自心理因素，而非單純的生理疲勞。但就沉重的體力工作而言，生理因素還是占了重要地位。因此，對繁重的體力工作，必須以生理量度為指標，訂定適當的工作時制與休息時刻，以使生理緊張程度降至最低。

至於休息時間究應多久？此須依工作性質而經過實驗予以個別規定。目前多數工廠或辦公室，休息時間約為十分鐘，久的達十五分鐘。休息次數一次到五次不等。最普通的情形是上、下午各休息一次，每次為十五分鐘。

第五節　彈性工時

在工作情境上，工時方面的問題除輪班制、工時長短和休息的次數與間隔等可能影響工作效率之外，工作時間的設計同樣影響生產效率。尤其是彈性工時的設計，更受到近代管理學者的重視。固然，每天工作在生產上都有一定的日程表，此有助於當日工作進度的進行；惟近年來人力資源管理基於人性需求的觀念，乃逐漸改變傳統的工作程序與方法，而採取較具彈性的做法，此即為實施所謂的彈性工作時間（flextime）。本節所擬討論的彈性工時，可包括下列各項（如**表17-4**）：

表17-4　各種彈性工作時間制的優劣

類型	內涵	優點	劣點
濃縮工作週	將每週工作天數加以縮短，但每天工作小時數可能延長。	·可增加休閒天數，降低缺席和遲到等現象。 ·有較多時間處理自己的事務。 ·減少前置作業和機器啟動的次數。	·有些員工想賺取較多工資，而寧願長時工作。 ·企業機構可能須增聘人手，增加經濟成本。
彈性工時制	每天上班期間有一段中心到班時間，其餘時間可自行斟酌的提早或延遲上下班。	·可使員工適應自己的生活方式。 ·可避開交通尖峰期，降低缺席或遲到率。	·產生溝通和協調上的困擾。 ·所有工作單位並非一體適用，可能形成紛擾。
工作分擔制	由兩位或多位兼職員工，執行一位專職人員所做的工作。	·有利於不便全職上班的人，使員工有充裕時間處理事務，又不擔心失業。	·易造成工作交接或接續的問題。 ·企業須增派人手，增加成本。 ·易形成福利分配的困擾。

一、濃縮工作週

　　所謂濃縮工作週（condensed workweek），就是把每週工作天數加以縮短之意。在濃縮工作週制度下，每天工作的小時數可增長，但每週的工作天數則減少。通常員工每週的工作天數，可由六天或五天，改為五天或四天。以每週工作四十小時計，若每週工作四天，則每天工作十小時，此在美國有些州已推行，即為著名的4／40制。其他濃縮工作週的變形，尚可將每週工作降為三十六或三十八小時等。濃縮工作週制，可增加員工休閒的天數，從而降低缺席率和遲到等現象；且讓員工有較多的時間來處理自己的事務；同時可減少上班的前置作業和機器啟動的次數。不過，有些員工可能需要較長的工作時間，以賺取較多的工資；且

對某些企業機構而言，此種制度可能須增聘更多的人手，以致增加了經濟成本。

二、彈性工時制

所謂「彈性工時制」，就是在每天上班或工作時間內，規定所有員工在中心時段都必須到班或工作，其餘時段則可自行斟酌提早或延遲上下班，只要每天或每週達到到班所規定的工作總小時數即可。易言之，彈性工時制容許員工在某種限度內，選擇其開始和結束工作的時間。此制的優點，可使員工適應自己的生活方式；並可避開交通尖峰的擁擠，因而降低缺席率或遲延。不過，其缺點是會產生工作單位或個人之間溝通和協調上的困難。此外，並非所有的工作都適合推行彈性工時制，若一旦實施，則會形成其他單位間員工的不平。

三、工作分擔制

工作分擔制（job sharing）是相當新穎的工作設計概念，乃是由兩位或兩位以上的兼職員工，來執行一位專職人員所做的工作。此種制度適合勞力短缺的環境，其優點是有利於不需全職上班的人，讓他們有充裕的時間，一方面處理自己的事務，另一方面可避免失業之虞。但此制度的缺點，是容易造成工作交接或接續上的問題，甚或彼此推諉責任。再者，組織可能要增派人員監督工作上的銜接，而增加了人事管理費用的負擔。至於有關如何處理福利分配的問題，也可能形成組織的紛擾。

總之，工作設計不僅涉及工作本身內容的設計，有時也必須考量工作時間的配置，以致有了彈性工作時間制度的產生。由於今日社會環境的變遷，傳統的工作時間設計已逐漸不合時代的需要。因此，彈性工作時間的設計，已成為今日工作時間的設計上所必須面臨的課題。

個案研究——工作的重新抉擇

　　張志昌自工專電機科畢業，且服完兩年兵役後，學以致用地進入一家頗負盛名的電器公司服務。個性內斂沉穩的他，過著朝九晚五的上班族生活。由於本身個性憨厚而且工作認真，很快就博得部門主管的賞識；不但得到了升遷，而且薪水愈來愈厚重。辦公地點是吹著冷氣的舒適空間。

　　然而，看得出來，張志昌並不快樂。因為公司內部門爭得厲害，時時有密告的黑函；且老人充斥，倚老賣老。張志昌雖自忖人緣不錯，但畢竟年輕，常有大志難伸的怨尤產生。在經過了一連串的工作歷練以後，生活上的視野日漸開闊，他毅然決然地辭掉了這份還算優渥的工作，周遭的親朋好友都感到惋惜。

　　在一個偶然的機會裡，張志昌卻幹起了房屋仲介的業務代表。每天騎著機車，風塵僕僕地拜訪客戶，領著不成比例的薪水袋。起初，當然吃了不少苦頭，承受了不少挫折；但似乎沒有磨掉他的意志，至少他感覺到能獨立自主，知道自己是誰。

　　在這段期間裡，張志昌每於工作過後，就與幾個志同道合的朋友一起研商戰果，毫無隱諱地切磋接洽客戶的技巧，共同研究因應之道；並且虛心地將它記錄下來。久而久之，他便能掌握竅門。無可諱言地，他的業績總是獨占鰲頭。

　　如今雖見他日漸消瘦黝黑，然而從他的眼神中，卻也透出了犀利敏銳的目光與一絲絲的快樂。且由於工作能力與經驗的累積，他也能獨當一面，終於和幾位朋友共同集資，獨立地開創了自己的事業。

問題討論

1.依本個案看來，是什麼因素促使張志昌轉換工作的？

2.你認為個人的工作是否一定要學以致用？

3.工作環境是否限於物質環境？又哪些情境因素會影響到個人的工作
　意願？

4.個人是否應選擇適合自己個性的工作，才能充分發揮工作潛能？

5.個人是否可以改變自己來適應工作環境？

註　釋

[1] H. R. Blackwell, "Development and Use of a Quantitative Method for Specification of Interior Illumination Levels", *Illumination Engineering,* Vol. 54, No. 6, pp. 317-353.

[2] H. Jones, "Noise: An Environmental Health Problem," *Journal of Environmental Health,* Vol. 31, No. 1, pp. 132-136.

[3] D. S. Broadbent, "Effect of Noise on Behavior", in C. M. Harris(ed.), *Handbook of Noise Control,* New York: McGraw-Hill, Ch. 10.

[4] A. Cohen, "Noise Effects on Health, Production, and Well-Being", *Transactions of the New York Academy of Sciences, Series II,* Vol. 30, No. 7, pp. 910-918.

[5] 李序僧著，《工業心理學》，大中國圖書公司，頁334。

[6] "American Society of Heating, Refrigerating and Air-Conditioning Engineers", *Handbook of Fundamentals,* Ch. 7.

[7] K. A. Provins, "Environmental Heat, Body Temperature and Behavior: An Hypothesis", *Australian Journal of Psychology,* Vol. 18, No. 2, pp. 118-129.

[8] N. H. Mackworth, *Researches on the Measurement of Human Performance, Medical Research Council, Special Report Series 268,* London: H. M. Stationary Office.

[9] R. E. Clark, *The Limiting Hand Skin Temperature for Unaffected Manual Performance*

in the Cold, Natick, Mass.: Quartermaster Research and Engineering Command, Technical Report EP-147.

[10] P. E. Mott, F. C. Mann, Q. McLaughlin, & D. P. Warwick, *Shift Work,* Ann Arbor: University of Michigan Press.

[11] G. De La Mare & J. Walker, "Factors Influencing the Choice of Shift Rotation", *Occupational Psychology,* Vol. 42, No. 1, pp. 1-21.

[12] E. Farmer & S. M. Bevigton, "An Experiment on Change of Work", *Occupational Psychology,* Vol. 18, pp. 192-195.

[13] W. McGehee & F. B. Owen, "Authorized and Unauthorized Rest Pauses in Clerical Work", *Journal of Applied Psychology,* Vol. 24, pp. 605-614.

Chapter18

意外與安全

　　布置工業工程上機具設計的目的，一方面在增加產量，提高品質，增進工作效率；另一方面乃為降低疲勞，提供安全舒適的工作環境。惟人在從事機器的操作，難免發生失誤，輕微者影響產品數量和品質，嚴重者足以造成意外事件。近代工業發達，機械動力規模龐大，萬一安全措施不當，發生意外事件，常為勞資雙方帶來極大的損害。故各先進國家莫不研究如何防止意外，及加強各項工業安全措施。本章的主要目的，即在討論工業意外的意義、損失、原因，以及如何防止意外發生與加強工業安全方案的執行。

第一節　工業意外的意義

　　意外事件的研究係屬於一種有系統的知識，為了健全意外事件的防止，加強工業安全法案的執行，必須建立在三E的基礎上，即工程學（Engineering）、教育（Education）與執行（Enforcement）三者。工程學的任務，是在技術上指導如何工作，以及加強機具的安全防護措施。教育則在啟迪有關安全的各項基本知識，改正管理及執行工作者的錯誤不當觀念。至於執行方面，就工廠範圍而言，即在訂定安全方案，令全體員工遵守公司所定規則；就國家範圍言，執行的意義乃為對各工廠實施安全檢查，對違背法令者飭令其改正。

　　有關意外事件的定義，隨著研究者的不同而有不同的意義。定義上的不同，主要為來自於不同研究者所專注的、所感興趣的主題而有所不同，有些人特別注意傷亡，有些人則特別注意財產損失，有些人則注意責任問題❶。不過，意外事件所牽涉的內涵不外乎造成：(1)死亡；(2)失能事件；(3)不含失能傷害的非致命事件。

　　因此，意外事件的意義實具有多方面含義。一般所謂工業意外，意指任何未經規劃及未經控制的偶發事件而言。亦即凡使正常生產工作受到干擾或中斷的非預期事件。此類事件多由物體、機件、人員、輻射的

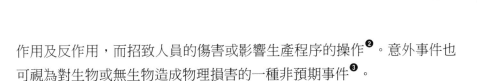

作用及反作用，而招致人員的傷害或影響生產程序的操作❷。意外事件也可視為對生物或無生物造成物理損害的一種非預期事件❸。

不過，任何意外事件都會使正常生產工作受到干擾或中斷，其要件有：(1)人員蒙受傷害、財物遭受損失或工時受到延誤等，為意外招致的結果；(2)意外的發生，是由於人員或機械的危害所肇致；(3)人員與機械的危害，肇始於人員的過失；(4)人員的過失不外稟性或環境使然。由此可知，一切意外事件的產生，而招致人員的傷害，多由於個人不安全的行動或暴露在不安全的機械環境下而來。因此，欲有效地減低意外事件，必先瞭解一切有關個人不安全行動及不安全機械環境的因素，而謀求改正之。

意外事件之發生從表面上看固屬偶然，惟此種偶然的意外事件並非絕對無法防止。近代工業心理學家認為：意外事件是一連串因素所造成的，欲防止意外事件，必須有系統地消除一切可能的原因。海恩里（H. W. Heinrich）認為任何一件意外發生均包括下列五種過程，形成前因後果的關係（如圖18-1）。

1. 世代遺傳與社會環境：人類共有的粗心、鹵莽、執拗、貪婪等不良習性，再加上社會環境的習染，使人存有僥倖及投機的心理，而造成個人的缺陷。
2. 個人的缺陷：個人的缺陷若非由稟賦，即為因學習得來。如粗心、暴躁、神經質、敏感、輕率、激動、忽視安全規則等，多為造成不安全動作與機械性危害的主要原因。
3. 不安全動作或機械的危害：個人不安全動作，如立於懸吊物之下方，未經警告即開動機器，惡作劇及隨意移動安全護罩等。機械的

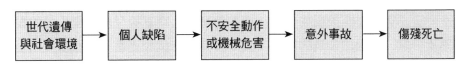

圖18-1　意外事故發生的過程

危害多為危險性的機件在運轉時，不設護罩或欄杆；有時是因光線不足，使工作者暴露在危險的工作環境中，這些都是造成意外發生的直接原因。

4.意外事故：如個人摔跤滑倒、飛輪撞擊等，均為招致傷害的意外事故。

5.傷害：輕傷如骨折、破皮；重傷為殘廢或死亡。

在上列各項過程中，第三項不安全動作或機械的危害，為構成意外事件的核心。換言之，若無人為的不安全動作或暴露在不安全的機械環境下的因素存在，意外傷害事件當不致產生。是故，如能發現人為的不安全動作或機械性的危害，而加以完整地記錄，做有系統的分析，乃為釐定工業安全方案，實施員工安全教育，嚴格執行安全規則的先決要件。

第二節　意外事件的種類、損失與估算

一般意外事件可分為兩種：一為無傷害事件，一為傷害事件。前者為對人員無傷害，僅延誤工時；但對機器設備等財物損害，則可有可無。後者為事件的發生，使人員造成傷害，與機器設備等有無損害無關。傷害事件又分為輕傷害和重傷害兩種。輕傷害是指人員傷害能在二十四小時內恢復工作者；而重傷害則指人員傷害不能在二十四小時內恢復工作者，又稱為失能傷害。在工業安全衛生計算傷害率時，僅計算失能傷害，輕傷害不包括在內。

工業一旦發生意外事件，大則釀成災害，小則延誤工時，使工作中斷，造成直接或間接損失。直接損失就是由工廠直接付出受傷人員的醫藥及賠償，或死亡人員的撫卹，機械設備的修復或更新，材料損失的金額等容易看到的損失，又稱為「易見的損失」。間接損失是指除上述直

接損失之外,在其他方面所遭受的損失,此種損失不易分析,不易為人所見,又稱為「不易見損失」。

一般間接損失,至少包括下列各項:(1)因受傷後傷者本身工時損失;(2)傷者工作能力損失;(3)其他有關工作者的工時損失;(4)監督管理人員的時間損失;(5)拆散工作集團的效率損失;(6)訓練新人的時間損失;(7)機械設備損壞的時間損失;(8)產品損壞的損失;(9)生產停頓的損失;(10)附帶發生水、火、化學及爆炸災害損失;(11)工作停頓管理費用的損失等。根據專家學者的統計結果,間接損失費用約為直接損失的四倍。

事實上,意外事件損失的計算是極為複雜的問題。它牽涉到多方面的影響,蓋意外的傷亡不僅工人與雇主受到損失,即其本人、家庭、社會均蒙受損害。大體言之,意外事件的損失不外勞資及社會三方面:

1. 資方所受的損失:又可區分為兩部分:(1)為工人受傷公司必須付出的費用;(2)為機械、裝備、器材、人力等的更新與修理費用,以及延誤生產時間所引起的損失等。就生產效率與安全言,二者之間有固定不變的關係存在。單以賠償與醫藥給付兩項所累計的意外損失,有時竟高達生產總額的20%至30%。由此可見,意外事件的防止與工業安全的加強,已成為有效管理的主要因素,且為鑑定管理績效的標準之一。

2. 勞方所受的損失:隨著意外事件的頻率與嚴重性劇增,工人本身所受的傷害最為嚴重。工人在金錢方面所受的損失雖不及雇主,但可能因此而喪失謀生能力。傷殘所帶來的終身精神痛苦,以及家人生活陷於困頓,乃是無法估量的損失。

3. 國家社會的損失:工業災害發生,往往使人力與物質損失,造成社會不安。

「意外事件所招致的損失,恆大於防止意外事件所耗的費用」,此為分析意外事件損失的必然結論,凡具有安全觀念的管理人員均應有此

正確的認識。凡經營完善的企業組織對意外事件的發生，均應有完整的精確資料，正確地計算因意外事件而招致的金錢損失；且為了未雨綢繆計，應使可能的損失列入預算，作為預防費用而使其發生效力，減低意外事件至最低程度。

至於意外與傷害是兩回事，傷害是意外造成的結果之一，但並不是每件意外事件都必然肇致傷害。因此，計算意外不能與傷害混為一談，否則將失卻許多無傷害的意外事件資料，對研究發生意外的原因及防止意外，將無法得到正確的結果。

不過，一般估算工業安全衛生成效，常以「傷害頻率」和「傷害嚴重率」為標準，該兩項標準均只計算失能傷害。所謂傷害頻率（injury frequency rate），又稱為次數率，就是在一百萬工時中，某單位發生失能傷害的次數。其計算公式為：

$$傷害頻率（F）＝\frac{失能傷害次數\times 10^6}{員工全部工時}$$

至於傷害嚴重率（injury severity rate），是指傷害程度，就是在一百萬工時中，某單位發生失能傷害所損失的人日數。計算公式為：

$$傷害嚴重率（S）＝\frac{失能傷害損失人日數\times 10^6}{員工全部工時}$$

由傷害頻率與傷害嚴重率，可明瞭各單位的安全工作情況；但究竟傷害的情況如何，則必須以公傷分析統計表加以補充。關於傷害頻率與嚴重率，均為公傷計算方法，其計算標準如下：

1.傷害平均損失天數為全部損失天數除以全部損失傷害次數。

$$平均損失＝\frac{傷害嚴重率}{傷害頻率}$$

2.傷害損失工作天計算要點：

(1)受傷二十四小時內不能恢復上班工作者,以損失工作天一天計。

(2)受傷者於第二天能否上班,以醫生診斷證明為準,受傷者的意見不足為憑。

(3)損失工作天應連貫計算,不得扣除例假日。

(4)損失工作天數以醫生的診斷證明為憑,不以受傷者的上班與否為準。

(5)受傷當天及恢復工作當天,均不計作損失工作天內。

(6)凡受傷經治療不能復原者,應做局部殘廢論,另計損失天數;但做殘廢傷害後,則實際醫治天數不再計算。

(7)原做殘廢傷害而後可以醫好者,所損失工作天應以實際醫治天數計算。

3.死亡及殘廢傷害損失天數,計算標準如下:

(1)死亡及全部永久殘廢,以六千天計。

(2)局部永久殘廢,如下表:

① 手及手指	拇 指	食 指	中 指	無名指	小 指
末梢骨節	三〇〇	一〇〇	七五	六〇	五〇
第二骨節	………	二〇〇	一五〇	一二〇	一〇〇
第三骨節	六〇〇	四〇〇	三〇〇	二四〇	二〇〇
中腕節	九〇〇	六〇〇	五〇〇	四五〇	四〇〇
腕骨截斷	………	………		………	三〇〇〇

② 足及足趾	大 趾	其餘每足趾
末梢骨節	一五〇	三五
第二骨節	………	三五
第三骨節	三〇〇	一五〇
中肘骨	六〇〇	三五〇
腳踝截斷		二四〇〇

③ 手臂
肘部以上包括肩骨關節,以四五〇〇天計。
腕部以上手部以下,以三〇〇〇天計。

④ 腿
  膝部以上的任何部位，以四五〇〇天計。
  足踝以上膝蓋以下，以三〇〇〇天計。

⑤ 其他官能
  一眼失明，不論另一眼有無視覺，以一八〇〇天計。
  雙眼於一次失事中失明，以六〇〇〇天計。
  一耳全部失聰，不論另一耳有無聽覺，以六〇〇天計。
  兩耳於一次失事中失聰，以三〇〇〇天計。
  不能治療的疝氣，以五〇天計。

第三節　意外事件發生的原因

　　意外事件研究的主要目的，即在探求導致意外發生的因素，以防止意外事件的再度發生；亦即在找尋意外事件發生的原因。工業心理學家認為意外事件是一連串因素所構成，其發生絕非完全出自偶然。因此，吾人必須深入探討意外發生前的行動與環境。根據分析統計結果顯示，意外事件的發生為：(1)由於工作人員的不安全動作，約占發生率的88%；(2)由於不安全環境，約占10%；(3)由於天災而發生的，約占2%。因此，意外的發生大致可分為不安全行動與不安全環境兩項。

一、不安全的行動

　　工業意外的發生，絕大部分屬於人為因素；蓋即使有不安全環境，只要工作人員提高警覺，小心從事，仍可避免因環境缺失而引起的意外。是故，不安全行動實為構成意外發生的主因。一般而言，人為因素所造成的意外，包括安全裝置欠妥當，使用不安全的裝置，不安全的負載、放置，不安全的姿勢或位置，心神不定，被嘲弄或辱罵，未使用安全衣或個人防護裝備，以及不安全的速度等。

造成意外事件的原因，儘管在鑑定上，可歸納為人為的與環境的兩大因素。但從理論上講，所謂不安全環境的設計與操作，仍多受制於人為的控制。是故，從心理學的觀點言，人為的疏忽往往是檢討意外事件發生的主因，因疏忽而導致不安全的行動與不安全的環境。因此，推行安全教育，提醒員工避免疏忽，以提高工作警覺性，實乃為避免意外發生的不二法門。

　　吾人若更進一步把不安全動作加以分析統計，則不知、不願、不能、不理、粗心、遲鈍、失檢等七項，更是構成不安全動作的主體。不過，根據心理學家的研究，個人因素造成意外事件發生有極大差異。布羅地（L. Brody）的研究發現，在人格特質上富於侵略性、強迫性、不能容忍性的人，比一般人容易發生意外事件。沙取曼（E. E. Suchman）和丘舍（A. L. Scherzer）把這些特質稱之為「意外傾向」，他們解釋「意外傾向」為「某種特殊人格型態的存在，使當事者傾向於再三地發生意外。這種傾向可能起因於某些精神官能症或精神病的心理變態」❹。因此，具有意外傾向的人具有暫時性人格失調的病態。

　　一般而言，意外傾向包括情緒不穩定、動機不滿足、衝動性、侵略性、強迫性、反控制、投機性、低忍耐度、強烈犯罪感、不良的社會適應性以及不當的工作習慣等。雖然至今尚未有充分證據支持意外傾向的看法，但此種傾向導致不安全行動是可能的。工業心理學家曾經比較意外次數多的工人與次數少的工人，在管理上所受到的懲戒、曠職、請假的次數，發現前者比後者為多。雖然，吾人無法證實何者為因，何者為果，但其間的因果關係卻顯現：意外傾向為不良適應的表徵。

　　當然，每個人都會發生意外，但有些人發生頻率高，有些人則極少發生。此時，應該研究意外頻率不同的人員之間，是否存在著不同的人格特質。就視力而言，開法特（N. C. Kephart）和蒂芬（J. Tiffin）即發現：具有正常視力者發生意外頻率較低❺。就年齡與經驗而言，工業心理學家所做的調查，顯示年齡或經驗與意外的關係常隨不同工作或情境而有所不同。不過，在多數的調查報告中，顯示年長及經驗多的工人，其

意外肇事率較低；而年輕、缺乏經驗者的肇事率較高。大概在二十五歲左右肇事率達到最高峰，過了二十五歲以後有逐漸降低的趨勢。此可能與二十歲到三十歲之間擔任比較粗重而危險的工作有關。至於服務年限在前七年，意外率有漸增的趨勢，服務七年以後則逐漸降低。

此外，狄雷克（C. A. Drake）研究工作意外頻率與知覺速率和運動速率的關係，發現意外事件較多的員工，運動速率高於其知覺速度；反之，極少發生意外的員工，知覺速度高於其運動速率。亦即肌肉活動水準高於其知覺水準的個體，比肌肉活動水準低於其知覺水準的員工更易於發生意外，且其意外嚴重率較高。易言之，反應速度快於知覺能力的人，比知覺能力快於其反應速度者更易發生意外[6]。

在知覺方式方面，視野獨立性（field independent）與視野依賴性（field dependent）也影響意外事件的發生。所謂視野獨立性，乃指操作機具與背景事物分辨能力較強者而言；視野依賴性則為所操作機具與背景事物的分辨能力較弱者。通常視野獨立者的意外紀錄優於視野依賴性者[7]。

職業興趣亦為影響意外事件的個人因素之一。個人的興趣所反映出生活方式與意外事件有關[8]。再者，個人的情緒狀態，即個人情緒的起伏，如錯誤的態度、衝動、神經質、恐懼或憂鬱與消沉等，是引起意外的重要因素。赫席（R. B. Hersey）即發現一般員工處於情緒低潮時間，約占全部工作時間的20%，在這些時間內所發生的意外事件，都占全部意外時間的一半[9]。

綜合上述討論，許多個人變數與意外事件有關。此外，員工在團體中的人際關係與意外事件也有相關性；即人緣好的員工意外肇事率較低，人緣差的員工意外肇事率較高。當然，意外傾向只是一般性概念，蓋每個人的意外頻率都是短時間的意外資料，缺乏長期性的紀錄，再加上「機率」因素的介入，使得真正引發意外事件的原因隱而不現。

二、不安全的環境

所謂不安全的環境，是指機械裝置與工作環境的不良因素而言。這些因素包括不適當的防護、不良的裝備、溜滑、不牢固、不平的地面、危險性的安排、不良的通風或照明設備等。其所形成的原因來自工作本身、所屬單位及其他有關機具設計、環境布置、安全措施、工作方法、工作環境與工作時間等因素。

就工作本身而言，工作愈吃重，發生意外的可能性愈高（見**表18-1**的統計）。就工作時間而論，工作時間愈長，意外發生頻率愈高；且在每天工作即將結束前的時間內，發生意外事件較多[10]。不過，就值夜班的人而言，意外發生率卻隨著工作時數的增加而減少，此顯示了心理因素影響了意外事件的發生，而非生理因素。又工作天數增加時，意外事件發生率高於每天工作時數的增加所造成的意外頻率。

表18-1　某些工作的意外發生率

工作	意外發生率
領班、組長	12
油漆工	19
木工、木匠	39
磚瓦工人	44
配管工人	83
鷹架工人	170
其他工作	114

※上表係英國營造業中每年每千人的發生率。

此外，白萊克曾經研究一般工廠在提高生產之際，意外事件有突增的趨勢。此乃因工廠為加緊趕工生產，往往未能在生產設備上及時擴充，以致造成臨時意外增加的現象。但是此種現象為暫時性的，一待生產設備擴充或產量穩定後，意外率又會恢復正常狀況。

史利尼等（P. Slivnick, W. Kerr, and W. Kosinar）曾研究四十七家汽車

及機械工廠的員工，分別以「傷害頻率」及「傷害嚴重率」，找尋意外事件與社會情境因素的相關性。結果發現，傷害頻率較大的工廠具有下列特性：(1)季節性流動率很高；(2)員工對生產力高的同僚懷有敵意；(3)鄰近有同類型的工廠；(4)工人常須提舉重物；(5)生活環境不佳；(6)常常扣薪等。傷害嚴重率在下列情況下特別嚴重：(1)員工與高級人員餐廳分開；(2)怠工不受懲罰；(3)缺乏分紅制度；(4)工作場地溫度過高或過低；(5)工作流汗多或髒亂等。以上各項情況，都是侵害或威脅到員工的身分、自尊、個性，而使員工精神上受約束，容易招致不安全的行為。

其他與意外頻率有關的情境因素，如裝備設計、照明、標誌等工作條件或工作方法，都會影響意外事件的發生。標誌的清晰與明確性，即提高員工的警覺性，免於發生意外。總之，一般環境因素比較容易查明，只要根據統計資料分析比較，即可發現其原因。機械工程師的主要工作，即在改良導致意外的情境，以減少意外事件的發生。

第四節　意外事件的預防

意外事件的發生都是有原因的，而且98％以上的意外事件都是「人謀不臧」的結果。談到如何防止意外事件，即在工廠內推行整體的安全方案。工業工程師的主要工作，即在引進技術、程序的改良，以減低情境因素的危險性，如機械防護，工作方法的改變，材料與設備的安置，防護衣、防護鏡、防護罩的應用，工作環境的改良等，都可增進工作的安全性。此外，建構員工的適應性行為，加強員工的安全意識，養成安全傾向的行為，都是有效預防意外事件發生的主要工作。

職是之故，一個工業機構欲達成安全而有效的生產目標，必須在觀念上對意外事件有正確的認識，即安全本身為有效管理的指標之一，意外事件的發生實為管理不當所致。因此，工業安全方案的推行，必須涉及到教育、工程和行政三方面的配合，其實施有如下五大步驟：

一、成立工業安全組織

工業安全旨在預防事故發生，減少工業損失，提供員工安全舒適的工作環境。因此，工業安全措施的推行，是每個員工的共同責任。工業安全組織應包括安全主管，安全工程人員及各階層主管，以及員工代表。不過，安全主管及安全工程人員負責對整個工作安全作業的規劃、宣傳與執行。在生產單位方面，亦應責成對安全教育的執行，及有關安全規則的遵守。蓋工業安全工作乃為長期性的計畫，唯有按照計畫，逐步推行，始有成效可言。它尤需高級主管人員的支持，與全體員工的共同推行，始能使意外事件的發生降到最低程度。

二、發現事實予以記錄

所謂發現事實，就是工廠內一切有關人為或機械因素，都要從意外防止與安全觀點加以設計與檢查。在積極方面，希望建立安全的工作環境；在消極方面，對每件意外事件的發生，都要有詳盡紀錄與資料，俾使意外事件的原因都有完整的統計分析。完整的意外事件紀錄應包括：(1)意外發生的時間；(2)發生的地點；(3)受傷者姓名、年齡、性別、值班別；(4)傷害的性質和嚴重性；(5)工作性質和使用機具；(6)見證者與參與者；(7)意外的類別；(8)意外原因鑑定；(9)糾正建議；(10)其他。

三、收集資料予以分析

把每件意外的紀錄加以收集後，安全研究部門應加以統計分析，尋求整個生產機構內意外發生的情形及其趨向，找出共同的原因作為改進的依據。經過統計分析後，可以看出各個單位的生產及安全情況，並加以比較分析，瞭解其原因是屬於設備防護的不足，抑係工人安全訓練的不足，才能設法加以補救。

四、選擇補救方法

當意外事件的原因經過個別鑑定及分析後，必須謀求補救之道。如果意外發生原因是屬於不安全的環境，可要求工程人員予以改變設計，採取有效措施，如設立防護裝備、機械重新設計或改變作業方法等。如屬於人為的過失或不安全行動，則應採取勸戒、說服、晤談、糾正、宣傳、競賽、訓練或斷然調動等措施，並強制安全行為的學習，以謀求適應正確的行為，養成安全意識與習慣。

五、補救措施的回饋

補救措施又稱為糾正措施。這是就整個工廠的情況而言，安全措施絕不能使其他工人重蹈覆轍。當意外原因鑑定後，應立刻普遍地採取補救措施，做全盤性設計與安全作業。例如，修正工程設計，採取說服及要求員工遵守新的安全規則，對不遵守規則者採取懲戒手段，務使安全觀念深入每個員工的內心，則員工有自信心與安全感，焦慮感必隨之降低。

總之，工業安全方案的實施，有賴全體員工的共同遵守與合作。只有員工養成安全意識與習慣，自動自發地接受安全訓練，遵守安全規則，導正健全的心理與人格，才能達成工業安全目標。同時，管理者應建立適當而愉悅的工作情境，減低工人情緒壓力，則意外事件可相對地降低，始能臻於安全而有效率的境地。

第五節　加強安全的途徑

工廠安全的維護或意外事件的防止，除了在安全政策和行政上加強管理，諸如降低情境責任的指導原則、程序和技術等之外；尚須從加強

安全或降低意外的途徑著手。這些途徑乃是有關安全的實務，其必須考慮人為的因素，此可包括人員的甄選與安置、舉辦安全訓練、進行安全晤談、安全宣傳與勸導、發給安全報酬等，用以達到增進安全和防止意外發生的目標。這些途徑可分述如下：

一、人員的甄選與安置

　　誠如第三節所述，工業意外發生的原因大部分屬於人為的不安全行動。因此，為預防意外事件的發生，則人員的甄選與安置就顯得格外重要，尤其是對顯然具有意外傾向人員的淘汰，更是安全工作上的當務之急。就新進人員的甄選而言，吾人可利用各種衡鑑方法來甄用員工。此可以各種測驗，如視力測驗、人格測驗、能力測驗、工作實務測驗或心理運動測驗等來測試，此在本書第五章人事測驗中已有過詳細的討論。此外，吾人尚可運用審查個人資料的方式，如自傳、申請書等，以審閱其年齡、性別、人格性向等，以作為安全判斷的參考。就舊有員工的安置或遴選上，吾人可審閱其過去意外紀錄，以作為調整工作的參考。

二、舉辦安全訓練

　　就維護工業安全的立場而言，舉辦安全訓練是極為普遍的現象。此種訓練可針對新進人員或某些現職人員而辦理。這種安全訓練不外乎強迫安全行為的學習，用以對抗不安全的不當行為，此即為第六章所討論的學習原則之運用。此外，在訓練過程中，尚須建立有意義安全行為的回饋；在訓練內容上，要進行一再的安全實務演練，使其習慣於安全的正確行為；甚而為達成學習遷移的效果，可提供並確保能將訓練所得的行為，轉化到真實情境中的實際演練。總之，安全訓練即是一種安全學習，有關學習的理論與原理都可運用於安全訓練上。

三、進行安全晤談

安全訓練是一種安全教導,而安全晤談同樣可運用於安全知識和技術上的灌輸。通常安全晤談可由直屬或更高主管為之,也可由工程安全部門的主管或人員來進行。有關晤談過程和方式,在本書第四章中曾有過詳細的探討;只不過安全晤談是針對安全事項而進行罷了。不過,安全晤談的對象最主要應以曾發生過意外的人員為主。惟根據研究顯示,有人曾對發生過交通事故者做過晤談,經過一段時期後,再和未曾發生交通事故者做比較,其晤談效果並無顯著差異[11]。因此,晤談效果和安全訓練一樣,常隨著時間而漸漸消失,故宜經常實施。

四、宣傳與勸導

在安全維護和防止意外事件的發生上,宣傳與勸導乃是隨時隨地提醒員工遵守安全規則的最佳方法。企業機構透過不斷地宣傳和勸導,可隨時督促員工注意安全事項,此可利用海報、告示、傳單等方式來達成。惟在宣傳時,宜避免太過於普遍或做錯誤的示範,否則員工將出現冷漠的態度,或故意不加以注意,甚或產生厭惡感。有效的安全海報和宣傳方式,應依各種工作情況而定,且能公告在作業現場,以開放的態度做正面的解釋,而不必做出強制的行動;甚而可將安全知識與技術編列為訓練課程的輔助教材。

五、增強安全行為

在維護安全措施上,發給員工某些數額的安全報酬,乃是最直接而有效的方法。在管理上,可藉由遵守安全規則或未曾發生過意外事件的行為,而給予員工相當的紅利、獎金、晉升、讚美及特殊待遇,如休假、某些福利措施等,則可增強員工的安全行為。不過,這些措施的實

施必須能持久進行，蓋安全行為的增強並不是一種短暫的或暫時性的權宜措施而已。它是一種長期性的工作。根據研究顯示，增強作用的運用，在建構員工安全行為上是有效的。因此，不斷地對員工的安全行為進行增強，實有助於安全工作的建立；且在管理上，亦應多方運用各種回饋方式，以增強安全的效果。

　　總之，意外事故的防止與安全工作的維護，乃是每位主管和員工的共同責任，也是所有人員切身關係的問題。企業組織有責任提供安全的工作環境，員工也有責任維護自我和整體環境的安全。吾人必須注意的乃是，意外事件是無所不在的，只有存此概念，才能建立起安全意識，為大家謀求最安全的環境。

個案研究——危險的升降機

　　李福生是個夜校生，白天在一家電子公司上班。他的職務是倉庫發料員，工作時間較集中，每天早上必須把現場所要的零件，放進升降機，送上二樓和三樓；然後再上樓用電動車把零件推出，送到現場，交給現場指導員。除非現場臨時要補貨，否則做完例行工作，就無可事事了。

　　對李福生來說，這份工作相當輕鬆，但他常忽略了工作上應注意的細節。有時為了節省幾分鐘，而連人載貨送到現場。他的主管常告訴他，升降機只准載貨，不准載人，但他老是偷偷地坐上去。有時他也把過量的零件一次送進了升降機，甚至於連升降機的紅燈壞了，也不急著找人修理。在需要交代什麼事時，他寧可把頭探入升降機的位置，向樓上或樓下的人一喊，也不願多走幾步路；反正，他認為這樣省時省事，而以前也沒發生過什麼事。

　　有一天，他約了女朋友晚上要去跳舞，一大早精神奕奕地把現場要領的零件送上三樓，等人也走上三樓，才發現忘了帶發料單，心想還要走下去再上來，那多累呀！於是把零件先推出來，偷偷地又坐升降機下去，那曉得升降機到了二樓，突然纜線斷了，升降機急速下墜，把李福生摔得頭破血流。結果不但舞跳不成，人也躺在醫院了。

問題討論

1.依本個案言，造成這次意外事件的原因是什麼？

2.該公司及其主管對這次意外事件有責任嗎？

3.該公司應如何防範類似事件的發生？

 註　釋

❶ F. S. McGlade, *Adjustive Behavior and Safe Performance,* Springfield, Ill.: Charles C. Thomas, pp. 10-16.

❷ H. W. Heinrich, *Industrial Accident Prevention,* New York: McGraw-Hill.

❸ W. Haddon, Jr., E. A. Suchman, & D. Klein, *Accident Research: Methods and Approaches,* New York: Harper & Row, p. 28.

❹ E. E. Suchman & A. L. Scherzer, *Current Research in Childhood Accidents,* New York: Association for the Aid of Crippled Children, pp. 7-8.

❺ N. C. Kephat & J. Tiffin, "Vision and Accident Experience", *National Safety News,* Vol. 62, pp. 90-91.

❻ C. A. Drake, "Accident Proneness: A Hypothesis", *Character and Personality,* Vol. 8, pp. 335-341.

❼ G. V. Barrett & C. L. Thurstone, "Relationship between Perceptual Style and Driver Reaction to an Emergency Situation," *Journal of Applied Psychology,* Vol. 52, No. 2, pp. 169-176.

❽ J. T. Kunce, "Vocational Interest and Accident Proneness", *Journal of Applied Psychology,* Vol. 51, No. 3, pp. 223-225.

❾ R. B. Hersey, "Emotional Factors in Accidents", *Personnel Journal,* Vol. l5, pp. 59-65.

❿ H. M. Vernon, "An Experience of Munitions Factories During the Great War", *Occupational Psychology,* Vol. 14, pp. l-14.

⓫ N. Kaestner & E. M. Syring, *Follow-up of Brief Driver Improvement Interviews in Oregon, Traffic Safety Research Review,* National Safety Council, pp. 111-117.

Chapter 19

疲勞與效率

　　工作效率是最受一般人所矚目的問題之一，在學術上也是行政學家、軍事學家、組織心理學家……乃至工業心理學家所積極研究的對象；而實際應用方面，更引起一般組織管理者的注意，蓋生產數量的多寡與品質的優劣，常與工作效率的好壞息息相關。

　　至於影響工作效率好壞的因素甚多，而疲勞為其中最主要的因素之一。根據行為科學家的看法，認為人類行為是決定工作效率的重要因素，而人類行為又是極端複雜，變化莫測的；這其中人體生理的限制、心理的問題，與工作環境的安排，往往產生疲勞的問題，影響人類行為甚鉅，進而決定工作效率的良窳。因此，如何安排工作環境，解除心理困擾，發揮生理特長，以消除個人的疲勞，也是工業心理學家的一大課題。

第一節　疲勞與效率的意義

一、疲勞

　　疲勞（fatigue）一詞，一般學者所下的定義不多，《韋氏大辭典》的解釋是：「在工作時呈現力量耗損的狀態」或「由於不斷地工作而失去工作能量，此種能量經過相當的休息後仍可以恢復原狀」。事實上，不僅工作能產生疲勞，娛樂過多或過久亦會產生疲勞，故就廣義而言：疲勞乃係指人體內一切沒有力量或沒有精神的狀態而言。我國有關「疲勞」的同義字甚多，如疲乏、疲倦、疲累、疲弊、疲憊等。

　　本章的研討寧採狹義的立場，專指工作後人體力量的困乏狀態而言，且於名詞上的斟酌選擇以「疲勞」為準，即取其勞動後困乏結果之義。就工業心理學的立場而言，費隆（H. M. Vernon）曾就作業標準，解釋生理及心理所產生的疲勞為：「使個人作業（工作）能力轉弱，以致產量減少」❶。蓋疲勞產生的原因，雖非絕對是工作的關係，惟工作而產

生的疲勞，在日常生活中實居於首要地位。

此外，吾人覺得「疲勞」在工作立場上雖屬於消極性字眼，然而它亦具有調節人類生理的積極性功能；即疲勞是人體新陳代謝調節的「溫度計」，若人體無「疲勞」現象產生，其健康或生命將無可預期；就因為有了「疲勞」，才能有適當的休養，以調劑人體正常功能的運行，且維護身心的健康。

二、效率

所謂效率（efficiency），乃指在一定時間與空間內能充分發揮工作效果而言。效率不論在行政組織或企業機構，都是共同追求的目標。就政府機構而言，效率乃是追求大眾化的最佳服務，而企業組織乃為謀求最大的利潤。美國學者古立克（L. Gulick）謂：「不論私人的企業經營或政府的行政管理，其基本問題都在追求效率。所謂效率就是以最少的人力與物力，去完成其工作」[2]。

效率譯自英文efficiency一字，源於拉丁文efficientia，意指有效的因素。《牛津字典》（*Oxford Dictionary*）對效率的定義是：完成既定目的的成就，或完成既定目的的充分與適當力量。近年來，效率的意義則指投入（input）與產出（output）間的比例。《社會科學大辭典》（*Encyclopedia of the Social Sciences*）對效率的解釋為：效率就是投入與產出間，努力與效果間，收入與支出間，消費與獲得的愉快間的比例。十九世紀末葉，效率的特定意義只應用於工程方面；自二十世紀開始，效率始應用於經濟界與商業界。

此外，艾默生（Harrington Emerson）說：效率是消滅無用的力與事，而增加有用的功能。換言之，效率就是努力和功效的比較，是要使所得到的功效大於所做的努力。開森（H. N. Casson）也說：效率是用科學方法，增加工作的功效[3]。

據此，效率就是對工作效果所計算的比率，吾人可從四方面說明

之：

1.就人的效率言：效率是對現有工作人員智能做最高的利用，同時發揮工作人員未來的潛能。

2.就事的效率言：效率是以最經濟的手段，獲致最大效果的比率；也是依機關原定計畫做不折不扣的實現；更是在事務處理上能打破現有的工作紀錄。

3.就物的效率言：效率要能做到「物當其用、物盡其用、廢物利用」。

4.就錢的效率言：效率在消極方面，必須做到錢財的支出，不得有分文的浪費；在積極方面，每分文支出的錢財都能發揮最大的效用。

第二節　疲勞產生的原因

疲勞會減低工作效率，降低生產質量，甚而發生事端，損傷及於工人或工具；其產生的原因甚多，大致可歸納為三大因素：

一、生理的原因

疲勞的產生，一般係直接由於生理的限制，使人有困乏的感覺。此種現象一方面是人體內養分的消耗殆盡，如肌肉力量（包括精力的消耗），無法產生熱能以推動工作的進行；另一方面則由於養分消耗過程中產生廢物，如乳酸、二氧化碳等積存體內，阻礙生理的正常功能。因此，生理變化的指數，往往是測定工作效率的重要標準；在工作者經過長期工作後，體能必呈遞減之勢，而影響工作效率。

其他測定生理疲勞的方法甚多，如心跳的次數、血壓的高低、呼吸的緩急、血液的成分、腦波的幅度、觸覺的靈敏度……在在都能決定個

人工作的久暫，及疲勞產生的程度。此外，失眠亦易產生疲勞，尤以讀寫工作為然。一般而言，個人能繼續心理性的工作時間較長於身體性的工作；換言之，勞力者比勞心者易於疲勞，工作繁重者比工作輕鬆者易於疲勞，這些都與生理條件有很大的關聯；惟生理條件固與疲勞有相當密切的關係，而其他因素亦常具有決定性的影響。

二、心理的原因

有些疲勞的產生，純係起於心理的因素，故有「心理疲勞」這個名詞的出現。然則何謂「心理疲勞」？即工作者的疲勞，係受個人內心主觀因素的影響，非生理因素造成的，故心理疲勞又稱為主觀的疲勞。比如，抄寫原屬於比較輕鬆的工作，但對於一個毫無抄寫興趣的人來說，他可能很容易疲勞。這種現象說明了疲勞的產生，部分固然係受生理因素的影響，而實際上是取決於內在興趣的心理因素。其他如工作動機、情緒、知覺、態度等心理因素，也影響疲勞的產生與否，而決定工作效率的高低。

此外，有一種心理壓力或心理負擔（psychological stress），亦為造成心理疲勞的原因。此種壓力通常係來自於個人內心的衝突或外在環境的壓迫，而產生一種焦慮不安的反應，使人無法安心工作，故常想藉故逃避該工作，一旦遇到此種工作，便有了疲勞的感覺。

三、工作環境的原因

工作環境雖非疲勞產生的直接原因，但卻是間接因素。它是刺激人體產生疲勞的導因，其影響工作效率甚鉅，因此工作環境的布置、設計與安排，在工業管理上是個頗費周章的問題。大致言之，工作環境包括三大內涵：一為空間因素，如工作場地的光線、空氣、震動、音響等；二為時間因素，如工作時間的長短，以及休息的次數與間隔等；三為組

織的社會因素，如郊遊、會議、公司政策、組織狀況、人群關係等等，亦足以影響生理上或心理上疲勞的生成，故環境因素實亦不能忽略。又工作性質對疲勞也有深切的影響，一般單調的工作易生疲勞，而變化多端的工作能吸引工作者的注意力與好奇心，激發工作興趣，不易有疲勞的感覺。

通常工業管理上最重視的，是工作環境對人類工作能力的影響，且以此作為評判工作效率的重要標準。良好的工作環境，可以使人有效地發揮工作能力，減少疲勞的發生，促進工作效率的提高；相反地，不良的工作環境，足以減低個人的工作能力，而產生疲勞的現象。

綜合言之，上述三大因素對工作者的疲勞，有時呈現相因相成的關係，根據「生理影響心理，心理影響生理」的法則，兩者的疲勞常為彼此產生的原因；又如不良的工作環境常導致工作者體力消耗的增加，產生心理上納悶的感覺，而影響工作效率。惟有時亦呈現相反相背的關係，如一個熱中寫作的人，雖處於惡劣的工作環境下，但內心充滿著工作動機，急於論文的脫稿，或生理上雖感到疲勞，仍能通宵達旦，非文章完成不終止。這種事例說明疲勞產生的複雜性，須視個別情況而定。惟就一般情形而言，工作環境與身心疲勞之間，有某些程度的關聯性，卻是無可否認的事實。

第三節　疲勞對效率的影響

疲勞既是一種體力的耗損，則對工作效率必然產生不良的影響。站在工業管理的立場而言，管理者必須安排合宜的工作環境，避免冗長的工作時間和過度的工作壓力，則可免除員工的疲勞，提升工作效率。至於，疲勞對工作績效的不良影響，至少可包括下列各項：

一、妨礙正常程序

　　疲勞在工作效率上的最直接結果，就是妨礙工作或作業的正常程序。在工作過程中，員工一旦產生了疲勞，往往無法正常地繼續作業，如此不僅導致個人工作績效的不良，而且也可能影響其他後續作業的進度。此對連續性生產的作業而言，將引發整個工作程序的停滯。即以服務業而言，員工過度疲勞亦無法提供正常的服務，而使顧客產生不良的印象，最嚴重的結果就是不斷地流失顧客。因此，過度疲勞只會妨礙正常的作業程序，無法提高工作績效。

二、阻礙智能發揮

　　員工在工作崗位上一旦產生疲勞的現象時，將很難發揮創意，且容易分心或造成注意力不集中，終而影響工作的正常運作。通常，員工若處於正常的身心狀態下，比較能集中心力於工作的操作上，甚或能想出改善工作的方法，發揮創意，而對工作充滿著成就感和滿足感。然而，員工一旦產生了疲勞，則不僅會體力不濟，而且會導致精神的分散，不易有良好的工作表現。

三、導致器械耗損

　　員工在工作上一旦產生疲勞，不僅自己的工作精神不佳，而且會造成工具或設備的損壞，如此也將造成公司財務的損失。因此，公司為了避免財務損失，最佳的方法就是讓員工在工作一段時間後，得以獲致充分的休息。事實上，充分的休息正是恢復體力、消除疲勞的最佳方法。當員工處於疲勞的狀態時，常易於分心或疏忽，而不當地使用器械，終而造成器械的損壞。

四、易肇意外事故

過度疲勞最嚴重的後果之一，就是很容易造成意外事故的發生。當員工處於身心疲勞的狀態時，由於分心，很容易忽略了安全規則，終而導致意外事故。根據前章第三節所述，人為疏忽正是意外事故發生的主因，由於疏忽終而產生不安全的行為；然而疏忽往往是過度疲勞的結果。蓋過度疲勞會降低在工作上的警覺性。因此，為了避免意外事故的產生，消除疲勞正是最佳的途徑之一。

五、損害身心健康

過度疲勞的最直接結果，就是損害個人的身心健康。當個人不管在日常生活或工作中一旦產生了疲勞，若沒有得到充分的休息，則在身體上的某些器官常因養分的耗損或乳酸的堆積而產生病變。不僅如此，個人在心理上或精神上，也因過度疲勞而造成情緒不穩定或易暴易怒，終而引發心理壓力或精神崩潰。顯然地，過度疲勞不僅有害身體或生理，也會導致心理或精神上的不健康，甚而再度引發其他方面的問題，如工作精神不濟、工作效率降低等等。

六、其他方面

當個人處於身心疲勞的狀態時，不僅會造成上述各項問題，也可能間接地引發其他方面的問題，諸如人際衝突、反應遲鈍、喪失動機、低度忍耐、不良社會適應、憂鬱、恐懼、意志消沉、易衝動性等等。當然，上述這些現象常是相因相成、互為因果的。總之，過度疲勞對工作效率的不良影響，總是存在的。無論造成疲勞的原因和結果如何，個人或組織都必須設法消除疲勞，以求能發揮應有的工作效率，以下兩節將繼續進行這方面的探討。

第四節　組織紓解疲勞的措施

　　疲勞的消除，不僅是屬於個人的問題，也是工業管理者應詳加考慮的工作重點之一。蓋良好的工作精神繫於身心疲勞與否，而身心疲勞影響工作效率尤鉅。故吾人最好盡量在疲勞尚未演變到嚴重程度之前，即採防患未然的措施。惟疲勞的消除方法不勝枚舉，今僅就上節所列因素，提出幾項管理措施討論如下，見**表19-1**所示。

表19-1　疲勞發生原因及管理措施

發生類別	發生原因	管理措施
生理性	‧生理限制 ‧養分耗損 ‧廢物累積	‧動作研究 ‧改善機具設計 ‧以機器取代人力
心理性	‧主觀厭倦 ‧心理壓力 ‧心理負荷過重	‧心理輔導 ‧人事相稱 ‧激勵工作士氣
工作環境	‧工作布置、安排、設計的不當	‧合宜的工作情境 ‧合宜的工作布置 ‧合宜的工時安排 ‧安全防護

一、生理方面

　　吾人曾述及疲勞部分係人體生理的限制而起，就個體而言，加速新陳代謝作用的進行，一方面固可補足體內已消耗的養分，另一方面亦可排除體內積存的廢物。就組織管理立場而言，應就人、事兩方面加以考慮：就人的方面，宜從事動作研究，以減少不必要的體力消耗，使每一項動作都能發揮它的工作能量；就事的方面，則宜考慮機械的設計，應能配合人體的各部分器官之運動；換言之，設計機器使之適應人類生理，而非使人去適應機器。吾人可舉最明顯的例子，如讓一位祕書坐在

硬板凳上，其工作效率常不如坐在鬆軟的靠背椅上；而坐在有圓軸轉動的靠背椅上，又比無圓軸轉動的靠背椅為方便得多。當然，這些應能考慮工作上不同要素的影響。

在今日科學發達的時代，應用各種機械作業來代替人的肌肉動作，可節省人力浪費的例子，不勝枚舉。在辦公室裡有許多機器只要通以電力，就能轉動，不必人們用力去搖轉；在工地上只要人們輕鬆地操作部分開關，就能在旋動的起重機上，將鐵塊搬至所需的位置，不必煩勞人力去搬動。以上都足以節省人們體力的消耗，越過體能限制的範圍。

二、心理方面

有些疲勞純係心理的原因而影響及生理，乃至於生理、心理交相左右。但有時候一個人生理上產生疲勞，仍能使工作照常進行。可是，一旦人們心理上感覺疲勞，常使工作停滯不前。因此，心理性疲勞比生理性疲勞，對於工作效率的影響，實有過之而無不及。組織管理上從事於心理疲勞的消除較為棘手，蓋個人的動機、情緒、興趣、態度，往往不易察覺，故應多從事心理的輔導與調查工作，以作為適當鼓舞的依據。適當的鼓舞，有時足以克服部分心理疲勞的產生。

在人事管理上，管理者在甄拔人才前，應能充分瞭解工人情緒的穩定與否，專門興趣何在，做到「人適其職，事稱其人」的地步。在運用人才時，應能充分信賴下屬，敢於授權，激發工作動機與成就感，做到「用人不疑，疑人不用」的境地。而於事後的考核方面，應能刑賞分明，有功則賞，有過則罰，綜核名實，確切做到「陟罰臧否，無所偏私」的境界。在這種健全的人事制度下，工作者必無可僥倖，而能表現大公赤誠之心，勤求「心安理得」，努力工作，如此當可避免心理上的疲勞或厭倦的感覺。

在工作位置的安排上，上司列於下屬後面，固有監督作用，然亦易造成屬員的心理緊張或負擔，產生厭倦或疲勞。在工作場所，亂堆物

品也能使工作者覺得納悶擁擠,這些辦公室的安排對工作人員心理的影響,亦應注意。此外,薪資待遇對於工作人員心理上的鼓舞作用很大,管理者在盡可能的範圍內,應給予工作人員以最公平合理且最優厚的條件,則能激勵士氣,無異給予工作人員心理上打一針強心劑。再者,實施「工作輪調」制度,以減輕工作的單調感,增加工作情趣,亦是一項可行的辦法。

三、工作環境方面

工作環境可說是疲勞產生的客觀因素,欲工作之有效應安排有利而良好的工作環境,諸如調節適度的照明、溫度,裝置消除噪音的隔音設備或消音器,防震設施。蓋震動與噪音等,常使工作者做各種肌肉適應,以抵抗威脅,易引起疲勞。同時,布置辦公場地的合宜氣氛,力求寬敞自在,以培養適當的工作情緒,配合工作的進行。再者,工作時間的久暫與休息的次數與間隔,也是管理者應加考慮的環境因素。又工作地點的安全設備對員工心理的影響甚大,故宜加強工業安全措施,防止意外事件的發生。此外,諸如發揮良好的人群關係,實施民主參與,建立溝通網絡等等,使員工充分瞭解組織狀況、公司政策,亦殊屬重要。

工作環境的改善是否與工作效率成正比例的增加?這是一件耐人尋味的問題。有些研究報告顯示:縮短工作時間,其結果並未立時表現工作效率的提高,例如,英國有一家煉鋼廠將換班由十二小時減至八小時,施行兩個月後,其每日產量並無顯著進步,直到十三個月後,生產指數才上升至18%,這種工作時間的減少,並未立現工作效率增高的例子,在許多調查報告中,甚為普遍。相反地,工作時間的增長也未必減低產量。在二次世界大戰期間,英國兵工廠工人每星期工作六十八小時,仍得以保持生產額,足以供給軍隊的軍火,此種原因可以說是基於愛國情緒的刺激。因此,凡是與工作效率或疲勞有關的諸多因素,管理者都應列入參考範圍;然而須注意的是工作環境的過分舒適,有時反而

使人昏昏欲睡，降低工作效率，這是值得研究的問題。

　　總之，據一般學者的研究，認為疲勞對於工作效率有不良影響。無論生理疲勞或心理疲勞，都足以降低工作效率，而疲勞與工作環境的布置或設計之是否得宜，有牢不可破的關係，管理者實應加以重視；然而疲勞問題尤需員工從自我本身做起，全盤地為整體組織而努力，切忌以個人的情緒問題，去困擾管理者或影響其他員工，這是職業道德上應有的素養。

第五節　個人消除疲勞的方法

　　疲勞是每個人都會遇到的問題，尤其是以從事於繁重工作的員工為然。在組織中，員工的疲勞大部分都來自於工作，其有賴組織實施某些措施加以因應。但對個人來說，很多疲勞也常因個人對周遭環境加以設限，或自我形成壓力所造成的。因此，有關疲勞的紓解除了要依賴組織做適當的安排之外，尚需員工個人努力去消除。本節將列述一些個人消除疲勞的方法如下：

一、充分睡眠

　　睡眠是消除疲勞最好的方法，有時睡眠不足也是形成疲勞的原因。睡眠不僅可使身體肌肉或各個器官得到充分的休息，也可使腦部得到休息，因而提振精神。充分的睡眠至少可暫時減緩緊張焦慮的情緒，有時也可達到紓解壓力的效果。當個人在遭遇壓力時，若不想做其他任何活動，則可以睡眠的方式來紓解壓力。根據心理學的研究顯示，充分的睡眠是在個人遇到某些挫折或壓力時的最佳精神鬆弛劑。因此，睡眠不失為一種消除疲勞的方法。

二、適度運動

當個人在稍感疲勞時做適度的運動，也是解除部分疲勞的可行方式。不過，適度的運動只適用於解除精神疲勞，而不適宜於生理性的疲勞。一般而言，運動可紓解人體肌肉的緊張，使得腦部獲得休息，且可使個人的精神得以獲得舒展的機會。一個人在做運動時，並不一定要拘泥於某種形式，只要能達到實質的效果即可。例如做做體操、伸伸腰、踢踢腿、做深呼吸等，都屬於一種運動。當然，運動隨著個人的興趣、體能、年齡、性別等，而有所差異。有人需跑步才夠得上是運動，有人則以游泳、登山、健行、打球等方式來做運動。無論運動的種類為何，只要個人認為某項運動能滿足自己的興趣與體能，就能達到解除疲勞的效果。

三、休閒活動

個人參加休閒活動，也是一種紓解壓力和解除疲勞的方法。休閒活動是目前社會甚為流行的風氣。由於現代人工作忙碌緊張，甚多人士以露營、登山、健行、參加各種公益活動，來紓解緊張的工作或生活壓力。有些人則以參加某些俱樂部、KTV唱遊活動，或閱讀書報、雜誌、聽聽音樂等不費體力或精神的方式，來消遣度日，以紓解因工作所造成的壓力與疲勞。凡此活動都有益於身心健康，而減緩生活緊張所帶來的壓力和疲勞。

四、保持鬆弛

所謂保持鬆弛反應（relaxation response），係指有關肌肉活動的訓練，其乃為在遭遇壓力時，一方面實施深呼吸，一方面將身體肌肉做短時的鬆弛之謂。個人若不想做任何活動，可採取此種方式，即以冥想的

方式將某部分肌肉放鬆，如此亦可達成紓解壓力和疲勞的目的。當個人處於鬆弛狀態時，其情緒自然會穩定平靜，不再有憂慮煩惱，不必想任何工作，則可較持續地保持鬆弛，自能減輕緊張的壓力與疲勞。

五、生物回饋

所謂生物回饋（biofeedback），係指利用特殊的測試儀器設備，觀察個人各部分肌肉的鬆弛程度。此類專門儀器，可供人們學習如何將肌肉做緊張和鬆弛的活動；其後經過一段期間的學習，即可不用儀器而能自行活動。此對於不懂得放鬆自己或精神容易緊張的個人，甚有助益。一般而言，生物回饋設備乃為用來協助病人，以養成鬆弛壓力和緊張的習慣。

六、施行靜坐

所謂靜坐（meditation），乃為在靜坐中將注意力集中於己身的呼吸，而別無身外的任何雜念之謂。靜坐亦為鬆弛身心的方法。當個人面臨極大的壓力，而有充裕的時間時，可實施靜坐。惟靜坐須有專家指導，庶能免於走火入魔之境地；且靜坐須有較長的時間，並能每日持續不斷地練習，此對沒有太多空閒的人較不易實施。

七、自發訓練

所謂自發訓練（autogenetic training），與所謂的自我催眠（self-hypnosis）相近，係自行集中精神，控制本身的生理活動之謂。自發性訓練一般亦可用來協助精神容易緊張的個人，以幫助其控制自我的活動。此亦不失為自我紓解壓力和疲勞的方法。

八、調整飲食

個人紓解壓力和疲勞的方法，有時也須注意調整飲食。為了某些健康的理由，很多專家都認為個人不宜吃太酸辣而刺激的食物，宜多實用清淡的食物，如此亦可減緩某些緊張與壓力。然而，這也可能因個人體質或嗜好而有所差異。例如，雖然在禁煙運動中，對於某些熬夜或已養成習慣的個人，偶爾抽抽煙，有時也可紓解一下情緒。再者，根據心理學家的研究，當個人在遭遇到挫折或有了焦慮情緒時，常不斷地吃東西，乃屬於一種補償作用，此亦可緩解若干壓力。此外，在個人遇到壓力時，喝一口水有時也有紓解情緒的作用。凡此都是一種調整飲食，以紓解壓力與疲勞的方法。

總之，凡是人類都難免會有疲勞現象的產生，不管它是何種原因造成的，都必須設法加以消除。至於，消除疲勞的方法甚多，個人可依據自己的體能狀態、時間配置、個人興趣，以及其他條件，選取一種方法或多種方法交互運用，藉以達成消除疲勞的效果。

個案研究——過度的加班

　　陳雅芳是金蒼電子公司的新進裝配作業員。由於是個新手，工作效率不高，但也戰戰兢兢地工作。在工作一個月後，陳小姐在裝配技術上，漸漸熟練了，工作效率已達到相當的水準。

　　就在這個時候，公司所接到的訂單增加了，故而要求員工以加班的方式趕貨。陳小姐和其他工作同仁一樣，也接受公司的要求加班，一個星期後，生產效率提高了不少。

　　然而，在經過一段時期持續地加班以後，生產數量雖然直線上升，但品檢人員卻發現生產品質的不良率有愈來愈高的現象。

　　同時，由於長時間的加班，陳小姐逐漸感到體力不繼，眼睛有種疲疲澀澀的感覺。在經過醫師診斷後，發現眼睛因過度疲勞而發炎。因此，陳小姐與同事們乃要求公司改善照明設備，並請求增加「寬放時間」。然而，公司卻以節約能源和趕貨的原因，拒絕了上述要求。陳小姐和同事們經過商量的結果，也不願加班，因而與公司陷入了僵局之中。

問題討論

1.長期的加班對員工和生產將有什麼影響？
2.就本個案來說，要提高員工效率，除了增加照明之外，還有其他方法嗎？
3.公司若為了趕貨，除了要求員工加班外，還有其他方法嗎？

註　釋

❶ 李序僧著，《工業心理學》，大中國圖書公司，頁318。

❷ L. Gulick, "Science Values on Public Administration", *Papers on the Science of Administration*, N.Y.: Institute of Public Administration, p. 191.

❸ 參閱張金鑑著，《行政學典範》，中國行政學會，頁401-402。

Part 5

消費心理學

消費心理（Consumer Psychology）是工業心理學的重要支柱之一，它的研究對象是消費大眾，亦即在探討產品如何滿足人類的需要，促進人類的幸福生活。換言之，消費心理的研究重心是如何透過市場銷售及廣告的途徑，而把產品消費掉，並滿足人類身心的要求。一方面可提升人類的生活水準，另一方面則增進社會的繁榮與發展。今日消費心理學的研究，必須以消費者的需要為前提，以消費者的滿足為依歸。因此，欲充分瞭解消費心理的內涵與意義，必須瞭解人類的消費行為，做市場研究與廣告研究。本篇即分三章加以討論。

Chapter 20

消費行為

　　消費行為是行銷市場上的重心，蓋生產的最後目的乃在於消費。惟消費行為的產生，是始自於消費動機；而消費動機乃來自於個體的需求與慾望。因此，吾人探討消費行為，必須自消費行為的心理基礎開始。其次，其他影響消費行為的因素，諸如人際層面和社會文化層面等，也是研究消費行為所必須探討的主題。再次，有關消費者的決策過程，也會影響消費行為。最後，本章將說明如何善用行銷技巧。

第一節　消費行為的含義

　　從經濟活動的觀點而言，每個人都是貨品或勞務的消費者，故個人消費行為的心理分析，已成為近代工業心理學家和市場研究者所必須探討的主要課題。所謂消費行為，或稱為消費者行為（consumer behavior），就是在研究消費者於搜尋、評估、購買、使用和處置一項產品、服務或理念時所表現的各項行為。所謂消費，即指人類為了滿足慾望，而將財貨或勞務的效用加以利用的一種經濟行為，是人類整體經濟活動的最後階段。換言之，消費是生產、交換、分配的最終目的。由於慾望永無滿足，故消費行為無時無刻不在進行和變遷之中。

　　由上可知，消費行為的關係是建築在生產貨品或提供勞務的組織與消費者個人之間。進而言之，消費關係不僅存在於私人企業所生產的貨品與勞務上，同時也存在於政府機關、教育機構、醫院、宗教團體、非營利組織等所提供的勞務上。顯然地，我們是警察服務的對象，是郵差服務的對象，是稅務人員、教師、牧師的服務對象。此外，電話公司、牙膏製造商、地方零售商、醫生、銀行等也提供服務給我們。因此，所有的消費行為，都可以視為「提供服務與貨品的組織」和「接受服務與貨品的對象或個人」之間的關係。

　　就行為科學的立場而言，消費行為也是行為科學研究的範疇。它可運用行為科學的概念，來瞭解、說明和預測消費者的行為；而行為科學

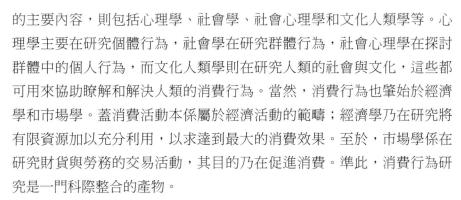
的主要內容,則包括心理學、社會學、社會心理學和文化人類學等。心理學主要在研究個體行為,社會學在研究群體行為,社會心理學在探討群體中的個人行為,而文化人類學則在研究人類的社會與文化,這些都可用來協助瞭解和解決人類的消費行為。當然,消費行為也肇始於經濟學和市場學。蓋消費活動本係屬於經濟活動的範疇;經濟學乃在研究將有限資源加以充分利用,以求達到最大的消費效果。至於,市場學係在研究財貨與勞務的交易活動,其目的乃在促進消費。準此,消費行為研究是一門科際整合的產物。

最後,就消費行為的內容而言,消費行為的研究即在有系統地全面探討消費關係。消費行為研究所涵蓋的範圍非常廣泛,最重要的有:消費者偏好研究、產品特性研究、消費者態度及動機研究、購買習慣與模式研究、廣告媒體研究、產品包裝設計、商品與勞務需求研究、產品品牌研究,以及影響消費行為的各項因素之探討等。至於,工業心理學家研究消費行為的任務,一方面在瞭解消費行為的科學重要性,另一方面則在促進個人從消費產品上獲致最大的滿足與愉悅[1]。易言之,今日消費行為的研究,必須以消費者的最大需求為前提,以消費者的最大滿足為依歸。

第二節　消費行為的心理基礎

消費行為是指消費者個人的購買行為,故消費者的心理狀態是構成消費行為的基礎;而個人的心理基礎係由動機、情緒、知覺、學習、態度和人格所組成。是故,消費行為是奠基於上述各項要素之上。本節將依序探討這些要素對消費行為的影響[2]。

一、動機

消費行為和其他人類行為一樣，是始自於動機，故動機是決定消費行為的因素之一。所謂動機（motive），是指人類行為的原動力；缺乏此種原動力，則人類將無從產生行為。就消費活動的觀點而言，一般消費行為的動機，主要可分為兩大類別：一為產品動機，一為惠顧動機。

所謂產品動機（product motives），是指消費者購買某些產品的動機而言，亦即指消費者何以購買某項產品的原因。它又可分為情感動機（emotional motives）和理性動機（rational motives）兩種。情感動機是指消費者購買產品係基於感性需求與慾望而言，包括飢渴、友誼、舒適、創新、娛樂、驕傲、野心、爭勝、一致、安全、威望、好奇、神祕、滿足感官、特別嗜好、生命延續等等均屬之。理性動機則指消費者購買產品的動機，係經過理性思考與選擇而言，如價格低廉、服務良好、增進效率、容易使用、耐久、可靠、方便、具經濟性等。

產品動機雖可分為情感動機與理性動機，但兩者並不相互衝突；同時，消費者購買產品時，可能兼具此兩種動機。例如，某人因友人家中有某種品牌的汽車，而出自於情感動機中渴望一致的動機，且在決定購買時找一家服務良好的廠商購買，此即兼具情感動機和理性動機。

至於，所謂惠顧動機（patronage motives），是指消費者對某特定商店具有偏好而言，亦即消費者何以要選擇某家商店購買之意。消費者的惠顧動機，包括時間地點便利、服務迅速周到、貨品種類繁多、符合自己口味、商譽信用良好、提供信用與勞務、場地寬敞舒適，而且貨品放置極有秩序、價格低廉、布置美觀、能炫耀特別身分、售貨員禮貌周到等。

惠顧動機的研究，對製造商和零售商特別重要。一家商店要使消費者願意去購買，甚而願意重複購買，就必須設法給予消費者獨特的印象。當然，消費者的購買動機是相當複雜的，商店必須妥為規劃、設計與安排，才能吸引消費者的惠顧動機。

二、情緒

　　一般而言，消費者在消費過程中，從廣告到產品的使用，都會受到情緒的影響。例如：個人喜不喜歡某種產品的廣告，可能決定他是否購買該項商品；或在他使用過某種產品時，也會表現喜歡不喜歡，而決定下次是否繼續購買。此外，情緒與購買行為最直接關係的，不外乎衝動性購買。一般衝動性購買有下列四項型態：

(一)純衝動性購買

　　純衝動性購買（pure impulse buying），是指因一時衝動而購買了某項產品。此種購買型態打破了正常購買程序，而與正常購買型態不同。

(二)回憶性衝動購買

　　回憶性衝動購買（reminder impulse buying），是指購買者看到產品項目，或看到廣告曾出現過這種產品，或個人早就想購買此種產品，而記起了家中存貨已不多，或已用完，於是採取了購買行動。

(三)建議性衝動購買

　　建議性衝動購買（suggestion impulse buying），是指購買者以前沒有使用過某種產品，或未具有該產品的知識，而在第一次看到時，就覺得需要它，於是就有了購買行動。此種購買方式和回憶性衝動購買的主要差別，在於前者缺乏產品的知識，也沒有購買經驗；而後者則有。

(四)計畫性衝動購買

　　計畫性衝動購買（planned impulse buying），是指購買者進入商店購買是有目的的，而非抱著閒逛的心情。如果價錢降低，或有贈品券時，就會引起額外的購買，此即為計畫性的衝動性購買。

　　總之，衝動性購買是存在的。有些消費者原為無目的地走進商店或市場，由於看到琳琅滿目的貨品陳列，開始產生好奇或聯想到自己需要採購物品，而隨手購買。此乃為現代忙碌生活中的必然現象。因此，廠商如果想引發消費者的衝動性購買，就必須運用陳列的或其他方法吸引顧客到自己商店，並配以良好的包裝、動人的現場廣告、有利的陳列位置，來捕捉消費者的眼光，以促進銷貨。此外，商店推行顧客自行取貨的經營方式，也會影響到消費者的衝動性購買。

三、知覺

　　知覺與消費行為的關係，主要表現在廣告設計、商品設計與包裝、商品命名，和心理價格上。就廣告而言，一項吸引人的廣告很快就會受到注意，引起知覺，這是無可疑義的。顯然地，廣告是否引起人們的注意，主要取決於廣告本身的特性，如廣告的大小、強度、凸顯性、數量、出現次數、移動性、變化性、顏色及其變化、對比、位置、隔離性等；以及消費者個人的特性，如過去經驗、目前動機、性別、興趣類別、價值觀、年齡階層及注意力等。

　　在商品設計與包裝方面，商品之所以引起消費者的知覺，從而使其決定是否購買，乃取決於消費者的心理、喜好、需求等。在設計與包裝方面，宜考慮消費者性別的不同、年齡的差異、所得水準的差別；因為這些都會影響不同的喜好和心理。此外，包裝設計的原則，在外形上必須別致美觀，大小符合各種需求，包裝材料須配合產品的價值，色彩必須鮮明悅目，並注意全般性的美感，如此才能引發消費者的知覺感官，產生消費興趣。當然，包裝設計宜隨著時代的演變，各地區開發的程度，以及各國風土民情的差異而有所不同。

　　在商品命名方面，一個貼切的商品名稱，最好能通俗、易記、容易瞭解，並能引發聯想。因此，商品命名的原則，必須簡短明瞭、通俗易懂、顯現本身特性、趣味生動、具創作性，如此才能引起消費者的知覺

與興趣，刺激其消費意願。

至於，所謂心理性價格，是指以消費者的心理導向為基礎所訂定的價格。廠商在訂定商品價格時，固可參考產品的各項成本；惟為達成促銷的目的，可依據消費者的心理知覺，訂定差價不多，但感覺上有差異的價格。例如，產品價格是六十元，可以五十九元代替，在消費者心目中五十九元比六十元便宜；此乃因五十九元在五的範圍內，在知覺上比在六的範圍內便宜。然而，有些消費者認為，價格是品質優劣的指標或地位的象徵。假如消費者堅持高價格與高品質的關係，貨價格有象徵性和視覺性的質感時，則廣告、包裝與行銷通路等，就必須要反映此種印象。

四、學習

有些消費行為是學習得來的，此種學習可能基於個人過去的經驗，或來自親友或其他團體的影響。不管消費者的消費習性是如何形成的，廠商最重要的是要建立消費者的品牌忠實性。所謂品牌忠實性（brand loyalty），是指消費者對某項產品品牌一旦形成消費習慣、產生印象時，即不易改變其對該品牌的消費習慣與態度而言。當消費者開始選購某項產品時，通常是依據學習而來，若不是出自個人的經驗，就是由別人提供訊息而來。易言之，個人常透過過去經驗與過去購買行動的增強而形成習慣，如此自可提高消費者的購物效率。假如消費者持續不斷地購買該項物品，那他就已產生了品牌忠實性。

此外，消費者的變異性極大，且常隨著產品類別的不同，而表現品牌忠實性的程度也有所不同。一般而言，若依個人選擇品牌的順序，可把品牌忠實性分為四類：

1. 連續忠實性（undivided loyalty），是指消費者連續不斷地購買某項品牌的產品，而不受時間的影響。

2.不連續忠實性（divided loyalty），是指消費者交互購買兩種或兩種以上品牌的產品。

3.不穩定忠實性（unstable loyalty），是指消費者購買某種品牌的產品，有轉移購買另一種品牌產品的意味。

4.非忠實性（no loyalty），是指消費者隨機購買各種品牌的產品。

根據研究顯示，大部分消費者都具有品牌忠實性。例如，有50%以上的婦女會表現高度的品牌忠實性。不過，顯現忠實性消費者的百分比，常隨著產品類別而有所不同。如有54%的人，對購買麥片具有品牌忠實性；而購買咖啡的人，則有95%具有品牌忠實性。此外，在連續忠實性方面，73%的消費者對有些產品會表現連續忠實性；有些則只有12%會表現這種忠實性。

總之，品牌忠實性對消費者具有許多不同的意義。每項意義都與不同時間下購買的品牌有關。因此，廠商必須探討各種可能情況下的品牌忠實性才有意義，且能得到正確的結果。

五、態度

消費者的態度往往決定其消費動機和行為，而消費態度的形成和消費訊息有相當的關聯性。從訊息處理的角度而言，消費者的購買行動就是一連串行為的連鎖反應。因此，商店訊息若欲引發消費者的注意，並進而吸收其訊息，就必須注意消費者的態度。蓋消費者的態度常對訊息加以處理或過濾，而保留其所需要的訊息。

一般而言，產品訊息常受到傳達者、訊息本身、傳播通路與媒介，和收受者等的影響。易言之，消費者態度的形成與訊息傳播過程和傳播媒介的選擇，有密切的關係。當訊息出現時，會引起消費者的選擇與注意，然後經過個人的思考過程，在認同後再加以記憶，然後產生購買動機和行動。因此，廠商必須設計各項訊息傳遞過程，並審慎選擇傳播通

路與媒體，來影響消費者行為，其終極目的，即在使消費者對產品產生好感，而採取購買行動。

六、人格

人格也是消費行為的心理基礎之一。雖然，有些學者利用人格變數來預測消費行為，結果並不太令人滿意。然而，吾人很難否認人格特質與消費行為之間的關係。事實上，人格因素常左右消費行為。一般認為人格和消費行為關係薄弱的原因，乃為缺乏適當的理論架構之故。因此，發展有關人格特性與消費行為關係的測驗，乃為當務之急。迄至目前為止，人格測驗有自陳法、投射法、情境法、評定法。不過，運用在消費者行為研究上者甚少，此有待做更進一步探討。

惟人格測驗標準可運用來區隔市場，以探求不同的慾望、購買態度、地位、不同偏好等族群的基本人格特性。例如，在美國過去福特汽車的購買者，被認為具有「獨立、衝動、男性化、應變能力強與自信」等個性；而雪佛蘭車主則偏向於「保守、節儉、重名望、較柔弱、不極端」等個性。後來經過研究，雖然兩類車主的個性差異不多；但有許多產品如女性化妝品、香煙、保險和酒等，卻可成功地以人格特質作為市場區隔的基礎。

第三節　消費行為的人際層面

消費者的行為除了受到本身心理基礎的影響之外，尚受到人際層面及社會文化層面的影響。蓋個人是生存在大社會之中的。消費者在社會中隨時會與他人互動，而此種互動可能是人際間的或群體內的。消費者的個人行為隨時會受到推銷員、親友、同事、專家、家人、鄰居、大眾媒體等的影響，而收集商品訊息，或採取購買行動。因此，人際層面

對消費行為的影響，大致可從三方面探討：一為人際互動，二為群體動態，三為家庭決策❸。

一、人際互動

所謂人際互動（interpersonal interaction），是指人與人之間相互交往的過程而言。當個人處於社會環境中，必然會與他人接觸，此即為互動。互動又可稱為交互行為，係指不拘任何形式的交往狀態，是個人社會化的基本過程。消費行為的產生，有時是人際互動所形成的結果。當個人看到他人購買某種產品或服務時，常會考量自我的各種狀況，包括需求與財力等，而決定是否採取購買行動，或購買其他產品。因此，人際互動多少會影響個人的購買決策，乃是無可否認的事實。因此，人際互動乃是傳播或收集產品資訊的重要來源。

顯然地，消費行為雖屬於個人行為，但為尋求與他人價值觀和態度的一致，個人難免依據他人的標準而採取購買行動。不過，由於每個消費者的個別差異很大，故而受他人影響的程度也有所不同。就消費者的特性而言，有些人比較具有品牌忠實性或個人定見，很少受到人際互動的影響；但有些人則無特定的固有習慣，而常常受到他人的影響。易言之，每個人的人際交互程度不一樣，所受到他人的影響也不一樣。

再者，一個喜好交際的人，幾乎是無所不談的，對商品談話的內容包括產品屬性、品質、性能與品牌等，故一旦購買時較易受他人的影響；但有些則否。當然，這也常因情況的不一而定，例如固執己見的人即使喜歡與他人交談，也不見得能受他人的影響。一般而言，一個容易人云亦云，易受他人暗示或指引，且具有「他人導航」性格的人，較易受到他人的影響。一個具有「自我導航」的人，因為自己有一套根深柢固的價值觀，比較不為他人看法所左右。

最後，在人際互動的過程中，意見領袖的影響是不可忽視的環節。此乃一般人基於其期望或動機，常有向地位高、成就高的人學習之傾

向。通常意見領袖多屬於非正式領導者，他很少處心積慮地去控制他人，而只是提供意見，或搜尋意見，但卻能影響他人的行動。意見領袖影響他人時，可能以口耳相傳的管道，包括直接面對面溝通、電話交談，或透過網路聊天等方式；也可能因非口語線索或某些行為，而為他人所模仿。這些都是廠商可多加留意的地方。

二、群體動態

群體影響力是人際影響力的延伸。人際互動會左右消費者的購買意願與行動，而群體動態關係也可能影響消費者。此乃因群體中的個人受到社會助長作用、社會標準化傾向、社會顧慮傾向、社會從眾傾向等的影響，而產生與群體內其他分子間一致的行為之故，此尤以家庭成員為典型的主要代表。此外，參考群體往往是個人行為自願參照的依據，其最可能影響購買決策。

群體對個人的影響力，主要來自兩方面：一為群體的社會助長作用，一為個人的從眾行為傾向。所謂社會助長作用（social facilitation），乃指群體會給予個人助力與支持，以協助個人完成其目標之謂。易言之，社會助長作用即指個人在群體情境下，比其在單獨的情境下，可增加其動機；尤其是在個人面臨模糊的刺激時，更是如此。例如，個人在面對許多廠牌的競爭時，消費者會向群體的其他分子打探消息，以做購買決策，以求符合群體的一致行動。不過，此種社會助長作用有時也會阻礙個人的思考性。例如，消費者想獨立購買某種產品，卻因其他群體成員的否定，而取消其購買行動即是。

至於，社會從眾傾向（social conformity），是指個人在群體情境下，往往會受到群體壓力（group pressure）的影響，而在知覺、判斷、信仰或行為上，與群體中的多數人趨於一致之謂。例如，個人購買服飾有時常尋求與其他成員的一致即是。通常，社會助長作用與社會從眾傾向，是相互為用的。

　　不過，個人行為有時並非完全合乎自己群體的期望，有時也會表現非從眾傾向。心理學家佛蘭西即曾發現，許多績效高的推銷員往往不滿意自己所屬的群體，反而認同別的參考群體。所謂參考群體（referent group），是指個人用來評估自己價值觀、態度與行為的群體。它可能是個人所屬的群體；也可能是心嚮往之、但未正式加入的群體。易言之，個人行為、信念與判斷等，都受參考群體的影響。然而，每個人的參考群體不限於一種，而且不同的參考群體都具有不同的功用，可從不同的方向來影響個人。

　　對個人而言，參考群體具有兩種作用：其一為社會比較（social comparison），即個人透過和別人的比較，來評估自己；另一為社會確認（social validation），即個人以群體為準據，來評估自己的價值、態度與信念。基於這兩種功能，參考群體對消費者行為的影響力頗大。易言之，消費者個人對產品偏好、刻板印象，與消費者的從眾行為，如購買或拒買某些產品，都是由參考群體中呈現出來的。

　　就消費行為而言，參考群體可以：(1)影響產品的種類；(2)決定產品的規格與式樣等產品品質。因此，參考群體可能影響到消費者對品牌的選擇，以及對產品的購買。圖20-1即為各種產品的購買與品牌的選擇受到參考群體影響的情形。

　　圖20-1左上角說明了參考群體影響消費者對產品的選擇，但不影響對產品的購買；右上角則說明參考群體對品牌的選擇與產品的購買與否，都有影響。右下角說明參考群體對產品的購買有影響，而對品牌的選擇無影響；左下角則代表參考群體對消費者產品的購買與品牌的選擇，都無影響。

　　不過，有些產品受群體的影響較大，有些則較小，此乃牽涉到產品的特出性（product conspicuousness）的問題。一般而言，產品的特出性決定了群體影響力的大小。產品的特出性包括：(1)產品必須容易被看到，或容易為人指認；(2)產品必須奇特，而為人們所注意。產品如果易於被看到或被指認，而且比較奇特，則容易受到群體的影響。不過，

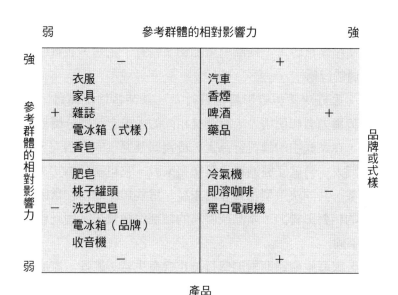

圖20-1　參考群體對各種消費產品的購買及品牌的選擇之影響

如果每個人都擁有這種產品，則此種產品便不足為奇，而不會引人注目了。

三、家庭決策

　　家庭是所有社會的基本單位，也是消費市場最重要的單位。個人的消費理念、習慣、動機和購買何種產品等，都是由家庭中養成的。此外，許多產品的購買也都以家庭為購買單位。因此，家庭在消費行為中的地位相當重要。易言之，大部分購買行為都是由家庭中放射出來的。舉凡人類日常生活中的消費，包括食、衣、住、行和育樂等產品和服務，都是任何家庭所需要的。是故，家庭的購買決策實掌握了消費市場上的最大宗。

　　就事實而論，家庭對消費行為的影響，最主要乃係家庭內成員的消費社會化過程，個人自出生以來，即在家庭中由家庭成員，尤其是

父母，教導如何消費、應購買何種產品、如何選擇產品、去何處購買、應以何種途徑購買等等，逐漸對產品和服務有了認知，並養成其消費習慣，形成消費行為。

其次，家庭決策也會影響消費行為。就某些情況而言，家庭中具有購買決策權力者和使用者，有時是相同的人，有時則分屬於不同的個人。通常，在家庭中的購買行為上，母親即為兒童的守門人，或妻子為丈夫的守門人。再就家庭消費決策類型來說，它可區分為丈夫主導型、妻子主導型、共同決策型和獨立自主型。這些類型的存在常因夫妻在消費決策上的相對影響力，產品或服務的類別與數量，各個社會文化的差異而有所不同。

再次，家庭生命週期對消費行為也會發生若干影響。家庭生命週期（family life cycle, FLC）可用來觀察多數家庭的發展歷程。今日由於家庭類型和生活型態的變遷，如離婚率的上升、非婚生子的增加、年輕夫妻的遷徙、獨身、晚婚、未婚媽媽等問題，已不足以說明傳統式的家庭生命週期。然而，畢竟傳統的家庭仍占有最大的比率，此種傳統家庭生命週期，包括單身期、蜜月期、滿巢期、空巢期和解組期等各個階段，都會產生不同的消費型態與購買行為。

最後，影響家庭購買行為的因素，也是必須加以探討的課題。這些因素包括家庭的社會階層、社會流動、所得水準、生活水準、家庭需求、成員多寡、種族背景、生命週期、家長權威以及孩子出世等，都會影響家庭的購買行為。當然，決定家庭購買與否和購買決策的因素，常隨著各個家庭的狀況而有所差異。且整個購買決策是受到無數因素的交互影響所形成的。這些都是從事行銷工作者所必須深入研究的問題。

第四節　消費行為的社會文化層面

消費行為除受到個人心理基礎與人際層面的影響之外，尚受到社

會文化層面的影響。當然，個人心理基礎、人際層面與社會文化層面之間，也是相互作用、交互影響的。本節將分為社會階層及文化兩方面加以探討❹。

一、社會階層

　　由於社會階層的不同，個人的消費型態也不一樣。此乃因社會階層不同的人，其生活方式有很大的差異，以致其消費習慣、消費態度等都顯現出不同的程度。因此，社會階層顯然會影響消費行為。所謂社會階層（social stratification），是指一個社會中的人，按照某一個或幾個標準，如財富、所得、權力、職業或聲望，而區分為各種不同等級之謂。每一個等級即為一個社會階層。社會學家索羅金（P. Sorokin）即指出，社會階層是指某一群體分化成許多小群體，而各個小群體之間有層次之分。易言之，社會階層即為社會聲望相類似的人聚集在一起，所形成的群體或次文化團體。

　　就整個社會而言，一個社會同時包括許多群體的人，具有不同的經濟、政治或文化地位，且各自感覺到彼此有尊卑的差別。此種差異乃係依據所得水準、生活水準、職業聲望、社會活動、個人表現、教育程度、權力關係、家世背景、種族淵源、價值觀、階級意識及其他因素等所構成。決定此種社會階層的因素甚多，且各項因素是錯綜複雜的，很難據以衡量個人社會階層的高低，而必須衡量整個社會現象。因此，社會階層本是一個複雜的結構體系。然而，有時要衡量一個社會階層，往往可以從社會的文化、價值觀、教育背景以及智力、成就等著手。

　　由於個人所處的社會階層不同，其生活方式也不同。因此，廠商在採行各項行銷策略或做市場區隔時，必須注意到社會階層的影響。易言之，不同階層的消費者，常反映其個人的不同生活方式，以致有了不同的消費行為或購買行為。是故，社會階層往往決定了個人的消費型態，此乃因個人有一種與團體認同的心理現象，從而與偏好相同的人在一

起，因而受到他人的影響，以致購買了新產品。

此外，隨著社會階層的不同，每個人對促銷活動的反應也不一致。易言之，不同的廣告媒體與訊息，對不同社會階層的分子，影響力也都不相同。對較高階層分子而言，印刷媒體尤其是雜誌，比電視和調幅收音機的效果，要好得多。一般而言，欣賞電視的以中下階層人士居多；剛入夜時的觀眾多為勞工階層；而較晚的電視節目欣賞者，多為中階層人士。至於高階層的人士多不喜歡電視。

總之，不同社會階層的人士，其購買動機、習慣與行為各不相同。是故，社會階層影響購買決策，是無可置疑的。廠商必須針對不同的社會階層做市場區隔，以求便利於商品的促銷。不過，在做市場區隔前，必須權衡各項因素的輕重得失，以期能收到更大的效果。

二、文化因素

每個人的行為都帶有文化的意味，消費行為亦然。蓋個人是生活在社會文化中，他的每項購買行為都在文化的規範底下，而無法脫離文化的本質。因此，消費行為會受到文化的洗禮。個人的思想、理念、價值都含有文化的氣息，他所購買的產品或服務也代表著某種文化的含義。是故，文化是無所不在的。在一定的文化體系中，消費者是經由學習而得到信念、價值和風俗習慣，進而形成消費行為。因此，文化可顯現出消費型態、態度、價值觀，同時文化也藉由消費行為而呈現出它的特性。這其中尤以次文化群體最為顯著。

所謂次文化群體，是以宗教、種族、語言、年齡、地區、社會階層等為基礎所形成的群體。個人對次文化群體的認同，隱含著個人接受該群體的生活模式。由是，次文化群體乃形成對個人的影響力。因此，消費者行為研究必須探討各種次文化群體的特性，才能得知其與消費行為的關係。蓋不同的種族、年齡、地理環境、教育程度、宗教信仰、社會階層等次文化群體，都會產生不同的消費習慣與購買行為，這些都可作

為市場區隔的依據。

　　此外，每個國家的文化型態不同，其消費型態與行為也大異其趣。此乃因每個文化在分布上、組織上與規範上的內容，都有很大的差距。是故，貨品消費的型態、家庭決策的方式、購買產品的態度、促銷的可能性，以及其他各種行銷因素等，也不大一樣。凡此都顯現出文化對消費行為的意義與影響。

第五節　消費者的決策過程

　　消費者的動機、知覺、態度、人格以及學習作用等，是會形成與影響消費行為的。惟消費者是非常敏感的，也是非常聰明的。他們有時固然會很衝動地去購買貨品與勞務，但這種衝動行為並不多見。通常他們都依據個人習慣去選購貨品。不過，如果在支出費用太大，過去沒有購買經驗，或過去經驗不太愉快等狀況下，個人會很明智地考慮消費決策，以便採取最佳的購買行為。

　　為了瞭解個人心理狀況以及各項因素對購買決策的影響，安吉爾（James F. Engel）提出消費決策模型，來說明消費的決策過程。雖然這個模型包括了許多變數與過程，看起來相當複雜；然而並沒有想像的繁複，且足以說明個人整個的消費決策。其圖示如**圖**20-2。

　　圖20-2中的中央控制單位是個人的心理總部，包括記憶及基本思考與行為歷程。個人的心理要素，包括人格特性、儲存訊息、過去經驗、價值觀與態度；這些要素間相互作用的結果，產生了所謂反應傾向，此即為個人產生反應與行為的基礎。不同種類的刺激從環境（包括物理環境與社會環境）中輸入，進入感覺的受納器官中，於是個人會產生激發作用。通常這種激發作用有時是受到外界環境刺激的結果，有時是由於內在不舒適感所引發的。

　　個人一旦被激發後，他會對外界的刺激加以選擇，以求滿足個人

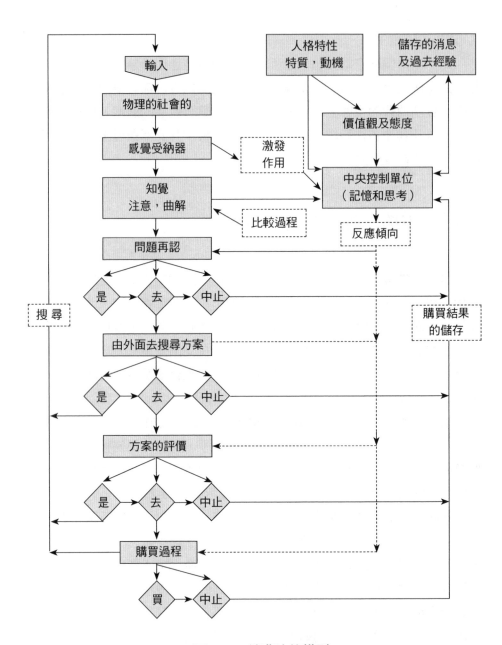

圖20-2　消費決策模型

需求，或降低不舒適感。此種知覺上的選擇階段包括「將各種輸入刺激和個人儲存的訊息加以比較，以選擇最適合個人願望者」的過程，個人在比較後，能清楚地認識問題，才能產生一連串的決策過程，包括外在方案的找尋、方案的評價、方案的選擇及採取實際購買行動。在每個階段裡，個人均會加以考慮，以便繼續做下一步驟的行動，或中止該項行動。當然，個人的決策會受到反應傾向的影響，個人把決策結果儲存起來，即成為個人經驗的一部分，以作為以後的參考。當然，在上述模型中，還可加入購買後評價的階段，表示個人在購買後，會對個人的消費決策加以評價。

上述模型看起來似乎十分繁雜，包含的因素也多，各項因素的關係也很複雜，但是該模型很合乎各項購買行為的決策歷程。

第六節　銷售技巧的運用

一般學者慣用的銷售理論是AIDAS理論，是多數人所共認的。依據該理論的論點，成功的銷售是存在消費者的潛在心理反應之中，此種心理反應有五個連續過程：(1)注意（attention）；(2)興趣（interest）；(3)慾望（desire）；(4)行動（action）；(5)滿足（satisfaction）。吾人欲使銷售有所結果，必須使消費者的潛在心理反應能表現出來。

一、注意

銷售的首要步驟是引起消費者的注意，蓋第一印象是銷售成敗的關鍵。因此，銷售時最初幾分鐘的訪問時間最為重要。銷售員在訪問開始時，必須有良好的表現。如果事先沒有約定，應找些理由或藉口來引發訪問；即使事先有約定，也要很技巧地開始這項訪問。因為消費者知道銷售員要推銷某種商品，不免存有戒心。是故，銷售員一開始就必須建

立一種友誼氣氛，採取主動的談話。

通常人們都比較喜歡聆聽與自己有關的事物，所以談話開始應盡可能地談論對方切身相關的事。此外，銷售員整潔的服裝、友善的表情、真摯的微笑、溫和的談吐、疾徐適度的發言，都是相當重要的。良好的晤談，是使被訪問對象自動地放下自我防衛的利器。

二、興趣

銷售員的第二個步驟，是激發消費者潛在的興趣。為使被訪問對象發生興趣，銷售員可採行的技術很多。譬如銷售員對所推銷貨品的優點，應加以熱情地描述；或設法使消費者對所推銷的產品樣本，親身體驗。如果是屬於機械類或有關工程方面的貨品，應附具印就的說明書。如果消費者在言詞上或態度上顯露接受的意願，銷售員應立即把握良機，做更進一步努力。

此外，有些銷售員常採取問答的方式，以引發消費者的內在興趣；也有些銷售員詢問消費者對貨品的意見，以瞭解他們的好惡情感。在引發興趣的當中，銷售員最主要的要注意購買訴求，才能使消費者有需要的感覺。

三、慾望

銷售員第三個步驟，是燃起消費者對貨品的慾望，使其達到準備購買的程度。在該階段中，銷售員必須掌握銷售情況，使談話主題繼續向銷售途徑進行。談話當中，也許有若干因素，會使談話偏離主題，諸如銷售阻礙的發生、消費者的潛在反對意見、外界事物的干擾等；但銷售員仍須以耐心應對，以求引起消費者的慾望。

事實上，在推銷過程中，銷售員不免遭遇若干阻礙，他必須設法突破這些障礙。消費者的潛在反對意見，必須予以滿意的解答。談話時間

應節約使用。假如這些反對意見事先能加以預料,並在消費者提出以前加以解釋說明,則推銷成功的機率必大大地增加。銷售員在談話中斷,再恢復談話時,應將以前所談的做簡明總結;對枝節的意見,則予技巧地避開,再回復到原來的主題,方能使談話維持不斷並達成推銷的目的。

四、行動

銷售員在引起消費者的潛在慾望後,下一步驟就是引導他們的訂貨或購買行動。不過,有經驗的銷售員除非發現消費者已完全信賴他的建議,否則不宜採取貿然的行動。銷售員必須隨時掌握機會,勸誘消費者採取購買行為,使潛在願望成為真正的需要,才有促發購買行動的可能。

五、滿足

銷售的目的不僅僅是引起一次銷售行為,應是獲得長久的惠顧動機。此時,銷售員應設法建立消費者的滿足情緒。當消費者採取購買行動,銷售員留給消費者的印象,應是使他覺得他的決定是對的。且使消費者懷有一種感謝的心理,因而承諾以後的來往,則消費者的滿足情緒才能達到,如此才有希望成為永久的消費者。

總之,銷售技巧的運用,必須瞭解消費者心理,使消費者的心理反應發揮出來,才能達到銷售的目的。銷售員應充分使用銷售技巧,才能做好銷售工作。當然,銷售技巧須與其他條件充分配合,諸如消費者的本身條件、產品本身、廣告效力以及熱誠的服務等,都是不可或缺的。

個案研究──新產品的推銷

　　喜洋洋食品公司成立已有十年之久，該公司是以生產各式西餅為主。最近幾年來，由於人們生活品質的提高，各式各樣品牌的西餅紛紛出籠，在市場上競爭頗為激烈，以致該公司的盈餘大受影響。

　　為了因應市場上的變化，該公司乃於兩年前推出一種可口小餅乾，作為該公司往後推出餅類產品的先鋒。該公司可口小餅乾的問世，擁有極大的市場占有率，使公司賺取了一筆龐大的利潤。

　　該公司為了推出可口小餅乾，花費了巨額的廣告費，利用電視、電台、廣告牌、雜誌、宣傳單等多項媒介，來促進消費者對該一新產品的認知。為了使新產品能夠在消費者心中定位，並於各大百貨公司、超市，舉辦一系列的展示、試吃，且於展示期間以優惠價格爭取消費者的購買。同時，以問卷調查、電話訪問等方式，來瞭解社會大眾對該產品的接受程度。

　　為了讓社會大眾能便利購買到此產品，該公司也全力開發全省各超級市場、便利商店以及一般食品店的貨架空間。此外，如何陳列與展示該產品的店頭廣告，均為推銷此新產品的重點。對市場零售業者而言，貨架空間、店面空間及廣告空間，正是最可貴的「商品」，因此該公司為了爭取零售業者的貨架，道盡該公司新產品的優點，以爭取零售業的支持。該公司更派出大批業務代表，手持消費者的調查報告，向零售業展開遊說，並提出折扣，以及種種優惠條件，包括加強服務、自由退貨、達到銷售成績的利潤等，來爭取零售商的貨架。

　　在產品推出後，並接受電話（該產品的包裝盒印有該公司的電話及地址）及通訊意見調查，以作為公司不斷改進產品的方針。同時，以回收空盒（每六個空盒可兌換商品）的方式，展開行銷，以加強產品的銷售量。

　　由於該公司強力的推銷新產品，不斷地做市場研究，掌握了市場的脈動，並瞭解新產品的銷售潛力，分析消費者對新產品的態度與意見，建立銷售區域，終使該公司業績蒸蒸日上。

問題討論

1.你認為該公司業績蒸蒸日上的主要原因是什麼？

2.你認為一家公司應如何推銷它的產品，以使消費者印象深刻？

3.廠商在推銷產品時，除了做各種廣告之外，是否有必要做市場調查？其效用如何？

註　釋

❶R. Perloff, "Potential Contribution of the Consumer-Oriented Psychologist", *Business and Society,* Vol. 4, No. 2, pp. 28-34.

❷本節參閱林欽榮著，《消費者行為》，揚智文化公司，第二篇。

❸同前註，第三篇。

❹同前註，第四篇。

Chapter 21

廣告研究

在商業心理領域中，廣告研究是相當重要的一環。一支吸引人的廣告往往會為產品或服務，帶來意想不到的利潤。然而，廣告之是否有效，有時常取決於廣告的設計是否允當。因此，本章首先將說明廣告的意義與功能，其次研討廣告的心理基礎，接著分析廣告的策略、製作，以及廣告媒體。最後，則在探討廣告的有效性。

第一節　廣告的含義與功能

一、廣告的含義

所謂廣告，就字面的意義而言，廣是廣大、廣泛、廣博，告是告知、告白、告訴，合起來就是廣泛告知或普遍告知之意。廣告的英文字advertising或advertisement，是從拉丁文adverture演變而來，即為making known，也是使人周知共曉的意思。

根據美國市場營運協會的解釋：所謂廣告，就是由一位廣告主在付費的條件下，對一項商品、一個觀念或一項服務，所進行的傳播活動。通常廣告主並不是一個人，而是一個機構；所進行的活動是針對一群特定的，但不是很明確的大眾，此即為消費者。由此可知，廣告實含有下列特點：

(一)廣告是一種傳播工具

廣告是將有關產品或服務的訊息，由生產者或行銷者將之傳遞給一群消費者的過程。此種將訊息傳遞給群眾的傳播方式，稱為大眾傳播（mass communication）。然而，廣告只是大眾傳播工具中的一種，它與其他大眾傳播不同，而和推銷員面對面地向一位或數位顧客傳遞產品訊息的個別傳播更有所差異。通常，廣告和個別傳播在訊息傳播單位、媒體、訊息本身、回饋特性上，都不相同，其如**表21-1**所示。

表21-1　廣告與個別傳播的差異

項目 ＼ 類型	廣告	個別傳播
訊息傳播單位	廠商、政府等機構	個別推銷員
媒體	大眾傳播媒體，如報紙、電視等	面對面接觸
訊息接收單位	特定目標市場，如群眾	一位或數位顧客
訊息特性	規格化、大眾化，為人人所瞭解，僵硬而較少應變力	個別化的，可因人而異，親切而有應變力
回饋特性	間接的、緩慢的、臆測的	直接的、立即的、清晰的

(二)廣告是要付費而進行訊息傳播的活動

廣告與其他大眾傳播最大的不同處，乃在於廣告須以付費的方式來進行訊息傳播，而其他大眾傳播則不須付費。例如，新聞媒體所做的報導，通常是一種免費的宣傳；然而商品廣告有時固因具有新聞價值而得到免費宣傳，但這是可遇不可求的。商品廣告往往須做有目標、有計畫的管控，此時只有付費才能達成宣傳的效果。

(三)廣告是具有說服性的傳播活動

所謂說服性的傳播活動，是有別於訊息性的傳播活動。訊息性傳播活動，只要把訊息傳遞給對方，就算已達到傳播的目的。但說服性的傳播活動則不然，它必須將訊息傳達給對方，且被接受；更具體地說，說服性訊息傳播，就是期望接收訊息的人，能從事於這些訊息所要求的活動。就廣告而言，它所傳播的訊息，就是希望消費者相信商品廣告的訊息，並願意去購買該商品。

(四)廣告是有目標、有計畫，而且連續性的傳播活動

由於廣告是一種具有說服性的訊息傳播，而要說服他人必須經過長時期反覆地推敲，故而從事廣告活動必須做長期而有計畫、有目標的一

連串活動。因此,廣告是按部就班、逐步進行的連續性活動。

二、廣告的功能

由上可知,廣告不僅是「廣而告之」而已,它是一種說服性的傳播工具,且是需要付費而進行有目標、有計畫的連續性活動。其最終目的,就是期望消費者能接受廣告的訊息,並採取購買行動。綜合言之,廣告的功能至少有如下諸端:

1.可幫助推銷商品,增進產品的銷售量。
2.可創造新慾望,產生新經驗,以滿足大眾需求。
3.可增加新客戶,開闢前所未有的新市場。
4.可發展新物品及其使用方法,以刺激消費。
5.可使新產品在市場上迅速發展,提高成功推銷的機會。
6.可透過廣告的努力,協助提高經濟水準,使經濟更穩定。
7.可協助商品標準化的推行,便於顧客的選購。
8.可改變購買習慣,減少季節性變動。
9.可發掘大眾的潛在寶藏,以形成通俗的標準。
10.可改變思潮,形成時尚。
11.可普及新知識,引發顧客的興趣與好感。
12.可督促商品品質的提升,減少虛偽欺騙。
13.可和社會大眾保持良好的公共關係。
14.可創造吸引力,並調查市場的反應。
15.可降低貨品的銷售成本,提高企業利潤。
16.可增進企業的安全性,緩和經濟的不景氣。

當然,上述各項功能有些是相輔相成的。廣告之是否能發揮其功能,端賴是否能以誠信為依歸。有些研究顯示,商品銷售曲線的上升與廣告費用的增加具有密切的關係;且廣告的方式改變,常使銷售的方式

也隨之改變。但市場上的變化因素甚多，很難用精確的方法來衡量廣告的真實價值，任何製造商都無法預知增加多少廣告費用，將會產生何種效果，只能等待廣告計畫實施才能知曉。

第二節　廣告的心理基礎

廣告的目的在促進產品的大量消費，引起消費者的注意。尤其是後者涉及個人的知覺問題。所謂知覺包括所有人類從環境中收受訊息的過程。根據知覺過程的研究顯示，知覺受到多種變數的影響，這些變數有被知覺的對象或事件、知覺發生的環境，以及產生知覺的個人❶。

一、知覺的對象

很顯然地，知覺受到被察覺對象的影響。亦即個人對廣告的吸收，受到廣告本身的特性所影響。人類知覺的基本特性就是選擇性與組織性。

(一)知覺的選擇性

所謂知覺選擇性，是指對個人的某些行為來說，只有一些適當的知覺才是重要的。以認知論的術語而言，只有某些訊息被個人認知而察覺到，其他訊息則被忽略或排拒在外。易言之，只有某些事物或事件的特性，才會影響到個人；其他事物則被忽略，或無效果可言。依此，若廣告太多，只有部分為人所注意，而其他部分則為人所忽略；此乃為個人對收受的訊息加以選擇的緣故。當然，此種情況也常因人而異。

一般而言，當被知覺對象或事件具有與眾不同的特性時，較容易被人所察覺。例如，強度較大、發生頻率較多，或數量較多的事物，較容易被知覺到；相反地，較稀鬆、較少發生、數量不多的事物，較不可能

被知覺到。亮度較高的廣告燈比昏沉晦暗的，容易被人看到；聲音宏亮的廣告比音量小的，容易受人注意；經常不斷出現的廣告，容易使人記憶。但是過分刺眼或刺耳的廣告，容易招致反感；過多的廣告出現，反而使人感覺麻木。

此外，動態的、變化多端的或對比分明的事物，比靜態的、不變的或混淆不清的事物，易被察覺到。例如，畫面活動的廣告牌要比靜態畫面引人注意，閃動的霓虹燈是有效的廣告。凡此都是被知覺的對象，引發個人做知覺性選擇的結果。

(二)知覺的組織性

當個人收受到許多訊息時，會依個人所熟知或可辨認的型態產生關係，從而組織其知覺。此種知覺對象或事件的特性，影響到知覺組織性的，包括相似性與非相似性、空間上的接近、時間上的接近等。通常人們會將物理性質相似的事物聯結在一起，而將性質不相似的，加以分開。因此，為使人們對產品產生深刻印象，可將廣告性質與產品特性相聯結。

再者，知覺對象和事件可能因為空間或時間上的接近，而被看成是相關的。因此，廣告的出現必須配合產品的營銷，方為有效。亦即在產品廣告推出時，應立即將該產品迅速推出，如此可增強其間關係的聯結。

二、知覺的環境

知覺對象或事件的環境，對事物知覺的方式具有相當效果，甚至於和知覺對象是否被察覺到有關係。在知覺上，物理環境和社會環境均扮演了重要的角色。

就物理環境而言，一件事物是否被察覺到，要看它在環境中是否顯著。因此，廣告牌之受到注意，乃為它在環境中凸顯的緣故；相反地，

廣告之不受重視,乃為它在環境中不顯著。此外,物理環境會造成一種特殊景象,而影響到個人察覺事物的方式。當物理環境很特殊時,易引發人們的注意。廣告牌立於此環境中,將連帶受到消費者的注意。

就社會環境來說,由於組織活動的社會環境不斷改變,個人對相同事物或行為的知覺,可能會有所不同,甚或差異很大。例如,廣告內容具有說服力,或產品的品質能配合廣告詞的宣傳性,則對消費者的知覺具有正性效果;相反地,同樣的廣告詞而其產品品質配合不上,對消費者以後的認知反而有不良效果。同樣地,社會環境會造成一種先入為主的觀念,直接影響到知覺。例如,有些產品的廣告號召力強,形成某些消費者的固定消費習慣。其他社會互動的宣傳,同樣地將鞏固某項產品的主導地位。

三、知覺的個人

在相同的物理環境與社會環境下,不同的個人在不同時間也會有不同知覺。人類的知覺傾向,以及個別差異,是造成主觀知覺性與知覺不可靠的主要原因。通常個人有一種普遍的傾向,即知覺到自己預期或希望知覺到的事物。在知覺上,人們並不是被動的,他們會依照過去的知覺增強歷史,及目前的動機狀態,主動地選擇並解釋刺激,此種傾向即為知覺傾向。

過去的知覺歷史會影響到目前的知覺過程。過去的經驗可能教導自己,使自己注意到事物的某些特性,而忽略其他特性,或只注意到具有某些特性的事物,而忽略其他特性的事物。例如,個人所受的訓練和所從事的職業,會影響個人看問題的方式。當探討新工廠地點時,行銷部門人員會注意銷售數字、市場潛力,以及分配上的問題;而生產部門的人員則對原料、人力來源、工廠位置,以及當地污染法律等問題較為敏感。

此外,個人對大量訊息的收受也受到動機的影響,每個人的動機不

同，對事物的知覺也不同。當個人承受多種廣告的刺激時，會依據他的動機選擇某些刺激。例如，個人渴求某項產品，即對某項產品的廣告特別注意。總之，個人的知覺傾向不同，以及個別差異，是造成知覺不同的主因。因此，個人對廣告的選擇也有所不同。

基於上述，廣告的應用，主要是藉著人們的心理過程，發揮廣告的心理功能，以達到擴大銷售的目的。要想發揮廣告的心理功能，先要研究消費者購買動機，進而由廣告訴求誘導消費者產生購買行為的心理過程。廣告欲引起消費者的心理過程，有四個階段：(1)引起注意；(2)促使其關心，並發生興趣；(3)創造慾望，確立信念；(4)刺激決心，採取行動，以獲得滿足。

引起注意，是廣告效果的第一步，也是廣告第一階段的工作。如果廣告不能引起閱讀者或耳聞者的注意，就很少有價值可言。引起注意的方法很多，根據本節的敘述，可加強刺激，重複使用，誘發感情，擴大廣告面積等。

廣告的次一步驟是促使消費者關心，發生興趣。廣告只是引起消費者注意，是不夠的；而且要把握住消費者的興趣。消費者對廣告發生興趣，才能繼續看或聽。因此，廣告製作者慣常運用一種事物陪襯廣告內容，以引發消費者的注意。其他諸如廣告文字的藝術化排列、調和色彩的運用以及對不同文化程度採用適合身分的語句和描述等，都是引起消費者興趣的常用方法。

廣告的第三個步驟是創造消費者的慾望，確立其信念。廣告必須鼓勵或說服消費者感到或想到確實需要這項貨品或勞務。要想有效地達到這項目的，廣告設計者應當預先瞭解消費者的思想、行為和決定。他們要使消費者相信：他們公司的產品，可以滿足消費者的基本需要。有些公司在廣告裡附贈樣品券，讓消費者試用，可剪券索取，以推銷其產品；有些產品以邀請消費者親臨參觀，來加強消費者的信念。

鼓勵消費者採取購買行動，是廣告最後階段的工作。由於勸誘消費者購買的競爭廣告太多，因此，要想使某項廣告引起消費者採取購買行

動，相當不易。此時，廠牌的標明、產品的區別、市場的區分以及消費者心理的分析，都是必要的。尤其是廣告必須發揮訴求的效能。此外，為使消費者採取更多的購買行動，採用廠商和零售商合作廣告辦法，多能收到減低費用，增進銷售的效果。當然，產品銷售後，產品品質和售後服務若能使消費者感到滿意或滿足，則不僅產品銷路會更廣，且消費者也將更為相信此幅廣告。有關銷售成功與否的過程，已如前章最後一節之所述。

第三節　廣告的策劃

商品要想大量推銷有賴於廣告，而廣告的良窳則有賴周詳而妥善的規劃。所謂「凡事豫則立，不豫則廢」。因此，在做廣告之前，須先搜尋商品的各項背景資料，然後據以策劃廣告的活動。一項完善的廣告計畫，其步驟如下：

一、擬訂目標市場

所謂目標市場，是指廣告的對象，亦即為可能購買廣告中所列商品的消費者。廣告中的商品必須能滿足這些消費者的需求，如此廣告才能收到預期的效果；亦即對目標市場的瞭解愈多，商品與需求配合得愈好，廣告才能做得比較有效。廣告一旦有了目標市場，才得以擬訂方向，否則就無從規劃廣告的內容。易言之，目標市場的擬訂，可協助廣告做得更具體、更具有吸引力。

至於，目標市場的擬訂，首先要對商品整個市場做瞭解，亦即對商品的使用者和購買者有全面性的瞭解。要做到這一點，必須對現有市場，如顧客類別、競爭者、市場的範圍、市場占有率、消費人口等做完整的研究與分析；同時，也必須對市場潛力，如未來趨勢、消費者需求

的變化、未來銷售量等做分析與預測，如此才能將此類商品整個現有及未來潛力市場作為目標市場。因此，擬訂目標市場，是廣告策劃的首要步驟。

二、訂定廣告活動

在擬定目標市場之後，接著就是要訂定廣告活動目標，以作為整個活動的指導方針。一項廣告活動的目標，可能是在提高商品品牌的知名度，也可能是在爭取消費者對商品的好感，也可能在增進消費者的再度購買。不過，無論廣告活動的目標為何，所有廣告活動的設計和製作，都要以廣告目標為依據，如此才能使整個廣告活動都朝同一個方向進行。

然而，廣告活動除了必須找出整個商品市場管銷的準確性之外，尚須考慮到整個政治、法律、道德、社會、文化的特性，以及整個目標市場的經濟狀況和競爭環境，以做最適當的因應；必要時，甚至要隨時隨地評估廣告活動的結果，調整廣告活動的策略，以作為執行類似活動時的借鏡，或作為下次擬訂廣告活動目標的參考。當然，廣告活動目標的擬訂，尚須考慮自然環境的變化，如持續炎熱的天氣對冬季服裝的廣告活動，一定會有負面的影響即是。其他天然災害與人為意外的發生，也是必須加以考慮的因素。

三、管控經費運用

凡事非錢莫辦，任何廣告活動都必須有充裕的經費支援，始克有成。但是經費的分配及運用，必須依據廣告活動目標的需要，加以擬訂；並決定各個媒體所能使用經費的多寡。雖然任何經費的預算總是與實際經費的使用有一些差距；但在執行廣告活動和撥發經費時，就必須設置一些程序和辦法，來管控運用經費的過程和使用經費的人員，務使

將經費運用在合宜的地方，庶能不致有浪費的現象，並發揮最大的效用。

四、訂定內容策略

　　廣告的策劃尚須注意廣告內容，並訂定廣告內容的策略。在擬訂單一廣告內容時，應有一定明確的主題，並將該主題充分表達在個別廣告裡，使其達到廣告活動的中心目標。廣告內容須與業務配合，措詞應考慮到顧客的情緒反應，用字宜注意韻律節拍，如此始能得到動態的效果，易於記憶。此外，廣告內容宜研究各種色彩的調配，以求能喚起消費者的注意。其他，如新穎突出、詞物切合、開門見山、富有創意和趣味性，切忌誇張不實等，也是廣告內容所必須注意的地方。

五、訂定媒體策略

　　在策劃商品廣告時，尚須訂定媒體策略。媒體策略至少應包括使用何種媒體，以及選擇什麼媒體組合，才能充分表現廣告內容的主題。亦即媒體策略應思考何種媒體或媒體組合，最能廣布廣告訊息於所選定的目標市場上。同時，選擇媒體應能使廣告訊息完整地傳遞給目標市場。目前可用的媒體種類甚多，可簡單分為下列幾種：

　　1.印刷媒體，包括報紙、雜誌、招貼、廣告紙、郵寄品等。
　　2.廣播媒體，包括電視、收音機、網路、電影等。
　　3.戶外媒體，包括空中懸掛物、氣球、路牌、路旁廣告牌等。
　　4.交通媒體，包括車身、車站、站牌、車內等廣告牌或標語等。
　　5.戶內媒體，如戲院、餐館、商場、球館等公共設施的廣告。
　　6.其他如日曆、月曆、火柴盒、面紙、衣飾、打火機等廣告均是。

　　以上各種廣告媒體各有其優劣利弊與便利性，凡是在訂定廣告策略

時都宜加以斟酌。此亦將在第五節中繼續討論之。

六、配合促銷活動

　　廣告策劃的最後步驟，就是要擬訂和個人推銷、促銷和公眾宣傳等活動相互配合的計畫表與程序，以使廣告活動發揮最大的效果。就個人推銷而言，推銷員的推銷雖然較為零星，但如能與大量廣告配合，自可收到廣博宣傳的效果。至於促銷活動方面，亦宜配合大量廣告，如此自可加深消費者的印象，達成促銷的目標。此外，商品廣告若能透過公眾宣傳，其效果自無可限量，只是它為可遇不可求之事。

　　總之，在今日競爭激烈的社會中，所有商品都必須做廣告，產品訊息始能廣為流布，為眾所周知，尤其是特出或不斷的廣告，更能吸引消費者的注意；此則有賴於做妥善的廣告策劃。一項有效的廣告策略必須有目標市場、廣告活動，足夠的經費支援，且有適宜的廣告內容和廣告媒體；同時要能夠配合其他的促銷活動。

第四節　廣告的製作

　　所謂廣告製作（advertising presentation），是指對廣告內容的結構、表達意義的措辭以及繪製方法等的研究。在著手製作廣告之前，須對現有市場做一次徹底的分析。根據此種分析所做的判斷是否正確，大致可決定一項推銷努力的成敗，亦即決定一項廣告計畫的成敗。不論廣告計畫如何高明，都不能彌補一項錯誤的打入市場之方法。相反地，一套笨拙的廣告計畫如果按照正確策略去做，也有成功的希望。因此，廣告計畫中，廣告技術並不十分重要，最重要的是廣告的內容與廣告的對象。此即涉及廣告製作的問題。

一般廣告製作的類型，若依廣告時間性質可分為：立即行動廣告（present-action advertising）與未來行動廣告（future-action advertising）。前者是使消費者立刻發生購買行為的廣告，如廣告文字生動，圖案動人，引人興趣；或廣告附有回條，可產生立即購買或詢問行為。後者是使消費者留有深刻印象，牢記不忘，為將來購買的準備；目的是使消費者熟記其品名，進而增加好感；樂於接受，引起注意而引發或促進購買行為。

　　廣告就其內容性質，可分為理性式廣告（reason-why copy）與提示式或授意式廣告（suggestive copy）。理性式廣告是用合於邏輯的方法，使消費者經過審慎考慮後發生購買行為。此類廣告多為立即行動廣告。其製作原理，係假設購買者心理動機屬於理智的。依憑理智購買物品，對於商品的選擇，常須經過審慎考慮，再三比較，仔細研究後，才決定其購買行為。其步驟為：(1)考慮有無購買的必要；(2)與同類商品商標做比較；(3)選擇購買商品的方法，如付款方式；(4)最後決定購買行為。

　　提示式廣告，則用顯著的圖畫提示消費者，使其留下深刻印象。目的在使讀者注意商品的優點而發生興趣，造成優越聯想的環境，用重複作用直接引起行動；主要須能引起注意，發生興趣，與促使行動。能達到此三點，廣告目的即可達成。此類廣告多為未來行動廣告，其製作的根據，是依心理學上「心有所思，終有行動」的原則。此乃因人類任何行為，多由模仿學習而起，由模仿乃產生行為，這就是人類性行相應的一定法則。

　　至於廣告製作的方式，有下列幾種：(1)表示商品名稱者，除明示名稱之外，餘則力求簡單；(2)提示品質與用途者，僅以文字或圖示商品的品質與用途；(3)顯示商品使用狀況者，即將商品真實使用情形圖示其狀況，暗示其價值；(4)直接需要法，即直接提示需要，以使消費者注意而影響其購買行為。

　　廣告製作的主要原則有：(1)要能引起大眾注意，即利用緊張、擴展、聯想、授意，以激起消費者的注意；(2)要能激發並維持大眾興趣，

即利用顧客心理作用，以及人的本能、情感、想像、理智、習俗等，引起消費者發生購買興趣；(3)要能激發大眾產生慾望，即利用優良品質、科學製造、安全衛生、清潔高雅、經濟合理、式樣美觀、使用保證等，引導消費者產生慾望；(4)要能促使大眾的信心與行動，即應忠實誠懇，配合事實，不可牽強附會，避免浮誇不實，空泛濫語，並利用大減價等方式引起行動；(5)要能滿足大眾需求，廣告製作要能瞭解商品性質，並使顧客購買的商品確與廣告所載相符合。總之，廣告製作應注重醒目、肯定、真實，並確有使用價值。

此外，廣告製作的內容可分為下列項目：標題、字體、文字、商標、標語、色彩、繪畫、排列、影片和歌曲。茲分述如下：

一、標題

標題就是一張廣告中的一個題目，用以喚起消費者的注意與興趣，誘導其閱讀全篇廣告文字。如果人們看到一個動人的標題，就會引起閱讀的好奇心和興趣，故每個廣告都需要有良好的標題，不但可引起消費者注意，甚而引起一部分人的特別注意，這一部分人便是廠商心目中的顧客。廣告標題的必要條件，是能夠流露商品的用途或優點。

通常廣告的標題，須注意下列要素：(1)簡潔：簡潔的標題比冗長的標題，容易明瞭、具意義性而有效；(2)獨特：標題應富有刺激性，使用明白而明示優點的警句，一見即可吸引人注意，如此顯示獨特而不尋常，才易有效；(3)適應：標題在原則上必須與本文和商品相適應，與商品及本文無關係的標題，對消費者形同欺騙，易起反感；(4)創作：標題不宜襲用他人的慣用語，應就商品性質與用途的吸引力，獨立創作，來迎合消費者的興趣；(5)趣味：標題須富有興味，使人發生好感與深刻印象；(6)生動：標題必須具體而不模糊，並且要生動有力。

二、字體

　　字體的種類和大小很多，但不管採用那一種，最重要的原則須以醒目、易引起注意與興趣為貴。一般採用字體的原則為：(1)選擇不費目力與思想的字體；(2)字體須配合美觀；(3)應避免過多的不同字體，至多不超過三種；(4)應用字體應注重適應性、易讀、適當的方向，以及插圖、空白、色彩等配置和技術等問題。字體的編排宜表現出優雅、強力、美感、莊嚴的氣氛，以增加種種印象與興趣。當然，字體的選取須視廣告的性質，而做適當的選用。

三、文字

　　廣告文字如同推銷員使用的宣傳語言，故要鼓勵和誘使消費者樂於閱讀，且能一氣讀完，留下深刻印象。吾人說話須有次序、重心與思想，廣告文字亦然。它必須與標題、圖案及商品有關，一方面維持讀者的興趣，一方面導引其注意與需要。廣告文字要求其有效，必須簡潔、生動、連貫、調和。

四、商標

　　商標就是商品的記號標誌，普通多以簡明圖標或文字表示之，目的在保證商品與其他或同等商品有所區別，為人所不能仿效的。商標的價值在使人易於識別，保護顧客利益，產生深刻印象，輔助商品銷售。因此，商標的製作原則，必須簡短易讀，顯明易記，獨特專用，以求別於其他商品，方不致混淆不清，且能與眾不同，保有自己的風格與特色。

五、標語

標語是廣告刊載的簡短、易記、刺激而易表明商品優點的語句,是有內容而標準完善的語句。由於廣告文字不易記憶,標題又不能多用,商標又太簡單,故須以廣告標語輔助之。通常標語的功用有三:(1)保留印象;(2)加強認識;(3)產生興趣。製作廣告標語的要素,在於簡潔、趣味、易讀、易記、音亮、調韻、協調、通俗、無時間性;標語切忌意義不同、含糊不清、誇大妄言。好的標語,有時也可作為廣告標題,使人牢記。

六、色彩

色彩的主要功用,為引起注意,表現商品,引人興趣。色彩一方面可增高廣告的注意價值,另一方面可給予廣告訴求力,形成更大的說服力和影響力。通常每個人對色彩的愛惡不同,接受其刺激也不同。它與教育水準、風俗習慣、年齡性別以及地理環境等都有關係。如教育水準高的人較喜歡淡調的顏色,反之則相反。男人多愛藍色,女人多愛紅色。當然,其中因素甚為複雜,很難定論。不過,色彩如運用得當,可以加強廣告、包裝、商標和窗櫥布置的效用。一般適當色彩的條件為:(1)為一般人所愛悅;(2)顏色的象徵要和商品用途吻合,要能增強人們的印象,延長記憶和增強吸引力;(3)要屬於易見和易讀的顏色。

七、繪畫

現代的廣告,美術所負的任務甚大,一般人莫不確認廣告是不能缺少美術的。繪畫對於廣告有強烈的訴求力,乃為它具有明確、具體、動人和理解的性質與功效。換言之,廣告的繪畫,重在引起注意,表現商品形式,發生美觀興趣。因此,繪畫須考慮新奇、色調、插畫、行動、

滑稽、情調、反應、概念等要素;表現要中肯、有力、適意、簡括、正確,而富於情感。

八、排列

廣告內容包括標題、商標、標語、文字、圖畫、商號、地址等,應依美術觀點、廣告原理而排列,才能引人入勝,加深讀者興趣。廣告內容的排列,須視廣告篇幅的大小樣式,材料內容的輕重緩急布置於適當位置。其排列原則有二:(1)依意義的輕重排列。即依廣告內容的重要程度而定,重要者所占地位大,次要者較小。如以標題與文字為重要,公司名稱次之,則按其重要程度而決定所占面積的大小;(2)依廣告內容實際結構條件繪製。即以美術條件決定,使廣告如一幅圖畫,優美悅目,引起興趣。廣告的排列,尤重勻稱;上下左右,布置均衡,不使倚重倚輕,左傾右側,失其平衡;其次要行列勻稱,顏色調和。

九、影片

所謂廣告影片,即視聽覺廣告物的製作,電視或電影銀幕的廣告影片,其特點在於視覺、聽覺及廣告訴求的共同效果。視聽媒體以電視媒體效果最大。就其本體言,具有即時性、同時性及大眾傳播性。就大眾方面言,又具有現實性、共鳴性及娛樂性。蓋電視為人所欣賞,故廣告影片表現的主題是:廣告訴求創意等於商品推銷重點加上人性。由於電視為人所欣賞,商品為人所購買,廣告影片必須揉合商品機能和人性特徵,才能構成強有力的廣告訴求創意。

十、歌曲

廣告影片製作的另一重點,是廣告歌曲。廣告歌曲是一種「強力的

印象廣告」。廣告的意義在以事物與思想，用廣泛方法告訴大眾。而廣告歌曲正是利用一種特定的旋律，來表示特有的身分、性質，也是廣告創意用音樂表現的方式。其目的在令人有印象、熟記，然後具有聯想作用；即由優美的旋律，獨特的音響，使人自然憶起某商品的特點。

商品如果由文字宣傳較難，加上節奏記憶，則較為容易。如果用語言來宣傳，使大眾記憶較難，若加上節奏或旋律，則自易為大眾所接受。旋律配上歌詞更使人易於記憶，廣告目的即可達成。廣告歌曲是有意令聽眾留下深刻記憶。長期加深印象的結果，是為掌握聽眾。某種旋律在第一波反應中，即想起某商品，一遇機會即回憶而採取購買行為。此種第一波反應，正是廣告歌曲的目的。成功的廣告歌曲，即在把握消費者心目中的第一個反應。依此，廣告歌曲的意義，即具有感化性、煽動性、傳播性、反覆性、廣泛性、印象性與再現性。其製作原則為簡明清爽、強烈順口、優美新奇、適合俗情。音樂是隨時代而變遷的，廣告商應知道創造出更好的音樂。尤其是應知道利用作曲者心理，激起豐富的感情，才能為廣告做出悅耳的音樂和歌曲。

綜觀上述，可知廣告製作內容相當繁複。不過，它有幾項共同原則，即：(1)平衡：圖文編排布置，應使其濃淡和距離適宜，力求均衡勻稱；(2)韻律：銜接順適，次序排列自然，易於閱讀；(3)協調：字與字，段與段，圖與圖間的配合，以及標題、圖文、品名、商標等彼此間的聯繫，都要協調；(4)空白位置：廣告四邊應留空位，以占整個篇幅五分之一為適當；(5)視線：廣告中心為閱讀時的視覺中心，因之廣告內容的精華宜集於廣告中心位置❷。

第五節　廣告的媒介

凡是登載廣告的出版物或張貼廣告的處所或廣告的本身，均稱之為

廣告媒介（advertising medium）。換言之，所謂廣告媒介，就是廣告者為求引起可能購買者的注意，而使用容易引人注意的工具和手段。因為廣告媒介的功用，就是在使製造商和購買者間發生關係。當然，廣告媒介本身並不具有說服力和感召力。廣告只是透過媒介而達到吸引注意，普遍傳達某些意思於社會大眾，達成營銷目的而已。但利用媒介的廣告，多少能增進普遍的訴求性，和取得消費者對廣告內容的信賴，因而足以助長廣告的訴求力。

依此，則廣告媒介可以把讀者的注意力吸引於廣告；可以普遍傳達廣告者的意思，以期達到廣告者的目的；可以引起讀者對廣告的良好聯想，增加印象，影響其購買動機；使廣告的訴求力增大，把廣告和讀者的距離縮短，實現廣告的目的。為達成這些目標，廠商應對廣告媒介加以選擇，以求以最低代價尋求獲利最高的效果。

一般而言，欲利用廣告媒介達成推銷目標，必須先決定廣告對象與聽眾或觀眾的優先順序，然後才能選擇適當的廣告媒介。選擇廣告媒介的基本技巧有三：即首先選擇適當工具，其次為有效運用該項工具，最後是適當購買該項工具。至於選擇廣告媒介的原則為：(1)調查媒介物的性質；(2)觀察消費者的習慣；(3)調查廣告價目是否公允經濟有效；(4)善予利用媒介物的步驟；(5)研究廣告者本身。

通常市場發展程度愈高，可供利用的廣告媒介愈多。此種廣告媒介，主要的有報紙、雜誌、電台、電視、電影、廣告牌，以及眾多的次要媒介，如函件、招貼、窗櫥、商品目標、簿冊、幻燈、空中廣告、銷售現場陳列廣告等。現選擇一些主要媒介，敘述如下：

一、報紙

報紙為廣告媒介的主幹，現代廣告多以報紙為主體。報紙的散布很廣，普及於各階層人士。因此，報紙廣告的優點甚多，諸如讀者普遍、行銷快速、反覆刊登、累積信用、聯繫新聞、改稿容易、宣傳分明、計

畫便利、費用低廉、法律保證。但報紙廣告也有一些缺點：時間短促、廣告平凡、注意分散、缺乏興味等。因此，採用報紙廣告時，宜考慮上項優劣點，慎予參酌。此外，運用報紙廣告宜考慮其效力，即注意報紙的銷售份數，長期訂戶的多寡，讀者的購買力與習慣對廣告效力的影響，報紙種類對廣告的效力等。

二、雜誌

雜誌是以滿足讀者知識和興趣為主，報紙則以新聞為主，兩者自有不同。雜誌的種類繁多，依其性質有農、工、商、婦女、醫藥、政治、教育等雜誌；但雜誌廣告和報紙廣告的設計、寫法在原則上仍完全相同，它是細分化媒體，讀者明確，效果安定性高，有記憶性、保存性。不過，雜誌有幾個特質是報紙所沒有的。如雜誌廣告保留時間較長，印刷的完備遠勝於報紙，雜誌可提供專業人員閱讀。惟雜誌廣告費稍高；交稿時間較久，易失時間性；廣告效力不及報紙普及，僅限於某些特殊人士。因此，刊載雜誌廣告，宜考慮刊登何種雜誌、瞭解廣告的效用、縝密設計廣告稿。

三、電台

電台又稱無線電台，是屬於聽覺訴求的廣告。一般人如欲以商品注重視覺上的訴求，而予人留下永久印象，則無線電台廣播只能作為輔助的廣告媒介。因此，電台廣告和其他廣告是處於相輔相成的地位，而非相互競爭。在今日廣告領域中，除報紙廣告和電視廣告外，廣播廣告仍居於重要地位。惟廣播與報紙不同，前者光講不寫，後者光寫不講，故廣播對象是人類耳朵，所講的話和所聽的聲音，必須悅耳動人，始克事功。一般廣播廣告的特點，為快捷、深入、通俗、廣闊、悅耳、變化、親切、自由；但其缺點則為受節目時間限制，僅能以簡單明瞭的方式，

做重點的廣播，難做詳盡的介紹；且廣告不能持久，分秒廣告節目轉瞬即逝。

四、電視

電視是利用光電互變的作用，把各種景象變成無限電波，傳至遠處，供人收看的一種通信媒介。電視在廣告界中是最有效的媒介，不但能聽，也能看到。因此，在各種廣告媒介中，電視廣告發展最快。電視是一種超越時代的媒體，改變了人類生活方式及社會型態。其特點為：(1)集影像、聲音、動作為一體；(2)商品示範；(3)訊息直接，可信度極高；(4)訊息衝擊力大；(5)視聽眾龐大；(6)商品的辨識度極佳。然其缺點為：(1)由於時間分割，訊息受到限制；(2)消費者不能參考訊息；(3)廣告多，有時難以安排，因而不能購得時間；(4)廣告費用過高；(5)涵蓋上有所浪費；(6)製作費用極高；(7)色彩傳送有時不理想。因此，對電視媒體的選擇，必須逐漸趨於科學化，注重電視收視率的調查。

五、電影

電影廣告可分為電影銀幕廣告、電影宣傳廣告、電影劇場廣告。電影廣告是指商品在銀幕上的廣告宣傳，它因有時間和地點的限制，觀眾有限，故廣告效力較少，只可作為輔助的媒介。一般電影廣告都以文字、圖畫、色彩、標語、商標及潛意識作用的警句為內容。其優點即在強迫觀眾接受廣告訴求，在電影院中觀眾僅能看到電影廣告，且觀眾進入戲院多有閒適心情，自易接受廣告內容。惟一個廣告只能給觀眾一分鐘或數秒時間觀看，故內容不宜複雜，文字圖畫均貴在簡短、明顯、奇特和趣味，否則將毫無印象可言。

六、函件

廣告函件包括信件、小冊子、目錄、商號雜誌、說明書等。廣告函件首應注重語言文字，次應注意發信名單，這是最有效和最廉價的宣傳方法。廣告函件應注意：新奇而富趣味、簡明而易閱讀、重量力求輕便、寄遞力求穩靠。廣告函件的信札須美觀，每信以討論一個問題為原則，使用簡短語句與段落，切忌陳腔濫調，語氣要自然友善，合乎人情，讓顧客產生良好印象。廣告函件若需顧客回信詢問或訂貨購買，必須附回郵，以減少大眾購貼郵票的麻煩。

七、招貼

招貼的有效，必須注意：(1)顯明而易見；(2)內容措詞必須直接、簡短、通俗而有力；(3)必須色彩鮮明，圖畫動人，使各階層人士看見，均可明白而有印象；(4)必須奇異，而吸引顧客。此外，招貼應有基本主題和特定概念，並以動態的組織和生動的畫面，透過精美的色彩和蓄意，把握行人的感情。通常畫面的說明須力求簡短，不要超過八個字，以五個字左右為宜。在組合的形式上，要有一個具特色的情趣。

八、窗櫥

窗櫥是店鋪廣告中用得最多的廣告方法，也是最經濟有效的推銷方法。此乃為將門前的窗櫥，應用各種廣告品如樣本、說明圖表、標幟、圖樣、模型、藝術品、燈光、顏色、活動照片和真實貨品等，布置得非常別致，以吸引行人注意，促成他們的購買行為。因窗櫥可使實物和顧客相見，可說是最直接的廣告手段。此種廣告的主要條件，是地點、面積和布置。地點適宜和面積適中，在效果上很重要。窗櫥廣告的主要功能，是引起注意，創造興趣，激起慾望，確定信念，促使購買行為。其

原則是清潔美觀，慎選新貨品，適應時宜，陳列要有中心，陳列貨品和廣告要相互呼應而轉換，利用色彩、活動圖片或貨品增加吸引力等。

其他廣告媒介有油漆廣告、電氣廣告、煙霧廣告、交通工具、包裝、展覽、電話簿、日曆、信箋、標籤、書籤、廣告贈品、紙板等，可謂種類繁複，包羅萬象，不一而足。然而，不管選用何種媒介物，最重要的是考慮其價值因素，加以評估其效果❸。

第六節　廣告的有效性

廣告的有效性可分為兩大部分：一為廣告本身的效力，一為廣告媒介的效力。不過，這兩部分是錯綜交織的❹。

一、廣告本身的效力

通常對廣告效果的實際評價，是以消費者購買產品的數量為標準。事實上，市場上的變化甚為複雜，在廣告與購買產品之間有許多因素滲入，故很難評價廣告與購買行為之間的關係。著名的廣告學家亞沙爾（H. Assael）等人曾分析了一千三百七十九幅廣告，研究印刷廣告及其效果問題。他們將廣告的特性分為兩組：(1)顏色為黑白或兩色；(2)三種或四種色彩的廣告。結果發現廣告的有效性受到廣告色彩及頁數的影響❺（見**圖21-1**）。

為了研究廣告的有效性，可在發展一套廣告前，事先「檢驗」各種廣告設計草案的有效性。在某些情況下，可將這些廣告草案登載在即將出刊的雜誌上，分別發給顧客，並與之晤談。另外，也可將這些廣告草案，分別登在不同的專輯裡，以檢驗各廣告抄本的效果。然後，根據檢驗結果，發展出一套最佳的廣告來。

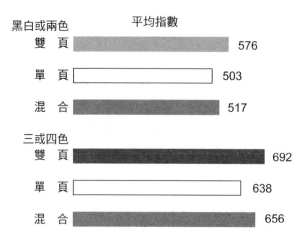

圖21-1 **不同特性之廣告的平均有效性指數**（以「注意」到廣告的人數百分比為基準）

　　雷諾汽車公司即曾將同樣廣告，分別登載在美國《生活雜誌》九月號與十一月號上，然後將此兩幅廣告讓男、女顧客評定，再將評定結果轉換為史塔基（starch）分數。所謂史塔基分數是由史塔基（Daniel Starch）所發展出來的，利用三種效標，即顧客的注意、看到並聯想、閱讀深度，來評價廣告的有效性。得分高的，表示廣告有效性高；反之，則廣告效力低。該兩幅廣告的比較結果，如**圖21-2**。

	史塔基分數		
	顧客的注意	看到並聯想	閱讀深度
廣告甲			
男	49	49	25
女	19	15	7
廣告乙			
男	35	32	24
女	12	7	4

圖21-2 **不同廣告的有效性效標**

　　由以上可知，顧客對廣告甲的評價較高，尤其是在「引起注意」及「看到並聯想」兩項分數上為然。

二、廣告媒介的效力

　　廣告可以刊載或出現在各種不同的媒體上，包括報紙、雜誌、函件、電視、電台、廣告牌、交通工具等，已如前節所述。在選擇適當的廣告媒介時，必須對媒介的效力加以測量。雖然一般評價報紙與雜誌的廣告效力，是以其發行份數為指標，但發行份數並不一定能正確反應讀者的多寡。不過，吾人可以使用再認法與回憶法，測量報紙和雜誌的實際讀者人數。所謂實際讀者人數，是指閱讀過前一期報紙和雜誌主要內容的人。有時，吾人可以直接詢問顧客是否閱讀過某種雜誌，或他喜好何種雜誌。但利用此種方法收集資料，可能會發生偏差。

　　路卡士（D. B. Lucas）與柏里特（S. H. Britt）指出：某些讀物會帶給人們地位感，即使有人不曾讀過，亦會謊稱看過，於是調查而得的讀者人數會虛增。他們在一項最暢銷高級雜誌上的調查，發現該雜誌的讀者人數竟比發行份數高達十五倍，其中顯然不無誇張之處。為了避免此種人數的膨脹，調查者必須說明清楚，使調查對象不覺得某雜誌是地位的象徵。甚而可伴隨顧客一同閱讀雜誌的大標題，然後詢問他是否閱讀過❻。

　　顧客對產品的認識與產品消息的獲得，乃是從廣告媒介及其他消息來源得來的。因此，除了媒體出現的次數會影響媒體的有效性外，隨著媒體性質的不同，對顧客購買決策的影響力也不一樣。白克惠等人曾以五千戶家庭為對象，研究顧客在購買地毯前，是否聽說過某種品牌的地毯不錯，然後決定購買它？以及消息來源的種類有多少？對購買決策的「影響力」與「效果」有多大？通常效果可分為三種：有效的顯示、部分效果顯示、無效果的顯示。所謂有效顯示，是指消息來源對購買決策影響很大；部分效果顯示，是指消息來源對購買決策有影響，但

不是頂重要的；無效的顯示，是指消息來源對購買決策影響不大（見圖
21-3）。

由圖21-3可知，六種消息來源對購買決策的影響差異甚大。同時，
私人接觸、雜誌、推銷員直接推銷的效果最佳。

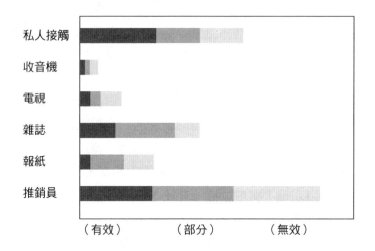

圖21-3　**地毯品牌消息來源顯示的程度及其有效性**（長條圖長度表示消息來源出現的程度，而顏色部分表示相對的有效性）

 個案研究——廣告的預算

　　賈傳生是一家企業的老闆。他瞭解廣告的重要性，但始終抱著懷疑的態度。去年，他在廣告方面列了九十萬元的預算，比前年增加了17%。可是，他不知道這筆廣告費是否值得花。

　　去年，賈傳生曾收到一份某大學舉辦為期一週管理研討會的邀請函。賈傳生指派兩位中層主管參加該項研討會。當他們回來後，聽取他們的報告，得知一位大學教授介紹了所謂「數學模式」，可用作決策的依據。那位教授指出，許多企業機構在廣告費用上往往花費太多；其實，那是由於不懂應該花費多少廣告費，以致每年只有增加，不敢減少。教授說，事實上許多公司多係依照銷貨預測，按比例來編列廣告預算。舉例來說，如果預測銷貨為一千萬元，他們的廣告費將是一百萬元；如果預測銷貨為兩千萬元，則廣告費將是兩百萬元，這樣的辦法，簡單是簡單，可是卻是錯誤的。事實上，要確定該花費多少廣告費，唯一的方法就是先將過去的費用和效果測度出來。

　　對於那位教授的話，賈傳生似懂非懂，不知道究竟是什麼意思。可是，他覺得教授的話，基本觀念的確不錯。因此，他特地前往學校，拜會了那位教授，希望教授能答應給他一次顧問服務。教授同意了，第二個禮拜，教授便研究了賈傳生企業過去的資料，對銷貨金額和廣告費用做了一次電腦分析。最後，教授做出了一項結論，認為賈傳生企業的廣告效果，可用下列公式來表示：

$$y = 12x - x^2 + 600,000$$

其中y＝銷貨總額

　　　x＝廣告費用總額（以100,000為單位）

1. 根據上列公式，請問該企業的廣告費用，如果由100,000遞增到1,200,000（每次增加100,000），則該企業可能獲得的銷貨收入將各為多少？
2. 請根據上題所得答案，計算該企業究竟應該花多少廣告費用？
3. 廣告費用的預算是否純以數學模式就可做正確估算，若否，則尚須考慮那些因素？

註　釋

[1] 林詩銓、鄭伯壎合譯，《組織行為》，中華企管中心，頁167-172。

[2] 王德馨編著，《廣告學》，三民書局，第六章、第七章。

[3] 同前註，第八章、第九章。

[4] D. B. Lucas & S. H. Britt, *Measuring Advertising Effectiveness,* New York: McGraw-Hill, p.3.

[5] H. Assael, J. H. Kofran, & W. Burgi, "Advertising Performance as a Function of Print and Characteristics", *Journal of Advertising Research,* Vol. 7, No. 2, pp. 20-26.

[6] D. B. Lucas & S. H. Britt, Op. Cit., p. 223.

Chapter 22

市場研究

市場研究於一九一一年開始，以人口的變動為依據；今日市場研究與調查更重視心理的變動，以及消費者的購買力。企業管理的最主要工作是解決問題，市場研究即在提供科學方法與程序，使企業存在問題獲得邏輯的、健全的、令人滿意的解決方法。企業的決策需要獲得問題情況與性質的事實與資料，市場研究是獲得正確資料最主要的工具。對市場營運的管理言，市場研究是為達到適當產品、適當地點、適當時間、適當數量及適當價格，而發展成的一種程序與方法。

第一節　市場研究的意義與功能

市場研究是一門非常廣泛而實際的問題，英文market research可譯作市場營運研究，國內市場營運與企業管理書刊，均簡稱為市場研究。美國市場營運協會的定義：市場研究是有系統地收集、記錄及分析有關貨品與勞務的市場營運問題資料，此項研究工作可由獨立單位擔任，亦可由企業本身或其代理人進行，來解決彼等的市場營運問題。

欲探討市場研究的含義，應先瞭解「市場營運」與「研究」兩個名詞的真實意義。廣義而言，市場營運是創造與傳送生活標準給社會。狹義的解釋是：市場營運是引導商品與勞務，從生產者到消費者或使用者的一切商業活動過程。本章的解釋是：市場營運是綜合的商業活動過程，包括產品計畫、訂價、分配路線與銷售促進或各種勞務的提供，來滿足現在消費者或未來可能消費者的需要❶。

至於「研究」（research）的意義，根據《韋氏大辭典》的解釋，是仔細的、接近的搜查，且基於某一目標加以周密的批評的調查與試驗，並以常識予以修正。由此可知，中文「研究」兩字並不能概括research的意義。事實上，在某些場合research與survey非常接近，所以頗有研究調查或調查研究的意義。因此，market research比較正確的稱法，為市場營運調查研究。

　　基於前述,市場研究是基於科學研究原則,使用觀察的、試驗的、歷史的與調查的方法,仔細搜查消費者與市場行為的正確知識,使得市場營運更趨於有效的發展❷。

　　市場研究為企業的市場營運提供指導資料,其功能可就市場、產品與分配方法等三方面說明之:

一、就市場的觀點言

　　市場研究的目的是決定產品銷售潛在力量,瞭解市場的大小與性質。它可分析出一般產品的消費者態度與意見,就消費者購買產品的次數與使用習慣,對一般產品與特定產品加以比較。同時,可就價格、分配路線與推廣方法,分析市場的競爭情形。根據市場營運區域內購買者的需要情形,估計可能的銷售量。市場研究可建立銷售區域,使銷售組織對人員與努力做最佳的配置;並建立銷售配額,使售貨員與中間商的努力行動有所依據。

二、就產品的觀點言

　　市場研究對新舊產品繼續不斷地推薦適當策略,可適應變動的市場情況。它可決定現有產品改進的需要,以獲得競爭利益;發現舊產品的新用途,以擴展市場的新領域。它也可為新產品發掘市場,包括市場價格、對廠牌的偏好以及建立產品的特色等;分析顧客的愛好而發展產品特色,以求增加產品的銷路。此外,它尚可決定適當的包裝與包裝改進,包裝研究的範圍甚廣,包括:價格,廣告與陳列的價值,單位購買的大小,運輸的便利,法律的規定等。市場研究甚至可用來簡化產品線,決定產品的競爭情形。

三、就分配方法的觀點言

現代市場營運最重要的課題之一，乃為日趨複雜的分配方法與政策。市場研究提供分配方法的功能有：(1)根據一般經濟情形及市場性質，分析公司與競爭者的價格結構；(2)研究批發商與零售商的邊際價值；(3)編纂分銷商與代銷商的成績標準；(4)擬訂售貨員的報酬計畫；(5)分析售貨的成績，包括銷貨量、費用、利潤等；(6)分析銷售統計，包括顧客、地區與產品利益；(7)分析銷售方法，來決定最有效的分配路線與分配政策；(8)分析分配費用，對部分無利益的銷售路線加以檢討；(9)研究顧客關係，增加對公司產品的好感與接受性；(10)評價廣告媒體，決定最有效的占有市場手段；(11)研究競爭者的廣告、銷售促進與銷售方法，以便發展市場利益。

第二節　市場研究的範圍

市場研究的範圍是無限的，下列各項研究是其主要項目：

一、消費者研究

消費者研究（consumer research）的目的，在尋求瞭解消費者，滿足消費者的慾望。它的範圍包括消費者的人數、居住的地區、購買習慣與動機，以及他們的愛好與偏見。此對於產品計畫、分配路線、訂價及推廣方法，都有重大影響。其研究方法有觀察法、歷史法、經驗法與調查法。至於進一步研究消費者需要、使用、嗜好與習慣的原因，屬於動機研究的範圍。不過，消費研究與動機研究往往是合而為一的，兩者關係甚為密切。

二、消費動機研究

消費動機研究（motivation research）應用社會科學技術，發掘與評價市場造成某種行為的力量，包括對消費者思想與態度的深入分析，以發現消費者購買特定產品或廠牌的潛意識原因。動機的心理學意義包括驅力和誘因。驅力是生理上的性質，能驅使器官活動以求生存。誘因是有關的活動，一種飢餓的驅力會引起活動，最後成為尋找食物的誘因。動機研究雖然很難找出真正原因，但在某些事例中甚有價值。動機研究的方法，有文字連結試驗（word association test）、句子完成測驗（sentence completion test）、深度晤談法（depth interview）、團體晤談法（group interview）、主題統覺測驗（thematic apperception test）等。

三、市場分析

市場分析（market analysis）的主要目的，是研究潛在市場與潛在銷售量，決定某種商品的市場需要量，或計算每個城市或交易地區的市場平均享有率，而訂定各地區的銷售配額，並可藉此確定推銷員、代銷商與經銷商的銷售區域。市場分析並可瞭解須加強推銷和廣告的地區，其研究所得的各項資料，尤可做未來分析、控制銷售的基本標準。市場分析牽涉到消費者需求的各種因素調查，包括總需求、相對需求、替換需求、市場飽和點與消費率的調查。市場分析的基本工具是銷售指數（sales index）。有了銷售指數，即可瞭解每個銷售區市場潛在需求量的百分比，而將公司總百分比加以分析與比較，以求確知市場營運的優、劣點，作為改進決策的參考。市場分析方法有直接資料法（direct data method）、共同結果資料法（corollary data method）以及多元因素法（multiple factors method）等。

四、銷售分析

企業銷售活動的分析是市場研究最廣泛應用的部分。銷售分析（sale analysis）與控制牽涉到對售貨紀錄、市場以及消費者研究的評價，主要目的是為建立一個較有效的銷售組織。基本研究包括按照銷售實績及銷售潛力，以建立推銷員經常銷貨路線；根據產品、地區與市場營運領域來分析售貨成績；衡量銷售組織所獲得的市場享有額；對產品與售貨員利潤的分析，以及決定顧客、分銷商和售貨員的銷售傾向。此外，銷售分析研究尚可決定與顧客聯繫次數，現有市場與潛在市場的比較，按照顧客階級、地區與產品分析銷售成本，銷售的深入研究。因此，一個完整而有效的銷售分析，至少應包括下列資料：(1)有關產品線、產品形式、顧客、地區與推銷員的各種交易資料統計；(2)市場分析與銷售預測；(3)顧客分析；(4)推銷員訪問報告。

五、產品研究

產品研究（product research）對產品創新貢獻至大，在消費市場上應促使每個製造商不斷改良產品，並設計新產品，以滿足消費者的需求。產品研究的主要目的是發展產品與包裝，以滿足消費者的需要。良好產品研究工作，可幫助製造商決定以適當的產品特性供給市場，如大小、形式、顏色、使用方便、包裝與價格等。因此，製造商愈能滿足消費者的需要，產品的銷售量愈大；反之，如果不能滿足消費者的需要，則廣大的市場只有拱手讓人。產品研究的方法，有對比性盲目測驗、單一產品試驗、包裝測驗、市場試銷等。

六、其他重要市場研究

如分配成本分析、價格研究、勞務研究、廣告研究、工業市場研究等。

第三節　市場調查的程序

市場研究欲得到正確的結論，有賴科學的調查方法，而市場調查甚為複雜而艱巨，每項工作都必須做得很理想，諸如資料的收集方法、擬訂詢問題目、調查表格的設計等，都十分重要。市場調查的主要步驟有：確定問題研究範圍、決定收集資料方法、設計調查表、準備及選擇樣本、實際進行調查、整理資料、提出報告等[3]。

一、確定問題研究範圍

市場研究在擬訂正式調查計畫前，宜先做初步研究，以確定問題研究範圍。初步研究包括情況分析、非正式調查以及確定問題所在，從而研擬研究範圍。市場研究人員在擬訂調查計畫前，應先仔細考慮與分析公司的各項資料，包括公司的歷史、產品、競爭對手、分配路線與方法、消費者購買習慣、包裝、廣告與銷售促進方法等。情況分析的目的，是先給予研究人員對問題有所認識與瞭解，藉以深入地發現其因果關係。

其次，在確定研究範圍前，宜做非正式調查，研究與分析一切有關的過去資料，包括同業與政府的資料，以及訪問專家的意見；甚至於消費者的意見，也是重要情報的來源。非正式調查的目的，即為根據情況分析與非正式調查資料，整理成一定研究問題的範圍，提供市場調查的參考。

最後，依情況分析與非正式調查結果，擬訂研究計畫與確定問題範圍，去除不必要的假設，從中選擇一個或少數幾個假設，並對該假設做有系統的研究，而確定其題目與範圍。

二、決定收集資料方法

　　市場調查的第二步驟，乃為決定收集資料的方法。通常資料的來源有二：一為原始資料或稱初級資料，另一為二手資料或次級資料。資料的收集方法有觀察法、調查法與實驗法三種。所謂觀察法，乃在避免直接向當事人提出問題，而代之以觀察所發生的事實，以判別消費者在某種情況下的行為、反應或感受。如公司派去調查人員，至百貨公司櫃台，觀察並記錄顧客的購買習慣、態度與行為。

　　調查法係對被測驗者詢問問題，以收集資料的一種技巧。通常是預先準備許多問題，設計出一套精確的調查表格，俾便詢問，故又稱為調查技術（questionnaire technique）。調查法可以電話調查、通訊調查以及人員訪問等方式行之。

　　至於實驗法，是對於多種市場營運因素或廣告計畫，以實驗方法加以測定或控制。因此，當因素僅有一項時，則無法以實驗法來收集資料。常見的實驗法，有分割試驗（split run test）與銷售區域試驗（sales area test）兩種。前者用以試驗兩種或數種廣告稿，從被測驗者反應中選擇其中一種效果較佳的廣告稿；銷售區域試驗則用以測驗不同市場的廣告、銷售促進、陳列、產品及包裝設計等銷售活動的效果。

三、設計調查表

　　設計理想的調查表是整個調查工作最重要的一環。任何一個單一問題，措詞或語氣略有不妥，所得結果往往與事實相去甚遠。因此，擬訂調查表的題目，藝術成分遠大於科學成分，必須由專家或經驗豐富的人擔任，否則必將影響整個研究工作的正確性。關於調查表的製作，首先須決定調查方式；調查內容的設計常因採取的方式，如電話調查、通訊調查或人員訪問調查而有所不同。

　　其次，調查的問題宜採用「多種選擇的答案」，蓋自由作答範圍過

廣,對所收集的資料不易評核;「是」與「否」的雙面答案又缺乏伸縮性,過於呆板。至於題目的擬訂方面,某些問題可以不列入者,則盡量不予列入;題目文句不宜過長,應力求簡單容易瞭解,宜適應被測驗者的教育程度,且應使被測驗者能使用充分的時間作答等,都需要充分考慮。在決定問題的順序時,須按照被測驗者的思想邏輯次序排列。

此外,問題措詞與語氣,往往決定整個調查的正確與否。因此,問題應針對何人、何時、何地、何故、為何以及如何各點,加以斟酌;並應用通俗的文字,避免使用特殊名詞與意義含糊的問題;字裡行間不含有暗示或引導的詞句,應以明確的句子來說明;避免對被測驗者提出不合理問題,或涉及私人生活問題。為使被測驗者產生良好印象,調查表紙張應力求良好,印刷力求清楚;問題依次編號,內容要避免錯誤;表格大小、形式應便於傳遞、攜帶、整理、計算及歸檔;頁數較多時,宜裝訂成冊。

四、準備及選擇樣本

如果選用調查表收集資料,而想要瞭解全部對象恐有困難。此時只有就全部對象中選擇部分具有代表性的加以調查,此稱為抽樣或選樣。選樣的基本前提是有很多足以挑選的樣本,但挑出的樣本必須具有代表性。因此,選擇樣本時,方法甚為重要。如果選樣欠當,研究結果常發生嚴重的偏誤。是故,選樣要應用科學的統計方法,其方法很多,最主要的有:

(一)簡單隨機抽樣法

隨機抽樣是在母群體中隨機抽取若干個體為樣本。至於所謂簡單隨機抽樣法(simple random sampling),即為抽樣者對全體中的各個個體,不做任何有目的的選擇,純粹用偶然的方法抽取個體,使全體中每一個體都有被抽中的機會。為使每個個體被抽中的機會均等,可採用等距抽

樣、任意抽樣或利用隨機號碼表等方法。

所謂等距抽樣，即為系統抽樣，乃為每隔若干個樣本即抽取一個為代表。任意抽樣，即為將所要調查的全部樣本予以編號，寫在卡片或紙團上，予以混合，而任意抽出所需的樣本數目。利用隨機號碼表（table of random numbers）則為最常用的隨機抽樣方法。所謂隨機號碼表是依機遇化的法則編製，使表內任何號碼都有出現的可能。

(二)計畫抽樣法

計畫抽樣法（purposive sampling）又稱為定意抽樣法，即按某種標準自全體對象中選取若干數目為樣本。所謂標準，多數情形係指中等形狀、中等程度、中等品質或中等數量而言。譬如物價調查，通常選取中等價格商品為對象，屬於典型的計畫抽樣法。

(三)分層抽樣法

分層抽樣法（stratified sampling）又稱分層隨機抽樣法，係綜合隨機抽樣法與計畫抽樣法的特點而改編的方法，是現在最廣泛地應用於市場研究的抽樣工作。它是抽樣者根據已有的資料，按某種標準將母群體分為若干組，每組為一個層（stratum），然後於每組中選取一部分個體為樣本。倘若每組均採取同樣比例的個體數，即稱之為分層比例抽樣。如果從已分類的某個層中，再按另一標準細分為若干層，然後再取抽一部分個體做樣本，則稱之為附屬分層抽樣，其樣本為附屬樣本。

五、實際進行調查

各項調查計畫均完成準備後，即開始實際收集資料。在進行調查時，首先須挑選調查人員。蓋調查人員的良莠及其工作績效，可能決定全部調查工作的成敗。有關調查人員的條件，其學識與經驗同等重要。性格以外向，但穩重柔和為宜。在人際關係方面，以善於與陌生人應對

相處，頭腦靈敏長於隨機應變，且勤勉而有耐性者為佳；最重要的是忠誠，對工作能按照指示規定，一絲不苟地如期完成。至於專門知識方面，最好具備市場學的知識，並通曉當地語言，否則必遭遇甚多困難。

其次，在進行調查前，各種調查表格與工作須知均應事先印發調查人員，對調查表內所有問題，均一一解釋清楚，並反覆加以討論，詳加解答；並教導調查人員各種訪問技巧與藝術。在調查過後，可實施複查、電話追蹤、通訊檢查、路線檢查等方式，來監督調查人員的工作績效，以補救其缺失，並確保其成果與正確性。此不僅可評定調查人員的工作成效，或作為賞罰的資料，且可作為將來重新聘僱調查人員的參考。

六、整理資料

由調查訪問所得資料，應立即進行整理分析。整理資料可分為編輯、編號、製表以及分析與解釋等重要程序。編輯工作是資料整理的靈魂，擔任編輯人員必須是學驗俱豐的市場研究員。編輯的目的主要在發現與剔除調查資料的錯誤部分，諸如調查訪問人員的主觀偏見，答覆者存心敷衍的回答，以及矛盾的答覆等，都應予摒棄不用。

其次，編號乃為使用數字符號來代表資料，使資料易於編入適當的類別，如採用電子計算機處理資料，編號便是一項必要的步驟。再次，製表是將已經分類的資料，有系統地製成各種統計表，以便於分析與利用。製表可利用人工或機器為之。簡單的調查資料可用人工製表，但資料繁多而統計複雜時，宜用機器製表，尤其是近代電腦對處理龐大資料，可說相當迅速而正確，更宜適當使用之。

整理資料的最後步驟，乃為分析與解釋。由於絕大多數資料的收集均取自樣本，故樣本的可靠性必須加以測定。所謂樣本的可靠性，係指樣本的平均數與母群體平均數之差，應盡可能地小。通常樣本平均數的標準誤差愈小，則樣本平均數與母群體平均數之差愈小，亦即樣本平均

數的可靠性愈大。一旦其間平均數之差很大時，應找出其誤差存在的原因。此類原因的分析可應用交叉分類表，將樣本再按其他因素分類，以確定或否定先前存在的關係。在應用其他因素將樣本分為不同類別時，應注意假的關係。此時，相關分析與迴轉分析均為重要的分析技術。

七、提出報告

資料經過整理後，最後步驟是提出報告。一般而言，報告的原則有：(1)報告的編寫應切合調查目標；(2)報告內容宜求扼要、客觀，並能抓住重點；(3)報告文字宜求簡短中肯，避免使用生澀、含有技術性的名詞；(4)報告內容應組織化，讓閱讀者迅速得到全盤印象；(5)報告宜具報告的形式與結構。

此外，市場調查報告的結構，可分為三大部分：導言、報告主體及附件。有關導言部分包括：標題扇頁、前言兩項。前言又可包括報告的根據、研究目的、方法與範圍、致謝忱等。報告主體方面，有詳細的陳述目的、解釋方法、調查結果的描述與解釋、結論摘要、建議事項等。附件方面，則包括樣本的分配、圖表、附錄等。

市場研究人員為使繁忙的主管能於短時間內，對報告有完整而清晰的概念，應於報告寫完後另寫一篇報告摘要，置於完整報告之前，供主管閱讀。此外，尚須準備一份口頭報告，以便隨時向決策當局提出說明。

第四節　市場研究的限制

市場研究可以廣泛運用到多方面，惟其功能常受到時間、經費、技能與偏見的限制[4]。有經驗的研究人員在從事市場調查研究工作時，應時時牢記此限制，方不致因調查工作不夠周密，不夠深入，而感到氣餒或

影響工作情緒。

一、時間的限制

　　每位從事市場研究工作的人員，幾乎都有同等經驗，即認為上級賦予研究調查的時間過於倉卒，致無法做出完整的報告。假如能獲得充分時間，一定能提出較好的市場報告。蓋市場調查程序極為繁複，資料的整理費時，有時資料收集常有拖延現象。而且每項市場調查報告，幾乎都需要收集資料，而資料的新穎與正確與否，對市場調查研究報告的評價至為重要。

　　然則，各種資料的收集均受時間的影響，即以政府機關公布的各種資料為例，即使是使用電子資料處理，依然須遲延一段時間，以致資料公布時，已非當時情況，而成為過去的事實了。因此，從資料收集、分析、整理以迄編印，到正式出版，所公布的資料往往已經過一些時日；而一旦市場研究人員需要加以利用時，資料已陳舊，甚至與當前實際情形不符，將影響整個市場報告的正確性。

二、經費的限制

　　在多種情形下，市場研究工作所受經費的限制，恰與所受時間的限制相彷彿。從事市場研究的工作人員，永遠感到無充分的經費，可寬裕地執行其研究計畫。因此，經費運用在一項研究計畫中居於極為重要的地位，絕大多數的研究報告均受到有限預算的支配。所謂「萬事非錢莫辦」即是。

　　市場研究計畫受到經費限制的例子，乃為研究者欲對廣大市場做研究，可是由於可能支配的經費有限，不得不選擇一、二個地區加以試驗，或僅抽取少數樣本。根據此種資料所提出的市場研究報告，當然比不上經過廣泛調查所得到的市場研究報告，來得精確翔實。不過，一個

優秀的市場研究工作人員，必須正視此一事實，盡可能在有限度的經費下，提出令人滿意的調查報告，才是成功的市場研究工作。

三、技能的限制

技能在研究工作領域當中，是一種經驗與訓練的結合。一位優秀的市場研究人員應具備多種技能，包括統計技術的理解、思維的邏輯方法、歸納與推論的領悟、分析能力以及資料的整理與取捨技能等。

不過，市場研究工作的技能，在研究工作的每項步驟中，卻處處受到限制。如果市場研究人員的經驗與訓練不足，常無法收集正確資料；使得研究結果的正確性，或接近事實的程度，受到相當的影響。譬如研究者未能充分運用統計技術，或者思維能力、領悟能力、分析能力的不足，或是不懂得資料的整理取捨，則不易得到完美的市場研究報告。

四、偏見的限制

良好的研究工作是客觀地收集資料與公正地分析資料。要確實做到這一點，相當不容易。由於每位研究人員對特殊主題、情況與人物，都或多或少存在著先入為主的成見，使得各種研究工作自然受到限制。

偏見是由於教育、訓練與經驗的結果。每個人的教育、訓練與經驗不同，對問題的看法也頗不一致。從勞工觀點或雇主觀點來看問題，將產生完全不同的結果。假如一位具有勞工背景的人來擔任市場研究分析工作，首先必重視工人工資問題，或各項工廠的福利問題。一位具有雇主身分的研究者，必注意營利或營運、管理諸問題。

總之，市場研究常受到許多因素的限制。其中偏見所產生的限制，尤甚於時間、經費與技能的限制。蓋偏見對研究結果的影響，常甚於其他限制的影響；且偏見不僅存在於研究者本身，甚而被訪問者常懷先入

為主的成見；當被訪問者答覆問題時，也多少會將他們的偏見導入市場
研究的領域中。

 ## 個案研究──落後的行銷方式

　　泰麗是一家歷史悠久而設備完善的公司，出售多種不同類型的消
費品。該公司創辦已有七十年的歷史，起先是以「逐戶推銷」及寄售
商品的方式經營。由於經營得法，業務蒸蒸日上，規模日漸擴大。

　　到了一九四〇年代，已經聞名全國，而且賺取了不少利潤。「逐
戶推銷」的方式非常流行，尤其是在二次世界大戰期間，石油短缺，
這種方式受到大眾的歡迎。公司在規模和利潤兩方面都有大幅的成
長。

　　可是一九五〇年代，繁榮逐漸衰退，銷售量已達到巔峰。如今銷
售量仍保持穩定，但不再成長。為此，各級主管均感到不安，他們向
總經理陳述他們的恐懼。然而，總經理卻有無比的信心，毅然決然以
同樣方式繼續經營。然而，今日由於社會風氣不良，社會問題日益嚴
重，搶劫、勒索事件層出不窮，使得用戶對推銷員心存戒心；加以現
代家庭多擁有汽車，購物便利；而同類商品競爭激烈，人們很快就可
比較貨品的優劣。至此，該公司正面臨著最嚴重的考驗。

問題討論

1. 你認為該公司應如何面對今日急遽變化的社會，以採取適當的行銷方式？

2. 該公司是否有必要做市場調查？

3. 你是否可為該公司擬訂市場調查計畫？如何擬訂？

註　釋

❶ 王德馨、江顯新合著，《市場學》，三民書局，頁2、414-415。

❷ John P. Allevizos, *Marketing Research,* Englewood Cliffs, New Jersey: Prentice-Hall, Inc.

❸ 同註❶，第二十二章。

❹ John P. Allevizos, Op. Cit.

附　錄

泰勒—羅素表（Taylor-Russel Tables）

——專供機構預測用

滿足條件的員工比例＝.05

錄取率

r	.05	.10	.20	.30	.40	.50	.60	.70	.80	.90	.95
.00	.05	.05	.05	.05	.05	.05	.05	.05	.05	.05	.05
.05	.06	.06	.06	.06	.06	.05	.05	.05	.05	.05	.05
.10	.07	.07	.07	.06	.06	.06	.06	.05	.05	.05	.05
.15	.09	.08	.07	.07	.07	.06	.06	.06	.05	.05	.05
.20	.11	.09	.08	.07	.07	.07	.06	.06	.06	.05	.05
.25	.12	.11	.09	.08	.08	.07	.07	.06	.06	.05	.05
.30	.14	.12	.10	.09	.08	.07	.07	.06	.06	.05	.05
.35	.17	.14	.11	.10	.09	.08	.07	.06	.06	.05	.05
.40	.19	.16	.12	.10	.09	.08	.07	.07	.06	.05	.05
.45	.22	.17	.13	.11	.10	.08	.08	.07	.06	.05	.05
.50	.24	.19	.15	.12	.10	.09	.08	.07	.06	.06	.05
.55	.28	.22	.16	.13	.11	.09	.08	.07	.06	.06	.05
.60	.31	.24	.17	.13	.11	.09	.08	.07	.06	.06	.05
.65	.35	.26	.18	.14	.11	.10	.08	.07	.06	.06	.05
.70	.39	.29	.20	.15	.12	.10	.08	.07	.06	.06	.05
.75	.44	.32	.21	.15	.12	.10	.08	.07	.06	.06	.05
.80	.50	.35	.22	.16	.12	.10	.08	.07	.06	.06	.05
.85	.56	.39	.23	.16	.12	.10	.08	.07	.06	.06	.05
.90	.64	.43	.24	.17	.13	.10	.08	.07	.06	.06	.05
.95	.73	.47	.25	.17	.13	.10	.08	.07	.06	.06	.05
1.00	1.00	.50	.25	.17	.13	.10	.08	.07	.06	.06	.05

滿足條件的員工比例＝.10
錄取率

r	.05	.10	.20	.30	.40	.50	.60	.70	.80	.90	.95
.00	.10	.10	.10	.10	.10	.10	.10	.10	.10	.10	.10
.05	.12	.12	.11	.11	.11	.11	.11	.10	.10	.10	.10
.10	.14	.13	.13	.12	.12	.11	.11	.11	.11	.10	.10
.15	.16	.15	.14	.13	.13	.12	.12	.11	.11	.10	.10
.20	.19	.17	.15	.14	.14	.13	.12	.12	.11	.11	.10
.25	.22	.19	.17	.16	.14	.13	.13	.12	.11	.11	.10
.30	.25	.22	.19	.17	.15	.14	.13	.12	.12	.11	.10
.35	.28	.24	.20	.18	.16	.15	.14	.13	.12	.11	.10
.40	.31	.27	.22	.19	.17	.16	.14	.13	.12	.11	.10
.45	.35	.29	.24	.20	.18	.16	.15	.13	.12	.11	.10
.50	.39	.32	.26	.22	.19	.17	.15	.13	.12	.11	.11
.55	.43	.36	.28	.23	.20	.17	.15	.14	.12	.11	.11
.60	.48	.39	.30	.25	.21	.18	.16	.14	.12	.11	.11
.65	.53	.43	.32	.26	.22	.18	.16	.14	.12	.11	.11
.70	.58	.47	.35	.27	.22	.19	.16	.14	.12	.11	.11
.75	.64	.51	.37	.29	.23	.19	.16	.14	.12	.11	.11
.80	.71	.56	.40	.30	.24	.20	.17	.14	.12	.11	.11
.85	.78	.62	.43	.31	.25	.20	.17	.14	.12	.11	.11
.90	.86	.69	.46	.33	.25	.20	.17	.14	.12	.11	.11
.95	.95	.78	.49	.33	.25	.20	.17	.14	.12	.11	.11
1.00	1.00	1.00	.50	.33	.25	.20	.17	.14	.13	.11	.11

滿足條件的員工比例＝.20
錄取率

r	.05	.10	.20	.30	.40	.50	.60	.70	.80	.90	.95
.00	.20	.20	.20	.20	.20	.20	.20	.20	.20	.20	.20
.05	.23	.23	.22	.22	.21	.21	.21	.21	.20	.20	.20
.10	.26	.25	.24	.23	.23	.22	.22	.21	.21	.21	.20
.15	.30	.28	.26	.25	.24	.23	.23	.22	.21	.21	.20
.20	.33	.31	.28	.27	.26	.25	.24	.23	.22	.21	.21
.25	.37	.34	.31	.29	.27	.26	.24	.23	.22	.21	.21
.30	.41	.37	.33	.30	.28	.27	.25	.24	.23	.21	.21
.35	.45	.41	.36	.32	.30	.28	.26	.24	.23	.22	.21
.40	.49	.44	.38	.34	.31	.29	.27	.25	.23	.22	.21
.45	.54	.48	.41	.36	.33	.30	.28	.26	.24	.22	.21
.50	.59	.52	.44	.38	.35	.31	.29	.26	.24	.22	.21
.55	.63	.56	.47	.41	.36	.32	.29	.27	.24	.22	.21
.60	.68	.60	.50	.43	.38	.34	.30	.27	.24	.22	.21
.65	.73	.64	.53	.45	.39	.35	.31	.27	.25	.22	.21
.70	.79	.69	.56	.48	.41	.36	.31	.28	.25	.22	.21
.75	.84	.74	.60	.50	.43	.37	.32	.28	.25	.22	.21
.80	.89	.79	.64	.53	.45	.38	.33	.28	.25	.22	.21
.85	.94	.85	.69	.56	.47	.39	.33	.28	.25	.22	.21
.90	.98	.91	.75	.60	.48	.40	.33	.29	.25	.22	.21
.95	1.00	.97	.82	.64	.50	.40	.33	.29	.25	.22	.21
1.00	1.00	1.00	1.00	.67	.50	.40	.33	.29	.25	.22	.21

滿足條件的員工比例＝.30
錄取率

r	.05	.10	.20	.30	.40	.50	.60	.70	.80	.90	.95
.00	.30	.30	.30	.30	.30	.30	.30	.30	.30	.30	.30
.05	.34	.33	.33	.32	.32	.31	.31	.31	.31	.30	.30
.10	.38	.36	.35	.34	.33	.33	.32	.32	.31	.31	.30
.15	.42	.40	.38	.36	.35	.34	.33	.33	.32	.31	.31
.20	.46	.43	.40	.38	.37	.36	.34	.33	.32	.31	.31
.25	.50	.47	.43	.41	.39	.37	.36	.34	.33	.32	.31
.30	.54	.50	.46	.43	.40	.38	.37	.35	.33	.32	.31
.35	.58	.54	.49	.45	.42	.40	.38	.36	.34	.32	.31
.40	.63	.58	.51	.47	.44	.41	.39	.37	.34	.32	.31
.45	.67	.61	.55	.50	.46	.43	.40	.37	.35	.32	.31
.50	.72	.65	.58	.52	.48	.44	.41	.38	.35	.33	.31
.55	.76	.69	.61	.55	.50	.46	.42	.39	.36	.33	.31
.60	.81	.74	.64	.58	.52	.47	.43	.40	.36	.33	.31
.65	.85	.78	.68	.60	.54	.49	.44	.40	.37	.33	.32
.70	.89	.82	.72	.63	.57	.51	.46	.41	.37	.33	.32
.75	.93	.86	.76	.67	.59	.52	.47	.42	.37	.33	.32
.80	.96	.90	.80	.70	.62	.54	.48	.42	.37	.33	.32
.85	.99	.94	.85	.74	.65	.56	.49	.43	.37	.33	.32
.90	1.00	.98	.90	.79	.68	.58	.49	.43	.37	.33	.32
.95	1.00	1.00	.96	.85	.72	.60	.50	.43	.37	.33	.32
1.00	1.00	1.00	1.00	1.00	.75	.60	.50	.43	.38	.33	.32

滿足條件的員工比例＝.04
錄取率

r	.05	.10	.20	.30	.40	.50	.60	.70	.80	.90	.95
.00	.40	.40	.40	.40	.40	.40	.40	.40	.40	.40	.40
.05	.44	.43	.43	.42	.42	.42	.41	.41	.41	.40	.40
.10	.48	.47	.46	.45	.44	.43	.42	.42	.41	.41	.40
.15	.52	.50	.48	.47	.46	.45	.44	.43	.42	.41	.41
.20	.57	.54	.51	.49	.48	.46	.45	.44	.43	.41	.41
.25	.61	.58	.54	.51	.49	.48	.46	.45	.43	.42	.41
.30	.65	.61	.57	.54	.51	.49	.47	.46	.44	.42	.41
.35	.69	.65	.60	.56	.53	.51	.49	.47	.45	.42	.41
.40	.73	.69	.63	.59	.56	.53	.50	.48	.45	.43	.41
.45	.77	.72	.66	.61	.58	.54	.51	.49	.46	.43	.42
.50	.81	.76	.69	.64	.60	.56	.53	.49	.46	.43	.42
.55	.85	.79	.72	.67	.62	.58	.54	.50	.47	.44	.42
.60	.89	.83	.75	.69	.64	.60	.55	.51	.48	.44	.42
.65	.92	.87	.79	.72	.67	.62	.57	.52	.48	.44	.42
.70	.95	.90	.82	.76	.69	.64	.58	.53	.49	.44	.42
.75	.97	.93	.86	.79	.72	.66	.60	.54	.49	.44	.42
.80	.99	.96	.89	.82	.75	.68	.61	.55	.49	.44	.42
.85	1.00	.98	.93	.86	.79	.71	.63	.56	.50	.44	.42
.90	1.00	1.00	.97	.91	.82	.74	.65	.57	.50	.44	.42
.95	1.00	1.00	.99	.96	.87	.77	.66	.57	.50	.44	.42
1.00	1.00	1.00	1.00	1.00	1.00	.80	.67	.57	.50	.44	.42

滿足條件的員工比例＝.50

錄取率

r	.05	.10	.20	.30	.40	.50	.60	.70	.80	.90	.95
.00	.50	.50	.50	.50	.50	.50	.50	.50	.50	.50	.50
.05	.54	.54	.53	.52	.52	.52	.51	.51	.51	.50	.50
.10	.58	.57	.56	.55	.54	.53	.53	.52	.51	.51	.50
.15	.63	.61	.58	.57	.56	.55	.54	.53	.52	.51	.51
.20	.67	.64	.61	.59	.58	.56	.55	.54	.53	.52	.51
.25	.70	.67	.64	.62	.60	.58	.56	.55	.54	.52	.51
.30	.74	.71	.67	.64	.62	.60	.58	.56	.54	.52	.51
.35	.78	.74	.70	.66	.64	.61	.59	.57	.55	.53	.51
.40	.82	.78	.73	.69	.66	.63	.61	.58	.56	.53	.52
.45	.85	.81	.75	.71	.68	.65	.62	.59	.56	.53	.52
.50	.88	.84	.78	.74	.70	.67	.63	.60	.57	.54	.52
.55	.91	.87	.81	.76	.72	.69	.65	.61	.58	.54	.52
.60	.94	.90	.84	.79	.75	.70	.66	.62	.59	.54	.52
.65	.96	.92	.87	.82	.77	.73	.68	.64	.59	.55	.52
.70	.98	.95	.90	.85	.80	.75	.70	.65	.60	.55	.52
.75	.99	.97	.92	.87	.82	.77	.72	.66	.61	.55	.53
.80	1.00	.99	.95	.90	.85	.80	.73	.67	.61	.55	.53
.85	1.00	.99	.97	.94	.88	.82	.76	.69	.62	.55	.53
.90	1.00	1.00	.99	.97	.92	.86	.78	.70	.62	.56	.53
.95	1.00	1.00	1.00	.99	.96	.90	.81	.71	.63	.56	.53
1.00	1.00	1.00	1.00	1.00	1.00	1.00	.83	.71	.63	.56	.53

滿足條件的員工比例＝.60
錄取率

r	.05	.10	.20	.30	.40	.50	.60	.70	.80	.90	.95
.00	.60	.60	.60	.60	.60	.60	.60	.60	.60	.60	.60
.05	.64	.63	.62	.62	.62	.62	.61	.61	.61	.60	.60
.10	.68	.67	.64	.64	.64	.63	.63	.62	.61	.61	.60
.15	.71	.70	.67	.67	.66	.65	.64	.63	.62	.61	.61
.20	.75	.73	.71	.69	.67	.66	.65	.64	.63	.62	.61
.25	.78	.76	.73	.71	.69	.68	.66	.65	.63	.62	.61
.30	.82	.79	.76	.73	.71	.69	.68	.66	.64	.62	.61
.35	.85	.82	.78	.75	.73	.71	.69	.67	.65	.63	.62
.40	.88	.85	.81	.78	.75	.73	.70	.68	.66	.63	.62
.45	.90	.87	.83	.80	.77	.74	.72	.69	.66	.64	.62
.50	.93	.90	.86	.82	.79	.76	.73	.70	.67	.64	.62
.55	.95	.92	.88	.84	.81	.78	.75	.71	.68	.64	.62
.60	.96	.94	.90	.87	.83	.80	.76	.73	.69	.65	.63
.65	.98	.96	.92	.89	.85	.82	.78	.74	.70	.65	.63
.70	.99	.97	.94	.91	.87	.84	.80	.75	.71	.66	.63
.75	.99	.99	.96	.93	.90	.86	.81	.77	.71	.66	.63
.80	1.00	.99	.98	.95	.92	.88	.83	.78	.72	.66	.63
.85	1.00	1.00	.99	.97	.95	.91	.86	.80	.73	.66	.63
.90	1.00	1.00	1.00	.99	.97	.94	.88	.82	.74	.67	.63
.95	1.00	1.00	1.00	1.00	.99	.97	.92	.84	.75	.67	.63
1.00	1.00	1.00	1.00	1.00	1.00	1.00	1.00	.86	.75	.67	.63

滿足條件的員工比例＝.70

錄取率

r	.05	.10	.20	.30	.40	.50	.60	.70	.80	.90	.95
.00	.70	.70	.70	.70	.70	.70	.70	.70	.70	.70	.70
.05	.73	.73	.72	.72	.72	.71	.71	.71	.71	.70	.70
.10	.77	.76	.75	.74	.73	.73	.72	.72	.71	.71	.70
.15	.80	.79	.77	.76	.75	.74	.73	.73	.72	.71	.71
.20	.83	.81	.79	.78	.77	.76	.75	.74	.73	.71	.71
.25	.86	.84	.81	.80	.78	.77	.76	.75	.73	.72	.71
.30	.88	.86	.84	.82	.80	.78	.77	.75	.74	.72	.71
.35	.91	.89	.86	.83	.82	.80	.78	.76	.75	.73	.71
.40	.93	.91	.88	.85	.83	.81	.79	.77	.75	.73	.72
.45	.94	.93	.90	.87	.85	.83	.81	.78	.76	.73	.72
.50	.96	.94	.91	.89	.87	.84	.82	.80	.77	.74	.72
.55	.97	.96	.93	.91	.88	.86	.83	.81	.78	.74	.72
.60	.98	.97	.95	.92	.90	.87	.85	.82	.79	.75	.73
.65	.99	.98	.96	.94	.92	.89	.86	.83	.80	.75	.73
.70	1.00	.99	.97	.96	.93	.91	.88	.84	.80	.75	.73
.75	1.00	1.00	.98	.97	.95	.92	.89	.86	.81	.76	.73
.80	1.00	1.00	.99	.98	.97	.94	.91	.87	.82	.77	.73
.85	1.00	1.00	1.00	.99	.98	.96	.93	.89	.84	.77	.74
.90	1.00	1.00	1.00	1.00	.99	.98	.95	.91	.85	.78	.74
.95	1.00	1.00	1.00	1.00	1.00	.99	.98	.94	.86	.78	.74
1.00	1.00	1.00	1.00	1.00	1.00	1.00	1.00	1.00	.88	.78	.74

満足條件的員工比例＝.80

錄取率

r	.05	.10	.20	.30	.40	.50	.60	.70	.80	.90	.95
.00	.80	.80	.80	.80	.80	.80	.80	.80	.80	.80	.80
.05	.83	.82	.82	.82	.81	.81	.81	.81	.81	.80	.80
.10	.85	.85	.84	.83	.83	.82	.82	.81	.81	.81	.80
.15	.88	.87	.86	.85	.84	.83	.83	.82	.82	.81	.81
.20	.90	.89	.87	.86	.85	.84	.84	.82	.82	.81	.81
.25	.92	.91	.89	.88	.87	.86	.85	.84	.83	.82	.81
.30	.94	.92	.90	.89	.88	.87	.86	.84	.83	.82	.81
.35	.95	.94	.92	.90	.89	.89	.87	.85	.84	.82	.81
.40	.96	.95	.93	.92	.90	.89	.88	.86	.85	.83	.82
.45	.97	.96	.95	.93	.92	.90	.89	.87	.85	.83	.82
.50	.98	.97	.96	.94	.93	.91	.90	.88	.86	.84	.82
.55	.99	.98	.97	.95	.94	.92	.91	.89	.87	.84	.82
.60	.99	.99	.98	.96	.95	.94	.92	.90	.87	.84	.83
.65	1.00	.99	.98	.97	.96	.95	.93	.91	.88	.85	.83
.70	1.00	1.00	.99	.98	.97	.96	.94	.92	.89	.85	.83
.75	1.00	1.00	1.00	.99	.98	.97	.95	.93	.90	.86	.83
.80	1.00	1.00	1.00	1.00	.99	.98	.96	.94	.91	.87	.84
.85	1.00	1.00	1.00	1.00	1.00	.99	.98	.96	.92	.87	.84
.90	1.00	1.00	1.00	1.00	1.00	1.00	.99	.97	.94	.88	.84
.95	1.00	1.00	1.00	1.00	1.00	1.00	1.00	.99	.96	.89	.84
1.00	1.00	1.00	1.00	1.00	1.00	1.00	1.00	1.00	1.00	.89	.84

滿足條件的員工比例＝.90
錄取率

r	.05	.10	.20	.30	.40	.50	.60	.70	.80	.90	.95
.00	.90	.90	.90	.90	.90	.90	.90	.90	.90	.90	.90
.05	.92	.91	.91	.91	.91	.91	.91	.90	.90	.90	.90
.10	.93	.93	.92	.92	.92	.91	.91	.91	.91	.90	.90
.15	.95	.94	.93	.93	.92	.92	.92	.91	.91	.91	.90
.20	.96	.95	.94	.94	.93	.93	.92	.92	.91	.91	.90
.25	.97	.96	.95	.95	.94	.93	.93	.92	.92	.91	.91
.30	.98	.97	.96	.95	.95	.94	.94	.93	.92	.91	.91
.35	.98	.98	.97	.96	.95	.95	.94	.93	.93	.92	.91
.40	.99	.98	.98	.97	.96	.95	.95	.94	.93	.92	.91
.45	.99	.99	.98	.98	.97	.96	.95	.94	.93	.92	.91
.50	1.00	.99	.99	.98	.97	.97	.96	.95	.94	.92	.92
.55	1.00	1.00	.99	.99	.98	.97	.97	.96	.94	.93	.92
.60	1.00	1.00	.99	.99	.99	.98	.97	.96	.95	.93	.92
.65	1.00	1.00	1.00	.99	.99	.98	.98	.97	.96	.94	.92
.70	1.00	1.00	1.00	1.00	.99	.99	.98	.97	.96	.94	.93
.75	1.00	1.00	1.00	1.00	1.00	.99	.99	.98	.97	.95	.93
.80	1.00	1.00	1.00	1.00	1.00	1.00	.99	.99	.97	.95	.93
.85	1.00	1.00	1.00	1.00	1.00	1.00	1.00	.99	.98	.96	.94
.90	1.00	1.00	1.00	1.00	1.00	1.00	1.00	1.00	.99	.97	.94
.95	1.00	1.00	1.00	1.00	1.00	1.00	1.00	1.00	1.00	.98	.94
1.00	1.00	1.00	1.00	1.00	1.00	1.00	1.00	1.00	1.00	1.00	.95

工業心理學

作　　者／林欽榮
出 版 者／揚智文化事業股份有限公司
發 行 人／葉忠賢
總 編 輯／閻富萍
地　　址／新北市深坑區北深路三段 260 號 8 樓
電　　話／(02)8662-6826
傳　　真／(02)2664-7633
網　　址／http://www.ycrc.com.tw
 E-mail ／ service@ycrc.com.tw
印　　刷／鼎易印刷事業股份有限公司
 I S B N ／ 978-957-818-967-6
初版一刷／2002 年 6 月
二版二刷／2015 年 10 月
定　　價／新台幣 600 元

＊本書如有缺頁、破損、裝訂錯誤，請寄回更換＊

國家圖書館出版品預行編目資料

工業心理學 / 林欽榮著. -- 二版. -- 臺北縣
　深坑鄉：揚智文化, 2010.07
　　面；　公分.
　ISBN　978-957-818-967-6（平裝）

　　1.工業心理學

555.014　　　　　　　　　　　99012301